ASAHI SENSHO
朝日選書
997

悪党・ヤクザ・ナショナリスト

近代日本の暴力政治

エイコ・マルコ・シナワ 著
藤田美菜子 訳

朝日新聞出版

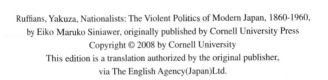

両親とおばあちゃんの思い出、そしてピートに捧げる

目次

凡例

・（　）は原書の注記、［　］は訳者による注記。
・仮名づかいは、原則として現代仮名づかいに改めた。
・漢字は、原則として常用漢字に改めた。

悪党・ヤクザ・ナショナリスト

近代日本の暴力政治

エイコ・マルコ・シナワ 著
藤田美菜子 訳

イントロダクション

暴力は近代日本政治史において恒久的な原動力であった。近代日本はその誕生からして暴力的だったのである。一八五〇年代、近世日本を支配してきた徳川幕府（一六〇〇～一八六八年）は、沿岸に外国船が不吉な姿をさらすにおよんで恐慌をきたし、一八六〇年代には、逆徒の暗殺者と倒幕を企てる諸藩の軍隊に膝を屈することになった。一八六八年、明治の新天皇が一月に旧体制の廃止を宣言し、徳川最後の将軍が四月に政治の首都を明け渡すことで、幕府は平穏のうちに終焉を迎えたと多くの歴史学者は語ってきた。しかし一八六八年の明治王政復古は、フランス革命の大虐殺と比べれば流された血こそ少なかったにしても、徳川の残党と明治の勤王勢力との内戦は明くる一八六九年六月末まで続いた。そこで幾千もの命が失われたことを忘れてはならない。この意味で、明治新政府の樹立は暴力が猛威を奮った結果なのである。

近代日本が誕生したからといって、政治が平和的になったわけでも紳士的になったわけでもない。そんな時代は到来しなかったし、むしろ事情は正反対だった。以後百年にわたって様々な形で続くことになる荒々しい政治の時代がここに始まったのだ。抗議の声を上げる者たちは暴力をもって政治運動を進めていくことになる。その最初の現れが、一八七〇年代から八〇年代の自由民権運動である。活動家たちは藩閥にプレッシャーをかけて憲法の制定と議会の開設、政治参加の拡大を迫った。それから一九〇五年のポーツマス条約調印から一九一八年のいわゆる「米騒動」までの期間には、何万もの人々が国家を象徴する施設を襲撃し、時々の政府の政策に不満をぶつけるようになる。暴力はイデオロギー闘争の中でも容易に沸騰した。特にロシア革命後の数十年は、無政府主義や労働組合主義を奉じる種々な筋の左翼活動家が、国家主義団体や神経を尖らせた国家と衝突した。一八六〇年代から一九二〇年代までの期間には暗殺も頻発する。暗殺といってまず思い浮かぶのは、一九三〇年代の一連のクーデター計画の中で実行されたものだろう。軍の青年将校らは政権を掌握することには失敗したが、こうした動きから軍の政治力は増大していくのである。

本書で注目するのは、こうした暴力的な政治と密接に絡み合った人物である。つまり無頼漢やヤクザといった類いの人々だ。手短に言えば、物理的暴力の使用に心得があり、暴力的であることがその主たる存在理由となっている人々である。本書では彼らのことを暴力専門家と呼ぶが、暴力専門家は日本史を学ぶ学生におなじみの民衆抗議や暗殺やクーデターとだけ結びついているわけではない。ほとんど注目されることはないが、彼らはこうした過激な出来事の外側でも暴力を振るっていた。彼らの暴力行為（乱闘や殴り合い。しばしば破壊行為や脅迫、恐喝も伴った）は政治にも組み込まれており、そのことは暴力が挿話的な現象ではなく、近代日本の政治的営み全体に深く根を張っていたことを示している。

暴力専門家はなぜ、どのようにして、これほど政治と密接に結びつくことになったのか。この問いこそが筆者を荒々しい政治世界の探求に向かわせる原動力である。加えて、幕藩体制が終わりを迎える一八六〇年代から第二次世界大戦が終結して民主主義が復興する一九五〇年代にかけて、暴力が日本の政治にどのような意味を持ち、その分岐点はどこにあったのかという問いもある。これらの答えを追っていけば、暴力専門家とその暴力が正当化されていく経緯が明らかになるだろう。また、政治プレーヤーの多数が物理的暴力を現実的な戦略（少なくとも暗黙のうちに許容しうる戦略）と見なす政治文化が形成されていった過程も明らかになるはずだ。この政治文化の形はきわめて流動的なものであったが、終始一貫して、ときに臆面もなく暴力的な政治を生き永らえさせることになった。

歴史研究から見る政治暴力

本書は、日本の政治史の中心に暴力を置くことで、政治とはしばしば危険なものであり、従来考えられてきたよりはるかに暴力的なものであることを証明しようとするものである。日本における政治暴力という主題は長らく等閑視されてきた。暴力は社会運動や政治運動の文脈で取り上げられるのがもっぱらで、それも「民主的意識の発露」や「右翼の過激さの発現」といった政治現象が存在した証拠として言及される程度であり、暴力そのものがひとつの現象として検討されることは稀《まれ》だった。

第二次世界大戦後の数十年間、アメリカでは暴力という主題は歴史学者から無視されていた。一九五〇年代と六〇年代の歴史学者の主な仕事といえば、戦後もしつこく残っていた戦時中のステレオタイプ、例えば「攻撃的で野蛮な日本人」というありがちなイメージをひっくり返すことだった。したがって、歴史学者は日本史の正の側面（マリウス・ジャンセンの言葉を借りれば「より明るい側面」）と評価できる部分を強調してきた。[1] いわゆる近代化論に立脚する研究者たちは、日本を並外れたサクセスストーリーの主人公として語ろうとした。明治期（一八六八〜一九一二年）の急速な近代化を強調することで、日本の政治システムが持つ抑圧性や封建制から注意をそらそうとしたのだ。[2] 戦争への勇み足があったことは認めるにせよ、それも大幅に減価したうえで、日本を近代化の成功事例として、また共産主義に対する橋頭堡として持ち上げたのである。[3]

近代化論者たちが暴力という主題を全面的に避けたということではない。しかし、暴力行為の意味と重要性に正面から取り組むことはめったになかった。例えば、物理的暴力の行使を辞さない反逆者と冒険家に注目したジャンセンの研究は画期的なものだったが、ジャンセンは時としてこの手の暴力者を愛国者や改革者として提示し、軽率にも彼らの自己認識を正当化してしまう。ジャンセンとしては、彼らが振るう暴力よりもそのイデオロギー（自由主義、国家主義、汎アジア主義）のほうに関心があったのだろう。[4] 実際、ジャンセンはある論文で暴力を近代化との関係において考察し、三つの暗殺計画を取り上げている。一八六〇年の勝海舟暗殺未遂、一九三二年の犬養毅暗殺、一九六〇年の社会党委員長浅沼稲次郎の暗殺である。ジャンセンがこの三つの事件を特に選んだのは、その百年間に日本の政治と社会がどれほど複雑になったかを説明するためだった。ところがこの三つの事例が政治的にも社会的にも異なった文脈にあることは明白であって、にもかかわらずこれらの暴力をまとめて発展という視点から語ることは、疑問符がつくばかりでなく、近代化への関心を深めるあまり、いかにジャンセンが暴力の扱いをおざなりにしたかを証明するものでしかない。[5]

日本人は攻撃的であるというステレオタイプに対して近代化論者よりも直截的に反論した歴史学者たちもいる。彼らは、日本文化は調和を重んじるものだという通説にそれとなく言及することもあれば、これを堂々と主張することもあった。争いを避けたがる日本人の気質についての根拠なき一般論が、そもそもの前提に忍び込んでしまっていたのだ。近世村社会における強力な共同体意識、戦後の労使関係における紛争の欠落、法意識の薄弱さについてのミスリーディングな議論はそこから出てきたものである[6]。

最後に、この世代の政治史家が暴力的な紛争の検証を放棄しがちであったことも指摘しておきたい。彼らの主眼は制度、思想、エリートたちに置かれていた[7]。それはそれで大事な研究ではあったが、結果として政治を、権威ある元老や計算高い政治家、高邁な知識人や品行方正な官僚ばかりが住む世界として描き出すことになった。

同時代の日本に目を向ければ、戦後になって近過去の暴力について書くことが爆発的な流行を見せるようになる。その主戦場は新聞と雑誌だった。そして信夫清三郎のような歴史学者が、一九一八年の「米騒動」などの抗議運動の研究に取り組みはじめた[8]。以後、主に抗議運動の文脈で、暴力は政治的表現または政府への異議申し立てとして物語られることになった。

もっとも、一九五〇年代の日本の歴史学者のほとんどはマルクス主義の深甚な影響下にあって、その主な関心は社会変革や革命を促進する要因としての経済構造に向けられていた[9]。直近に興ったファシズムに関する書物を著した者でさえ、暴力を取り上げることは稀《まれ》だった。注目に値する例外は無論あったが、ほとんどの研究者にとって主眼とすべきは一九三〇年代と四〇年代前半に生じた事態を説明する、イデオロギー的あるいは制度的な原因だったのである[10]。思想史家の丸山眞男にしても、いまや古典となったその論文集において、日本のファシズムの構造や機能、イデオロギーや社会基盤を論じることはあっても、暴力の問題を正面から取り上げることはほとんどなかった。[11]特定の組織や人物の国家主義的な思想に注意を向けはしても、暴力に関しては一九三〇年代のクーデターについて申し訳程度に触れているにすぎない。アメリカと同様に、政治史の守備範囲は日本でもかなり狭く理解される傾向があり、構造や思想を研究するものだと考えられていたのである。[12]

状況が変わったのは一九六〇年代から七〇年代である。信夫清三郎らが興味を示していたテーマが、「民衆」を研究活動の起点に据えようとしていた一群の研究者たちの視界に入ってきたのである。一九六〇年に起こった日米安保条約改定反対の大衆デモに触発される形で、「民衆史」を手がけていた者たちはマルクス主義の伝統と手を切り、近代主義や近代化理論と渡り合っていくことになる。その際に彼らが採用したのは、非エリート層の歴史的役割を強調する草の根的なアプローチであった。[13]鹿野政直と安丸良夫は大文字の「政治」を念頭に、「大正デモクラシー」や社会運動に関する本を上梓した。とりわけ色川大吉が自由民権運動の大衆的盛り上がりを論文にしたことで、暴力は大きな関心事となった。色川と安丸を筆頭とする民衆史家は、政治エリートのみを扱う方法論から脱却したという点においても、本書でも参照する豊かな研究成果に大きな足跡を残すことになる。[14]

民衆史の研究者同様、アメリカの日本史学者も一九七〇年代後半から八〇年代にかけて、主として大衆抗議運動の研究を通じて暴力を研究対象とするようになる。ロジャー・ボウエンは自由民権運動における「庶民」の占める位置について刮目すべき書物を著し、マイケル・ルイスは一九一八年の「米騒動」の重要なモノグラフを書き、アンドルー・ゴードンは日本における民主主義の概念を捉えなおして、一九〇五年から一九一八年の「民衆騒擾期」へと目を向けた。[15]和をもって尊しとなすという俗論は、それが創られた伝統であることが明らかになるにつれて次第に説得力を失い、日本近代史における紛争の存在にいっそうの注意が向けられるようになった。[16]

これらの学績は画期的なものではあったが、紛争や社会運動における暴力を問題として取り上げることに歴史学者らはあまり関心を持たなかった。彼らにとって、暴力はひとえに政治意識と大衆の活力の証拠として大事なのであり、あくまでも大衆の政治参加と日本の民主主義の草の根的側面を論じる材料でしかなかった。政治的暴力の派生的効果が取り上げられることはほとんどなく、大衆の暴力が他の形態の暴力政治と結びつく筋道もまた議論の埒外だった。[17]

暴力および暴力専門家と政治の関係

本書は、暴力それ自体を重要な歴史的現象として扱う。本書で扱う暴力を定義すれば、身体を物理的に強制する行為ということになるだろう。読者は「暴力」の同義語として「物理的強制力」という語が折に触れて使用されていることに気づくだろうが、これはあくまでも身体を強制する物理的な力を限定して指すものだ。もちろん心理的暴力などの他の形態の暴力であっても、強制力もあれば、同様の精神的な荒廃を引き起こす力も持っている。その点で物理的な暴力と変わるところはないし、本書はこうした暴力を軽んじるものではない。[18] しかし暴力が物理的なものである場合、つまりは精神にとどまらず身体までもが痛めつけられる場合、両者には質的な違いがある。[19] したがって、多くの政治理論家は暴力というものを、物理的身体を侵犯する行為として扱うのである。[20]

暴力専門家に焦点を合わせるということは、道具としての暴力の性質に注目し、暴力が政治的手段としてどのように行使されてきたかを強調することである。「暴力専門家」という語は、チャールズ・ティリーなどの政治思想研究者によってしばしば使われてきたもので、物理的な損害を加えることをもっぱらとする人間を指す言葉である。兵士、警察、武装した衛兵、犯罪者、ギャング、テロリスト、山賊、準軍事組織といった存在は、すべて暴力専門家に該当する。[21] 暴力がどのように国家と政治の機能に織り込まれているかを説明する際には、本書もまたこの定義を引き継いでいる。しかしながら、筆者の視線は国家の暴力機関の外側にいる人間に向いているし、暴力の合法／非合法という枠組みを揺るがす彼らのあり方に注がれている。[22] したがって、筆者は「暴力専門家」という語を、政治の世界で物理的強制力を振るうことで身を立てた非国家的主体を指す言葉として、ないしは政治的な暴力行動で報酬を得ている人間を指す言葉として使用する。

暴力も暴力専門家も、定義するのがひどく厄介な存在である以上、筆者がどのような意図で用語を選んでいるかを説明しておくのが筋だろう。暴力専門家を語るときは、たいていの場合、極力中立的な言葉を選ぶようにしている。ポジティブにであれネガティブにであれ、含むところが最も少ない言葉である。とりわけヤクザが話題に上るときはそうだ。日本の「ヤクザ」に英語の「ギャング」を当てなかったのは、ギャングという言葉がアメリカの読者に、映画に出てくる禁酒法時代のボスがまとったロマンティックなイメージを喚起するかもしれないと考えたからだ。また「ギャング」というのはひどく包括的な言葉で、ストリート・ギャングから洗練されたシンジケートまで、なんらかの犯罪組織に名を連ねていれば、誰でもギャングになってしまう。ヤクザは明確に犯罪組織の一派として定義されるべきものであって、それが適切と思われる場合にはマフィアと同一視して記述されることもある。[23] 筆者はまた、ヤクザ自身がしばしば婉曲的に用いる「俠客」という日本語も避けることにしている。「ヤクザ」という言葉に固有の意味や由来がないというわけではないが、「俠客」と比べればまだしも一様なイメージは形成されていない。ヤクザという言葉はロマンティシズムに振れることもあれば、邪悪さを想起させることもある。少なくともアメリカの読者にとっては、「ギャング」という言葉ほどには含むところは多くないだろう。もちろん、できるだけ中立的な語を選ぶという基本方針を取ったからといって、暴力や暴力的な人間を断罪すべきではないと言いたいわけではないし、物理的強制力の行使に道義性を問うことの無益をほのめかしているわけでもない。しかし筆者としては、暴力は形態においても意図においても様々であって、一様に賛美したり批判したりできるものではないと考えている。例えば草の根の民主化運動という文脈で使用される暴力は、政治指導者の暗殺や帝国主義戦争に見られる暴力と同じではない。一様な色で塗り込められた言葉は、事態の複雑さを歪めるばかりか、そもそも事態を正確に捉えることを不可能にしてしまう。本書のところどころで、筆者は政治行動に対する自らの判断を明らかにしているし、例えば「暴徒」ではなく「活動家」ないしは「抗議者」という言葉を選ぶことで見解を示すこともある。また、現代における暴力と暴力専門家の取り扱い方については細心の注意を払っている。

暴力専門家の歴史を検証する作業を通じて、暴力が政治的表現の一形態であるにとどまらず、一種の道具であることが明らかにされるだろう。暴力は、影響力の獲得と行使のための道具であり、権力のコントロールと蓄積のための道具であり、眼前の秩序再編を目論み、現状を混乱させるための道具であった[24]。本質的に矛盾を孕んだ政治（とりわけ民主政治——異論はあるだろうが）という営みにおいて、こうした手段の必要が昂じてくるのは半ば必然であり、いたるところで論争と対立が渦を巻く政治状況にあっては日本も例外ではなかった[25]。暴力が魅力的な手段となり得たのは、その有用性のためばかりではなく、物理的強制力の行使をある程度容認し、ときには奨励さえする政治文化のためでもある。構造と文化の両面から、物理的強制力は心をそそる道具となった。暴力の行使は活動家や抗議者にとっても、立派な政治家やそうでない政治家にとっても、等しく魅力的に映った。暴力が観察されるのは突発的な状況や政治運動の場だけではない。本書ではそうした文脈の暴力も取り上げはするが、そればかりではなく、暴力は日々の政治的営みの一部をなしていたのである。

暴力と民主主義

本書の最初の問いかけはこうである——近世から近代への移行期である幕末維新期において、暴力に何が起きたのか。国民国家の誕生に伴走した暴力は、その後の近代政治にとってどのような意味を持っていたのか。ここで中心となるのは、近代の暴力専門家の先駆である「志士」と「博徒」についての検証である。彼らはいかにして一八六〇年代から八〇年代の転換期を先導したのだろうか。志士とは、一般的には一八六〇年代に近世の体制を転覆させるべく行動した下級武士たちのことを指し、彼らは外国人や逆賊と目された日本の役人を狙って暗殺劇を繰り広げた。志士たちは政治勢力としては明治期まで生き延びることはなかったが、その精神を近代に受け継いだ者たちは、志士が先例として遺した愛国的で反抗的な暴力を都合よく形を変えて利用し、それによって自分たちの政治的暴力を賦活し、正当化した。博徒の場合は、イデオロギーの遺産を近代へ引き継ぐにとどまらず、彼ら自身が暴力専門家として近代政治の世界に居場所を見つけることになった。博徒の中には一八六八年から翌年にかけての戊辰戦争に加わるために藩に取り立てられた者もある。彼らは長らく実戦に加わらずに過ごしてきた貧弱な武士よりは、よほど経験豊富だったからだ。一八八〇年代、博徒らは自由民権運動の最も血なまぐさい局面で、運動に参加するだけではなく、ときには指導者となって大衆を率いた。それは政治と呼ぶほかはない領域であり、本人たちもそのことを意識したうえで活動していた。

自由民権運動は、本書の主題のひとつである「近代日本政治における暴力と民主主義の相互作用」を探究する出発点でもある。暴力の定義は上述したように複雑だが、民主主義については「代表団と憲法を伴う参加型統治」と、比較的シンプルに定義することができる。このようにわざと大雑把に規定するのは、本書で採用するアプローチが、理想的な民主政を云々する観念的なものではなく、現実に実践されている民主政を土台にしたものであることを強調するためだ。民主主義は進行中の実験として理解されなければならない。一方で、必ずしも漸進的なものとして理解される必要はない。民主主義とはプロセスの名であって到達地点の名ではないという点を強調するために、筆者は「民主化」という言葉は用いないことにしている。完全な民主主義のもとには暴力の居場所はないと謳うのは至極簡単ではあるが、そのような政治体制が現実に存在した例はない。[26]むしろ厄介なのは、暴力が日本の民主主義をどのように反映し、その結果として日本の政治的営みに何がもたらされたのかという問いである。

日本の民主主義について述べるにあたり、筆者は意図的に「大正デモクラシー」という表現を避けることにした。特に日本の歴史学者たちは、大正（一九一二～一九二六年）の政治を性格づけるために、政治活動が草の根的に広まり、民主主義から国家主義まで様々な思想が民衆に受け入れられた時代状況をこの言葉で表現してきた[27]。「大正デモクラシー」はなるほど同時代の様々な潮流を一括りにするには便利な言葉だろうが、タイムスパンとして窮屈すぎるし、時代の前後関係を捉えることを困難にしてしまう[28]。大正年間に焦点を合わせると、明治（一八六八～一九一二年）の民衆政治は脇に追いやられることになる。そのような懸念から、歴史学者の坂野潤治は「明治デモクラシー」という言葉を使って、この偏りにバランスを取ろうとしている[29]。「大正デモクラシー」という言葉はまた、一九一〇年代、二〇年代の国家主義と帝国主義の時代がどのようにして昭和（一九二六～一九八九年）初期の総力戦と軍国主義の時代へとつながっていったのかという視点を曇らせるものだ。筆者としては、年代を限定する言葉を避けて民主主義を語ることで、時代を超える持続の重要性と、必ずしも時代の呼び名に結びつかない重大な変革の瞬間を強調できればと思っている。

本書で扱う一八八〇年代から一九六〇年代初期までの日本は、「暴力的民主主義」というダニエル・ロスの言葉を使って表現しても差し支えないだろう。ロスの関心はまず、民主主義の土台が打ち立てられた瞬間に弾けた暴力が、続く時代にどのように反響するかという点に置かれている。筆者の興味も同じ問いに向けられているが、筆者がなお鋭く照準を合わせているのは、日本において暴力と民主主義はいかにして共存していたかという問いだ。この問いを言い換えるとこうなる——暴力はいかにして民主主義を促進すると同時に脅かす存在であり得たか。民主主義はいかにして暴力を生み出すと同時にそれを内に抱え込んだのか。政治暴力の文化と民主主義はどのようにしてまったく同時に作動し得たのか。

一八八〇年代と九〇年代については、日本で議会政治、立憲政治が誕生したまさにその瞬間、その場所に暴力が居合わせていた意味を探究することになる。その数十年のあいだ、いたるところに「壮士」が姿を見せるようになっていた。自由民権運動の若き活動家であった壮士たちは、一八八〇年代を通じて政治的無頼漢といった様相を帯びていく。公開集会や討論会、選挙運動を通じて、政治が衆目を集めるようになっていくが、それにつれて無頼漢流の暴力も人前にさらされることになる。政治集会で喚き散らして進行を妨害する、政敵に物理的な脅しをかける、あるいは政治上の盟友を敵側の壮士から守る。こうした風景はますますありふれたものとなり、日本の民主主義揺籃《ようらん》期の数十年間、これについてまわることになった。ここで問われるべきは、壮士の暴力がなぜ、そしていかにして民主的実践に加わったかということだけではない。なぜそれが続いてしまったのかということも問わねばならないだろう。さらには、壮士は日本の民主主義が抱えた欠陥を反映して生まれたものだと理解されるべきなのか、また壮士の暴力がこの時代にどのような影響をもたらしたのかといった問いも、われわれの興味の範疇にある。

二十世紀への移行期に、壮士は院外団（政党の圧力団体）の暴力担当部門として政党構造そのものの中に組織化されることによって、なおいっそう強固に政治の一翼に組み込まれることになる。一九一〇年代から二〇年代にかけて、主要政党の院外団は無頼漢の警護業務や嫌がらせ工作を支持し、折に触れて大きな政争を企てることもあれば、扇動者として振る舞うこともあった。民主主義の勃興期として語られる時代に院外団の壮士が幅を利かせたというのは奇妙にも映るだろうが、おそらくこの関係は見かけほど矛盾したものではない。より大きな疑問は、壮士という存在と彼らが培養した政治暴力の文化は、この十数年間の民主主義に対するわれわれの理解と折り合うのか、折り合うとすればどのように折り合うのか、というものである。

暴力と民主主義の関係を探究することは、ファシズム運動の暴力を考えることにもつながり、一九三〇年代において政治が軍国主義に急傾斜していくのに暴力的民主主義が果たした役割を考えることにもなる。一九二〇年代から三〇年代、暴力専門家（特にヤクザ）は大日本国粋会、大日本正義団といった国家主義団体へ積極的に参加し、ときにリーダーシップをとって、労働組合やストライキに参加した労働者、社会主義者やその他の左翼に対して睨みを利かせることで時代のイデオロギー風景を形作ることになった。政治の世界はいっとき、こうした国家主義者のグループの暴力と院外団の暴力とが同居する場所となった。本書では、このふたつの形態の乱暴行為の関係性を検証するとともに、それが政治暴力に対する当時の見方にどう影響し、ひいては政党の未来や暴力的民主主義の命運にどう関わったかを探求していくことになる。

最後に、本書は民主主義と暴力の関係というテーマを再び確認し、第二次世界大戦後の状況を検討する。大戦後、政治の舞台に再浮上した暴力専門家もいれば、そのまま消えていった者たちもいた。ヤクザはなおも国家主義と反共主義のスタンスを崩さなかったが、壮士と暴力的な院外団の取り合わせはもはや力を失い、政治家と暴力専門家のあいだを取り持ってきたフィクサーたちは政治の片隅に追いやられるようになった。とりわけ一九六〇年代後半に、金銭が政治的手段として物理的強制力を凌ぐようになると、政治の世界ではヤクザの暴力さえも影を潜めるようになる。こうした転換は、次のような問いを惹起する。終戦直後の日本の民主主義がある種の暴力専門家を許容したのはなぜか。また、一九五〇年代の日本を暴力的民主主義として語ることは妥当なのか。

以上見たように、暴力専門家の歴史を探求するこの試みは、様々な政治形態（明治国家の形成から民主主義の実験、ファシズムとの遭遇まで）において暴力が占めた位置とその意味について、幅広い問題を検証するためのレンズとなることが意図されている。

比較史へのアプローチ

一八六〇年からの百年間、暴力専門家たちの存在は暴力的政治のそこかしこに織り込まれていたが、本書は日本における政治暴力の歴史を包括的に叙述するものだと大言壮語するつもりはない。今世紀まで続く物理的強制力の膨大な発露を一冊の本で公平に扱うなどというのは、もとよりできない相談である。さらに付言すると、本書の焦点が暴力にあるからといって、日本の近代政治においては暴力が最大の特徴であったと主張しているように受け取られたなら、それは筆者の本意ではない。

筆者としては、日本は政治暴力という点で独特であると言いたいわけではなく、日本と「日本人」は例外なく野蛮であるという、戦時中に見られたステレオタイプの復活を後押ししたいわけでもない。この点を強調するために、比較のための傍論を本書のいたるところに仕込んで、日本国外の事例を引いている。なかには意図的に、政治暴力が普遍的な存在であることを示すためだけに海外の事例に言及した箇所もある。

一方で、比較分析をじっくりと行って、類似点を示すだけでなく特異点についても扱い、章の中心的な論点に直結させて述べた箇所もある。というわけで、ここで事例の選択について一言しておいたほうがいいだろう。おそらく最も意義があるのは、日本とイタリアの比較だろう。というのも両国が直面した歴史的困難には類似したところがあるし、政治的特徴も共有されているからである。政治学者のリチャード・サミュエルズが述べているように、両国とも一八六〇年代以来、「キャッチアップ」競争を展開してきたが、法の支配と健全な市民社会を享受する豊かな民主主義国家になってからも、「世界基準」であることを求めつづけている。[30] 本書の関心にいっそう関係が深いのは、日本もイタリアもファシズムに衝突したこと、そしてマフィアによる政治への甚大な干渉を経験していることである。

筆者はアメリカとイギリスにも紙幅を割き、しばしば民主主義のモデルと見なされる両国の政治暴力について議論を展開している。その米英とて、暴力と戦ってきたのである。それを証明してみせるのは、暴力的な政治と無縁な民主主義などありはしないこと、日本だけが目立って暴力的なわけではないことを繰り返して強調するためである。

全体として、これは政治を舞台に活躍しながらも歴史学者の目を悠々とくぐり抜けた人物たちについての歴史である。[31] 暴力専門家たちを史料編纂室の暗がりから引きずり出すことで、本書は日本近代史における多くの時期、暴力が政治実践の全般に深く埋め込まれていたことを明らかにする。そしてわれわれは、秩序と波乱、刺激と恐怖、威厳と残酷が同居する政治の世界を発見することになるだろう。

第一章　愛国者と博徒　暴力と明治国家の成立

地元の神社の境内にひしめく群衆を前にした田代栄助は、自分が彼らの総理（代表）にして指揮官であると宣言し、集団を困民軍と名付けた。[1] 農民その他の村落住民からなるこの戦闘集団は、鉢巻を締め、袖をまくりあげて、竹槍、刀、ライフルを手に臨戦態勢にあった。[2] 一八八四年一一月の最初の日、埼玉県秩父地方に結集した困民軍は、自分たちの貧困と無力の元凶と彼らが見なす相手に対して蜂起に打って出た。敵は貪欲な金貸しであり、明治国家である。続く数日間、困民軍のメンバーは高利貸しを殺害し、役所を襲い、政府の鎮圧部隊と戦闘を繰り広げた。これを束ねたのが指揮官の田代栄助と副指揮官の加藤織平である。田代と加藤について注目すべき点は、ふたりが博徒（一種のヤクザ）だったということだ。一八〇〇年代中期以前に、彼らのような男たちが農民一揆や政治反乱の首謀者になったという話はほとんど伝わっていない。ところが明治に入って一〇年もすると、国家の政治舞台に躍りでる博徒が現れるようになった。

田代と加藤については、近世から近代へと支配体制が慌ただしく移行した時期（一八六〇～一八八〇年代）を、近代の暴力専門家の先駆（志士と博徒）がいかに先導したかという、より大きな現象の事例として捉えたい。志士と博徒は封建時代の昔からよろよろとやってきた過去の遺物などではなかった。徳川幕府の没落という未曾有の動乱と明治初めの数十年にわたる混乱期を通じて、彼らは装いを一新したのである。武家政治の終焉、国民国家の誕生、種々の民主政治の勃興が、志士と博徒の近世的な暴力を近代的な暴力に作り変えた。志士と博徒はこうした変革期の数十年を、それぞれに異なったやり方で駆け抜けることになる。

志士を代表する存在は下級武士で、徳川時代の戦士として近世国家の暴力部門を公式に担っていた。しかし、武士が実際に領土防衛の任に就く機会は相当に限られたものであり、戦士とは名ばかりの存在だった。彼らが武器を取り、本来は自分たちで護らなければならないはずの政治秩序に歯向かうことになったのは、一八五〇年代に押し寄せた西洋列強に対する幕府の対応に深く失望したからである。下級武士という地位に甘んじなければならないフラストレーションに、「直接行動」の倫理と政権への軽蔑が相まって志士が生まれたのだ。彼らは一八五〇年代後半から六〇年代前半にかけて、倒幕を果たすべく暴力（主な手口は暗殺）を行使していくことになる。厳密に言えば、志士は暴力専門家ではない。彼らは自分たちが目指す政治目標のために実力行使におよんだ反逆者であり、他人のために暴力を振るったわけではないからだ。しかも彼らは政治勢力として明治王政復古を生き延びることもなかった。それでも志士は、明治期の初めまで続いた国家の醜態に暴力をもって反旗を翻した人々のモデルとなった。ときに愛国の活動家、ときに排外主義のテロリスト――志士の内実は様々だが、明治以降の近代の暴力専門家たちによって記憶され、蘇生されることになるのは彼らの愛国心であった。

博徒は徳川時代のギャンブラーであり、彼らはおのれのビジネスと縄張りを守るために身体を鍛え上げていた。徳川幕府が直轄地の警備に博徒の助力を求めたのはいくらか皮肉な選択ではあったが、それはその腕力あってのことにほかならず、明治王政復古の内戦では、博徒たちを兵に取り立てた藩もあった。一八八〇年代の自由民権運動の文脈においては、博徒が腕力によって指導的地位にのし上がることもあった。その一例が、秩父事件を主導した田代栄助と加藤織平である。博徒は志士のようにイデオロギー上の遺産となるにとどまらず、自ら暴力専門家として近代政治を渡っていくのである。

志士と博徒の検証を通じて、われわれは以下のような問題に見通しを得ることができるだろう。国民国家形成の過程で徳川時代の暴力はいかに変容したか。ある種の暴力はなぜ、あるいはどうやって生き延びたのか。暴力はどのような過程で近代の特徴を帯びるようになったのか——徳川時代から明治への移行期に発生した暴力は、近代国民国家としての日本の誕生とともに消滅したわけではなく、様々に変容を重ねながら、以後数十年の政治的営み、政治的実践と歩みをともにしていくことになる。

志士——暗殺者、反逆者、愛国者

一八五三年、アメリカの砲艦が江戸の沖合に姿を見せると、二世紀以上の長きにわたってほぼすべての西洋諸国に門戸を閉ざしてきた国は、外交政策において議論百出、四分五裂の状態に陥った。宥和から排除まで意見は割れたが、主要な幕閣は軍事に勝るアメリカと協力関係を結ぶほかに道はないと判断した。西洋を前にした徳川幕府の無能ぶりは明らかで、それは幕府にはたして国を保護防衛することができるのかという具体的な懸念の形をとって、一部の勢力に暴力的な改革路線を歩ませることにもなった。特に一八五八年に西洋五カ国と外交・通商関係を結んだ、いわゆる「不平等条約」への調印、そして以後二年におよぶ大老井伊直弼による政敵の粛清は、祖国が外国の前に膝を屈するのを目にした人間にとってことさら屈辱的なものだった。ここに生まれたばかりの愛国主義は、西洋に押し切られる形で国を開いた事実に煽られ、近世国家への深い失望を表現する手段として暴力の使用を奨励していく。それは二百年以上にわたってほとんど見られなかった武士による暴力的反乱に帰結することになる。

この反徳川勢力は、勤王派や志士などと様々に呼び習わされてきた。志士という言葉の含意するところは、領土や国家への自己犠牲である。孔子は志士を定義して、徳と慈しみのために我が身を顧みない人間だとしている。徳川末期の文脈では、志士の指導者であった吉田松陰が、その特徴を戦乱のときにあって国家のために意思を働かす者だと述べている。[3] この時期、志士の採用したイデオロギーは「尊皇攘夷」という言葉に集約される。この思想の背後にある学問的な由来は長く複雑だが、これが水戸藩出身の学者によって洗練されるのが一八〇〇年代初めのこと。一八五〇年代、六〇年代には志士の大物たちがこの思想を取り上げることになる。[4] なかでも長州藩出身の吉田松陰は抜きんでた存在だった。一八五八年以降とみに、松陰は外部の人間が徳川政権に異議申し立てをしなければならず、また外国人を襲撃して幕府が「夷狄」に対して行動に出るよう仕向けなければならないと、「謙虚な英雄」たる志士たちに執拗に迫った。加えて、自己犠牲と勤王を旨とする「草莽の志士」が率先して天皇の復権を図ることも求めた。実際、松陰は口ばかりの人間ではなかった。一八五八年、松陰は井伊直弼が京都に置いていた密偵を暗殺しようとした咎で逮捕され、翌年には処刑されている。そして松陰の教えは弟子たちに受け継がれていく。弟子のうち、少なくとも一五人は後に志士となって暴力行動に従事し、さらに伊藤博文や山県有朋などその中の数人は明治維新と以降の政治において重要な位置を占めることになる。同様の例としては、土佐藩の剣術教師、武市瑞山が挙げられる。武市も松陰と同様、門弟の主力に坂本龍馬、中岡慎太郎といった志士を抱えており、徳川幕府の権威を毀損し、朝廷の復権を図るために暴力を用いることを称揚した。[5]

志士にとって暗殺という暴力戦術は当たり前のものだった。外国人はもとより、同郷人であっても、西洋人が日本の土を踏んでいることに目をつぶり、その要求の言いなりになっている者は暗殺の対象となった。歴史学者たちはこうした暗殺をしばしばテロ行為として説明してきた。事実、それは恐怖の醸成を意図する象徴的な行動だったと言える。その目的は、反逆の嫌疑がかけられた日本人を罰し、外国人排斥の流れを引き起こし、不愉快な条約締結を叩き壊すことだった。[6]

幕府と諸外国の外交官が主に公式の折衝を持った江戸では、数多くの暗殺が実行に移された。この都で、長髪に髭面、不潔な体に粗末な平服、素足に下駄といった出で立ちの志士はとりわけ目立つ存在だった。数年にわたって猛威を振るうことになる志士の暴力の時代は、一八六〇年三月、江戸城の門外における井伊直弼暗殺で幕を開けた。志士一八人（ひとりは薩摩藩士で、残りは水戸藩士）は「不平等条約」を締結したとして井伊に死の制裁を加えた。[7] 志士の刃にかかった犠牲者のリストには、イギリス公使付きの通訳、小林伝吉の名前もある。小林は外国人居住者の好色を満足させていた店に出入りしていることが知られていたし、使節団のガイドとしても働いていたが、彼が襲撃者たちの注意を惹くことになったのは、一説に、彼とその同僚のイギリス人数名がかの四十七士の墓石に不敬を働いたからだという。これが暗殺の真の動機かどうかは不明であり、どちらかといえば作り話の類いと思われるが、いずれにせよ小林は一八六〇年初頭に、怒れる志士らによって殺害された。[8] また江戸では、薩摩出身の志士が少人数でオランダ人のヘンリー・ヒュースケンを狙った事件も発生した。ヒユースケンはアメリカ公使の秘書兼通訳で、語学のスキルをもって問題の「不平等条約」の交渉に当たった人物だ。一八六一年一月一五日の夕刻、黒装束に覆面の志士が検問所でヒュースケンとその随行員を待ち伏せて凶行におよび、刀で致命傷を負わせるに至った。暗殺者は虎尾の会として知られる清河八郎主宰の志士グループに参加していたことがのちに判明する。清河は自分の私塾で中国の古典と剣術を教え、政治を議論していた志士であった。虎尾の会のメンバーになれるのは、尊王攘夷のイデオロギーを奉じる、清河の最も信頼の篤い協力者だけだった。[9] それから半年近く経った同年七月、今度は東禅寺に置かれたイギリス公使館が志士の標的となった。周辺は厳戒態勢が敷かれていたはずだが、一四ないしは一五人の志士が警備をかいくぐって寺を強襲、死傷者は数十人に上った。[10] 同時期にはロシア海軍軍人、オランダ商船の船長、フランス領事館務めの中国人なども志士の襲撃の的となって命を落としている。[11]

志士たちは暗殺を英雄的な行為と見なしたが、多くの外国人がそれに同意しなかったのは当然のことである。それこそ暴力の持つ意味合いは立場によって異なるといういい例だが、外国人にとって志士の暴力はテロリズムにほかならず、日本人の野蛮を再確認させるものだった。イギリス初代駐日総領事ラザフォード・オールコックは井伊直弼の暗殺を論じて、そこに志士の決意と自己犠牲があったことは認めている。[12] しかしながら、自身痛切に感じていた暴力の脅威については、当然のことながら概して批判的だった。一八五九年八月九日、オールコックは外国人に対する非道な扱いに抗議する書面を日本政府（幕府のことだと思われる）に提出しているが、そこで彼は江戸にあって日々生命の危険にさらされていることをホスト国に対して訴えている。

大英帝国とアメリカ合衆国のいずれの代表部員も、官舎から外出すれば、かならず乱暴・無礼――とくにさいきんは、もっとも無法にして断固たる性質の暴行――の危険をおかさなければならないのである。つつましくおだやかに、だれにも侮辱や挑発を与えることなく大通りを通行する紳士にたいして、石が投げられ、打撃が加えられ、刀が抜かれるのである。[13]

それから二年近く経ち、東禅寺での襲撃事件の直前になってオールコックが語っているのは、日々やむことのない危険がいかに「耐え難い」ものであるか、そしてそれゆえに周囲の人間がいかに感覚を麻痺させてしまったかということである。[14]オールコックにとっては、暗殺こそ日本およびオリエントの無礼、残酷、執念ぶかさを物語るものだった。さらに、とりわけ首都においてこうした無法な振る舞いをコントロールできないというのは、幕府の無力を示してもいた。こうした一種の「集団暴力」(オールコックがしばしば使った言い回しである)は、過ぎし封建時代のヨーロッパを彷彿とさせるものであり、仮に志士の暴力と同様のものが現代ヨーロッパに存在したとして、それはもとより政府の許容するところではないというのがオールコックの見方だった。[15]それゆえにイギリス領事は外国人への暴力的攻撃を目の当たりにして、日本人も日本の政治もヨーロッパの礼節、合理性、発達に能うものではないという自らの考えの正しさを確認することになったのである。

志士による暗殺事件は一八六〇年代前半にピークに達した。一八六二年の途中から二年のあいだに七〇もの事件が発生している。[16]そのひとつが一八六二年五月に起きた土佐藩家老の暗殺事件だ。事件の首謀者は武市瑞山で、家老が幕府寄りともとれる藩政改革に乗り出したことへの報復だと考えられている。[17]同年九月にはイギリスの商人チャールズ・リチャードソンとその連れの三人が薩摩の志士に襲撃される事件が起こった。世にいう「生麦事件」である。イギリス領事館に勤務していたアーネスト・サトウは、事件後のパニックについてこう論評している。「これ（殺害事件）がヨーロッパ人の神経に及ぼした影響は甚大であった。ヨーロッパ人の目に、二本差しの男は潜在的な暗殺者として映るようになったのである。そうした男と道で出くわすようなことがあると、すれ違って身の安全を確認するなり神に感謝するのだ」[18]。一八六四年の初頭にもイギリス人が志士のターゲットになり、このときはふたりの士官が鎌倉で殺害された[19]。

朝廷の置かれた京都では、暴力はいっそう目についた。土佐、薩摩、長州出身の志士が攘夷・倒幕派の公家の周囲に群がり、殺気立った空気をみなぎらせていた。こうした志士たちは、自分たちの振るう暴力を「天誅」と称して正当化し、掲示板やビラ、その他のメディアを通じてそれを喧伝し、逆らう者たちに脅しをかけた。天誅の最初の犠牲者のひとりが島田左近である。島田は幕府と通じた公家の家臣で、一八五〇年代後半には徳川政権に批判的な勤王派をスパイしてその情報を上げることで私腹を肥やしていた。数年にわたってそんな仕事をしてきた島田だったが、ある晩、風呂を楽しんでいたところを土佐、薩摩、肥後の志士に殺害される。その首は、幕府のやり方に倣って見せしめのためにさらされ、そこには「天地容れるべからざる大奸賊なり　依って誅戮を加え　今梟首《きょうしゅ》するもの也」と書いた立札が添えられた[20]。その二カ月後には、志士二四人が安政の大獄を実行に移した現場責任者四人を襲撃した。四人は京都から東京へ向かう途中、旅籠屋にいるところを襲われた。うち三人は即死、残るひとりは逃走したが、その直後に死亡している。志士がどのような政治的意味合いで標的を選んでいるのかはっきりするのは、一八六三年二月である。このとき、志士の剣先の餌食となったのは生きた人間ではなく、足利将軍の像だった。後醍醐天皇に背を向けたという十四世紀の出来事ゆえに志士の目の敵にされ、三人の足利将軍（というよりもその木像）の首が切って落とされた。島田の首と同様、足利将軍の木の首は、その象徴的な意味合いが看過されることのないよう、露骨なメッセージとともにさらされることになった――「その醜像天誅を加えるものなり」[21]。

こうした志士の暴力は恐慌を醸成するには有効だったが、暗殺だけでは夷狄の放逐にも倒幕にも至らないことがすぐにはっきりする。一八六三年、より大規模な暴力の行使が企てられたが、幕府軍にねじ伏せられるにおよんでむしろ志士の力の限界が明らかになった。一八六四年の終わりには、すでに懲罰を受けていた志士もいれば、闘争で命を落とした者も多く、残った者も大半が軍事力に勝る西洋勢力を排除するには日本は無力でしかないことを認識していた。最も暴力的で目立つ志士はすでに検挙されており、数百もの志士が逮捕されるか、京都の外へと追いやられていた。志士に引導を渡したのは在京の治安組織だが、毒をもって毒を制すと幕府援護のために組織された新選組のような浪士部隊もまたそこに与していた。志士を制裁し封じ込める役は外国人にも任された。彼らはここで、夷狄の放逐などできはしないことを証明してみせる。一八六三年にはイギリスの軍艦が薩摩の鹿児島湾に砲弾を打ち込み、商人リチャードソンの暗殺について決着を迫った。そしてそれから約一年後、今度はイギリス、フランス、オランダ、アメリカの海軍が長州の下関を砲撃。志士に煽られた長州藩が西洋の艦船を攻撃したことへの報復であった。以上のような過程を経て、暗殺の政治は終焉し、尊王攘夷のイデオロギーは勢いを失っていく。残された志士が採るべき道は政治生活からの撤退か、あるいは徳川幕府転覆を期した軍への入隊であった。[22]

明治初期における志士の遺産

志士による倒幕運動は一八六八年を前にして失速していたが、近代の不満分子はこの前例に力を得て国家への暴力的反乱を起こしていく。志士たちが築いた豊かなイデオロギー的伝統は、自らの政治的暴力を正当化しようとするその継承者たちの手で、装いも新たに復活した。[23] 志士の遺産が魅力的だったのは、政治的方向性に応じて恣意的に形を変えて利用することができるからだ。志士は国家に対する渾身の抗議活動によって褒め称えられることもあれば、天皇への忠誠ゆえに、あるいは国家防衛への献身ゆえに称えられもする。こうした可能性は、ときに根っから政治スタンスの異なる人間に利用されることもあったが、いずれにせよ志士を理想化するロマン主義に寄与することになった。勇敢で恐れを知らない若き英雄という役が割り当てられたことで、志士たちの暴力もその近代の後裔の暴力も受け入れられやすくなり、なんなら立派な行為へと格上げされたのである。

暴力を正当化するために国家草創期のイデオロギーを解釈しなおして拝借するという行為は、独立戦争後のアメリカにも見られたことである。アメリカにおける「国民主権」という語も概念も、「公共の利益の敵」と見なされる人間に対する自警行為や私刑、タール羽の刑［訳注：上半身を裸にしてタールを塗り、羽毛を付けてさらし者にする刑罰］を合理化するものとして発動されたものだ。一八四〇年代にニューヨーク北部で起こった反地代闘争では、抗議者たちは敵に「トーリー」とレッテルを貼り、ボストン茶会事件の「インディアン」にちなんで「モホーク族」の恰好をした。あるいはミニットマン［訳注：独立戦争当時の民兵］を名乗る集団も繰り返し登場した。例えば一九六〇年代に銀行強盗を含む様々な襲撃事件に関与した同名の反共準軍事組織などである。[24]

明治初期の日本において、志士とその思想に感化された士族は、新政府に対して暴力をもって異議申し立てをしていくことになる。[25]志士の伝統に鼓舞された士族の反乱は、英雄的行動という観念を近代の時代に持ち込んだ。一八六〇年代の終わりから七〇年代にかけて、近代化を図る明治政府は次々と武士の特権を剝奪していき、武士の怒りを買った。徴兵制の導入で軍事的役割を取り上げ（一八七三年一月）、廃刀令によってステータスシンボルであった帯刀を禁じ（一八七六年三月）、家禄を公債へと切り替える秩禄処分の決定で家計の安定を奪った。志士たちの望みが「夷狄」に侵攻されることのない国を取り戻すことであったように、不満を募らせた武士の望みは自らの特権を取り戻すことだった。自分たちが代々受け継いできた仕事を妨害しているようにしか見えない政府に対して憤りを募らせたのは、志士も武士も同じであった。明治政府へのこうした反感が、他の政治的懸念と相まって暴力へとなだれこんだ結果、一八七四年から七七年にかけて六つの反乱が起こる。

反乱を決起したのは、一八六〇年代前半から直接受け継がれた遺産――ほかでもない元志士たちである。六カ所の反乱を主導したのは、いずれも幕末期（徳川政権の最後の一五年）の倒幕運動の初期の信奉者たちだった。ある著者がいみじくも指摘しているが、こうした反逆者たちが力の行使で政治問題を解決できると固く信じていたのは、彼らが維新の子だったからにほかならない。[26]具体的には、萩の乱のリーダーは旧長州藩出身の志士であった。一八五〇年代後半に志士のリーダーである吉田松陰の薫陶を受けた前原一誠その人である。若き前原にとって、「直接行動」という教えは薄れることのない衝撃だったのだろう。一八七六年一〇月、前原は長州（現在の山口県）の反乱グループを率いて萩に置かれた県庁を襲う計画を進めた。結果はしかし、政府軍による逮捕に終わる[27]。

神風連の乱の場合、志士の影響はイデオロギー的なものだった。神風連の政治志向と世界観は林桜園の教えに根ざしていた。林は幕末に極端な排外主義を唱えていた国学者で、その主張とは、夷狄は断固拒絶すべき対象であり、神風と武士の力を結集することによって駆逐可能であるというものだった。林が一八三七年に設立した塾の原道館は維新を生き延びる。そして林の死から二年後の一八七二年、門下生の中でもいっそう過激な排外主義を掲げて明治政府の西洋化路線に強硬な姿勢を取るメンバーが結成したのが敬神党、俗にいう神風連である。一八七六年一〇月二四日、のちに神風連の乱と呼ばれる反乱が起きた。この乱に影響された萩の乱が起こる二日前のことだ。敬神党のメンバー一八一人は武士の装具に身を包み、熊本鎮台を攻撃した。鎮台を包囲した反徒たちは翌日までには鎮圧され、二八人が殺され、八五人は自刃した[28]。

最後にして最も劇的な反乱は西南戦争（英語では「薩摩の反乱」という呼称のほうがよく知られている）だが、ここでの志士やそのイデオロギーとの結びつきは、あったとしてもごく緩いものでしかなかった。しかし、これもまた暴力行為を伴う運動という点で、人々の記憶と想像上では志士と絡み合うことになる。西南戦争が理想化されるのは、西郷隆盛がリーダーだったからにほかならない。元薩摩藩士の西郷は、幕末期に少なからぬ薩摩志士の尊敬を勝ち得て倒幕のために戦った男である。明治初期には参議、陸軍大将、近衛都督など重要な政府ポストを歴任した。しかし朝鮮をめぐって同僚政治家と衝突し、よく知られるように一八七三年に下野する。鹿児島（旧薩摩）に戻った西郷はほぼ一切の政治問題と距離を置いていたが、一八七四年には軍事訓練（歩兵と砲兵）およびいくつかの学術科目に特化した学校からなる私学校を設立している。それから数年にわたって中央政府による旧藩への干渉、武士特権の剝奪、鹿児島での活動の監視といった事態が続くが、これに不満を募らせた私学校の学生たちは、一八七七年の終わりに西郷を指導者として明治政府への反乱を起こすことになる。八カ月間の散発的な戦闘ののち、反乱軍は完全な敗北を喫する。死傷者は一万八千人に上り、西郷は自害した。[29]

こうした士族の反乱には、その先駆たる志士の暴力とイデオロギーが反響しているし、それゆえに士族が残した近代の遺産にも、志士の遺産が織り込まれている。反逆者の中には伝説の人物となって国家の手の届かないところで神話を産み落とした者もある。西郷隆盛は当時の政府から逆賊のレッテルを貼られはしたが、新聞には西郷は天に上って彗星になったとか、のちになると火星になったなどと語られたし、仏の姿で絵画に描かれるほどの人気を博した。西郷信奉者の中には自由民権運動の活動家もいた。明治政府に異を唱えたという理由から、彼らは西郷を「自由と抵抗」の象徴として祭り上げた。[30]神風連の反逆者たちも一部で美化されているが、最も知られた賛美者は三島由紀夫である。戦後に活躍したこの作家は、一九七〇年一一月二五日、自衛隊の東部方面総監部を占拠してクーデターと天皇の復権を呼びかけた末に自害することになる。[31]

志士の伝統を利用したのはなにも反逆者だけではない。明治国家の打った手は象徴的で、志士の天皇への忠誠心を称揚しようとした。例えば一八六三年に企図された志士による反乱については、その指導者のうち九人に対して死後の贈位が行われている。同様に、志士の組織である虎尾の会のメンバー七人にも叙勲が行われた。そのうちふたりはヘンリー・ヒュースケン暗殺に参加した志士である。[32]

志士はまた、のちに精力的に活躍する国家主義者たちのインスピレーション源でもあった。ひとつ例を挙げれば、一八八一年創設の政治結社「玄洋社」のメンバーは、自分たちこそ明治期における幕末志士の再来であるという自己認識を持っていた。玄洋社やそのシンパが残した史料を見ると、特に組織がはっきりと国家主義的な傾向を帯びるにつれて、彼らは支持者を「志士」と呼ぶようになり、憂国の情において自分たちとかつての志士は同類であり、とりわけ攻撃的な対外政策を推進しようとしている点で両者は共通していると強調するようになる。[33]

のちの玄洋社のリーダーには一八七〇年代の士族の反乱に参加していた者もあり、こうした志士のアイデンティティの借用は直接的なものである。重鎮の箱田六輔、進藤喜平太、頭山満は反乱軍の人集めに加担していた。彼らは結果的に福岡の警察から厳しい監視を受けることになる。警察が頭山宅を捜索した際、反乱だけでなく、内務卿大久保利通の暗殺計画に関わる文書も出てきた。一八七三年に征韓論に反対したため、大久保は士族の怒りを少なからず買っていたのである。頭山、箱田、進藤はその他の者とともに逮捕、収監される。箱田は収監中、過酷な労役に就き、頭山とほかの者たちは一八七七年九月まで拘禁されたが、証拠不十分で無罪となった。[34] さらにもうひとつエピソードを加えると、一八七七年三月、玄洋社の母体となるふたつの結社、強忍社と矯志社のメンバーが西南戦争に呼応して福岡の反徒八百人を集め、福岡城への攻撃を企てた。一時は城を包囲するも官軍によって蹴散らされ、西南戦争の戦場へと逃亡しようとしているところを逮捕されてしまう。[35] そして九月に西郷が敗北すると、こうした明治の「志士」たちも、武士特権復興の望みは捨てざるを得ないと認識するに至った。結果的には彼らもいくらか進歩的なヴィジョンを持つようになったが、とはいえ、愛国心はもとより明治国家への敵意が失われることはなかった。だから、玄洋社の顔である頭山満と内田良平が西郷隆盛を英雄視していたとしても驚きはない。彼らにとって西郷は、明治政府への反逆者であり、愛国者であり、強硬外交の擁護者だった。実際、内田は六巻からなる西郷と西南戦争の評伝を編み、一九〇八年に出版している。[36] 玄洋社とその別働隊を指揮しながら、頭山満や内田良平らは一九三〇年代に至るまで日本の国内政治と外交政策に影響を及ぼしていく。六〇年という長い期間のことだけに、個々のトピックを見れば、彼らのスタンスには明らかにぶれがある。だがそのイデオロギーと戦略は、志士という先駆者に関する自身の経験、理解、そしてそれを作り変えていく作業を通じて賦活され、しばしば正当化されていくことになる。

明治国家誕生の華々しい物語に幾重にも包まれた志士の暴力が、近世の昔の姿をとどめることはなかった。むしろ装いも新たに、近代の政治生活の一部となったのである。

博徒——アウトロー、ロビン・フッド、地元のリーダー

徳川幕府が弱体化した幕末期、志士と博徒はともに政治という営みに加わることになる。しかしながら博徒が政治問題に駆り立てられたのは、志士のように国を憂い、西洋による侵略を恐れたからで

はない。彼らが地方で知られた暴力の使い手だったからである。

特に幕末期に博徒が目立った存在になったのには、物理的強制力を行使する彼らの能力が大きく与っている。賭博はすでに十七世紀から人気の娯楽だったと考えられるが、賭博専用の空間が現れるのは徳川時代の中期である。賭場が全国津々浦々におびただしく作られるようになると、個人宅で行われていた気楽な遊戯はそれに取って代わられていく。[37]初期の賭場を運営していたのは、主に口入屋、人夫、火消しなどからなる博徒の集団だった。[38]こうした集団がより組織化されてくると、彼らは親分子分の関係を基礎にした架空の血縁関係からなる「一家」を成すようになる。[39]一家の構成員の中で、博徒を本業ないしは生業とも考える人間が増え、「無宿者」の存在も珍しいものではなくなった。すなわち、まともな住居もなければ徳川の身分制度の中に居場所も持たない人間である。[40]博徒の一家が乱立し、それぞれが賭場からの上がりを存続基盤とするようになると、ライバル組織から縄張りを防御する能力、またそれを拡大していく能力が「一家」のライフラインを維持するために肝要になってくる。言い換えれば、博徒予備軍にとっては怖いもの知らずの腕力こそが重要な資産であり、親分にとっては成功するための必要条件になった。

一八〇〇年代に台頭した有力な親分たちは、多かれ少なかれ喧嘩と殺人で敵をなぎ倒しながら勢力を拡大し、その影響力を行使してきた者たちである。幕末期の大親分の中に、向こう見ずな流儀で立志伝中の人となった国定忠治がいる。[41]一八一〇年、日本列島のほぼど真ん中で豪農の家に生まれた忠治は、読み書きだけでなく剣術の教育も受けている。一七歳にして喧嘩で相手を殺し、村と家族との関係を断絶。家族のほうも忠治を人別帳から外し、忠治はこれで無宿になった。博徒の親分たちの庇護を受けつつ、現在の群馬県を回った忠治は、ほどなく田部井《ためがい》村で国定一家を形成した。忠治は博徒のボスとして、縄張り争いと無数の殺人を生涯の生業とし、槍と銃で武装した数十人の子分たちを血なまぐさい喧嘩に送り込んだ。関東地域の治安維持に当たる関東取締出役は、忠治ひとりを追い詰めるには子分六百人の検挙が必要だと考えていた。このことは忠治の権力の大きさを物語っている。一八五〇年、忠治がついに徳川幕府によって磔刑《たっけい》に処されたときには千人以上の見物客が集まったという。立て札には忠治の七つの罪状が記されていたが、なかでも重大な犯罪は関所破り（槍と銃を携行）と殺人（関東取締出役の案内人を含む）だった。こうした事柄から、歴史小説家の阿部昭は国定一家を「無頼の暴力集団」と言い表している[42]。

博徒一家の振るった暴力は、一家と幕府当局者との関係性や、一家が拠点を構える地元社会との関係性を見えにくくしている。一方では、例えば忠治が振るった暴力ゆえに、何百人もの人々が団結してその捕縛に向かった。博徒一家はゆすりや脅迫、強盗といった略奪行為に従事していたが、ひとたび事件が起これば、その村をお咎め無しで切り抜けられることはまずなかったことも忘れてはならない[43]。しかし他方では、コミュニティによっては合法な存在ないしは重要人物と見なされる博徒もいた。少なくとも、ある種の博徒的な振る舞いはより広い社会的慣習に由来しているもので、このことはアウトローと「非アウトロー」の境目がときに曖昧になることを示唆している。例えば入れ墨は一七〇〇年代初期以来、幕府が犯罪者の体につける印として用いていたものだが、結果的には大衆的な習慣となって、労働者や職人（火消し、大工、駕籠舁《か》き、土工、日雇い人足など）のあいだに広がっていった。幕府が採用していた入れ墨とは、罪状を明らかにするために腕に線を入れるものだったが（例えば窃盗罪の重犯の場合、前腕に二本線が入れられた）、彼らはそれを色とりどりの装飾的なデザインに変え、自分のアイデンティティを示すオリジナルな目印にした。[44] これは身体を自分の手に取り戻した印というにとどまらず、長い痛みに耐えて入れ墨を入れることで自分の強さをアピールするものだったとも考えられる。博徒もまた、このような手の込んだ入れ墨を見せびらかすことによって、彼らの金ヅルであると同時に彼らをアウトローとして避けることもなかったように思われる一部の層の慣習と共振する文化を創り出した。こうした（非アウトロー的な）社会に由来する文化的慣習を身につけた結果、博徒は非合法と合法、アウトローと労働者・職人との境界に身を置くことになった。[45]

さらに重要なのは、博徒が様々な観点から賭場を営む村の一部として歓迎されていたということである。賭博が幅広い人気を獲得したということは、博徒たちが村人の望むサービスを提供したということであり、賭博場は様々な身分のコミュニティのメンバーが集う場所になっていった。徳川時代の初期、博徒の中には、浪人の襲撃から地元コミュニティを守る用心棒ないしは町奴《まちやっこ》と見なされていた者もいただろう。[46] 博徒は村で不遇をかこつ人々に支持者を見出そうとしていたとも言われている。例えば勢力富五郎という博徒の親分は貧しい村人に金を与え（一両ないしは二両）、小作人に自衛用の槍を提供したという逸話がある。ほかの親分たちにしても村の生活に貢献することを常としていた。国定忠治の場合、井戸さらいの仕事を請け負う代わりに、村長から賭場開帳の許諾を得るだけでなく、幕府当局の手入れについても情報を得ていた。村内でのこうした関係によって、博徒は無宿ないしはアウトローという地位を超えて、歴史学者の安丸良夫の言葉を借りれば、地元コミュニティにおける一種の「有力者」になっていた。[47] 村の様々な揉め事で親分たちが調停役を務めるのは珍しいことではなかったし、徳川時代後期に起こった一揆では親分たちがリーダーになったという話も聞かれる。一八〇〇年代半ば、北沢伴助という、賭博その他の犯罪で六度も逮捕されている男がいた。北沢は信州の貧農や借家人、小自作を率いて数々の蜂起を企てたとして永牢（終身刑）を言い渡されている。[48]このように地方社会に根を下ろしていた点からいえば、博徒は歴史家エリック・ホブズボームがイタリアの社会運動の文脈で論じた「匪賊」と類似している。博徒は職業的な強盗ではなかったが、一種の「社会的匪賊」であって、厳密にはアウトローではあっても、少なくとも農村社会のある人々からは尊敬を勝ち得ていた。[49]

幕府にしても、博徒との微妙なバランスを維持しようと努めていた。治安を乱したり、幕府の権威を脅かしたりしかねない行為については睨みを利かせる一方で、幕府の益になる軽微な犯罪行為については大目に見ていたのである。一方で、幕府は時期を通じて賭博と博徒を取り締まるためにおびただしい法令を出してもいる。[50]法令の数が膨大に及んだことは、逆に博徒たちの歯牙にもかからなかったということでもあるが、幕府は目に余る違反については実際に懲罰を与えている。幕府の権威を危機にさらした国定忠治の一件もその一例である。博徒はまた、経済不安やいわゆる風紀の乱れといった事態に際してはスケープゴートにされることもあった。一八二七年に幕府が着手した文政の改革では、村役人に匪賊や博徒に関して報告を寄越すよう触書が出されたが、これなどもそうした例だった。[51]一方で、幕府は博徒の違法行為について見て見ぬふりをすることもあったし、秩序維持のために博徒に協力を仰ぐこともあったのである。

徳川時代の前半、博徒の扱いはこのように柔軟なものだったが、これは法執行に対して意識的かつ思慮深いアプローチを採用していたからだとも言えるだろう。徳川の役人が博徒を含む犯罪者を情報提供者（目明し）として使った事実も同様である。目明しは出牢や少額の罰金の免除と引き換えに、お尋ね者の身柄を売ることに同意した。自身が犯罪者であったからこそ、彼らはお尋ね者をしょっ引くための知識やネットワークや縁故を持ち合わせていたのであり、目明しをしながら違法行為に従事しつづけることもしばしばだった。とりわけ大名たちにとって目明しは魅力的な存在だった。というのも目明しは表向きの境界線に拘束されなかったからだ。誰かを追跡中に境界線を超えて他藩へ入り込んでも、それを何らかの形で正式に告知する必要もなかった。武家の家来ではそうはいかない。目明しをこのように戦略的に使うことで、公的な管轄に重なりや分断があっても混乱を抑えられたし、軽犯罪者よりも重犯罪者の逮捕に的を絞った幕府の方針を反映することができたのである。歴史学者ダニエル・ボツマンが言うように、目明しネットワークの維持は、すべての犯罪を罰するよりも、見せしめとなる懲罰のみを重要視する価値体系に根ざしていたのである[52]。

徳川時代の後半、とりわけ幕末期になると、幕府の博徒との協力姿勢は、意識的かつ思慮深い戦略というよりも、むしろ弱さそのものに由来するものになった[53]。幕府はかねて飢饉の対応に苦慮しており、その結果として一八三〇年代に頻発した農民の蜂起にも手を焼いていた。加えて一八五〇年代には、国を「開く」圧力と痛みに対処しなければならないという足のすくむような試練に直面していたのである。財政的に困窮した幕府は代官所の人員削減と、幕府直轄地の旗本によって管理される土地の処分を決定した。こうした地域では有力な博徒が栄えて、博徒一家は昼日中から後顧の憂いなく抗争を繰り広げた。管轄が幾重にも重なって曖昧になっている場所で幕府が秩序を維持することは困難だった。信濃国（現在の長野県）はこのケースで、ここから膨大な数の博徒が輩出されることになった。警戒が緩いことで知られた三河もまた、他国で罪を犯して法の目をすり抜けようとしている博徒の親分たちにとって安全な避難場所になっていた。[54] 幕府がある博徒の悪行に対して断固たる措置を取ろうとしたとき、彼らが軽犯罪者たちの協力を当てにしなくてはならなかったというのは皮肉な成り行きであった。幕府は一八〇五年に前述の関東取締出役を設けたが、それにしたところで、お尋ね者を追跡しようと思えば、博徒の親分たちに案内役を頼まなければならなかった。しかも、この戦略はいつでも有効というわけではなかった。一八四四年八月のある事件で、関東取締出役は案内役として飯岡助五郎の手を借りて、飯岡のライバルのひとりである笹川繁蔵を捕らえようとした。しかし笹川側はこれを嗅ぎつけて反撃に転じると、報復に飯岡の家を襲ってから逃走し、逮捕を免れた。[55] この事件では、幕府と博徒の親分の協力体制は実を結ばなかったばかりか、博徒一家同士の暴力的な争いを助長することになった。

博徒を受け入れ、あまつさえ協働することは、図らずも博徒の暴力を暗黙裡に認めてしまうという結果を生んだ。博徒を情報提供者として、のちには案内役として引き入れることで、幕府は博徒に対して国家に歯向かいさえしなければ暴力は看過されるというシグナルを送ることになった。地元コミュニティも、博徒が村の生活に資するかぎりはその暴力に寛容であっただろう。さらには、勢力富五郎のような貧農に気を配る親分たちが、博徒は「弱きを助け強きをくじく」ものだという後世のイメージを用意することにもなった。こうしたロビン・フッド的なイメージを信奉する人々は、博徒を単なる博奕打《ばくちうち》ではなく俠客、つまり「義のある人」として語る。シチリアマフィアの「名誉ある男」とよく似ているが、俠客もまた国定忠治よろしく、まずは伝承として人気を博し、それからフィクションや映画となって美化されていった。[56] 例えば伊藤大輔監督による一九二七年の無声映画『忠次旅日記』では、忠治は貧困にあえぐ農民に重税を課す悪代官を殺して逃亡の身の上となった英雄的な博徒の親分としてロマンティックに描かれている。同工異曲の無数の物語や映画を通じて、忠治は義俠心あふれる博徒の典型として、法の外に生きながら立派な倫理観ゆえに尊ばれる男として伝説になっていった。[57] 問題は、博徒は「弱きを助け強きをくじく」というイメージが、近代になって、義俠心のかけらもない暴力行為を正当化するために引っ張り出され、歪められてしまった点である。

徳川時代後期において博徒が暴力を行使するのは、主に同業者との抗争においてだったが、博徒は幕府の実行部隊である、ないしは地方コミュニティの実行部隊であるという見方はすでにあったことだろう。しかしながら、関東取締出役の情報提供者あるいは案内役として幕府に仕えていたとしても、博徒が露骨に政治的な存在として描かれることはあり得なかった。つまるところ彼らは政治的目標を求めたり達成したりしたわけではなく、いかなる種類の政治イデオロギーにも関知していなかった。なお、博徒が従来、日本版マフィアの前身と考えられてきたことには言及しておいてもいいだろう。[58] 彼らはこの時期、必要に応じて警護を提供する組織として「一家」を発展させていた。もっとも彼らが、マフィアを定義する特徴のひとつである、警護ビジネスの独占を求めるようになるのはまだ先のことである。[59]

博徒と明治維新

徳川時代から明治への移行期、博徒は政治的な領域のど真ん中で暴力の提供者になっていく。明治王政復古の只中で、暴力行使にひときわ実績のある親分とその子分たちが、戊辰戦争で諸藩に取り立てられることになったのだ。この旧幕府勢力と明治勤王派の一連の戦いで、徳川派最後の残党が鎮圧される一八六九年六月の終わりまでに、何千もの命が奪われることになった。

歴史学者の長谷川昇は断片的な史料をつなぎ合わせて、尾張藩の有力な博徒の親分が藩当局に取り立てられた過程に説明を加えている。彼らは主に博徒からなる平民部隊を率いるために雇われたのだが、それは彼らが腕力で評判を取っていたからにほかならない。当局が目をつけた博徒の親分に、近藤実左衛門と雲風亀吉がいる。著名な博徒の親分で剣客の実左衛門は、二〇代のころに力士として身を立て、その喧嘩と度胸の評判を聞きつけた近隣の博徒の親分に見込まれることになった。その後、実左衛門はついに自分のシマを打ち立て、尾張藩に並ぶもののない最強集団、北熊一家の長となる。一方の亀吉は、無法地帯と言っていい三河国の一大博徒集団、平井一家の親分だ。悪意と敵意にかられるとすぐに手が出ると評判で、その腕前はかの大親分、清水次郎長との抗争で証明済みだった。[60] 実左衛門も亀吉もそれ以前に当局と働いたことがあったようだが、それでも公平に見て、ふたりの戊辰戦争への従軍は前代未聞のことであった。一八六八年一月中旬、尾張藩は両親分に対して、東北地方の旧幕府勢力を鎮圧するために人を集めて部隊を率いるよう要請する。亀吉は博徒の子分八六人を、実左衛門は五〇人を集めた。三月には、このふたつのグループは集義隊として知られる部隊に正式に配属され、一番隊、二番隊の主力として活躍した。両大隊とも隊員は民間からの志願者で、藩の兵士はなく、亀吉、実左衛門の両一家の外から選ばれた博徒たちも参加していた。五月になると集義隊は名古屋を発ち、以後七カ月間にわたって一連の戦闘を戦い抜き、一二月の末に凱旋した[61]。

亀吉と実左衛門に大隊の結成を要請するに際しては、比較的大きな尾張藩といえども慎重な検討を要した。結局、藩は実力のおぼつかない通常部隊を博徒で補強することにした。博徒たちは日ごろの出入りでその戦闘スキルを証明していたからである。亀吉と実左衛門が指名されるにあたって物を言ったのはその暴力の腕前であって、藩は彼らがアウトローである事実には頓着しなかった[62]。集義隊のリーダー就任に同意することで、亀吉と実左衛門は尾張藩を超えて広がる政治の舞台に上ることになった。彼らの胸中に、大した政治的野望も目的もなかったのは確かである。しかし彼らは意図せずして古い秩序に止めを刺し、新体制の権力固めに手を貸すことになった。

明治時代の始動とともに、こうした博徒たちはひととき、西洋化を急ぐ政府の関心の外に置かれることになる。政府はアウトローと手を組むのではなく、近代的軍隊と警察力を通じて暴力への耐性を強化しようとしていた。そして博徒たちが政治活動へ身を投じるとき、彼らは明治国家の反対側に立つことになった。国は国で、博徒を犯罪者と見なすようになる——一八六〇年代終盤には、官軍側に立って内戦を戦った亀吉や実左衛門のような博徒たちがいたにもかかわらず。

政治暴力専門家としての博徒——自由民権運動

博徒が再び表立って政治に参入してくるのは、自由民権運動の文脈においてである。一八七〇年代になって明治政府が形になってくると、多くの日本人にとって、芽吹きはじめた政治制度の中で人民の役割はどうあるべきかが問題となってくる。そして憲法制定と国会設立を通して民衆の政治参加を拡大しようと唱える人々が、自由民権運動を動かしていくことになる。議会政治と立憲政治の要求がかすがいとなってこの運動をひとつにつなぎとめていたが、そこには様々なイデオロギーや動機、あるいは背景がグラデーションをなして混在していた。主要な指導者の中には、西郷隆盛と同様、一八七三年の征韓論争で政府を去ったかつての元勲もいたが、彼らの取った道は西郷とは大きく異なるものだった。こうした民権活動家としては板垣退助の名を真っ先に挙げなければなるまい。板垣の主要な支持層はかつての武士で、彼は事あるごとに運動から離れて明治政府に復帰している。一方で板垣のようなエリート主義とは無縁の流れもあった。真に草の根的な農民たちは、学習結社や地元の政治結社を立ち上げて議論を出し合い、自分たちで憲法を起草することもあった。[63]

本章は秩父事件をもって幕を開けた。自由民権運動は一八八〇年代になると、無数の暴力事件（激化事件）を伴う民衆的かつ革命的な局面に入るが、秩父事件はその一角をなすものである。この段階に至って自由民権運動の燃料となったのは、明治新政府の政策に対する草の根的なフラストレーションであった。貧困にあえぐ農民は、徳川時代後期の農民と同じく、力に頼んで自分たちの置かれた経済状況に対する抗議の意を表した。しかし、いまや貧困の悪化は松方デフレという国家の財政政策が原因である。したがって、彼らの不平の表現は自由民権運動の言葉と思想によって形作られることになり、標的には明治国家のシンボルが含まれることになった。博徒たちはこの暴力運動にリーダーとして、あるいは参加者として関わることで政治の一角を担うようになり、様々な形で近代の装いをまとうようになる[64]。博徒の変容は、本章で扱う三つの蜂起にとりわけ顕著であった。すなわち、群馬事件、名古屋事件、秩父事件である。

博徒が群馬事件に関わった理由を考えるには、地域コミュニティにおける賭博と博奕打の双方に目を向けなければならない。明治初期、群馬県で賭博を好まないのは寺の本尊とお地蔵様だけだと囁かれていた。日本の真ん中に位置するこの峨々《がが》たる地域では、農民は高崎周辺の寺社を訪れたときに賭博を楽しむのが習いになっており、それが賭場の経営者の財源になっていた。徳川時代以来、この地で博奕が盛んになったのは管轄が入り組んでいたからだ。さらに十九世紀半ばになると、養蚕業で農家が現金を手にするようになったという事情もある[65]。博徒の数も多く、少なくとも西群馬だけで一〇を数える博徒集団が存在した[66]。

この地域コミュニティの一角をなしていた博徒は、農民同様、財政的な困難に見舞われた。一八八〇年代初め、その搾取の首謀者は高利貸しと明治政府であった。地域レベルでは、「生産会社」と呼ばれる一種の金融機関が高利の貸付を差配していたが、それは高利貸しを封じるために一八七八年に制定された利息制限法を無視していたということでもあった[67]。そして一年で三倍にもなるローン返済への圧力は、国家の政策によってますます厳しくなった。大蔵卿松方正義によるデフレ政策が生糸の価値を暴落させてしまったのだ。一八八一年には一斤七四五九円だったところが、一八八四年には五八四四円にまで下落する。[68] こうなってしまえば景気がよかったときに借り出したローンを返済するのは難しくなるし、養蚕農家としては価格の下落を生き延びるために高利の借金に手を出さざるをえない。博徒もまたこの財政的難局を肌で感じていたが、それは博奕の減収が予想されたというだけではない。博徒自身もまた農民であり、蚕を育てていたからである。[69]

博徒は一八八四年一月以来、明治国家の締め付けをより切実に感じてもいただろう。というのもこのとき、博奕打および博徒集団に対する広範な罰則規定を設けた賭博犯処分規則が布告されたのである。[70] この法律を運用する規則と懲罰の細目については地方に委ねられていたが、三月には群馬県が、刑期、罰金額、減刑といった事柄について詳細な規則を公布した。[71] 一八八四年だけを取ってみても、群馬ではこの反賭博法の下で一二九七人が懲罰を受けている。[72]

博徒も農民も財政的困難に直面し、明治国家の手が伸びてきているのを感じるにしたがい、自由党との連携に乗り出した。自由党は自由民権運動の初期段階で結成された日本初の全国的な政党であった。ここに博徒と民権結社の有信社、そして自由党急進派「決死派」の連合が成ったのである。[73]

蜂起のリーダーたちと密な結びつきを築いた博徒のひとりに山田丈之助がいる。本名は山田平十郎といった。山田は群馬事件における最も重要な博徒である。碓氷郡出身で、幕末期から上州と信州(明治以降の群馬県と長野県)で子分を率いていた親分だ。[74] 剣術の稽古と賭場通いに明け暮れた若い時分に、徳川時代の有名な博徒であった新井一家の創立者、小野山信五郎に取り立てられて、その一員となった。最終的に新井一家の親分にまでなった山田は、広大なシマの賭場を精力的に回っていることで有名だった。[75]こうして山田は新井一家のほかのメンバーとともに、自らの縄張りの中に群馬事件の重要人物たちとのネットワークを構築した。

一八八三年の春になると、フラストレーションは組織という形にまとまりはじめ、農民たちは自分たちの窮状を県に訴え、金融機関にはローンの支払い猶予を願い出た。有信社は一八八四年三月から政治集会を開くようになり、農民に自由党への入党を呼びかけていった。活動家の湯浅理兵、県の党員清水永三郎、学校教師三浦桃之助、元武士の日比遜といった地元のリーダーたちは、民権と自由を獲得するためには力の行使が必要であることを訴え、数百の農民、博徒、狩人、力士を動員して、地元の山々で軍事訓練を行った。[76]

四月一四日に開かれた政治集会では、こうした訓練を受けた新参者たちと、地元警察とのあいだで乱闘騒ぎが起こった。有信社の集会に参加した者たちは、竹槍とむしろ旗を空に掲げ、革命歌を歌った。

昔思へば亜米利加の
　独立したのも席旗［訳注：ママ。正しくは「蓆旗《むしろ》」］
此処らで血の雨降らせねば
　自由の土臺が固らぬ。[77]

警察と群衆の小競り合いが公然たる衝突へと発展したころ、博徒の親分山田丈之助が現場に到着した。山田は武装した百人の子分を連れて乱闘に突入し、警察を退却に追い込んで、ひとりの逮捕者も出さずに集会を終わらせた。その夜、山田の奮闘を讃えて宴が催された[78]。

明治維新のころの博徒とは違い、少なくとも何人かの親分は、群馬事件に単なるプロの殺し屋として加わったわけではなかった。山田にしても、腕力のみで評価されていたのではなく、オーガナイザーの役も果たしていた。リーダーたちが集まって蜂起の計画を詰めていたのは、ほかならぬ山田の自宅だった。決行日は五月一日と決まる。この日、東京と京都をつなぐ中山道幹線の一区間が完成したことを祝う式典が、天皇臨席のもと高崎で開かれることになっていた。およそ三千人の農民が、天皇に随行してきた高官たちを取り押さえるという計画だったが、高崎の式典会場で実行しては不敬に当たるというので、列車が短時間停車する予定の本庄駅で決行することになった。一方その間に、山田が二五〇〇人の博徒部隊を従えて東京鎮台高崎分営を襲撃し、その後、沼田城から正義の宣言を世界に向けて発表する手筈であった[79]。この計画に際して、山田は新井一家の同志にして子分である関綱吉の援護を受けることになっていた。関は賭博で有罪判決を受けて刑務所に収監されていたが、山田部隊の襲撃に間に合うよう、作業中に逃亡していた[80]。

群馬事件は多くの点で失敗に終わった。二〇から三〇もの自由党員の集団が本庄近くに集まりだすと、こうも大規模な人の動きがあるのはおかしいと警察の疑念を呼び、結果、五月一日になっても開通セレモニーは開かれなかった。どうやら式典が五月五日に延期されたらしいとの情報を得たリーダーたちは高崎に向かい、新しい日程について山田に相談してから本庄に戻った。帰途、彼らは自由党嫌いとして知られる村長の家を襲ったが、計画通りに命まで奪うのは中止している。やがて五月五日がやってきた。しかし今度も式典は開かれなかった。最終的に、リーダーたちはとにかく何かしなければならないということで意見の一致を見た。これほど多くの参加者を集めておいてなんの成果もないとなれば、こけおどしの誹りは免かれないし、そうなれば今後の動員も難しくなる。[81]五月一五日の夜になって妙義山麓の陣場が原に集まった何千もの農民は、大きな松明を手に高利貸の経営者宅に火をつけ、何軒かの豪農に強盗を働き、いくつかの史料によれば、松井田警察署も襲撃した。[82]それから彼らは高崎の鎮台を急襲しようとしたが、士気は低く、脱落者も多かったためこれに失敗して、大人数で迫ってきた警察に逮捕されることになった。[83]高崎への襲撃が難しくなっていたのは、三浦桃之助配下の秩父からも、山田配下の博徒部隊からも応援が来なかったからだった。

警察は五月いっぱい、蜂起に関与した者を追跡して計五二人を逮捕したが、リーダーの捜索についてはさらに一二月まで続けられた。[84]一八八七年七月二九日、前橋重罪裁判所は次々と判決を言い渡した。最も刑が重い者で徒刑一二年から一三年で、三浦は七年の軽懲役となった。[85]山田丈之助は刑罰を免かれ、日比と清水が検挙されることがないよう手を回したとも言われている。[86]

五月一日の高崎分営襲撃にしても、この闘争の背骨となる子分たちの動員にしても、山田丈之助と関綱吉の計画的なリーダーシップを見ると、この事件においては博徒が中心的な武力提供者であったように思われる。五月一五日の高崎分営襲撃未遂も、もし博徒の参加があれば成功していただろう、などというのは仮定の話にすぎないが、しかし博徒不在ゆえに襲撃計画が丸つぶれになったことは特記されていい。[87]このことはチャールズ・ティリーの議論にいくらか説得力をつけ加えるものとなるだろう。すなわち、「(暴力専門家が) いるかいないかで、結果は暴力的にも非暴力的にもなる」ということである。[88]そして博徒は単なる腕自慢の男たちではなく、明治政府の高官と明治国家の象徴としての鎮台を狙ったこの政治蜂起におけるプランナーであり、オーガナイザーであった。[89]群馬事件に見られる博徒のリーダーシップや関与からうかがえるのは、博徒がこの近代の産みの苦しみにあえぐ社会にすばやく順応したということであり、より大きな政治的文脈を意識することで、彼ら自身が近代的な装いを獲得しつつあったということである。[90]

博徒が自由民権運動の一角を担っていたことから、明治政府は博徒とその暴力のコントロールに乗り出した。上述した一八八四年の反賭博法はその最たるもので、これは賭博よりも博徒の政治活動に狙いをつけたものだったと言っていいだろう。しかしながら政府の期待とは裏腹に、この法律によって博徒の暴力が助長された可能性もある。それは名古屋事件において特に顕著であった。名古屋事件といっても、何かそういう名前のひとつの事件があったということではない。民権活動家の運動資金に充当するために頻発した強盗事件がこう呼ばれているのだが、最後に警察官ふたりが残忍に殺されるという事態が勃発し、これによって一連の事件は終息に向かう。名古屋事件もまた、群馬事件の初動と同様に、経済的困窮と政治的目的(政府を倒して、民権家を権力中枢に送り込む)が絡み合ったものだった。この事件には、博徒と国の反目という年来の歴史が全面的に反映されている。博徒の明治政府に対するフラストレーションは、戊辰戦争の終結直後から高まっていたが、それというのも一八七二年の一月、草莽《そうもう》部隊である集義隊の全員の身分が平民とされたからである。かつてであれば、軍役の対価として士族の身分が与えられてしかるべきところであった。こうして長きにわたる士族への取り立てを求める運動が始まる。結局これが成功を見るのは、一八七八年の七月のことだった[91]。さらに、国の制定した反賭博法は、愛知県ではとりわけ甚大な影響をもたらした。愛知県ではこの法律が拡大解釈されて施行されたため、単に博徒集団に関与しただけでも処罰の対象になったのである。親分は、博徒を「招結（囲い込み）」したり、近隣を「横行」しただけで罰せられることになり、子分は集団の一員になっただけで責を負うことになった。この規定は一九七〇年にアメリカで制定されたＲＩＣＯ法を思わせる。以前なら賭博行為の現行犯だけを逮捕するのが通例だったが、いまや対象は拡大され、懲罰もずっと厳しく、服役期間も長ければ、罰金もまた法外なものになった[92]。この規定は単なる文書上のものではなく、実際に施行されたようで、一八八四年二月から五月までのあいだに博徒の逮捕件数は頂点に達している。歴史学者の長谷川昇は、おそらく血なまぐさい縄張り争いを繰り広げて武力を誇示してきた博徒集団が国の標的だったと記している。愛知県のおよそ四〇の博徒集団のうち、七ないし八の集団だけが取締対象となったが、そのうちのふたつ（平井一家と北熊一家）は、戊辰戦争で集義隊の核をなした集団であった。他の博徒集団よりも多くの武器を所有し、戦闘経験も豊富。かつては戊辰戦争の戦力であった両集団は、それゆえに秩序構築を急ぐ明治政権にとって脅威となったのである。

反賭博法は、標的とされた一家に強烈な一撃を与えた。賭博はますます危険な商売になり、やがて廃止に追い込まれる。収入源が絶たれてしまえば、一家は崩壊するほかなかった。民権活動家の群れに加わったのはこうした財政的な不安を抱えた博徒だった。そのことを受けて長谷川は、博徒が蜂起を企んだのは、彼らが松方デフレに憤慨する農民だったからではなく、反賭博法によって追い詰められたからだとしている。名古屋事件で中心的な役割を果たした博徒、大島渚がまさにそうだ。大島は北熊一家の一員で、集義隊の二番隊で戦った博徒であった。北熊一家の仲間たちが容赦なく逮捕されたあと、大島は名古屋事件に積極的に関与していく。集義隊のかつての同志だけでなく、戊辰戦争で戦っていない博徒たちをも呼び集めて行動に出たのである。

　大島はこの博徒集団と別のふたつの（博徒ではない）部隊を集結させた。愛国交親社と愛知自由党である。愛国交親社の主要な構成メンバーは都市下層民で、国力増進と国会開設を活動目標に掲げていた。このグループを名古屋事件へと引き込んだのは山内徳三郎という男で、大島とは剣術という共通の関心を通して知り合っていた。愛知自由党を代表してやってきたのは行動主義を奉じる青年たち（行動派）だった。一八八三年三月に名古屋の高級旅館で起きた事件で明らかになったように、彼らは本質的にならず者だった。彼らはこのとき、敵対する政党の創立総会の妨害に出たのだ。特別ゲストであった尾崎行雄をやじり倒し、自由党万歳を叫び、総じて会をめちゃくちゃにした。同じ日の晩、青年たち三〇人が内藤魯一に率いられて旅館の大広間に乱入。汚物を詰めた樽を抱えた彼らは所狭しとライバル政党の党員を追い回し、肥柄杓《こえびしゃく》で糞尿を浴びせたのだった。[93]

　三つの集団が初めて行動をともにしたのは一八八三年一二月の後半のことで、このとき大島と山内は自由党党員の久野幸太郎を口説いて強盗計画に引き込んだ。大島のグループはすでに四件、山内のグループは三件の窃盗事件を起こしていた。主な標的は豪商と豪農である。松方デフレもしくは反賭博法（あるいはその両方）のせいで傾いた生活様式を維持するために、彼らはその戦利品を活用した。

大島と山内のグループ構成員にとって、強盗はまずもって生活費を確保する手段であり、部分的には高利貸しに対する抗議だった。久野の動機はそれとは多少ちがっていたかもしれない。自由党党員の中でもインテリと目されていた久野は、強盗は政府の転覆という最終目標に向かう資金を調達するための手段として許容できるものと思い定め、以後一一件の強盗に加わっていく。正当化の根拠や政治的関与の深浅にかかわらず、無法と暴力は、これらの強盗行為に関わった誰にとっても、目的達成のために許容できる手段だったのである。

その後、十数件の強盗行為の末に前述の警官殺しが発生するが、その犯人と目された一二人連れの中には久野の仲間である自由党党員も数人、顔を並べていた。一八八四年八月半ばのある晩、解錠のトラブルで窃盗計画に失敗した一味は帰途についていた。午前二時ごろ、彼らは平田橋周辺に差しかかる。三つの隊に分かれて歩いていると、一隊が加藤・中村の両巡査に遭遇し、職務質問を受けた。そのとき、突如として大島がピストルを発砲し、仲間に向かって抜刀と警官討ちを命じた。一味は中村と加藤を追い回し、何人かは騒ぎを聞きつけて家から飛び出してきた近隣住民を押し止める役に回った。中村巡査は一九カ所に太刀傷を受けた。うち七つは頭部に加えられたもので、その場で事切れた。加藤巡査は一五カ所の太刀傷（頭部へは八つ）を受けて、近くの水田で死んだ[94]。

さらに十数件の強盗事件があって、警察は一連の窃盗、強盗事件の容疑者に目星をつけ、彼らを中村・加藤両巡査の殺害に結びつけるところまでいった。一八八四年一二月一四日、税金が保管されている金庫を狙って、あるグループが知多郡長草村の町役場に強盗に入った。三人の職員に怪我を負わせ、五人を縄できつく縛ったのち、犯人らは逃走しようとしたが、うちひとりは追手に捕らえられた。

そしてこの男の口から名古屋事件の全貌が詳らかになる。一部には一八八六年八月の時点で収監された者もいるが、主だった事件の関係者は、この強盗事件の直後に逮捕されていたようである。[95]

名古屋事件の裁判は名古屋重罪裁判所の管轄下で、一八八七年二月四日に開始された。二週間後には判決が言い渡され、二九人の被告のうち二六人がなんらかの罪で有罪判決を受けた。なかでも最大の重罪は、逮捕から逃れるための故殺で、大島ら三人はこれによって死刑判決となった。久野はふたり以上の人間に対して武装強盗を働いた罪で、徒刑一五年の懲罰を受けることになった。[96]

群馬事件の場合と同様、親分子分の別なく、博徒たちの動機は純粋に政治的なものではなかった。少なくともある程度は、金目当ての略奪と強盗であった。しかしそれでも、愛国親交社と愛知自由党の部隊に入ることで、彼らは自分たちの行動を意図して政治の枠に組み込んだのであり、それは窃盗に政治的な理由が見当たらない場合でも同様だった。博徒たちが政治結社と共犯関係を結んだのは、両者のあいだで明治国家への敵意、そして暴力を行使する度胸と能力が共有されていたからである。

本章の冒頭から紆余曲折を経て、われわれはここでようやく秩父事件に戻ってきた。群馬と名古屋の事件と比べれば、秩父で起きた運動は、はるかに持続的で大規模な反乱であり、何千という反徒を明治政府の部隊に向けて送り込むことになる。一八八四年一一月一日、最初に地元の神社に集まったのは千人ほどだったが、蜂起が最高潮に達すると、その数はおよそ三千人にまで膨れ上がった。彼らは埼玉から近隣の群馬県、長野県へと流れていき、最後には自衛団、警察、政府軍によって鎮圧された。[97]

群馬事件や名古屋事件と同じく、秩父事件もまた、複数のファクターが重なった結果、発火したものである。松方デフレと高利貸しの横暴によって極限状態に陥った地方の貧困、自由党のイデオロギーと組織の在り方、暴力行使を辞さない姿勢――秩父事件のリーダーである博徒の田代栄助は、そのすべてを体現する存在だった。博徒が秩父事件のような地方の草の根運動に加わることはこれまでにもあった。一八六〇年代にはいわゆる「世直し一揆」の農民反乱に参加して、食い詰めた農民や小作、日雇いの農業人夫とともに、村の豪農は無論のこと、高利貸しや質屋、商人を襲っている[98]。秩父事件もまた、経済状況の変化と「世直し」気運の高まりが引き起こした過去の騒動を、多くの点で継承している[99]。ただ一方で秩父事件は、自由民権運動という政治的な文脈にあったこと、それに加えて事件の立役者の中で博徒の存在が突出していたこと、また博徒とその暴力を巧みに解釈してこの反乱を違法と見なした明治政府の企みにおいて際立っていた。

田代栄助は幼少より秩父のコミュニティに深く根を下ろしていた。生まれは大宮郷の有力者の一家で、父親は村長をしており、のちに長男がその跡を継いでいる。田代栄助にその役は回ってこなかったが、恵まれない村民の中には彼の世話になった者もいたようだ。戸籍によれば、一八八〇年の時点で、田代はふたつの家に合計二三人の人間を住まわせていた。ということは、田代は九人の身内(妻のクニと息子四人に娘ひとり、養子とその妻)のほかに何人もの人間を受け入れていたことになる。自活できないほど困窮した人々だったのだろう。田代はまた仕事を通じて地元コミュニティと絆を結んでいた。紛争の仲裁人として、おそらくは無免許の弁護士(三百代言)として活動していたものと思われる[100]。

野生の蚕の繭を採取して養蚕業を営んでもいた田代は、松方デフレと高利貸しが生んだ苦境を直に経験することになった。一八八〇年代初頭に起こった生糸市場暴落の影響をまともに食らったのである。一八八四年春には穀物の不作もあって、養蚕業への経済的打撃はいっそう厳しいものとなった。惨憺たる経済状況で、田代は地域のその他大勢の農民と同じく、金貸しに頼らなければならないところまで追い込まれた。彼は一八八三年までに総額一五三円を借り入れていた。[101]

困窮の広がりが、困民党結成の背後にある主要な動機だった。負債据え置きを求める運動が失敗に終わったあと、一八八四年七月に高利子に対する抗議活動が行われたが、困民党が形を取りだすのはこのときである。[102]困民党の政治スタンス（国会開設、減税、明治政府の打倒）は、自由党との密な関係から多大な影響を受けており、事実、多くのメンバーが重複していた。[103]

九月初め、結成間もない困民党は田代栄助に党の総理就任を要請した。田代の名前が上がったのは、彼が地域コミュニティのメンバーであり、厳しい経済状況を知悉しているだけでなく、その腕っぷしで以前から評判を取っていたからでもあった。実のところ、田代を総理に推挙したのは、博徒の親分で、のちに困民党の副総理となる加藤織平である。推挙にあたり、田代が高利貸しに対して躊躇なく暴力が振るえることを加藤は強調した。[104]加藤自身も柔道の心得があり、警察の記録によると丸顔で長身、がっちりとした体軀の持ち主で、三〇から四〇の子分を従えていたという。[105]加藤はその夏に開かれた集会でも、田代が下影森村で高利貸しの首を折って殺害した様子を聴衆に語り聞かせ、暴力的な死を遂げるのは不本意かもしれないが、正義のために死ぬことこそ彼らの務めであると説いている。こうした正義観は、加藤がグループに演説するときの、「我ら侠客」という言葉遣いにも見て取れる。それは弱い者を守り、強いものを潰すという博徒の言葉が木霊したものにほかならない。[106]田代が実際に殺人を犯していたかどうかはともかく、その行動力と、困民党思想との親和性を理由に加藤は田代を推したのである。そして田代を引き入れたメンバーたちは、いざ蜂起となったときに発揮されるであろう彼の手腕に気がついていた。[107]

田代が博徒であったかどうか、歴史学者のあいだで議論が分かれていることについてここで触れておきたい。大方のところ、田代は本業の博徒や賭場の主宰者ではなかっただろうとされている。それでも、田代はこの世界にどっぷり足を突っ込んでいたし、博徒の親分を自称してもいた。警察の取り調べで、田代は「強きをくじき、弱きを助けるを好む」と語り、また二百人以上の子分がいるとも証言している。のちに法廷では、田代が地元周辺で俠客として知られていた事実が強調された。田代の証言に強制があった可能性も大いにあるし、法廷が彼に好ましからざる人物というレッテルを貼るために証言を利用した可能性も高い（「俠客」の代わりに「博徒」という語を使ったほうがより効果的だったろうが）。それでも、田代が困民党の集会で義賊的な言い回しを使っていたのは事実であり、コミュニティの人間にとっては、「大宮の俠客」として既知の存在であったようだ。一八八四年の初め、罪状は不明だが（読売新聞が報じたところでは、賭博で有罪）、田代は六〇日間の懲役刑を受けて塀の中で過ごしたことがあり、田代の子分と目される者の中には名の知れた博徒もいた。[108]田代が本職の博徒であったかどうかはともかく、彼は博徒のように振る舞い、博徒として認識されていた。とりわけ、暴力を振るう能力と度胸がものを言う局面では、その傾向が顕著であった。

九月七日、田代栄助は困民党が正式に発足するにあたってその総理を引き受け、ここに組織の四つの要求が明確になった。「（一）高利貸のため身代を傾ける者多し。よって債主に迫り十カ年据置四十カ年賦に延期を乞うこと。(二)学校費を省く為三カ年間休校を県庁に迫ること。(三)雑収税の減少を内務省に迫ること。(四)村費の減少を村吏に迫ること」[109]。これら四つの原則は経済問題を扱ったものではあったが、そこに表現された困民党の政治的関心の在り方は、地元レベルから国家レベルまで、国の権威に真っ向から楯突くものであった。集まった党員を前に、新任の総理はこう宣言したと言われる。「これ(四つの原則で語られた内容)はまことに重大なことだ。国も県も村も警察権力をも相手にせねばならない」[110]。

田代が総理の仕事に熱を入れはじめた一〇月半ばの時点で、困民党にとって田代の腕力がいずれ必要となるのは明らかだった。このときすでに党員数は拡大していた。九月にはおよそ百人の農民が加わり、月が変わるころには秩父に八四ある町村の三〇が困民党に送る代表を選んでいた。さらに重要なのは、彼らが合法的な行動の限界に思い至って武装蜂起の実行を決意していたことだ[111]。田代は反乱決定の翌日には準備を始めて、加藤とともに資金と弾薬を調達する策を練っている。一〇月一四日の夜、名古屋事件の強盗とまったく同じように、田代は横瀬村の裕福な家ふたつの襲撃を指揮した。居合わせた人間を縛り付けて刀で脅し、その間に強盗を働いたのだ。翌一五日の夜に、一行は西ノ入村を目指した。その後、田代は注意を資金獲得からオルグ活動に向けて、続く八晩ないしは九晩、様々な村を回って反徒の勧誘に力を注いだ[112]。こうした反徒のうち、博徒がどのくらいを占めていたのかは不明だが、反乱の史料には博奕打の名が散見される。また、公認の自由党史では、事件の参加者として農民に次いで博徒の存在が上げられている[113]。

一一月一日、田代が群衆の前に立った。彼らはここで、その名もずばり困民軍という軍隊として編成された。困民党の将校には軍の階級称号が割り当てられた。司令官田代栄助、副司令官加藤織平の下に、集まった群衆は大隊と中隊に分けられ、それぞれに隊長がついた。そして五条からなる軍規が読み上げられた。そこでは略奪金品の私掠、女色を犯すこと、過度な飲酒、放火そのほか私怨による暴力行為、司令官の命令不履行の禁止が定められていた。さらに目的に関する五つの声明が読み上げられた。これは基本的には軍への指令書で、例えば交渉が不調に終わった際は、金貸し殺害を許可する旨が書かれており、また警察署を襲って、誰であれ収監中のリーダーを解放するようにという命令もあった。[114]

決起集会が終わると、田代は指揮官として軍隊をふたつの大隊に割って、それぞれ反対の方角から小鹿野の町を目指した。途中、田代の第二大隊は下小鹿野村の高利貸しの家に火をつけ、強盗を働き、第一大隊は下吉田村の高利貸しの家に火を放った。ふたつの大隊は小鹿野で合流すると、警察署と町役場、数件の高利貸し宅を襲い、町から離れた場所ではゲリラ部隊が標的への急襲を成功させていた。一一月二日の朝六時ごろ、小鹿野を発った軍隊は南東に進路をとって大宮を目指した。正午ごろまでに目的地に到達した反徒は、高利貸し宅を焼き払い、郡役所に殺到してこれを占拠。裕福な上流家族からおよそ三千円を奪い、商家には食料の提供を強要して、警察署と裁判所に押し入った。その夜、困民軍の将校たちは大宮郡役所で会議を開き、騒動を全国に拡大し、新しい政府（新政）を立てようと話し合っている。[115]

しかしながら翌日、明治政府の部隊、すなわち警察隊といくつかの憲兵隊によって反乱軍の決意と技量が試されることになる。[116] まもなく政府の部隊が到着するという報せに、困民軍は軍を三つの大隊に割った。第一大隊はいくつもの村で資金調達を行いながら行軍し、近隣の山にはゲリラ部隊を派遣した。第二大隊は午後三時ないしは四時ごろに警察隊および憲兵隊と砲火を交えてこれを打ち負かす。憲兵隊が銃に合わない銃弾を持ってくる失態を演じたおかげであった。第三大隊は田代の指揮下、結局は第一大隊と合流して、皆野の旅館に本部を設置した。

この時点で状況は困民軍にとって絶望的なものになっていたようだ。リーダーたちは負傷しているか、すでに命を落としていた。民間人から成る自衛隊が迫り、政府部隊に包囲される中、一一月四日の昼過ぎ、困民軍の将校たちは皆野で軍の指揮を放棄して、散り散りに逃亡した。田代は辛くも捕縛を逃れたが、一一月一五日の午前三時半ごろ、ついに黒谷村で逮捕され、猿ぐつわを嚙まされて犯罪者を移送する唐丸籠に押し込まれた[117]。

一一月四日は当初の困民軍が潰走し、田代体制が終わりを告げた日となったが、秩父事件は続けてゲリラ戦の段階に入り、別の博徒たちが台頭する。一一月五日、百人以上の反徒がひとつの部隊に再結集し、以後五日間にわたって、埼玉から群馬、長野へと場所を移しながら約八〇の警官隊および東京から派兵された一二〇〇もの鎮台兵部隊と戦っていくことになる[118]。このゲリラ集団を指揮した新たなリーダーたちは、総理の菊池貫平を筆頭に、副総理に坂本宗作、参謀長に伊奈野文次郎、ほかに荒井寅吉、横田周作、小林酉蔵といった布陣であった。この第二世代のリーダーはいずれも博徒、ないしはかつて賭博で有罪判決を受けた者たちである[119]。

一一月六日、新兵を十分に補充した困民軍のゲリラ部隊は、中川の土手で現地の自警団とおよそ五〇分にわたって対戦したのち、逃走を余儀なくされる。一一月七、八日、困民軍の部隊はオルグを続けながら、捕らえていた警察官を殺害し、引き続き村々を打ち壊して押し入っては、小隊に質屋や高利貸しを襲わせた。この時点で、ゲリラ部隊には剣士分隊と打ち壊し組ができていて、後者は「自由隊」を自称していた。しかし結局、ゲリラ戦法では力に勝る政府部隊を打ち負かすことはできなかった。一一月九日、反徒たちは長野県警と高崎の鎮台兵に圧倒され、戦死者は三六、逮捕者は二百を数え、およそ二百人が逃亡した。その逃亡者たちも、翌日の昼過ぎには白旗を上げた。[120]

明治国家は秩父の反逆者を鎮圧するための陣容を整えたあとは、かくもあからさまに国家に楯突いた者たちの処分を司直の手に委ねた。埼玉県の裁判所だけでも二九六人が重罪、四四八人が軽罪、二六四二人が罰金刑の判決を受けた。一八八五年二月一九日、田代栄助は浦和重罪裁判所で死刑を宣告された。死刑判決を受けたのは田代を含めて七人であった。[121]

国が秩父の反徒たちに犯罪者の汚名を着せる傍らで、明治政府の肩を持つ新聞も反逆者たちを不穏分子として描き、蜂起中に彼らが取ったあらゆる行動について一片の正当性も認めようとしなかった。秩父の反乱の悪質さを強調するために、新聞は田代らが博徒であった事実にスポットを当てた。こうしたレッテルを貼ることで、ネガティブなイメージが読者に伝わること、果てはすべての反徒が犯罪者であるという連想が働くことを期待したのだ。[122]なかには露骨な博徒批判を展開するメディアもあった。例えば東京日日新聞は、博徒を卑しい、下劣な世界に通じた存在として描き出した。彼らに徳川時代の浪人と無宿のイメージを重ね、博徒の存在は封建時代への逆行にほかならないとほのめかしたのである。[123]博徒を酷評したのは政府関係者ばかりではなかった。下吉田村で宮司を務めていた田中千弥は、博徒などというものは道徳の理解も及ばぬうえ、帝国政府に対する敬意のかけらもない無教養な輩であるとの中傷を加えている。[124]

秩父事件に博徒の指揮や参加があったことには、民権運動に好意的であった郵便報知新聞も批判を加えている。反乱を扱った記事で、記者は批判的にこう書いている。「もしかの騒動が本当に博奕打と同盟関係にある男たちによって指揮されていたなら、その行動は強盗団の一味によるものだと見なされるであろうし、早晩法廷にて処罰を受けることであろう」。[125] 同じ新聞の別の記事では、反徒が質屋にあった証書を燃やしたのは、「自分たちの債務から逃げるため」であり、「個人的な利益を見越して、騒動を起こす機会を狙っていた」とある。[126] 反徒たちが借金を返したくなかったのも、自分たちの計画を推し進めようとしていたのも事実だが、「逃げる」「個人的な利益」という表現の選択は、反徒たちを性格づける「節操のない博奕打」という言葉と併せて、もとより事件の参加者と事件全体をネガティブに捉えていることを伝えている。ただし、メディアのあいだでも意見は分かれている。例えば改進新聞は、反徒たちは過激派と暴力的な博徒に乗せられていたという主張に激しく反論している。[127]

無頼な連中を犯罪者として取り締まろうとする動きは、国民国家の成立期にあって珍しいものではない。例えばイタリアでは、一八六一年の統一後、権力基盤を固めようとする政府は高い税金、失業、徴兵に不満を募らせる人々から熾烈な抵抗を受けることになったが、なかでも激しかったのがシチリアだった。イタリア政府は国の動揺の底にある原因には手をつけず、むしろ反抗的なシチリア人を、広範な勢力を誇る陰謀組織、すなわち「マフィア」に加担する不逞の輩として取り締まることに注力した。「マフィア」という存在が初めて言及された公式文書は、パレルモ県知事フィリッポ・グァルティエリ伯爵が一八六五年四月に内務大臣に提出した書状だが、知事は当地の政治的混乱にお手上げ状態で、おそらくはスケープゴートを探していたのだろう。当時の証言を見ても、巨大な犯罪集団ないしは犯罪ネットワークとしての「マフィア」などあろうはずもないという説がほとんどである。[128]

すべての新聞が博徒を批判の対象として取り上げたわけではない。明治政府にも反乱をそそのかした側面があった、具体的には一八八四年以前の博徒対策に誤りがあったとして、政府側にも批判を向けた新聞もあった。朝野新聞は、博徒は害毒であり、賭博は社会の風紀を乱すものだと厳しく断じているが、返す刀で、もし政府がもっと早くに博徒をコントロールしていれば、このような事件は起きなかっただろうとほのめかしている。[129] 数多くの新聞が一八八四年の全国的な反賭博法にその責任を帰した。この法律の下で博徒に対する不当な取り締まりが行われたことで、貧しく職のない博徒が生まれたのであり、結果的に彼らが蜂起を扇動することになったというのだ。例えば明治日報は、新しい賭博法は、その意図とは正反対に博徒の背中を押して極悪犯罪へと走らせることになったと主張した。[130]

博徒と秩父事件を巡るジャーナリスティックな言説がどのように読まれたかは定かではない。これらの新聞の読者が、社会悪である博徒が明治新政府に無用な政治的困難をもたらしたという意見にうなずいたとしても一向に不思議はないだろう。とはいえ、博徒の犯罪者化が蔓延していたと断定するのは無理がある。なぜなら博徒が地域コミュニティの草の根に受け入れられ、自由党の政治的指導者層や多くの自由民権運動の参加者にも受け入れられていた事実は揺るがないからだ。明治政府にしても、博徒は厄介な犯罪者であるという見解を公然と表明していたわけでは決してなかった。むしろ、博徒の身分は曖昧であり、博徒とは何かという認識もころころと変わっていく。結局はそのことが博徒を助け、博徒の政治的な暴力を延命させていくのである。

要人の暗殺にせよ本格的な反乱にせよ、一八八〇年代の半ばまでに政府および既存の政治秩序の転覆を企図した暴力は、着々と権力基盤を築いて近代化を進める国家を前に、実質的に無力であった。多くの点で、明治新体制は支配に楯突く暴力を鎮めることに熟達していた。王政復古前の志士の系譜を継ぐ反抗的な元武士たちは、きわめて手際よく鎮圧され、それは博徒たちが加わった自由民権運動の暴力事件にしても同様であった。

それでも志士と博徒はそれぞれのやり方で、明治時代の初期を生き延びる。時代が進んでも、反抗的、反国家的暴力を正当化する必要があるたびに志士の愛国心なるものは召喚されつづけ、そうした暴力の中には、規模さえ違えど志士の戦略を模倣したものもあった。愛国心と暴力を絡めた志士のモデルは、その深甚な影響力によって二十世紀前半に日本の政治が進む方向を決定づけることになる。一方、一八八〇年代の博徒は時代とともに変化していった。なかには、近世と近代の戦略と目的が入り混じった政治の世界で、暴力専門家の役を担う者も出てくる。博徒に変化を促す一八八〇年代の暴力事件は、一面では近世という鋳型の中での抵抗であり、また一面では近代的な民主化運動だった。過ぎ去りし徳川時代に必死でしがみつくことなく、すでに自分たちの姿を変えつつあった博徒は、おかげで政治に近い場所に自分たちの居場所を確保することになる。明治一〇年代について、残された未解決の問題はこうだ――博徒たちは引き続き草の根的な、反国家的な暴力専門家にとどまるのか、否か?

志士は政治的想像力の中で何度もよみがえり、博徒は政治プレーヤーとして頭角を現しはじめる

――ここからわかるのは、明治国家はその支配に対する目の前の暴力的な反抗に対しては、軍事的、法的、文化的手段を組み合わせて戦うことができるが、暴力的な要素があるからといって、あらゆる場所に目を光らせていたわけではないということである。実際、初期明治国家の力を過大に見積もるべきではない。特に最初の二〇年について言えば、明治政府は薄氷の上で、近代国家の形成という前代未聞にして予測不能の事態をなんとか制御しようとしていた。確かなことは言えないが、これは当事者にとって気を休める暇のないプロセスだっただろう。なんと言っても、暴力によって権力を奪取した体制が、ついさっきまで自分たちがその渦中に身を置いていた暴力的反乱と同様のものを、いまや違法な存在として取り締まらなければならないのだ[131]。しかしながら、明治国家が暴力的な人間をすべて取り締まることができないからといって、失敗の烙印を押すべきではないだろう。すべての暴力を抑え込むには軍国主義国家でなければならないからだ。たいていの国家は、専制的抑圧と混沌とした無秩序のあいだのどこかでバランスを取るものである。国家が全暴力を独占するものだとは解釈していない。見極めるのは難しいが、国家の支配に対する根源的な異議申し立てを鎮めることができるぎりぎりのラインで暴力の使用をコントロールするものとこれを解釈している[132]。事実、明治国家が実行したのはこうした暴力の独占であったわけだが、すべての暴力的な政治行動を未然に防ぐことはなかったし、もとより防げるはずもなく、近代国家誕生に伴う暴力は、必然的に後続する暴力の一部として組み込まれていくことになる。

新しく統一のなったイタリアでは、国家が中央集権化へ向けて動きだすも、暴力的か否かを問わず、抵抗勢力を根絶するのに明治国家よりもずっと苦戦することになった。歴史家たちはその理由について様々に議論してきたが、とりわけ南部の併合という話題になると、指導者たちが従属的社会集団の取り込みに失敗したこと、政府による弾圧があったこと、地元名士からの支持を取りつけられなかったことなどが引き合いに出される。国家の形成および建設のやり方に欠陥（失敗と呼ぶ向きもあるだろう）があったことが、苛酷な軍事弾圧を呼び込み、翻って今度は弾圧が欠陥を拡大していった。弾圧に訴えても、潜在する社会的、経済的な反抗に始末をつけることはできなかったし、地域コミュニティに国家支配の基礎を打ち立てることもできなかった。その結果、他の要因もあるにせよ、南イタリア、特にシチリアの人々は、ますます保護と治安を求めて力のある非国家主体（マフィア）に頼るようになっていくのである[133]。

統一国家イタリアが期待していたのは、自由主義政府がなんとか南イタリアを底上げして、権力の確立維持のために冷静に物理的強制力を使用していくことだったが、フランスの場合は違った。一七九〇年代のフランスは、自由と治安のあいだで苦闘した。一七九五年憲法で総裁政府が成立したとき、その眼目は自由民主主義共和国の建設だった。しかし、ときの政治的無秩序（ジャコバン左派の過激派と王党派右派の闘争、国外戦争、山賊行為などがこれをさらに悪化させた）を前にして、総裁政府に秩序を打ち立てる法令は整っておらず、治安よりも自由を優先した手段を講じていく。その結果、以後二年以上にわたって体制への反抗が止むことはなく、第二次総裁政府は法の支配から、粛清と即決裁判、そして軍事行動へと舵を切ることになる。ここに現出した治安状態は、まさにフランス革命の終焉を告げるものであり、ナポレオン・ボナパルト独裁の基盤となる[134]。

日本の明治王政復古は自由あるいは民主主義の名において実行されたものではなく、新体制が自由民主主義になるという期待はそもそもなかった。だからこそ明治政府はほんのひとときとはいえ、暴力的な反抗に直面しながら自由民主主義共和国を確立するという、フランスが抱え込んだ難題を回避することができた。それでも、自由民権運動が一八七〇年代を通じて勢いをつけ、明治政府が立憲・議会政治を公約するに至って、暴力は日本の民主的実験に深く内包されていくことになる。

第二章　暴力的民主主義　悪党と議会政治の誕生

一八八九年二月一一日、明治憲法が公布された。その式典は、十九世紀後半の世界において、日本が「文明的」な政治体制を持った国家の仲間入りを果たしたことを示すべく、周到に整えられたものだった。開明的な政治を象徴するようお膳立てされた歴史的瞬間、軍服をまとった明治天皇はヨーロッパ風の王座の前に立ち、数少ない聴衆（西洋流の正装に身を包んだ国内外の高官たち）に向かって大日本帝国憲法を発表した[1]。堂々たる紳士の政治を演出するよう念入りに用意されたこの場面は、楽観的にいえば今後の政治的安定を、あるいはまた立憲・議会政治による新しい時代の秩序を予見させるものだった。

しかしながら政治の未来をそのように理想化したところで、広範な政治参加を求めて憲法のいっそう民主的な条項を実地に当てはめるには、どうしても暴力的なプロセスを伴う。それはしばしば社会の安定を毀損し、無秩序を呼び込むことにもなる。どんな形態の代議制にも言えることだが、運用の現実というのは事前に考えられていたほど包括的にも、平等にもならない。明治日本においては、元老たちは政治的な影響力を市民と分かち合うことに乗り気でなかったし、自分たちの権力がそれほど安定していないこともあって、立憲・議会政治へ針路を取るにしても、あくまで恐る恐るといったところだった。動機としては「西洋立憲国家のメンバーとして見られたい」というのが第一で、新しい声を政治に迎えることは二の次であった[2]。一八八〇年代、憲法起草は遅々として進まず、選挙権に厳しい制限が設けられていたことが、元老たちの政治に押し切られるのを是としない人々を暴力行使へと導くことになった。元老たちは国家の暴力をもってこれを押さえ込もうとしたが、火に油を注ぐことにしかならなかった。政治はますます安定性を失い、暴力に頼るやり口が政治生活の中で常態化していくことになる。

一八八〇年代から九〇年代にかけて出現した政治制度、政治文化は、ひと口に「暴力的民主主義」と呼べるだろう。そこでは暴力と民主主義が不協和音をたて、ときに相矛盾する関係を結びながら共存していた。「暴力的民主主義」という言葉を広めたのは政治思想家のダニエル・ロスだ。「民主主義の起源と中心には必ず暴力がある」というのがロスの確信するところで、明治日本のケースにおいてもその反響を聞くことができる。ロスは暴力が民主主義を生むアイロニーをうまく捉えている。彼の見立てでは、民主主義の確立は常に、また必然的に暴力的なのであって、この暴力的な出発点はそれゆえに「続くすべての事柄についてまわる」[3]。明治日本において、暴力的な出発点とは自由民権運動であり、続く一八八〇年代から生まれたのは、確かにひとつの民主主義であった。政治参加には制限があり、憲法は天皇が国民に授けたものであり、国民主権という考えは限定的なものでしかなかったのは事実である。けれども色川大吉やロジャー・ボウエンのような学者は、草の根の行動主義が明治の政治を前進させる原動力となったことを立証しているし、歴史学者の坂野潤治は「明治デモクラシー」という言葉でもって、憲法と代表制の政治を要求し、政治参加を拡大した民衆の力の重要性を強調している[4]。結果、一八九〇年代までに、日本は憲法、公選議会（衆議院）、国政選挙のすべてを実現したのである。

この時期の政治もまた暴力的だった。一八八〇年代、若い民権家は民主主義と自由主義の名のもとに腕力に物を言わすことをいとわなかった。のちに壮士と呼ばれる彼らは、政治の世界で用心棒やアジテーターとして暴力を振るい、その粗野な振る舞いと乱暴行為で名を上げていく。一八九〇年ごろに自由民権運動の勢いが止まると、壮士の中には自分たちの暴力を朝鮮や中国に輸出しようとする者も出てきた。いわゆる大陸浪人である。一方で国内政治の世界にとどまって自ら変貌を遂げ、活動家から本業の犯罪者へと鞍替えする者もいた。議会政治と帝国の形成の瞬間に居合わせた壮士と大陸浪人の暴力は、もはや近代政治の現場から切り離すことのできない存在となった。荒くれたちは議会制民主主義の始まりとともに退場してもよかったはずだが、そうはならなかった。その理由を探ることが本章の主要なテーマである。同時に、この暴力が日本の初期の民主主義的実験にどのような意味を持っていたのか、そして続く数十年の政治にそれがどのように「つきまとった」のかが問われることになる。

活動家から無頼漢へ——一八八〇年代の壮士たち

「壮士」という言葉は、文字通りには男らしい戦士ということだが、この言葉が政治の語彙に登録されたのは一八八〇年代前半のことで、民権拡大を支持する、政治意識の高い若い男性を指して使われた。この歯の浮くような新名称は、民権家と自由党に取り入れられることになったが、自由党メンバーの少なくともふたりが、我こそこの造語の生みの親であると主張している。ひとりは自由党党員の星亭で、彼が「志士」という言葉の代わりにこの言葉を提案したと言われている（後期徳川時代の志士については前章で述べた）。もうひとりは尾崎行雄で、尾崎はこの件について自ら詳しく語っており、曰く、支持者を意味する面白みのない「有志家」という語の代わりとしてこの言葉を提案したという。[5] 壮士というラベルの生みの親が誰なのかはともかく、この言葉は星や尾崎のような政治家の手で広がり、一八八〇年代のあいだは概して、少なくとも民権家の仲間内ではポジティブな響きを持っていた。一八八六年、ある壮士が臨終の場で、同輩の政治青年に対する敬意を込めてこんな言葉を残している。「我々壮士はすでに国家のために家産を捨てたり、且つ明日にも自由のために身命を抛《なげう》つ者なり」[6]。この時期に出版された書物は壮士を讃えており、あるものは壮士を国の元気と表現している。[7]

しかしながら、「壮士」という語が「志士」ないしは「有志家」に取って代わって一般的なものになるには時間がかかった。一八八〇年代中葉は、政治青年を引き続き「志士」と表現する新聞もあった。表現を変えなかったのは、主として青年たちの在野のポジションを強調したかったから、ないしは青年たちを後期徳川時代の先駆者たちが持っていた清廉な愛国心と結びつけたかったからである。[8] ときにこの三つの用語は交換可能なものとして扱われることもあった。[9] 少なくとも一紙、リベラルで反政府的な朝野新聞は、ふたつの言葉を合体させて「志士壮士」という新語を作っている。[10] このような用語の混交が起きたのは、そもそも壮士の定義に混乱があったということでもあるだろうし、そうした青年たちの背景を一つに絞るのは無理な相談だという認識があったからでもあろう。それはまた、初期壮士の雑種性をも反映していた。壮士は政治的行動主義、政府への懐疑、愛国主義といった点で先駆者である志士とよく似ていたが、民衆の権利を積極的に擁護している点では、徳川時代後期の青年たちとまったく異なっていた。

一八八〇年代の前半を壮士の活動の第一段階と位置づけるとして、その特徴と言えるのは、ある種の雑種性である。支配体制を揺るがすのに暗殺ないしは小規模な反乱という象徴的な行動に頼ったという点では、壮士は幕末の青年たちとよく似ていた。志士と同じように、政治秩序を変えたいと願い、自分たちの目的のためだけに物理的強制力を行使したという意味で、彼らは暴力専門家ではなかった。[11]一方で、壮士はより民主的な思想を支持していたという点で新しく、志士とは違っていた。前章で論じた博徒同様、彼らは自由民権運動の暴力事件（激化事件）に参加した。[12]例えば一八八四年九月の加波山事件では、壮士の反徒たち（「志士」と呼ぶ歴史家もいる）は、より民主的な政府を確立する道筋をつけようと爆弾による明治政府高官の暗殺を企てた。これは一八八二年の福島事件を弾圧した政府指導層に対する報復と考えられている。福島事件において、壮士たちは支配層が国権を濫用し、言論を封殺しているとの批判を展開していた。一八八五年の大阪事件では、活動家たちが朝鮮に侵攻したうえで親日的な改革主義者である金玉均を政権の座に就かせるという計画を立てた。壮士たちはこの活動を支えるべく、資金調達と武器の製造を請け負った。兵器製造の担当者たちは現在の東京文京区にあったとある家に集まり、鍛冶屋を装って秘密裡に爆弾を作った。[13]

一八八〇年代も後半になると、壮士の暴力は徐々にこの第一段階から離れていく。これには関係者の逮捕と懲罰が大きく作用した。加波山事件ののち、十数人の反徒たちが裁判にかけられ、うち七人が死刑宣告を受けた。大阪事件では逮捕者は百人以上に及び、関係者三〇人が有罪判決を受けた。[14]国家主導の壮士の取り締まりによって、暴力も辞さない民権運動は消耗を強いられ、追随しようと考えていた人間も思いとどまらざるを得なかった。大衆蜂起も小規模な反乱も、いまや無益であることがはっきりしてしまったのだ。そしておそらくいっそう重要なのは、府県会の開設、政党政治家の台頭、国会の設立に伴って政治参加が拡大した以上、象徴的に明治の要人を何人か暗殺したとしても、そこにさしたる意味はなくなったということである。政治権力がひと握りの人間に集中していた時代は、いまや過去のものとなった。変革や改革をけしかけるのに指導者をひとり暗殺するのは、もはや効果的なやり方ではない。さらに、政府の制度が間口をいっそう広く取るようになったことで、民主的な政府転覆の緊急性は薄れたのである。

壮士の活動の第二段階を特徴づけるのは、一八八〇年代の後半によく見られるようになった、それまでとは違う形の暴力、すなわち喧嘩、殴り合い、打ち壊し、脅迫、恐喝といった類いの乱暴行為である。この種の暴力が暗殺戦術と反比例して激増した理由はいくらでも説明できる。ひとつは暴力の目的に関することだ。この時期の壮士は政治行動に影響を及ぼそうとしていたのであり、政治秩序の根本的な変革を狙ってはいなかった。例えばここに意思を決めかねている有権者がいる。拳を振り上げればその男はこちらの言うことを聞くかもしれない。ところがここで男を殺して投票の可能性を潰してしまっては元も子もないだろう。

政治参加が拡大し、政治の姿が衆目にさらされる中で、乱暴行為は増大していった。政治的権力が拡散するようになると、政敵を片っ端から抹殺するなど望むべくもなくなるが、それでも乱暴行為を通じて政治状況を左右しようとすることは可能であったし、効果的でもあった。物理的強制力はもはや名の知れた高官や地方の名士を討つために温存されるべきものではなくなった。むしろ標的は拡大した。選挙の候補者、政治家予備軍、党員、府県会と国会の関係者の大部分がその射程に入った。加えて、演説会や討論会、選挙運動といったものを通して政治への関心が高まり、かつてないほど多くの人間が政治を目撃する機会を得るようになると、これに比例して暴力を政治的道具として行使する機会も増えていった。公の政治イベントがありふれた日常の出来事になっていく中で、それに伴う暴力もまたありふれたものになっていったのである。壮士たちが喚き散らして政治集会を妨害することも、政敵を恐喝し、物理的な脅しをかけることも、敵対する壮士の暴力から政治的同盟者を守ることも、ごく一般的な慣習になっていったのだ。

壮士の乱暴行為が増長していった背景には、一方で政治参加に依然として制約があったことも無視できない。被選挙権にも選挙権にも制限があったため、過去に比べれば拡大したとはいえ、政治家の絶対数はまだまだ少なかった。ここに壮士が影響力を行使できる余地があった。種々の制限は、国政への参加を望みながらも正式な政治プロセスの埒外にいる青年の一群を、別の方向からまとめ上げることになった。政治的エネルギーのはけ口が限られる青年たちも、暴力によってなら選挙では叶わないことを表現できる。彼らにとって、壮士になるというのは魅力的な選択肢であった。

乱暴行為を助長させたのは何もこうした制度的要因ばかりではない。民権運動の指導者もまた、壮士の暴力を育ててこれをまとめ上げることで、その発展に積極的に関わっている。一八八〇年代初期の段階で、自由党は壮士の育成に着手しており、一八八三年の大会では党への献金を剣術学校の設立に活用することを決定している。一八八四年には、文武を教える東京の自由党本部付属の学校、有一館が設立されているが、ここにも件の資金からの助成があったかもしれない。有一館は自由党壮士の訓練の場であり、自由を論じ合う政治演説会も幾度となく開かれている。所属党員の中には大阪事件の参加者がおり、館長は内藤魯一であった（内藤については名古屋事件との関連で前章で触れている）。東京近郊の三多摩地域に建てられたいくつかの学校では、表向き民権運動のリーダーたちが文武両方を教えることになっていたが、もっぱら体力錬成のほうが重んじられていた[15]。三多摩の壮士からなる関東会（関東協会）も、そうした組織のひとつである。一八八〇年代後半には、各種の壮士団体が激増した。一八八八年四月には大阪壮士倶楽部が設立され、翌一八八九年の春には東京壮士倶楽部が、特に犯罪歴のある人間に向けて壮士募集の新聞広告を打っている。首都からはるか離れた土地でも壮士の組織化が進み、例えば青森県では三五〇人の壮士からなるグループができていた[16]。

一般的に言って、壮士の組織はかなり緩いものであったし、その形も様々だった。なかには院外団（圧力団体）のように政党に直結しているものもあった。例えば自由党は一八八〇年代に院外団を組織しているが、これは壮士の乱暴行為を党の役に立つ形に仕立て直したものだったようである。一方で、公式には政党とは無関係な政治集団やクラブ、団体もあった。壮士の募集に関する記録は嫌になるほど少ないが、どうやらこうした様々な組織に加入させようと地元の青年を集める高官や政治家、政治指導者がいたようだ。そして、少なくとも自由党壮士の場合は、党への支持よりも特定の政治家への忠誠心のほうが参加の決め手となっていた。

一八八〇年代の後半、壮士の暴力は大同団結運動という政治論争の風を背中に受けつづけることになった。一八九〇年の国会開設に備えて、自由党や立憲改進党のような進歩的でリベラルな政党の力を一本化していこうという取り組みが、一八八六年から一八九〇年にかけて続けられたのである。そして一八八七年には、その試みと手を取るような形で三大事件建白運動が起こる。国家的な関心が壮士へと向けられることになる転機であった。[17] 日本が一八五〇年代に西洋列強と締結した「不平等条約」の改正交渉にあたって、外務大臣の井上馨が最小限の改正しか要求していないことが明らかになり、これに激怒した民権家たちが、抜本的な条約改正が必要であると声を上げたのである。また地租の軽減と言論・結社の自由の大幅な拡大も、この「三大事件」に含まれていた。

壮士はこれらの運動の一環として、一八八七年の後半、自ら大規模な公開集会を頻繁に催した。これはしばしば運動会の形を取った。デモ行進に加えて、スポーツ競技会もあれば、仮装行列も、飲み会もあるという具合だ。通常は、口コミ、チラシ、新聞の告知などを通じて数百の壮士が集まり、スローガンの書かれた旗を持ってデモを行う。これはレクリエーションであると同時に政治活動だった。例えば一一月二五日に京都で催された運動会では、一五〇から一六〇の壮士たちが行進して赤と白ののぼり旗を振り、御所に向かって「万歳」を叫び、また自由を称えて「万歳」を叫んだ。[18] こうした運動会は、その政治的な内容と形式の両面から明治政府を試すものだった。政府は自由民権運動をコントロールするために、一八八〇年、特に屋外での政治集会と学生の政治活動を禁じる集会条例を公布していたが、運動会の多面的な性格は、この条例を回避するために目論まれたものだった。[19] また運動会とは、スポーツ、すなわち肉体の行使と鍛錬をイベントに組み込んだものだ。壮士たちがいかに身体性に価値を置き、それに磨きをかけていたかがうかがい知れよう。[20]

壮士の腕っぷしは様々な政治イベントでも目撃されている。壮士の暴力の扱いに長けた一部の政治家は、しばしばアジテーターやボディーガードとして壮士を雇った。自由党再興に参加し、大同団結運動のリーダー格でもあった星亨は、ならず者たちを取り巻きに仕立てた政治家のひとりである。一八八七年一〇月、星は個人的な敵愾心を優先させて民権派の合同という政治目標を放り投げ、立憲改進党の政治家で東京横浜毎日新聞の発行人でもあった沼間守一を手兵の壮士に襲わせるという事件を起こしている。自由党と立憲改進党の合同公開集会で、星は酒に酔った沼間から喧嘩を売られたという。名門出身の沼間が星を百姓と呼んで侮辱し、罵声の応酬となった。そこで照明が落とされると、星は壮士たちを会場に引き入れて沼間を取り囲ませ、壮士たちは真鍮の燭台で沼間を打ちつけた。打擲は警察が到着するまで続けられた。沼間はこのときに受けた傷がもとで命を落とし、立憲改進党は抗議として、次に予定されていた合同集会には代表を送らなかった。事件は政治的な失敗を招いたが、そのことを別にすれば、星がこの沼間襲撃事件でなんらかの処罰を受けた形跡はない[21]。法的な報いがないのであれば、同じ現象が再生産されるばかりである。壮士を雇い入れる政治家が増えるほどに、まだその恩恵を受けていない政治家は個人的な警護の必要を感じた。結果、壮士はますます浸透していったが、それで暴力が中和されたかといえばそんなことはなく、ますます殺気立った空気が充満し、政治は文字通り拳によって分断されることになった。

大同団結運動は一八八七年の終わりまでに相当な勢いとなっていたため、明治政府の警戒心を煽る事態となった。一一月、支持者の全国集会は政府批判の演説であふれかえった。そして一二月、運動のまとめ役である後藤象二郎の再三にわたる上奏の試みが退けられるに及んで、全国の支持者によるデモが計画された。活動家たちは東京に三千人もの壮士を動員して皇居前に集結させ、「不平等条約」

に関する交渉の中止を要求するつもりだった。壮士たちは首都に三々五々集まりだしたが、主催側の不手際もあって、その数はおよそ三百でしかなかった。[22]それでも、東京に数百人の壮士がいるという だけで政府は縮み上がった。一〇月には条約問題をめぐって外務大臣の井上馨が辞任したことで政府はすでに揺らいでおり、進歩主義勢力の伸長は脅威となっていたのである。議会政治の幕開けまで秒読みとなった今、事態はとりわけ深刻であった。そこで政府は一八八七年一二月二五日、政治集会と言論を規制する七条からなる保安条例を公布して、これを即時施行させた。この種の規制はことさら新しいものではない。過去にも政府は、一八七五年には新聞紙条例を、一八八〇年には集会条例を施行して自由民権運動を囲い込もうとしていた。保安条例において、武装した壮士を厳しく取り締まろうという意図は第五条に表れており、地域当局の許可を得ることなしに、壮士が好む「銃器・短銃・火薬・刀剣・仕込杖の類」の携帯、運搬、取引を禁止する権限が、それぞれの管区に与えられている。政府がどれほど壮士を脅威に感じていたかわかるのは、東京のデモとも関係が深い第四条だ。この条項において、警視庁は「内乱を陰謀し又は教唆し又は治安を妨害するの虞」があると認められる者を、内務大臣の認可のもと、皇居の周囲三里から排除することができた。第四条のもと、五百人以上の政治家と壮士が首都から追い出され、警察の手で指定地区から連れ出された者もいた。このようにして保安条例は東京から反政府活動家を排除しようとしたわけだが、かといって彼らの情熱やエネルギーが萎んでしまうことはなかった。近場の横浜や八王子に移っただけの壮士もいた。[23]

二月一一日の憲法発布に伴って、保安条例は廃止になったわけではないが一時的に棚上げにされ、同法や新聞紙条例のもとで刑務所に送られた政治犯は、恩赦を得て釈放された。[24]加えて、徳川時代の志士の指導者で教師であった吉田松陰、士族の反乱に加わった西郷隆盛らも死後の恩赦を受けた。自由民権運動の激化事件に参加した博徒も含め、恩赦を受けて釈放ないしは減刑された者はほかにもいる。手短にいえば、憲法誕生を機に明治国家の敵が免責され、なんなら大きな敬意すら勝ち取ったのである。木村直恵の議論によれば、こうした恩赦は明治政府が自らの寛大さを示した行為であり、それはこの手の敵対的で暴力的な要素は恐れるに足りないという自信に根ざしたものであった。法と国家、そしてその正統性は隈なく行き渡るという信念が政府にはあったのである。[25]

しかしながら乱暴行為は引き続きとどまるところを知らなかった。まさにその月、大阪で開かれた憲法発布の祝賀会（大量の酒が用意されていた）が終わったあと、およそ百人の壮士がとある土木工事会社と大阪毎日新聞の社屋を襲撃するという事件が起きている。その数カ月後の岡山県では、壮士が県会議事堂に入り込んで傍聴席で喚き散らすということもあった。[26]壮士はまた、政治的攻撃手法のレパートリーに決闘を加えた。つまり、政敵に一対一の決闘を申し込む手紙を送って脅しつけるのだ。徳島と岡山では県知事が挑戦状の標的になり、新しく閣僚に取り立てられた後藤象二郎は一八八九年の三月から四月にかけて一二通の果たし状を受け取っている。実際にそうした決闘が行われたことがあるかどうかは不明だが、少なくとも青森県では、壮士が県会議員に対して決闘と一八八九年中の辞任を迫り、それがあまりに執拗だったために、議員は遠隔地で休暇を取るか、あるいは自宅に籠るしかなかった。[27]憲法発布から数カ月経っても、保安条例は場当たり的に執行されるのが関の山だった。一八八九年一〇月には、東京と横浜の壮士が閣僚たちのあいだを回って、条約改正の請願を提出させることに成功している。[28]

一八八〇年代後半の段階で、政治の現場における壮士の存在感はあまりにも大きく、いまや木村直恵がプラティーク（実践）と呼ぶ、衣服、髪型、話し方といった要素から壮士のプロトタイプを定義することも可能になった。毎日新聞は一八八九年五月の記事で、壮士を見分けるポイントを次のように解説している――粗野な振る舞い、身にまとった粗悪なケット、長髪、大きな声、そして、みっともなく型崩れしているせいで都合よく顔を隠すことができる羅紗の帽子だ。[29] 壮士たちはまた、仕込み杖、刀、拳銃などの武器も持ち歩いていた。彼らの仕草にもそれなりの特徴があった。壮士グループにいたことのある演歌師の添田唖蟬坊が言うには、彼らは「蛮カラで武骨で、肩をいからして反りかへって太いステッキを振り廻しながら歩き廻った」[30]。歴史学者のジェイソン・カーリンによれば、こうした荒っぽさは、「『男性化された』男らしさ」、ないしは「正統的な男らしさ」であり、西洋化された日本紳士の持つ柔和な男らしさと対照をなしていた。[31]

このプロトタイプにはバリエーションがあり、そこから壮士の出身地域と、おそらくは所属政党まで見分けることができた。金沢出身の壮士は袴壮士と呼ばれ、袴姿はもちろん、極端に高い下駄を履いていることで知られていた。加えて、ひときわ幅広の帯を腰の低い位置に巻き、極太の棒きれを手に、左肩を怒らせていた。三多摩壮士は、金沢壮士の変型であるが、白鉢巻と帯を身に着け、約二尺の仕込み杖、棒きれ、棍棒、拳銃などを持ち歩いた。信濃の壮士はブランケット壮士として知られていた。彼らは寒くなると、粗いブランケット（毛布）を羽織ったのである。衣服の丈は所属政党を示してもいた。[32]

壮士はそれとわかる衣装の流儀と作法を持っていたが、加えて独自の文化も育てていた。それは高い政治意識を持ち合わせると同時に、しばしば暴力的なものであった。彼らは政府に批判的な政治劇（壮士芝居）を上演したり、ポピュラーソング（演歌）を書いたりしたが、一八八七年ごろに書かれた曲にはこんな一節がある。「国利民福増進して民力休養せ　もしも成らなきゃ　ダイナマイトどん」[33]。粗野であることを旨とするこの文化は、男らしさを競ったならず者学生（硬派）の虚勢と重なり合うところがあるし、そこから力を得た面もある。歴史学者デヴィッド・アンバラスが描写しているように、硬派の学生たちは「もっぱら柔道などの肉体的活動に従事し、粋がった、攻撃的な流儀を採用

明治時代の壮士のふたつの類型（1889年5月）。左は典型的な金沢壮士。特徴的な高下駄に太い棒きれ、左肩を怒らせたポーズ。右は信濃出身の壮士、別名「ブランケット壮士」。出典：1889年5月28日付『毎日新聞』

した。一方で、弱く、女々しくなってしまうことを恐れて女性との接触を拒んだ[34]」。この種の立ち居振る舞いは明治初期まで遡るもので、このころすでに一部の学生たちは志士を真似た格好をしていたし、同様の態度はのちに自由民権運動の活動家になる人間にも見られるようになった。世紀の変わり目も近くなると、東京における学生たちの暴力はいよいよ大っぴらになり、もはや日常の一コマとなっていた。「(ならず者学生の）多くは、短い剣、仕込み杖、ナイフなどを持ち歩き、グループ間での『決闘』は、ある批評家の言葉によれば、『ファッションも同然』だった[35]」。

若くて男らしいことを特徴とするこの文化によって、壮士はひとつの集団として結びついていた。しかし年齢とジェンダーを別とすれば、壮士の内実は多様であり、背景も動機も様々であった。残念なことに史料が不足していて、壮士の社会学的特性を十分に理解するには至らないのが現状である。階層と教育の背景を探ろうにも、不明な点が多すぎて自信をもって論じることができないし、その組成についても場当たり的に分析するのがせいぜいである。一八八〇年代の壮士は、士族、農民、商人、実業家、博徒、ならず者学生、定職を持たない放浪者、ごろつきといった顔ぶれからなる混成部隊だったようだ[36]。このことは、当時の壮士がパートタイムの無頼漢であり、政治生活に奔走する一方で、仕事ないしは学問にも注力していたことを意味する。別の仕事を持っている人間であれば、農業にせよ、実業にせよ、賭博にせよ、なんらかの収入源があるのだから、暮らしを立てるのに乱暴行為に頼る必要はなかったはずだ。

しかしながら一八八〇年代の終わりになって自由民権運動が勢いをなくしていくと、壮士のキャラクターは変化しはじめる。壮士はいまや民権への取り組みよりも乱暴行為によって知られるようになっていた。そうなると、ただ暴力を使って金を稼ぐことにしか関心がない若い男たち、つまり政治改革よりも金儲けに惹きつけられた連中、あるいは暴力の興奮に惹きつけられた連中がどんどん参入してくる。かくして壮士グループは膨れ上がっていった。例えば三多摩壮士では、民権家として活動した農民や地主が以後数十年のあいだに徐々に姿を消し、それに代わってもっと「ヤクザのような」タイプの無頼漢が目立つようになるが、もともと彼らは地主たちの次男、三男である反社会的な穀潰しだった。[37] これを三多摩壮士に限らない一般的な傾向だと断言するのは危険かもしれないが、それでも一八八〇年代後半、新種と思しき壮士が一部の雑誌や新聞で批判の対象になったのは事実である。知識階層向けのオピニオン誌『国民之友』は、一八八七年七月と八月に青年と「新日本」の政治に関する続き物の記事を掲載していて、その第二回は現代政治に壮士が占めるポジションを考察するのに費やされている。雑誌の社説は、明治の最初の一〇年、政治に変革を起こしたいという正義感と人間愛に背中を押された青年層として、壮士が大事な役割を果たしたことを認めている。しかしながら、幕末の日本ならいざしらず、彼らの行為は本質的に破壊的なものであって、明治も二〇年を過ぎた建設の時代にあってはまったく不適当であるというのだ。「新日本」の夜明けにとって、壮士の向こう見ずな計画と不公正なやり方は邪魔なものでしかないということで、政治世界からのすみやかな退場が望まれていた。木村直恵によれば、同誌は壮士の暴力を批判し、彼らを好ましからぬ存在と位置づけることによって、新たな政治プレーヤーの登場を企図したということになる。この社説は巻頭言の下に掲載されたものだが、ジョン・ミルトンの言葉が引用されているのはいかにもふさわしい。「やれやれ、まだ高貴な任務が手に残されている（なぜ戦争は、終わりなき戦争はこうも我が世の春を謳歌しているのか？）真実と正義が暴力の手を離れるときまで、任務は終わらない[38]」。

民権の大義を積極的に支持してきたメディアでさえ、野蛮で時代錯誤な壮士の本質について同様の評価を下すようになった。一八八七年九月の朝野新聞の社説は、現在の文明世界と壮士の属する腕力の世界の乖離について述べている。野卑な壮士が国からエネルギーと士気と生命を奪い取っているというのだ[39]。一八八九年三月の社説は、壮士を偽善者と呼び、彼らが気にかけるのは自らの言論の自由のみであって他者のそれではないと批判した。加えて、演説会を中断させる彼らのやり方は、人々の発言権に対する侵犯以外のなにものでもなく、壮士は力ではなく言葉でもって政治的な意見に応答するべきだと訴えている。この社説は、一部の政治家の個人的な敵対心と性急さが荒っぽい文化を助長しているように見受けられると、その牽制の矛先を政治家にも向けている[40]。一八九〇年の二月下旬までに、新聞は壮士を「暴徒」と呼ぶようになっていた。壮士の乱暴は憲法制度の中核をなす言論・結社の自由とは正反対であるということだ。府県会選挙は賄賂、恐怖、力、暴行で損なわれてしまったと各紙は嘆いた[41]。

自由党の出版物である絵入自由新聞も、暴力を非文明的なものと非難しているが、壮士という存在を全面的に断罪するまでには至らなかった。一八八七年一〇月の社説では、理想的な「文明壮士」と「野蛮壮士」のあいだに一線を引いている。党の近過去から輩出した若い活動家の典型に泥を塗るわけにもいかなかったのだ。それでも、野蛮壮士はその暴力的なやり方を放棄すべきだという要求に手心を加えることはなかった。自分自身の身体にも他者の身体にも敬意を欠く壮士の態度は、もはや時代遅れというほかなく、自由主義を蝕み、平等という理念を無に帰すものだと同紙は述べている[42]。憲法に基づく議会政治の夜明けである一八八〇年代の終わりには、壮士はすでに政治イデオロギーではなく、粗野と暴力で知られる存在になっていた。

暴力の輸出――国境を超える愛国的大陸浪人

憲法の発布と国会開設に伴って自由民権運動が一八九〇年代前半に失速すると、壮士の中には民権への関与を清算して、日本の東アジアに対する影響力の拡大に全精力を振り向ける者も出てきた。この任務を推し進めるために海外に渡ったのが、いわゆる大陸浪人である。民主化運動の中で生まれたにもかかわらず、日本の外交政策を愛国的膨張主義へ向けたいという願望に根ざした彼らの暴力は、結果として大いに非民主的であった。

一八九〇年代には、こうした国内から国外への潔い転向が見られたが、この動きは目新しいものでも急なものでもなく、それに先んじる一〇年の民権イデオロギーと暴力から派生したものだ。一八八〇年代の自由民権運動の決まり文句といえば、国家の尊重である。民主主義は目的そのものではなく、日本をより良く、より強く発展させるための手段となった。例えば福岡県の向陽社などがそうだが、他の組織と比べて国家主義をことさらに強調する民権団体があった。向陽社が設立されたのは一八七九年四月、結成メンバーは箱田六輔、頭山満、進藤喜平太という青年たちであり、彼らが一八七〇年代半ばに士族の反乱に加わって服役していたことは前章で見た通りである。向陽社の学校である向陽義塾の設立趣意書では、「民権を培養」するばかりでなく、国の成長を促進するために教育を活用することが奨励されている。向陽社は全体として「国権回復」というスローガンを重んじていた。一八八一年、向陽社は玄洋社と改名されるが、この新しい名称が福岡と本州を分かつ玄界灘から取られていることからも、外交問題に積極的に関与していこうという彼らの姿勢がうかがえる。それでもこの時点では、組織はまだ民権へのコミットメントも取り下げておらず、公式に掲げた三つの方針では、天皇を尊崇すること、国を愛し重んじること、人民の権利を守ることが謳われている。[43]

玄洋社のメンバーの多くは壮士で、乱暴行為でもって明治の元老に民権を認めるよう迫った青年活動家たちであった。彼らは志士を自称したが、大手新聞は通常、彼らを「玄洋社壮士」と呼び表した。玄洋社は政治参加拡大のために国内の政争に加わっていたが、国権への鋭い関心から、その暴力はしだいに大陸浪人という形で日本の国境を越えるようになっていく。

「大陸浪人」という言葉が指し示す範囲は広く、これまでに知識人、国家主義団体のリーダー、実業家、そして大陸に渡った軍人を示すのにも使われてきた。[44] 歴史学者は、理想主義的開拓者、日本帝国主義の先駆けなど、様々な大陸浪人像を作り上げてきた。[45] 本章で玄洋社のメンバーを主に取り上げるのは、彼らが大陸浪人の一典型となっているからだ。若い非国家主体で、その動機の底には、国の未来に対する深い危惧があった。さらに、一方では自由主義を広めつつ、他方で朝鮮と中国に膨張していくという相容れない目的を追求する明治政府への反感があった。語の定義をとことん厳密にすれば、玄洋社の大陸浪人は暴力専門家ではない。彼らが暴力を振るうのは自らのヴィジョンを追い求めてのことであって、金銭のために誰かの言いなりになることはなかったと思われる。この意味で、政治信条など持ち合わせない、単なるボディーガードであった同時代の壮士とは違っていた。とはいえ、大陸浪人は夢想家で壮士は傭兵であったとしても、両者を明確に区別するのは間違いに当たる。金銭的な見返りや冒険心に動かされた大陸浪人だっていただろうし、例え曖昧ではあっても、自由主義ないしは党の政策に関してなんらかの信条を持った壮士はいただろう。政治信条と金銭上の利己心は必ずしも相矛盾するものではない。さらに、大陸浪人と壮士はともに一八八〇年代の産物であり、続く数十年間、重なり合いながら共存していく。ひとりの人物がある種の壮士と大陸浪人を兼ねることもあり得たし、内の暴力と外の暴力などという分類も流動的なものでしかなく、壮士が外へ出て大陸浪人になることもあれば、大陸浪人が帰国して壮士になるということだってあり得たのである。

　玄洋社は早くも一八八〇年代前半には大陸に目を向けるようになっていたが、この時期、彼らの暴力にほとんど影響力はなかったようである。一八八二年に朝鮮で壬午軍乱が勃発すると、玄洋社は反日暴力ないしは半島への清の介入に対して反撃を差し控える明治政府の「受け身の政策」に不満を募らせる。業を煮やした玄洋社は自ら問題の解決を図るべく、政府レベルの交渉に圧力をかけようと、兵を集めて義勇軍を組織した。これを主導したのは西南戦争で懲役刑を受けたふたり、平岡浩太郎と野村忍介で、まずは先発隊が蒸気船を乗っ取って、船長に釜山まで一団を運ばせた。だが、彼らが到着するまでに、すでに交渉は終了していた。それでも義勇軍の本体はこれに続いて官僚の井上毅を暗殺しようとしたが、これもまた失敗に終わった。玄洋社は一八八四年にも軍を組織して、朝鮮で改革派を支援して親日的なクーデターを起こさせようとするが、同様の目論見を持った大井憲太郎の大阪事件が失敗に終わると、計画を放棄した。結果、玄洋社メンバーへの警察の監視の目はいっそう厳しくなった。[46]

しかし一八八九年、玄洋社メンバーによる暗殺の企てが政治の上層にさざ波を立てることになった。明治政府の外交政策に対して不満を募らせる玄洋社が狙うシンボリックな標的は、当然のことながら外務大臣大隈重信であった。大隈は「不平等条約」の再交渉を進めるために西欧諸国にへつらっているというのが、世間一般の見方だった。玄洋社メンバーの来島恒喜は外務大臣の暗殺を決意して、頭山満の支援を取りつけた。頭山は必要な武器の確保を請け合った。頭山が助力を仰いだのは釈放されたばかりの大井憲太郎で、大井は伝手をたどって村野常右衛門と森久保作蔵に行き着く。ふたりとも有名な壮士のリーダーであり（次章の重要なキャラクターでもある）、大義のために差し出せる爆弾を隠し持っていたのだ。一八八九年一〇月一八日の午後遅く、大隈が官邸に戻ろうとするところへ、来島が大隈の乗る馬車に向かって爆弾を投げつけた。来島は殺害成功を確信して、その場で喉を切り自殺。大隈は死にはしなかったが、重傷を負って一時的な辞任を余儀なくされた。最終的には大隈の手腕に対する不満が大衆にも広がり、条約改正案は撤回されて、交渉は白紙に戻されることになった。暗殺未遂に関わった玄洋社メンバー四〇人が取り調べの対象となったが、殺人未遂で服役することになったのはひとりだけで、残りの大半は翌年三月までに釈放されている。[47]

一八九〇年代の初め、玄洋社は攻撃的な外交目標を追求するために、かつての民権家の同僚たちとは袂を分かち、暴力の行使へと向かった。もはや暴力を見咎める者はいなかったし、国の支持すら期待できたからだ。朝鮮で東学党として知られる宗教団体が大きな反乱を起こした一八九四年の春、玄洋社は機会を捉えて半島から清の勢力を排除するのに手を貸すことになった。[48] 玄洋社のメンバーはすでに朝鮮にいる大陸浪人（朝鮮浪人）と手を組み、ともに天佑俠を結成した。[49] 結成メンバー一四人のうち、玄洋社の大陸浪人は五人——武田範之、鈴木天眼、大原義剛、白水健吉、そして二〇歳の内田良平である。他のメンバーのうち七人は朝鮮浪人で、政府や軍とは結びつきがなく、釜山の大崎法律事務所の関係者だった。残るふたりは軍人である。[50]天佑俠はエネルギーの大半を武器と弾薬の調達に費やした。内田と大原は日本を発って釜山に向かう前にも、玄洋社の大物である平岡浩太郎が経営する炭鉱からダイナマイトを運び出そうとしている。グループは一度、釜山の日本領事館の倉庫から弾薬を盗もうとして失敗しているが、最終的には現地駐在の日本人が経営する金鉱に強盗に入ってダイナマイトの入手に成功した。[51]このため彼らは、強盗罪の逮捕令状を手にした日本の公使館から追われる身となるが、事件に関与した疑いで日本軍の兵站部に逮捕されたのは、天佑俠のメンバーひとりだけだった。おまけに領事館とのコネが利いて被告側に有利な証言が手に入り、この男は無罪となった。[52]

朝鮮では外国人という身分であったし、日本領事館の高官数人とも友好関係を築いていたことから、天佑俠のメンバーはほとんど反発に遭うこともなく暴力的な行動に出ることができた。彼らは朝鮮南部を回って現地人に狼藉を働いたが、狼狽した地元当局にできるのは、釜山にある日本の公使館と領事館に取り締まりを要請することぐらいで、それにしても聞き届けられた様子はない。むしろ軍の一部は中国に対する不審を天佑俠メンバーと共有しており、両者は協力関係にあった。一八九四年八月に日清戦争が勃発すると、多くの天佑俠メンバーが日本軍と協働して、中国軍に関する情報収集および偵察業務に当たることになる。こうして軍に奉仕したことが説得材料となって、政府は件の金鉱強盗に関与した天佑俠のメンバー誰ひとりとして罰することはなかったのだ。[53]玄洋社の大陸浪人は、日清戦争によって明治政府への反感を残らず返上し、暴力行使で日本の海外権益を守っていくことになる。

一八九五年一〇月の閔妃暗殺は、一八九〇年代に日本人が朝鮮で引き起こした暴力事件として最も有名かつ重大な事件だが、国の命を受けて暗殺を実行した人間の中に、ふたりの天佑俠大陸浪人がいた(かつての自由党壮士もいた)。暗殺を指揮した日本公使の三浦梧楼にとって、閔妃率いる反日派は改革の努力と日本の影響力を無にしかねない存在だった。三浦は種々雑多な日本人居住者を糾合して宮殿を襲い、閔妃とその従者を殺害した。共謀者の中には天佑俠の大陸浪人である武田と大崎のほかに、玄洋社のメンバーもふたりいた。ひとりは自由民権運動に参加したのち、剣道と柔道の師範をしていた。もうひとりは、全員が玄洋社の熱心な支持者という家族の出で、頭山の秘書でもあった。彼らが加わったこの暗殺事件によって、日本による朝鮮の植民地化が加速したというのが衆目の一致するところであり、本国政府の下した処罰は極めて軽いものだった。事件に関与した四八人は逮捕ののち広島の監獄に収監されたが、数カ月後には証拠不十分で釈放された。三浦は引き続き政治の世界でキャリアを重ね、一九一〇年には枢密顧問官に任命されている。[54]

膨張主義の大陸浪人が情報を収集し、軍に加わって敵と戦うという筋書きは、日露戦争へ至る時期にも繰り返されることになる。今度の舞台は満州、日本の権益を脅かす敵は、無論ロシアだ。今回、シベリアとウラジオストクで偵察を指揮するのは玄洋社の内田良平である。内田はウラジオストクに武術学校を設立し、そこが大陸浪人たちの拠点となった。そして一九〇一年には黒龍会が組織される。この地でロシアの影響力を食い止めるとの意味を込めて、中国とロシアの国境をなす河からその名が取られた黒龍会には、対外硬派の大陸浪人と、同様の思想を持つ政治家が集まった。玄洋社からは平岡と頭山、自由党からは大井憲太郎が参加し、そのほか軍人やジャーナリスト、他党の党員も会員に名を連ねていた。一九〇三年まで、黒龍会は大陸浪人がシベリアで集めた情報を軍に提供しており、軍の参謀からは満州の馬賊を動員してロシアの兵站線を切る許可を得ていた[55]。日露戦争勃発後の一九〇四年五月、軍は玄洋社の提案を容れて、メンバーを特別任務隊として軍に編入した。その名を満州義軍といい、発足メンバー一六人は軍人と玄洋社社員九人からなっていた。その数はやがて五五人まで膨れ上がる。ライフルで武装した経験豊富な男たちであった[56]。ひとたび前線につくと、満州義軍は精力的に民間の兵士と満州の馬賊を勧誘し、数千人とも言われる暴力専門家を集めていった。男たちはゲリラ戦を戦い、偵察任務に就き、食料確保に向かった。一九〇五年九月に戦争が終わったとき、彼らの経験した戦闘は数十回に及んでいた[57]。

世紀の変わり目までに、こうした大陸浪人（一八八〇年代の壮士の年若い親戚と言ってもいいだろう）が振るっていた暴力は、意図においても結果においても非民主的なものだった。玄洋社の大陸浪人は、日本の外交政策を軌道修正させるために意識的に暗殺という戦略を取っていたが、これは政治的影響力を行使する手段としては本質的に不公平なものだった。その他の大陸浪人もやがてその道をたどることになる。彼らについては、戦前の国家主義団体と戦後のフィクサーを扱う箇所で議論する。玄洋社の大陸浪人についていえば、急成長する膨張主義者のネットワークに加わることで、当初の明治政府に対する敵意は徐々に薄らぎ、彼らの暴力は戦争と帝国の名のもとに、国家の暴力と一体化していった。

議会政治と壮士の専門職化

攻撃的な外交政策の推進において玄洋社と明治政府が手を結び、無頼漢たちが元老支持に回ると、国内は四分五裂した。いまや玄洋社の壮士は、まだ進歩政党と手を組んでいるかつての政治的同志と反目している。この仲間割れは、一八九〇年代初期に生じた政治上の亀裂をなぞるものだった。元老の支持を受ける保守的な政府寄りの政党（吏党）と、自由民権運動の子孫ないしは分家である民権政党（民党）の分断だ。両派とも独自に無頼漢たちをかき集め、いまやそれぞれが吏党壮士、民党壮士として知られるようになった。さらに、党の内部にも対立が存在し、それを壮士の暴力がいっそう助長していた。

壮士はいかにしてあらゆる立場から政争に顔を出すようになったのか。これにイデオロギーの相違をもって答えても、得られるところは少ない。玄洋社の場合、その綱領からして国家主義的かつ膨張主義的であったために、吏党支持へと回ることになった。また、民党壮士の場合は前の十年に熱心な民権家であった人間が加わっている。しかし、どんな立場であろうが、とにかく雇ってくれる組織のために暴力を振るう壮士もいれば、ただただ流れに身を任せて暴力に訴える壮士もいたのである。実際、このころには、壮士といっても雇われの無頼漢にすぎない者を指す「贋壮士」という言葉が広まっていた。ある新聞は、彼らを病原体と形容し、コレラが人体を侵すように、贋壮士は国家を侵すと述べている。[58] 壮士が評価されるのは、何よりその腕っぷしによってであり、これはある壮士が未来の雇い主に向けて提出した、志望動機と資格の概略にも見て取ることができる。「少しばかり助太刀していただければ、農民であろうと商人であろうと脅しをかけることはできます。政敵を密かに襲うこともできます。私の棒きれは少しばかり分厚くて不格好ですが、いかんせん仕込み杖を買う持ち合わせがないのです。とはいえ、この分厚い棒きれを持つのは慣れています」[59]。暴力専門家としての壮士は、警察にとってけちな犯罪者と大差ない存在になっていった。ある警察雑誌は一八九二年の記事で、壮士を不良車夫や博徒と同様の低いカテゴリー、社会層に分類している[60]。もちろん、この格付けを全面的に受け入れるわけにはいかない。警察には壮士を望ましからざる存在として特徴づけようという動機があるし、すべての壮士がノンポリのボディーガードというわけでもない。壮士を大きく捉えれば、専業もいれば掛け持ちもいるし、政治的野心を持つ者もいれば、日々の糧と屋根を確保するための金が欲しいだけの者もいる。仲間の青年や手下を動員して必要な場所に差し向けることのできるリーダー格もいる。それでも、一八八〇年代後半からの流れに棹さすように、一八九〇年代前半の壮士は腕力ゆえに雇われ、組織化され、重用される存在として、暴力専門家の代名詞となっていった。

壮士は有能な暴力専門家になったばかりでなく、その勢力も増していた。皮肉なことに、政治参加者の規模が拡大するほどに、乱暴行為は激増を続けた。議会政治の到来で、必要に迫られて壮士のサービスを求める人間の数は拡大した。無頼漢たちは初の国会議員として当選した一群（衆議院の定数は三百）からも、あるいは党の主要メンバーからも引く手あまたになっていたのだ。

同時に、選挙参加に引き続き制限が付いたこともまた、壮士の需要増大の原因となっていった。なるほど明治政府は議会に国民の代表を送る衆議院を設けたかもしれないが、憲法と同時に公布された選挙法は、選挙民を二五歳以上の男子に制限し、さらに当該府県に一年以上居住し、最低でも年一五円以上というかなり高額の直接国税を収めていなければならず、所得税であれば三年以上収めていることが条件だった。この規定があったために、一八九〇年七月の第一回衆議院議員総選挙で投票の資格のある者は、人口のせいぜい一パーセントであった。さらに選挙民の割合も地域によってばらつきがあった。法律では所得税よりも地租が優先されていたため、選挙民は地方に偏っており、東京で投票できたのは人口のたった〇・三八パーセントというありさまであった。[61] 歴史学者の色川大吉が指摘するように、選挙民が限られるということは、一票の価値が重いということであり、壮士が選挙民に圧力を加えれば、選挙結果に大きな影響を与えられるということであった。[62] 議会政治と対峙しながら政治力を保持しようとする明治の元老たちの思惑が乱暴行為を政治的に価値あるものとし、政府による国家の運営に刃向かおうとする壮士の活動を助長したのだ。

イデオロギーの相違、政治参加の拡大、明治政府による選挙民の制限――これらがすべてがあいまって、政治における壮士のプレゼンスは持続的な現象となった。政治闘争のどちらの側に立つにせよ、敵側の無頼漢たちと顔を合わせることになれば、自分たちの側にも腕力が必要だということになる。そんな政治闘争の力学が、政敵に対する盾として、あるいは弾薬として、壮士を求めつづけたのである。

一八九〇年には初の衆議院議員総選挙が行われるが、そこへ至る選挙運動において、実際、壮士はあらゆる場所に顔を出し、政治の空気を殺気立ったものにしていった。壮士が関与した事件は様々な県や都市から報告されるようになる。熊本、高知、石川、富山、新潟、兵庫、埼玉、栃木、群馬、愛知、三重、横浜、大阪、そして東京。たいていの場合、無頼漢たちは選挙のプロセスを骨抜きにしていったようである。典型的には、公開集会を混乱に陥れ、対立候補者を脅しつけ、敵方壮士と睨み合った。ある意味では、彼らは選挙運動員でもあった。例えば大阪の選挙戦で、ある候補者は知り合いの博徒を雇い、四、五人のグループで選挙民に差し向け、投票に圧力をかけた。あるいは横浜では、壮士が交差点ごとに、対立候補に投票した者は皆殺しという脅迫文を書いた立て札を置いた。壮士はまた護衛として活躍する傍ら、候補者ないしは政党を応援し、擁護する役割も担って対立候補側の壮士と衝突した。例えば熊本県では、七月の終わりにふたつの党派の壮士による乱闘が発生している。一般的に言って、壮士の暴力は組織立ったもので、目的も戦略もはっきりしていたし、見ようによっては様式的、儀式的ですらあった。壮士が演説会を妨害したという記事の内容はどれもそっくりだ。演説会が始まると壮士が乱入して演壇に殺到。演説人その他を襲い、少しばかり物を壊して退場する。こうした記事も、壮士は特定の任務を遂行するプロ集団という印象を与えるものであった。

壮士の圧迫や脅しが投票行動に響いたのかどうかははっきりしない。「各選挙人の門前は甲の暴客に乙の壮士相遇ひ相睨みて」[63]というイメージから察するに、どの陣営も壮士を雇ったために、効果は相殺されたのかもしれない。しかしながら投票日までの期間、政府が暴力に危惧を抱いていたことは明らかだ。五月二九日、政府は衆議院議員選挙法に追加する罰則補則を公布している。これによって投票者個人への脅し、選挙民の拉致、投票日の投票妨害行動は処罰に相当する罪となった。衆議院議員選挙法の下では、投票者への集団脅迫、投票所や選挙会場での暴動、投票者に対する一般的な暴行といった違法行為がすでに禁じられており、この罰則補則はそれを補うためのものであった。これに加えて、投票日には大量の警察官が動員された。東京ではそれぞれの投票所に六人の警察官が割り当てられ、香川県と神奈川県では数百の警察官が任務に当たった。壮士は所々で自分たちの存在感を知らしめていたものの、投票日当日は驚くほど平穏だった。[64] それでも、選挙へと至る数カ月、壮士は議会政治の実施に際して特定の役割を積極的に担うことになったし、それは来るべき年月を先取りするものだった。逆に明治政府は、民党が吏党を圧倒（一七一議席対一二九議席）したことで、政治力を喪失する恐れを募らせることになった。[65]

一八九〇年選挙の暴力はいっときの花火ではなかった。つまり、乱暴な政治が突発的に噴出したが、国家が国政選挙と議会政治に習熟していくにつれて、その影は薄れていく――というようなものではなかった。それどころか、政治における壮士の重要性はこれで確固たるものになった。この初の議会選挙のあと、議会の内側にいる人間と外側にいる人間のあいだに境界線が引かれることになる。当選して議員となった党員の一群（議員団）と、当選できなかった一群（院外団）というふたつのカテゴリーが政党内に生じたのだ。この傾向は復活した立憲自由党（以下、自由党）に顕著だった。[66] 党にとっては両者とも重要であり、すでに政治の風土病ともなっていた壮士は、院外団活動の執行者として、自分たちの居場所を切り拓いていくことになる。

壮士の暴力はすでに議会政治にとって重要な一部をなしていたが、その存在感がどれほどのものであったかは、一八九〇年に自由党が結成されたまさにその時点で明らかだった。党の正式発足を祝う式典が芝公園の弥生会館で開かれたのは九月一五日のこと。結成趣意書が読み上げられるのを聞こうと、三百の党員とそのほか数百の出席者が集っていた。会場には遠藤秀景を筆頭に、自由党結成に反対する人間もいた。遠藤は議員だったが、のちにより保守的で国家主義的な政党である国民自由党に移る。もっとも同党の命は短く、一一月に結成されて翌一八九一年には解散している[67]。さて、遠藤とその仲間数人は、壮士と一緒になって式典の進行を妨害しようとした。関東地方の壮士に加えて、石川、福岡、熊本、そして高知から集まってきた壮士が、武装して会場に殺到し、ひと騒動持ち上がる。相対するは、白の木綿着物を羽織った白鷺のようないでたちの自由党壮士で、彼らは六、七人ずつの小グループに分かれて会場の周囲に配備され、侵入者との怒鳴り合いを演じていた。会場の内外では数百の警察官が警備に当たっていたが、彼らがなんの役割を果たしたかは不明だ。壮士たちは公園に集まっているところを目撃されながらも、特に邪魔立てされることなく集会へとなだれ込むことができたのだから。こうした騒動があって式典は中止となり、参加者は散開した。それから数日、壮士は執拗に自由党のイベントを妨害しつづけた。九月一六日の自由党集会でも壮士が聴衆に混じっていたが、ここでは騒動を起こさないよう睨みが利かされていた。九月一七日には、遠藤が自身の討論に臨んでいる最中に、各陣営の壮士があちこちから怒声を飛ばしあった。さらに翌一八日、緊張は肉弾戦へと発展する。東京の木挽町で開かれたこの集会は、自由党の役員選出をはじめ党の運営に関わる事項を決定するために午前一〇時に開会したが、二階のバルコニーから壮士が乱入してきたため、半時間ほどの中断を余儀なくされた。その場で敵対する壮士同士の殴り合いが始まり、警官がやってきてなんとか騒動をおさめることに成功したが、遠藤の手下とその仲間たちはすでに立ち去ったあとだった[68]。

こうした壮士の存在は常にジャーナリストの目にさらされていた。朝野新聞はこの無頼漢たちを引き続き暴漢と呼び、特に自由党壮士を「暴徒」あるいは「乱暴者」と称した。そして壮士の心持ちを封建的と評し、日本人少年の名誉を汚していると非難して、警察によるいっそうの規制を訴えた。憤懣やるかたないのは読売新聞も同様で、「暴漢」「凶徒」でしかない壮士の氾濫の原因として、自棄になって物理的強制力に頼った政治家こそ、その責任を負うべきだとしている。[69]

このような批判にもかかわらず壮士の暴力が続いた大きな理由は、政治勢力が様々に分極化していたからだろう。民党と政府のあいだの緊張はもはや限界を越えていたが、特に争点は「超然内閣」であった。明治元老の意を体現するこうした内閣は、党派的な政治から「距離を置く」という建前で、政党政治家を排除していた。それゆえに民党はこれに激しく反対したのだが、なかでも自由党と立憲改進党（以下、改進党）の反発が激しく、彼らは行政権限をほしいままにする官僚の力を削ごうと、政党内閣の必要を訴えた。緊張は自由党と改進党のあいだにも、党内にもあった。こうした対立構造は、一八九一年初頭に噴出した政府予算をめぐる白熱した討論にもはっきり表れている。自由党と改進党のメンバーは内閣が提案した八三三二万円の歳出予算に反発して、衆議院の委員会が提出した八八万円の予算削減要求を支持した。この予算問題が錯綜したのは、自由党内に分裂が生じたためである。片や予算削減要求を支持する「強硬」派があり、片や内閣との妥協もやむなしとする「穏健」派があった。[70]

壮士の暴力がこうした分裂を永らえさせ、分裂が壮士の暴力を永らえさせた。予算をめぐる論争は、選挙と同じく政治闘争の一形態であって、そこでは物理的強制力がひとつの強みと見なされるし、その暴力が妥協への話し合いを促進するようなことは金輪際ない。例えば一月七日、壮士は自由党の院内会派である弥生倶楽部の集会を妨害した。およそ七〇人の会員が出席しており、議事が予算問題に及ぶと、棒きれを手にした三〇からの壮士が受け付けを突破して、口々に「自由党員は改進党から賄賂を取っている」というようなことを叫びながら会議場になだれ込んだ。彼らは何手かに分かれ、あるグループは司会者のテーブルを取り囲み、あるグループは議員の植木枝盛に詰め寄った。植木が対話を拒絶すると、七、八人の壮士が棒で植木を打ちつけて、植木はその場にくずおれた。近くにいた安田愉逸も壮士数人から手ひどい打擲を受けた。議員の林有造が椅子を盾にして壮士を退けるよう仲間たちに呼びかけると、壮士たちはやむなくロビーに退散し、今度はそこで議員付きの車夫やそのほかの集団から逆襲を受けることになった。結局、壮士ふたりが逮捕され、植木は頭部に重傷を負い、安田も怪我をして、会場は惨憺たる有様だった。会議は警察の警護の下に続けられた。[71]

壮士が個々の人間に注意を向けた事件もあった。予算委員会の委員長である大江卓は、とりわけ魅力的な標的だった。壮士は定期的に彼の自宅に出向いており、あるときなどは大江が暗殺されたという噂が出回った。大江は防衛手段として、百人近くからなる壮士の一団を抱えていた。[72]もっと目立たない人間も壮士の標的になっている。一月一〇日の夕刻には、豊田文三郎が強硬派と思われる壮士に狙われた。その日豊田は、帝国ホテルで開かれている穏健派の集会に参加していた。そこに呼び出しがかかり、フロントデスクに豊田との面会を求めてやってきた男がいるという。男との会話が終わりに差しかかったとき、武装した一一人の壮士が登場し、豊田を脅しにかかった。警察の介入があって被害はなかったが、豊田は警察に付き添われて帰宅することになった。[73]

こうしたこともあって、議員たちは絶えず警戒していた。政治家の犬養毅によれば、会議場では、誰もが仕込み杖を手にしていたという。その日の仕事が終わる時刻になると、各議員付きの壮士が帝国議会の前で臨戦態勢を取った。ボスが衆議院側の門から出てくるなり護衛につき、すみやかにその場を離れるのだ。[74]

この一八九〇年代前半、壮士を首都から排除しようとする政府の試みは、一八八〇年代後半に比してもいっそう無力だった。一月一三日、警視総監は保安条例の第四条を発動して、六〇から七〇人の壮士をどうにか東京から追い出した。といっても一八八七年同様、多くの壮士は近隣の横浜、川崎、神奈川に引っ込んだだけだった。郵便報知新聞によると、一六〇〇人以上の壮士が東京に残っていたという。[75] この数字はいささか大きすぎるようだが、二月下旬に朝野新聞が報じているもっと控えめな数字を見ても、退去命令の効果が限定的であったことがわかる。同紙によれば、政党に正規に雇われている壮士が一五一人、特定の政治家に付いている者が数百、これに加えて一時雇いの壮士たちもいた。[76]

数字の曖昧さはともかく、取り締まりにもかかわらず壮士の活動が依然として活発であったことははっきりしており、それは議院の内部にさえ及んでいた。井上角五郎は予算削減に反対の立場を取っていた議員だが、二月一四日の衆議院の昼休み、食堂へと向かっていたところを壮士に襲われ、顔の右側を鉄棒で打ちつけられた。井上は警察が到着するまで、その三〇歳の壮士をなんとか壁に押さえつけていた。[77] 尾崎行雄が記録した、負傷した政治家の長いリストを見れば、いかに壮士の攻撃が頻繁であったかがわかる。

そのころの政治社会では、暴行することが一種の流行となって、議院内でも暴漢に襲われることが珍らしくなく、包帯姿で当院する議員も、可なり多かった。犬養〔毅〕君も何時であったか、頭部に傷を受け、島田三郎君のごとき、二三度襲撃を受け、その都度負傷した。高田早苗君は、背後から斬られて、殆ど肺に達するほどの重傷を受けた。もうすこしで即死するところであったが、幸に身体が肥っていたので、一命は助かった。その他、河島醇君・植木枝盛君・井上角五郎君など、相手はそれぞれ異うが、何れも襲撃されて、しばしば包帯をしていた。また末松謙澄君の議席に、傍聴席から馬糞を投げたり、議員同志議場で殴り合をしたり、なかなか不穏であった。[78]

衆議院会議場では、中村弥六が犬養毅の顔を殴るという事件もあった。中村が賄賂を受け取って投票を棄権したと犬養がほのめかしたというのが発端である。[79]

このように、壮士が浸透した理由については何通りもの説明が可能である。物理的強制力が政治上の説得に有効な道具と信じられていたということもある。実際、議会政治への参加者（すなわち標的）の絶対数が少ないことを思えば、暴力が影響力を持ったとしても不思議はない。このことが護衛の需要を創出することになり、現実的に壮士が政争につきものの存在となってしまった以上、壮士を避けるのは危険であり、ときに不利とさえなる状況を作り出してしまった。この政治暴力の文化は、物理的強制力が標準的な慣習として広く許容される状況に帰結するが、こうした文化が続いてしまったのは、構造的に説明責任が欠落していたせいである。自分の意見を投票に反映させる資格を持つのは人口のたった一パーセントなのだ。政治家は自分たちの行動を一般大衆に説明する必要などなかっ

帝国議会の出口付近で見張りに立つ壮士たち。出典：1893年4月15日付『ザ・グラフィック』

た。仮に投票者の裾野がもっと広かったとしても、様々に異なる側面を持った政治行動に対して、人々が抗議の一票を投じていたかどうかはわからない。

国家暴力と第二回衆議院議員総選挙

一八九二年、ただでさえ暴力的であった空気が、いっそうその度合いを増していくことになる。日本で二度目となる衆議院議員総選挙にあたって、国家の暴力が解き放たれたのだ。議会で民党が多数派を占めて予算案に反対したことに苛立ちを募らせた明治政府（松方正義内閣）は、民党候補の当選を阻止し、政府党で多数派を占めるために、手持ちのあらゆる暴力を使う覚悟を固めた。この計画の設計者は内務大臣の品川弥二郎である。吉田松陰の下で学んだ長州出身の元志士だ。明治王政復古のあとヨーロッパに六年間滞在した品川は、帰国後の一八八二年に農商務大輔に就任。内務大臣になる前の一八九一年には海運会社を設立している。品川が地方当局にどのような指示を伝えたか、正確な言葉はわかっていないが、民党候補の当選阻止を狙った指令は様々な形で実行に移された。吏党候補に投票させるべく、警察は管轄内の事業者に圧力をかけた。家から家へ、選挙民を個別に回って、彼らの投票行動に揺さぶりをかけ、民党壮士と戦った。そして吏党壮士と協働し、投票日に選挙民が投票所に行かないよう妨害した。またのちに知られるように、強制的ではあるが、物理的強制力を伴わない別の形の「選挙干渉」もあった。票の買収と、法の恣意的な適用（とりわけ新聞の発行に関して）である。[80]政府が壮士を雇うのは目新しいことではなかったが、一八九二年に雇われた吏党壮士の数は膨大で、数年前であればどんな政治的文脈であってもあり得ないほどの数だった。[81]これは選挙民を脅すために警察権力を拡大するという言語道断の所業であり、結果的にこの第二回総選挙をひたすら暴力的な混沌に叩き込むことになった。新しい衆議院議員が決まるまでに、二四人が命を落とし、三八八人が負傷したのである。[82]

壮士の活動については多くの県から報告が上がっている。栃木、茨城、富山、愛知、滋賀、三重、奈良、兵庫、香川、福岡、熊本、宮崎、鹿児島などだが、最悪だったのは九州の佐賀県とその周辺、および四国の高知県であった。[83]佐賀県は負傷者数九二で全国一、死者数は八で全国で二番目に多い。高知は死者数が一〇で最大、負傷者数は六六で全国二位であった。[84]この二県が死者、負傷者ともに多かった理由は、両県が二大民権政党の誕生の地であったことからもある程度は説明できる。自由党を結成したのは高知（土佐藩）出身の板垣退助であり、改進党は佐賀出身の大隈重信である。それゆえに壮士活動の温床となっていたため、おそらく政府の選挙干渉において特に標的とされたのだろう。[85]
改進党の政治家である尾崎行雄は、佐賀県警本部長の取った行動について、次のように証言している。「警部長みづから巡査を指揮し、博徒兇漢を指嗾して、良民を脅迫し、吏党に投票しない者は、容赦なく斬り棄てても憚らないとなした」[86]。暴力が加速していったことには、この地域で誕生し、近隣を活動の主戦場としていた玄洋社も一枚噛んでいた。玄洋社はこの選挙で民権運動以来の盟友に背を向け、政府側につくことを決めた。松方内閣は民党の願いを退けて軍事支出の増加を強く推進していくことを約束しており、これは国内の自由主義確立よりも攻撃的な外交政策にいっそう力を入れている玄洋社にとっては歓迎すべきことだった。玄洋社は吏党政府支持の選挙運動を展開し、近隣地域から壮士を募って戦力を増強、鉱夫と元武士も動員し、ヤクザの親分と同盟関係を築いた。[87]
佐賀と高知は特筆すべきケースだが、全国的に見ても、この選挙における暴力の規模は一八九〇年のそれをはるかに上回っていた。このころには壮士が四、五人で選挙区を回るのが普通になっていたし、今回の選挙でもそうした報告はあったが、一方で百人あるいはそれ以上のグループで行動したケースも珍しくはなかった。例えば高知では、一月二九日の朝、百人以上の吏党壮士が佐川村に集まり、自由党壮士と喧嘩沙汰を起こしている。新聞記事によると、サーベルで武装した警部ふたりと巡査四〇人が、組んず解れつしている連中を散開させたということだが、警察が双方を等しく鎮圧したのか、吏党壮士の側に立って介入したのかははっきりしない。[88] この選挙運動に従事する壮士の数は、二月一五日の投票日前後にはさらに膨れ上がっていた。高知の幡多郡のある村では、民党壮士一三〇〇人と吏党壮士千人が睨み合って、「大騒動」を巻き起こした。また別の村では、乱闘の加勢に八百人の壮士が送り込まれ、今度はそこに警察官一一人と憲兵隊五人が派遣されるという出来事もあった。[89]さらには、自由党壮士二千人が高知日報社の社屋に瓦礫を投げつけ、二〇から三〇人の武装した憲兵隊らを前に逃走するという事件も発生している。[90]高知へは憲兵隊と陸軍の部隊が派遣されており、表向きは治安維持のためということだったが、自由主義者の尾崎行雄が主張するところでは、彼らは民党に一方的な強い圧力をかけた。[91]無論、高知の外にもおびただしい数の壮士が集まっていた。高知から海を隔てた対岸に位置する宮崎県では、吏党壮士三百人が本庄村で開かれた民党の公開集会を粉砕すべく石を投げ入れた。[92]

今回は暴力の激しさにおいても一八九〇年の選挙を凌駕していた。乱暴狼藉にとどまらず、殺人にまで及んでしまったのである。再び高知に戻ると、二月四日、幡多郡のある村で、自由党壮士が菊池儀三郎という名の吏党壮士を殺害している。[93]その一週間後には、高岡郡で起きたふたつの別々の事件で、今度は吏党壮士が自由党壮士を手にかけた。北原村では吏党壮士が自由党壮士ふたりを刺殺し、岩野村では別の吏党壮士が自由党壮士殺しで逮捕された。[94]二月一四日の夜には、同じ高岡郡で、吏党支持者四人が殺害された。そして吾川郡では、自由党壮士が一五〇人の吏党壮士に取り囲まれて襲撃を受けた。ふたりが殺されて、検事と判事が捜査に派遣された。[95]雑誌『国民之友』はこの暴力事件の規模について論評して、殺人は野蛮であり恥であるが、それは高知県民、警察、知事にとってそうだというだけではなく、外の世界の目にさらされた日本人全体にとっても恥なのだと批判している。[96]

選挙民を脅しつけようという動きは投票日当日まで続き、投票所における壮士の妨害と乱闘によって、選挙そのものが損なわれてしまった。石川県では、吏党壮士が投票所に陣取って、民党支持者と思しき人物の投票を阻止した。選挙民に襲いかかることもあれば、投票所の前で火を焚いて阻止することもあったという。選挙民への脅迫は東京でも激しく、憲兵隊が動員されて投票所周辺の治安はましになったが、同時に憲兵隊の存在は空気をいっそうひりついたものにしただろう。第一選挙区では、麹町区役所に設置された投票所で数百の憲兵隊が警備に当たることになり、玄関と区役所正門の左右両脇、半蔵門と麹町をつなぐ道路の両側に配置された。選挙民は午前九時の投票開始を待って午前六時ごろには並びだした。こと門の外で活動している壮士の物理的な襲撃から選挙民を守るという点では、憲兵たちはまずまずうまくやったように思われる。それでも、襲撃事件はいくつか発生した。午前八時一〇分ごろ、区役所前で人力車を降りようとした選挙民が壮士から強打を受け、壮士は巡査に逮捕された。午前一〇時ごろ、岡山県出身の男が楠本という候補の支持者を伐採用のノコギリで襲った。男は憲兵に逮捕されて、憲兵隊司令部に連行されてから、取り調べのために東京地方裁判所へ送られて拘留された。午前一〇時三〇分ごろ、投票を終えたある選挙民が区役所の門を抜けようとしたとき、乗ってきた人力車が壮士ふたりに襲撃され、犯人たちは憲兵に逮捕された。[97]全体として見ると、憲兵隊は秩序維持にはそれなりの手腕を発揮したものの、選挙民ないしは投票当日の進行の安全性を確保することはできていなかったように思われる。

　投票箱の安全確保も、投票日の懸念材料であった。民党と吏党の相互不信からして、投票箱の管理は誰に託されるべきであったか、また実際に託されたのかはっきりしない。一例として、東京のある村では、佐藤という隊長が率いる憲兵隊一四人が投票箱を護衛したという記録があるが、同じ選挙区にある別のふたつの村では、少なくとも三千人の自由党壮士が投票箱を安全に運搬すると請け合ったという[98]。尾崎行雄は投票箱が危険にさらされていたことを回顧して、高知県の第二選挙区では投票用紙を集団に持ち逃げされてしまい、投票をやりなおさなければならなかったと記している[99]。また、高岡郡では吏党壮士約千人が投票箱を盗もうとして、自由党とのあいだで激しい諍いが起きた[100]。東京でも、千住の投票所で壮士が投票箱を持ち逃げしている[101]。

佐賀県では、暴力は投票所を超えて広がり、投票の中断と数日の延期を余儀なくされた[102]。特に大荒れの三根郡では、およそ千人にも上る武装した民党壮士が幾手にも分かれてやってきて、吏党壮士と衝突し、警察署を襲撃した。鹿児島から五〇から六〇人の無頼漢たちが流入し、壮士活動の温床となっていた白石でも様々な場所で衝突が発生し、秩序回復のために県内の多くの地域から憲兵隊、警察隊が派遣されるとともに、近隣の熊本、鹿児島にも応援が要請されることになった[103]。

選挙への干渉は、結局のところ明治政府、特に松方内閣にとって犠牲のほうが大きかった。政府の強圧的なやり方が無思慮なほどに拡大してしまったことで、内閣は農商務大臣の陸奥宗光や逓信大臣の後藤象二郎のような干渉反対派と、干渉戦略を支持する一派に割れてしまった。内務大臣の品川自身は、少なくとも尾崎行雄の回想によれば、少しも悪びれる様子もなく、国のために最善を尽くしたと信じていた。

ついで臨時総選挙を行うの際、予は内務大臣として、若しかかる徒をして再び当選せしめたならば、国安を保維するに大害ありと認めたので、この徒を斥けて忠良の士を挙げんがため、凡百の手段を施して選挙に干渉したのである。将来もし同様の場面に際会したならば、また必らずや選挙干渉を行い、神明に誓って破壊主義を撲滅せんことを期するものである。[104]

政府内部での批判の高まりを受けて、三月一一日、品川は辞任に追い込まれることになる。品川の運命を決したのは、選挙干渉の目も当てられない失敗であった。結局のところ民党は衆議院で多数派を維持する一六三議席を獲得し、政府党は一三七議席に沈んだ。五月に新しく議会が開会すると、民党は政府の犯罪に対して報復を企て、正義の履行を求めた。[105] 民党の働きかけは貴族院の支持も得た。貴族院は、国民の激憤を招いたことで政府を弾劾する決議案を承認する。

官吏其の競争に干渉し、之か為め人民の反動を激成し、遂に流血の惨状を呈するに至れり。此事たる衆目の視る所、衆口の訴うる所にして、今や地方到る処、官吏の選挙に干渉したるを忿怒し、官吏を敵視するの状あり。[106]

衆議院も貴族院にならって、「内閣大臣は宜しく反省して其責に任し自ら処決する所なかるべからず」という決議案を一五四対一一一で承認した。[107] 松方内閣はそれから数カ月ほうほうの体で持ちこたえていたが、陸軍大臣と海軍大臣の辞職がとどめの一撃となって、一八九二年八月に崩壊した。[108]

警察もまた内閣と密に協働したために批判の矢面に立たされ、汚職疑惑もあって、警察機構を国の機関から独立させようという改革議論が盛んになった。[109] 警察の職権乱用には、吏党壮士の特別扱いもあった。なんといっても、吏党壮士が懲罰を受けた様子がなかったのだ。例えば玄洋社の壮士は罰を受けてしかるべきであった。彼らは選挙法違反はもちろん、一八八〇年の刑法にも違反していた。以下はいずれも違法行為に該当する。殺人（二九四条）、大小様々な暴行（二九九条および三〇〇条）、殺人あるいは放火の脅迫（三二六条）、放火（四〇二条）。にもかかわらず、玄洋社壮士がこれらの法令違反で逮捕ないし処罰された形跡はない。それは内務大臣から合法のお墨付きをもらっていたからであり、地元の役人や法執行機関と協力していたからである。[110]

選挙干渉は警察の不法行為の証拠というにとどまらず、少なくともふたつの点でその弱さを露呈している。もし警察の目標が全体として民党候補者の勝利を阻止することであったとすれば、選挙結果から知れるように、その試みは失敗したと言わねばならない。民党の勝利については、いくつもの解釈と理由が考えられる。選挙民が政府の暴力に対して軽蔑を表明したものかもしれないし、いっそう進んだ民権政治を支持したのかもしれないし、あるいは民党壮士が選挙民に圧力をかけるのがうまかったのかもしれない。いずれにしても、警察は吏党の候補に投票するよう、選挙民を十全に脅せなかったということである。もし警察が秩序の維持と民党壮士の封じ込めを目的にしていたということなら、その点においても彼らは有能ではなかった。選挙運動中も、投票日当日も、民党壮士たちは精力的に跳びまわっていた。逮捕された壮士の数について正確な記録はないようだが、報道された事例は、取り調べないしはよほどひどい暴力行為による短期の拘留だけである。逮捕も裁判も、壮士の大量収監もなかったのである。

一八九〇年代の続く選挙も暴力と無縁ではなかったが、もはやそこに一八九二年選挙の熱狂はなかった。部分的には一八九二年六月後半に出された新しい法令、壮士取締法が功を奏した結果である。これは壮士の脅迫的行動を警察に届け出るよう市民を促す法令だった[111]。さらに大きな要因は、政府が少なくとも一時、権力の乱用につながりかねない行動を避けると決めたことである。政府が自重した理由は、ひとつには過去の干渉で巻き起こった批判と政府内部に生じた軋轢に求められるだろうし、次の内務大臣の個人的な信条にも求められよう。内務大臣の井上馨は一八九二年の選挙干渉を認めなかったし、二年後の総選挙ではそのような行動は慎むと決めていた[112]。それでも、投票日の三月一日まで残すところ数週間ともなると、国中の多くの地域で壮士の襲撃と喧嘩が勃発した。こうした事件にはひとりふたりが関与するものから、数十あるいは百からの壮士が参加するものまであったが、投票日直前ないしは当日になると事件はいっそう頻発した。壮士の暴力については様々な報告が上がっている。茨城では多数の負傷者を出し、埼玉では拳銃を見せびらかして県会選挙を攪乱、群馬では政治演説中の人間に傷を負わせ、千葉では自由党の敵対者に脅しをかけ、長野では選挙運動員を襲い、栃木、奈良、名古屋では傷害事件を起こし、静岡では改進党の選挙事務所に入り込み、東京と愛知では小競り合いを起こし、岡山では演説会を妨害し、新潟にも三重にも出没、神戸と岐阜では選挙民に暴行を働いた[113]。そのほか、つまらない理由による博徒との激しい言い争いや強盗未遂などもあり、なかには逮捕された壮士がいたことも報告されているが、彼らが起訴されて処罰を受けたかどうかはわからない。尾崎行雄は相変わらず壮士がのさばっていることについて、次のように述べている。「[当時の選挙では]敵味方双方から壮士を繰り出して、選挙人を脅迫する、追っ払う、空鉄砲を打って威嚇する、一寸した小さな戦のような駆引が必要であった。壮士の対抗で、選挙の勝敗が決したぐらい、壮士を巧みにつかう方が勝ち、使い方の下手な方が負けるという場合が大分あった」[114]。

この一八九四年の第三回総選挙後の短期間、選挙での暴力は衰えるか目立たなくなったが、理由としては日清戦争が勃発したことが大きかったにちがいない。国が戦争遂行のために一致団結すると、初期の総選挙にあったような目立った緊張関係はほどけ、以後数年はその状態が続くことになる。とはいえ乱暴行為がなくなることはない。一八九七年の一二月半ば、東京で自由党大会が開かれた数日間、壮士の活動は絶え間なく続いた。自由党の青年党員たちの集会では、刑事と壮士が衝突する事件が起き、この衝突をきっかけに警察官百人が現場に送り込まれ、言い争いの末に主催者が拘束された。この現場に居合わせた有一館のリーダーたちが警察に抵抗し、結果、数人の怪我人が出ている[115]。また、一八九八年三月の第五回総選挙では、埼玉五区の集会で会場に爆発物が仕掛けられているのが発見され、会は混乱に陥った[116]。

選挙で暴力を振るった壮士のような存在は、明治中期の日本に固有のものではない。十八世紀後半のイギリスでは、票集めのための選挙違反は暴力の使用にまでエスカレートし、「一七七六年までには暴力の行使は選挙戦術として認識されており、大きな選挙区では、金で雇われた無頼漢や棍棒を担いだ乱暴者が顔になっていた」[117]。何十年も時代が下った一八〇〇年代前半や中盤にも、ジプシー、拳闘士、人夫といった荒くれ者、ないしは「乱暴のプロ」が、政敵の妨害と秩序壊乱のために雇い入れられていた。一八三〇年代のコベントリーでは、こうした「ならず者」は酒の飲み放題と一日五シリングの報酬と引き換えに仕事を請け負った。一八六七年のバーミンガムの補欠選挙では、町は「いかさま師、プロの拳闘士、盗賊のもの」と言われた[118]。脅迫と暴力は広範囲におよび、投票は危険な行為と見なされていた。歴史家で政治家のジョージ・グローは、一八三八年にこう論評している。「どんな場合であろうと、参政権は憎むべき重荷としか思われていない。これを疑う向きがあるかもしれないが、遊説先で冷遇され、屈辱的な言葉を投げ返されてみれば、事の真理がただちに理解されよう[119]」。

歴史家のセオドア・ホッペンは、選挙から暴力が消えなかった理由として、時の民衆が、賄賂よりも物理的強制力のほうがよほどましだと考えていたことを上げている。文化人の中にもそう考える者はいた。小説家にして政治家のベンジャミン・ディズレーリは、一八四四年に発表した政治小説『コニングスビー』の中で、「雇われギャング」について遠慮がちにこう評している。「[彼らは]選挙区にいるあらゆるならず者たちに対する安全弁の役割を果たしている。ひとり頭、数シリング払って名ばかりの仕事をさせて、好きなだけ酒を飲ませておけば、平穏と秩序に貢献してくれるのだから[120]」。「安全弁」として用をなし、無頼漢に秩序を任せているとは、ギャングは社会の構成員として積極的な役割を担っていると言わんばかりの書きぶりである。

十九世紀アメリカも、選挙に暴力がついて回ったことでは変わりなく、大都市、わけてもニューヨークはそうだった。特にニューヨークの第六区は悪名高いファイブポインツ地区を擁し、荒っぽい政治風土で知られていた。一八四四年の大統領選挙では、アイザイア・〝アイク〟・ラインダーズなる人物がここにエンパイア・クラブという組織を設立して、民主党のジェームズ・ポークに投票するよう圧力をかけている(対立候補はホイッグ党のヘンリー・クレイ)。エンパイア・クラブの構成員は、プロボクサーや「道楽者」だった。典型的には定職に就かず、賭博や政治活動、ボクシングや競馬に目のない「マッチョな荒くれ者」たちであった。投票日、ラインダーズとその手下は、物理的強制力と脅迫でもってホイッグ党支持者の投票を阻止しようとした。以来、ラインダーズとエンパイア・クラブはニューヨークの政治について回るようになる。政治集会を妨害し、タマニー・ホール〔訳注：ニューヨークの民主党機関〕の会議を牛耳るようにもなった。もちろん、これが選挙における暴力的闘争の最初の例というわけではない。一八三〇年代の初めにも悪評芬々たる選挙暴動があったし、乱闘騒ぎ（ストリート・ギャングがしばしば参加した）は一八四〇年代から五〇年代を通じてありきたりな風景の一部だった。[121]

暴力戦術はニューヨークの外でも採用された。ボルチモアもまた、南北戦争以前に暴力的な選挙が行われた場所だ。例えば「ブラッド・タブズ」「プラグ・アグリーズ」と呼ばれた政治ギャングたちが、その名を地で行く活動をしていた。ブラッド・タブズという名前は、彼らが樽や桶（tub）に入った血（blood）を第一区の選挙民にぶちまけたことに由来している。[122]プラグ・アグリーズのほうは、ボルチモア、ニューヨーク、フィラデルフィアで見られた、巨大なシルクハット（plug）を目深に被った「ごろつき」「乱暴者」などを指すスラングに由来している。[123]こうしたギャング連中は投票日に投票箱の前に陣取って、選挙民に投票券を見せるよう強要し、それからお前は進んでよし、お前はだめとやるわけである。[124]投票所が酒場や貸し馬屋に設けられることもしばしばで、酒が好きなだけ飲めることもあって、物理的な脅迫は加速した。投票に伴う褒美なのか、あるいは賄賂の一種なのか、いずれにせよ酒のせいで、投票所の外は「ちょっとした酒祭りと化し、憚ることなく盛大に酔っ払った男たちが続出した」[125]。

暴力の目的は、たいていは投票を妨害することであったが、特定の候補者に票を投じることに同意した選挙民には保護が与えられた。[126] 南北戦争以前のフィラデルフィアでは、ギャングたちは特定の選挙民だけを選別してブロックし、投票箱を守るという手段によって、逮捕を免れつつ便宜を得た。[127] 警察が選挙民に圧力をかけることも珍しくなく、シカゴでは警察が民主党側に立って働いている。一八九四年の選挙では、警察が投票日前日に共和党員二五人を拉致して、投票締切まで彼らを留め置くという行動に出た。[128] こうした選挙民への脅迫が蔓延したため、ある中西部の新聞によれば、「アメリカ全土のあらゆる場所で、投票は個人の命に関わる困難な仕事になっていた。争いを好まないあらゆる男たちにとっても、またあらゆる家庭にとっても、投票日が迫ってくるのは恐怖でしかなかった」。[129] ラザフォード・ヘイズとサミュエル・ティルデンが争った、悪名高い一八七六年の大統領選挙では、暴力が国の行方を左右することになった。選挙人選挙の集票結果に疑義が呈された四州のうち三州で、暴力的脅迫が大きな影を落としていたのである。ティルデンよりも少ない得票数のヘイズが勝者と発表されるに至って、選挙結果はいよいよ信用ならないものとなった。[130]

こうして日本であれイギリスであれアメリカであれ、暴力は政治的文脈の相違を超えて行使されてきたが、それを促した要因は選挙という営みそのものに内包されていた。政治学者のデヴィッド・ラポポートとレナード・ワインバーグが指摘しているように、選挙運動期間は候補者も選挙民も人の目にさらされているのであって、だからこそ標的にもなる。選挙とは、その本質からして、引き継がれていく政治の営みの上に競争的で分裂的な瞬間を刻印するものなのだ。[131]

これら三つの国において、乱暴行為は似たような理由で継続する一方、改革のほうも何十年もかけて少しずつ行われてきた。選挙を取り仕切る公正な主体の不在が種々の濫用を招いてきたのは、政治的な気まぐれで権力を振りかざすアメリカの巡査や、第二回総選挙で警察を動員した明治国家の例にも見られる通りである。[132] アメリカで、都市部の警察を改革し、地方政治から切り離そうという取り組みが実を結ぶまでには何十年もの歳月を要したし、イギリスが専門の警察を確立するのにも同様の年月がかかった。[133] また選挙不正を処罰するための機構を作るのにも時間がかかった。一八七〇年、アメリカ議会は選挙における暴力の問題について、国政選挙に限って、連邦職員に取り締まる権限を与えた。連邦選挙監査機関の設置は、第六区などで行われていた重複投票の防止に一役買ったが、それが票の「数え間違い」という別戦略を取らせることにつながった疑いもある。[134] イギリスでは一八六八年から、選挙委員会ではなく判事が汚職の調査を指揮するようになり、一八八三年になると、選挙抗争の場は議会から法廷へと移された。[135] 投票行動の安全確保にも時間がかかった。十九世紀終わりにアメリカとイギリスで無記名投票の時代が到来すると、選挙民に賄賂を贈ったり、物理的強制力を加えたりすることのメリットが大幅に減じることになった。無頼漢にしてもその雇い主にしても、投資に見合うリターンが得られるか見通しが立たなくなったのだ。[136] 最も重要なのは、選挙権の拡大である。これによって選挙民に脅しをかけるのはますます難しくなったのだが、それでも拡大は一朝一夕に進んだわけではない。

このような次第で、政治の世界で乱暴行為が居座りつづけたのは日本だけではなかったし、選挙における暴力の感染期間を取ってみても、日本が他国よりも長かったということはない。選挙運営の不公正、党派性に染まった警察、地域のボスの政治的影響力といったものは国境を超越しているのだ。

日本に特異な点があったとすれば、それは二十世紀に入ってもなお、壮士が目に見えて政治に関与していた点で、そのころのイギリスとアメリカは同様の状況をすでに脱していた。しかし、それにしたところで大方時期の問題である。日本が立憲政体や政党政治に取りかかったのはずっと最近のことであり、それゆえに改革に取り組むのもずっと遅くなった。改革の推進役について見てみると、文脈が異なれば動機も異なると言えるかもしれない。日本における初期の取り組みについて言えば、牽引したのは自由主義者に加えて商工業者であり、アメリカの改革に見られたような移民排斥の要素はなかった[137]。それでも、日本もまた無記名投票導入の流れに乗り(実施されたのは一九〇〇年以降)、選挙民は拡大されていくことになる(二五歳以上の男子に限った普通選挙法が施行されるのは一九二五年)。選挙運動に関する法律や違法行為への処罰、選挙区の調整といった問題についても議論がなされ、一八八九年に制定された選挙法は、一九〇〇年、一九一九年、一九二五年、一九三四年と改正が重ねられていった[138]。

一九〇〇年代に入ってからも選挙暴力が拡大するというこの日本独特のタイムラインは、無頼漢たちの行く末を左右することになった。日本が英米と別ルートを取った主な要因は、壮士の暴力が二十世紀初期の最も重大ないくつかの現象と交差したことにある。すなわち、攻撃的な帝国主義、社会主義運動、排外主義的ナショナリズム、そしてファシズムである。

乱暴行為について長いスパンで考えてきたが、ここでわれわれはこの明らかに錯綜した問いへと舞い戻ることになる。壮士の暴力は明治デモクラシーに「つきまとった」のか、危機に陥れたのか、不安定にさせたのか。議会政治に壮士がはびこったのは、民主政治の風景が均質的ではないことを反映したものであったし、明治の政治に活発な意見の相違と討論があったことを示唆するものだ。政府の政治的影響力が飛び抜けていたにせよ、それ自体は民主主義にあって健全な状態である。それでも、壮士から政治活動家としての顔が失われ、暴力専門家としての顔が表に出てくると、彼らの動機から、少なくともある種の論者たちにとって暴力を受け入れやすくしてきた民主的な衝動とでも呼ぶべきもの（民権的な革命、結社の権利、あるいは市民権に対する渇望）は消えていった[139]。一八九〇年代の大陸浪人を駆り立てたのは、間違っても自由主義的ないしは民主的な目標などではなかった。結局のところ、暴力がもたらした結果はたいがい非民主主義的なものだったのだ。大陸浪人のケースで見ればいっそう明らかであろう。なにせ彼らの暴力が結びついた先は、開戦計画と帝国建設だったのだから。さて、ここでわれわれは壮士について反事実的な歴史の領域へと踏み込むが、さしあたり次のように述べても公正さを欠くことにはならないだろう。壮士は選挙民を脅し、選挙運動期間と演説集会を恐怖の空気で満たすことで、政治参加への道を狭めた。政治的見解を表明すべき場所で暴力を振るうことで、討論と意見交換の可能性を閉め出してしまった。また壮士という存在が、彼らを多く雇い入れる資力のある者を利することになった。政治が戦わされるべき場所は、もはや平坦ではなくなったのである。

　そして何よりも、壮士が作り上げた政治暴力の文化が、日本の民主主義体験を核心から揺さぶる可能性を持っていたことを忘れてはなるまい。政治学者のヴィクター・ル・ヴァインはこう論評している。「政治的暴力は実際に政治的暴力を生む。……その行き着く先では、政治的暴力というひとつの文化が生まれ、それとともに、民主主義の崩壊という差し迫った可能性が生じる」[140]。日本において、政治的暴力の文化の存在が民主主義の崩壊を不可避にしたというわけではない。とはいえ、暴力と民主主義の均衡は損なわれたし、「民主主義の崩壊という可能性」は目に見えるようになっていった。この緊張関係については次章のテーマとして扱うことになる。次章で中心的に見ていくのは二十世紀冒頭から一九二〇年代までであるが、この時代、政治的暴力の文化と民主主義は互いに絡み合いながら共存していたのである。

第三章　暴力の組織化と政治暴力という文化

一九二二年二月中旬、日刊経済紙の中外商業新報が、政治における「蛮勇割據の新時代」を謳う三回シリーズの記事を掲載した。「代議士武勇列伝」と題された記事は、政治活動においては肉体的な強靭さが鍵となることを強調して、議会での喧嘩であれ、柔道のような武術であれ、文字通り腕力の強い政治家を讃えるものだった。連載の一回目と二回目でスポットライトが当てられたのは、腕っぷし自慢で知られる代議士たちだった。例えば、サーベルひと抜きで千の敵兵を縮み上がらせたと噂される奈良県選出の津野田是重、一九一〇年代初めの選挙で投票箱を潰したこともある綾部惣兵衛、「暴れん坊の蛮寅」の異名を持つ中野寅吉、阿修羅王と呼ばれた三重県選出の岩本平蔵、会期中に同僚議員を殴った小泉又次郎（のちの逓信大臣。二十一世紀初頭の総理大臣、小泉純一郎の祖父）といった面々である。[1] 連載の三回目では閣僚にフォーカスし、武術の修行を積んだ者や、東京の有名な柔道道場である講道館と結びつきのある者を取り上げている。内務大臣の床次竹二郎と文部大臣の中橋徳五郎は、講道館の支援者として紹介されており、外務大臣の内田康哉はその柔道の腕前で選ばれている。[2]

このように、過大評価であるにせよ、政治の現場で肉体的な強靭さが賞賛された背景には、乱暴行為が議会政治の中で受け入れられ、いまや当たり前のものとなっているという認識があった。一八八〇年代に登場して以来、壮士は一九二〇年代の半ばまで一貫して政治力を保持しており、相変わらず脅迫、圧迫、威嚇という物理的強制力を用いて、自分たちの望む政治的成果を引き出そうとしていた。壮士はこの数十年という年月を生き延びただけでなく、ますます政治システムの中に組み込まれるようになっていた。ことに二十世紀に入ってから、壮士は政党の圧力団体である院外団に取り込まれ、政党の機構の中で堂々と制度化されることになった。一九〇〇年代初頭にあって、院外団という存在が新しいものであったということではない。明治中期の一八八〇年代、自由党はすでに院外団を発足させており、立憲政友会（以下、政友会）はこれを受ける形で、一九〇〇年の結党後間もなく自前の院外団を作っている。しかし、政友会の院外団が先んじる自由党のそれと違ったのは、組織の中で複雑に制度化される一方で、その役割がより明確だったことである。政友会は以後数十年にわたって日本の有力政党としての地位を維持することになるが、党運営における足場を確保した院外団もまた、党と並んで政治力を保持していくことになる。

政党内における乱暴行為の制度化が促進されたのは、並外れて強力な自己保存的なロジックと慣性が働いたからである。この論理と慣性の下では、いずれの立場に立とうとも、敵と対するには壮士を組織する必要があると感じられたのだ。一八九〇年代の政治家や政党は、自衛に加えて敵方の壮士と渡り合うために自前の壮士を持つ必要に駆られたが、二十世紀初頭の主要な政党も同じように、政争を戦い抜く力を維持するために院外団を設立しなければならないという思いに駆られたのである。別の言い方をすれば、種々の政治闘争においてひとたび壮士の関与を許せば、壮士たちを政治実践の場から切り離すのは甚だ困難になるということであった。政治家には壮士と袂を分かつインセンティブはなく、国としても、その権威が脅かされることがない限り、乱暴行為を許容したのである。

それゆえ院外団は、ある種の政治暴力の文化を反映したものであり、さらにそれを補強するものであった。それはつまり、議会政治に携わる人間の多くが、暴力の行使を実行可能な戦術として、少なくとも暗黙に許容できる戦術として見ていたということである。こうした暴力の取り込みは、一八九〇年代初期の討論や選挙において立場を異にする様々な陣営が暴力に頼ったことを思えば、別段目新しくはない。しかし世紀の変わり目から数十年、議会政治に取り込まれた暴力は爆発的に増殖し、構造にしっかり根を張った政争の武器となっていく。

乱暴行為が政党政治の中に構造化された時期は、政党が最も大きな力を持った時期とぴたりと重なる。多くの歴史学者が民主主義の繁栄期と見なしている時代である。一九一八年、原敬が政党政治家として初めて首相の座に就いた。原は爵位もなく、明治期の政府を牛耳った藩閥とも無縁だった。さらに原内閣の閣僚の大半は政党政治家であり、これも初めてのことだった。一九一八年から一九三二年のあいだ、一部例外はあるが、内閣は当時のふたつの主要政党のうち一方が支配していくことになる。すなわち政友会と憲政会であり、後者はのちに立憲民政党（以下、民政党）となる。この時期、多くの民衆が政治に参加し、立憲政治の擁護と男子普通選挙を求める大衆の声が高まっていった。[3]

乱暴行為の制度化と政治暴力文化の拡散に民主主義の高ぶりが伴っていたとすれば、問われなければならないのは、二十世紀初めの三〇年において、暴力と民主的実践がいかなる関係を結んでいたかである。暴力はどの程度まで民主主義を阻害し、毀損したのか？　それはどれほど政治を開くことに寄与したのか？　また、政治暴力の文化がかくも根づいてしまったことでその関係に毒が回り、ゆっくりしかし確実に日本の民主主義の核心にある制度や慣習を蝕んでいった可能性についても検討しなくてはならない。

自由党院外団とその実力者たち

自由党はすでに一八八〇年代の段階で、緩やかにまとまった院外団を有していたが、一八九〇年の第一回総選挙ののち、組織はよりはっきりとした形を取るようになった。帝国議会の開設に伴って、自由党内部で議員となった党員（議員団）と、議員ではない党員（院外団）の区別が明確になったのだ。それでも自由党の院外団はさほど結束力のある組織ではなく、党全体よりまずは特定の政治家に仕える壮士たちがその大半を占めていた。院外団壮士は自由党の党員が好きに使える共有財産とはなっていなかったし、たいていはこれと忠義を誓った政治家個人のために働いたのである。党内の権力闘争では、壮士は政治家の手先の役割を果たしたが、その政治家が没落すれば、今度は別の政治家がその壮士の使用権をめぐって名乗りを上げるといった具合だった。したがって自由党院外団は党の組織というよりは、党で最も力を持つ政治家たちに仕える壮士グループの混成体であった。

そうした力ある政治家としては、例えば二章で触れた星亨がいる。その攻撃的なスタンスから「押し通る」とあだ名された。星はもともと弁護士で、一八七〇年代にイギリスで学び、その後司法省に奉職した。一八八一年に結成された自由党には翌年から参加、一八八五年に起こった大阪事件の裁判では被告側弁護人を務めた。この裁判で星は、朝鮮に軍隊を送り込もうと画策した大井憲太郎の代理人を務めはしたが、星の感覚からすれば大井の自由主義イデオロギーは行き過ぎだった。[4] 星はより穏健な路線を、大井はより過激な自由主義を志向したが、この違いが一八九〇年の終わりから一八九一年にかけて、両者のあいだに緊張を走らせ、星は党における大井の影響力の切り崩しにかかる。星の戦略のひとつは、大井の力の土台を揺さぶることだった。土台とはすなわち、三多摩壮士を中心に据えたグループ、関東会である。関東会は代議士石坂昌孝の支援で成り立っており、そこから大井の東洋倶楽部へと資金提供が行われ、大井はここを舞台に、自由、自治、独立、国権を説いた。星は石坂を言いくるめて関東会から手を引くように仕向け、東洋倶楽部を混乱に陥れた。[5]

星はまた大井本人にも狙いを定めて、大井のような議員外の党員が、当選を果たした議員に対して行使できる影響力を制限するよう働きかけていく。自由党の大立者である板垣退助と協力して、もっと多くの決定権を党の代議士の手に握らせるよう率先して取り組み、これを成功させた。党の常議員会と評議員会に替わるものとして、当選議員たちが優勢な党大会を置き、さらに議員からなる代議士会の役員権限を強めたのだ。これらの改革は、板垣にとっては壮士の暴力を挫くための一手であった。板垣はかねて壮士の暴力を公然と批判していたのである。しかし、星にとってはもっと戦略的な意味を持っていた。一八九二年、ついに大井が党を追放されると、勝ち誇った星は悪びれる様子もなく敵方の壮士たちを吸収したのである。[6]

これらの壮士たちは、星が数年来集めてきた壮士のグループを補強するものだった。一八九〇年一〇月の時点で、壮士たちはすでに星を支持していることを明らかにしていた。このとき、洋行から横浜港へ帰り着いた星への挨拶に集まった人々の群れに混じって、壮士たちは列をなして座っていた。[7]

一八九二年、星は賭けに勝って、栃木県選出の自由党候補者として議員の椅子を手中に収めるが、星の壮士団はこのときすでに骨格をなしていたと言っていい。選挙に絡んで、仕込み杖で武装した星の壮士ふたりが選挙民に重傷を負わせるという事件も発生している。[8] 一八九四年の選挙では、星は何百という単位で壮士を動員できる力を手にしていた。この選挙運動では、神奈川県と埼玉県からおよそ四百人の壮士が集まって栃木の第一選挙区に押し寄せ、星の当選に手を貸している。[9]

当時、海外で研鑽を積んだ弁護士と聞けば、誰もが洗練された紳士を想像しただろうが、星その人はまったく違った。喧嘩があれば高みの見物を決め込んだりせず、壮士たちといっしょに地べたを這いずりまわり、乱暴な無頼漢の無骨なリーダーというイメージを振りまいた。政治家の尾崎行雄は、星の第一印象があまりに強烈で、その最初の出会いについて自伝にこう書き残している。

〔星は〕周囲の者を呼ぶにも、「君」とか「何さん」とか言わないで、「野郎共」とか「おいこらッ」とか、ずいぶん荒っぽい言葉使いをする。私はまさか有志家ではあるまい。博奕打の親方でもあろうかと思っていた。するとその男が私にむかって「ああ」とお辞儀も碌々しないで、「君が尾崎君か、僕が星だ」と言ったのには、全く吃驚りした。[10]

尾崎が星と異なる政治意識の持ち主であることは論をまたないところで、尾崎の口から「片手で金を出し、片手でステッキを振り揚げ」といった嫌みな星評が出てくるのもいっこうに不思議ではない。とはいえ、尾崎の驚きを割り引いて見る必要もないだろう。「紳士然とした知識人」という世評を裏切る星の振る舞いを見て、尾崎は本当に驚いたのだ。[11]

星は壮士の支援を取りつけることができたが、とりわけ当てにしたのが三多摩壮士で、まとめ役の面々とは密な関係を構築していた。そのひとりが村野常右衛門である。村野は一八八〇年代に壮士を率いた重要なリーダーで、のちに院外団の地位を固める立役者となる。一八八〇年代、村野は民権家として活動し、三多摩地区に凌霜館《りょうそうかん》という学校を設立、村の子供たちに教育を施している。ここで村野はジョン・スチュアート・ミルの『経済学原理』を研究し、後述する森久保作蔵はフランス革命史に関するミルの著作について講義した。凌霜館はまた剣術の指導も行っており、大阪事件の参加者を数多く育てているし、一八九〇年代初頭、第一回帝国議会が開かれるころに活躍する人材も輩出している。村野自身は一八八〇年代半ばに大阪事件に関与したとして投獄された。刑務所ではベンサム、スペンサー、ミルを読んで時期を待ち、一八八八年九月に釈放されると政治の世界で名を上げる決意を固め、続く十年間、少なくとも数百におよぶ壮士を鍛え上げて組織した。あの悪名高い一八九二年の選挙ではこの手兵を率いて、自陣の候補者や選挙民が敵方の無頼漢から襲撃されないよう警護に当たらせた。もっとも、村野本人は県警の警察官数十人が見守るなか、自宅に蟄居させられることになった。[12] 初期議会のこの数年、村野は大井憲太郎の関東会で出世して、影響力を持つようになっていた。大井が一八九二年の衆議院選挙で敗北して、自身の党を作るために自由党を離れると、村野は自らが率いる壮士とともに星亨と同盟関係を結んだ。

さて、壮士リーダー三羽烏の最後のひとりは森久保作蔵である。同志の村野が、「東京タマニー・ホールのボス」と呼んだ男だ。森久保の初期の政治キャリアは村野のそれと被る。彼もまた大阪事件に関与して（爆弾の実験）収監された。一八八〇年代の後半は神奈川県会議員として地元の政治に首を突っ込み、一八九二年の選挙期間中は自宅蟄居の身となり、その後、関東会で名を上げていく。[13] 森久保は星の政治キャリアを支え、星が収賄容疑で衆議院議長の座を追われたあとも伴走した。[14] 星が立憲改進党の影響を東京から排除することに勢力を傾けるようになると、森久保は三千からの三多摩壮士を警察官、教師、車掌といった首都の要となる地位に就ける計画を立て、これを実行した。森久保が設立した武蔵倶楽部の有楽町事務所は、東京における星の勢力伸長を図る活動の拠点となる。[15]

森久保は壮士のまとめ役として大きな働きをしただけでなく、理論的指導者としても手兵の青年たちを感化し、その内なるナショナリズムに火をつけた。国権への関心は自由民権運動の底流をなしていたが、森久保もまた人後に落ちず、一八九〇年代半ばの日清戦争で、国家に対する義務と責任に大いに目覚めた。この流れで戦争遂行に貢献しなければならないと考えた森久保は、神奈川の青年グループで義勇軍を組織すべきと提案している。この提案が退けられると、一八九四年一一月下旬、今度は軍夫団（軍の連隊のために雑役を引き受ける部隊）結成の運動に乗り出す。東京の自由党本部にある壮士学校、有一館の内藤武兵衛がこの森久保のアイデアを取り上げて、一八九五年一月二六日、多摩組と名づけられた軍夫団が正式に発足した。団員は四三二人、その中心は三多摩地域出身の壮士一六〇人であり、指揮官の中には有一館から抜擢された者も数人含まれていた。森久保の望み通り、多摩組の団員は本当に国家に仕える機会に恵まれたのである。グループは台湾に派遣され、劣悪な環境と病気（主にコレラ）に直面した。結果、一八九五年三月から六月のあいだに、一〇一人の団員が病気で命を落としている。[16]

多摩組が祖国のために悲惨な目に遭っていたころ、民権派の政党は明治政府に対する反抗的な姿勢を放棄しつつあった。外側から元老を打倒しようとしても得るところはほとんどない。経験からそう学んだ改革者たちは、草の根抗議の日々を過去に打ち捨てていこうとしていた。彼らの新しい戦略は、藩閥と妥協して、内側から権力に揺さぶりをかけることである。政党内閣、つまりは元老ではなく政党政治家を主とする内閣こそ、彼らの求めるところとなった。民権活動家の河野広中の言葉を引こう。「(いまや取るべき戦術は)藩閥を政党に同化させ、藩閥の根底を掃蕩して政界を縦断し、もって二大政党対立の局面を開くことである」[17]。森久保もこの戦略に同意する政治家のひとりだった。台湾から帰国後、森久保は代議士に当選し、一八九七年には、自由党は元老松方正義の政府と手打ちすべきだと主張している。妥協に積極的な政党を渇望した森久保は、その年のうちに自由党を離れ、新政党である新自由党結成に参画した。新党は、松方は無論のこと、大企業すなわち三菱財閥とも手を結ぶことになった。森久保は自由党を離れるときに壮士も連れ出している。新自由党の正式発足に際しては、大きな黒い帽子を身につけた二千人からの三多摩壮士が、お祭り騒ぎに加わろうと東京へと向かった[18]。

森久保が一種の政治的妥協を声高に語ったおかげで、日本で最初の、しかし短命に終わった政党内閣への道筋がつけられた。閣僚たちは、一八九八年に自由党と進歩党の合併で新しく発足した憲政党の面々だった。自由党の初代リーダー板垣退助は内務大臣に、元進歩党のリーダー大隈重信は首相兼外相に就任した。一八九六年以来駐米大使を務めていた星亨は、こうした動きを見て赴任先から帰国するが、結果的には急ぐ必要などなかった。というのも、憲政党はこの年のうちに崩壊してしまい、板垣退助指揮する元の自由党(名称は憲政党のまま)と大隈重信指揮する元の進歩党(新名称は憲政本党)に再び分かれてしまったからである。一八九〇年代終盤まで、星が主要な政敵と見なしていたのは、元老ではなく他の政党だったようだ。根っからの自由党員である星は、大隈重信本人も、彼の一連の政党（最初は改進党、次に進歩党、そして今度は憲政本党）も気に食わなかった。同時に、元老山県有朋と渡りをつけることにも躊躇はなかった。[19] お互い、藩閥と手を握るのをいとわず、また大隈の政党を嫌っていた——党の動きが邪魔をしようとも、星と森久保の絆が維持されたのは、おそらくそれが理由であろう。

一八九〇年代の終わり、森久保、村野、星の三人はそろって政治の世界で成功を手にした。村野は森久保の後を追って衆議院の一員となっていたが、それには千人を超える壮士部隊を鍛錬し組織した功績が、少なくとも部分的には寄与していただろう。そして星は一八九九年春、東京市会議員に当選した。首都東京に政治権力の基盤を確立するという星の試みはここに絶頂を迎えた。

この三羽烏は壮士の統合において重大な役割を果たした。一八九〇年代初期、彼らは壮士のボスとして、それぞれに仲間の無頼漢を持ち寄って、自由党院外団という大きな傘の下に入れた。それから九〇年代の終わり、星は伊藤博文の案に乗って、伊藤が旧自由党とその後継たる憲政党から新しい党を立ち上げるのに手を貸した。星と伊藤の取り組みが一九〇〇年の政友会結党に結実したとき、森久保と村野は星を支持することに同意して、党に加わった。そして三人とともに手兵の壮士をこの冒険に投入した。無頼漢は、いまや政友会壮士となったのである。[20]

政党政治における政友会院外団

政友会は一八九〇年代に孵化した藩閥との妥協精神がついに脱皮を遂げて羽ばたいた姿であった。旧自由党とすでに亡き憲政党に、元老の一部と官僚、そして大企業をかけ合わせたものが政友会なのである。政友会が発足して権勢を誇ったことは、すなわち民党と吏党（民権政党と政府党）という、明治中期を特徴づけた明快な二分法の終わりを意味していた。この区分が失われていったのは、ある部分においては藩閥と政党の協力が成ったからだが、また同時に、政友会自体が以後数十年をかけて、自由主義的で改革主義的な政党であることを放棄していったからでもある。政友会は民党の子孫であるにもかかわらず、既成政党として認識されるようになる。特にメディアはそう捉えていた。[21]したがって院外団の暴力についても、政党と、政党が代表しているはずの民衆とのあいだで捻れが生じていたという前提のうえで考えていかなければならない。

一九〇三年一二月一日、政友会院外団が設立されると、壮士は正式に党の構造に組み込まれた。[22]森久保作蔵も村野常右衛門も新党で大きな役割を果たしている。森久保は東京の政界における有力者のひとりとなり、村野は政友会院外団の指導者となった。[23]星はそれほどの運には恵まれていなかったし、生きて政友会院外団の正式発足を見届けることもなかった。政友会発足後、逓信大臣としてほんの二カ月だけ日の目を見たあと、星は疑獄事件に巻き込まれる。その後、東京市会議長の職に就くが、その職務も短命に終わった。一九〇一年六月、星は地元の著名な剣術師範である伊庭想太郎に暗殺される。汚職にまみれた星の東京市政は、伊庭の目には許しがたいものでしかなかったのだろう。[24]星の政友会でのキャリアは長くはなかったが、村野と森久保をまとめ上げ、彼らの政治キャリアを前に推し進める手助けをすることで、星は政友会院外団の基礎を作る役割を果たしたのである。

政友会院外団にしても、続く数十年のうちに設立されることになる他党の院外団にしても、目的は自由党院外団と大差ない。情報収集、コミュニケーションの円滑化、代議士の護衛、公開集会の警備、敵対政党の公開集会の妨害、選挙運動と勧誘、倒閣の補助、政治運動の計画と運動への参加、などである。[25]しかしながら、政友会院外団は構造においても機能においても、自由党のそれよりずっと明確だった。一九一〇年、政友会本部の中に院外団専用の事務所が設置され、専任の事務員も雇い入れられた。[26]運営委員会が置かれ、形式上、院外団はふたつの組織に区分された。すなわち知的なグループ（インテリ団）と暴力的なグループ（暴力団）である。インテリ団を構成するのは落選した候補者、元代議士、卒業間もない学士、政治への関心を持ちつづけている年長の院外団員たちである。彼らは、暴力団よりは本質的な問題に心を砕いている集団と見なされ、青年メンバーは最新の政治理論に通じているものと考えられていた。一方、暴力団を構成するのは壮士である。議会の審議中に議院の内外でたむろする彼らは、いわば「街のギャング」と変わらぬ機能を果たしていた。「此の親にして此の児有り」という戯言は、あらゆる代議士が壮士とつながりを持っていたことを強調したものだが、こんな戯言が囁かれるほどに、院外団は議会の名物となっていたのである。[27]インテリ団と暴力団の区別は実際のところはいい加減なものだったが、それでも、院外団には異なる機能を担うふたつのグループがあるという感覚は一応あった。

壮士が党の構造に組み込まれた結果、金銭的報酬もまたいっそうはっきりした。院外団壮士は、党の政治集会で入場料を取ったり、他党の集会を妨害してその報酬を受け取ったりして金を稼いだ。肉体的な危害を加える場合は、誰を殴ったか、またどこを殴ったかに応じて報酬額が決まった。標的の政治家が有名であるほど支払いはよくなったし、拳を当てた場所が顔か手か足か、あるいは胴体かで支払額が変わった。[28] この仕事を金銭面で見てみると、壮士のあいだで申し合わせがあった節がうかがわれる。というのも、ライバル壮士が自陣の公開集会に出席していた場合、退出願う前に少なくとも短時間は連中にひと暴れさせてやるという不文律が見られるからだ。そうすれば彼らも報酬を手にできるという配慮なのだろう。[29] 金銭的報酬に注目することで見えてくるのは、こうした無頼漢たちが、まず第一に特定の仕事をこなす専門家を自任していたということであり、いかなる政治信条も、壮士という職業的アイデンティティにとっては二義的なものにすぎなかったということである。

十九世紀後半から二十世紀前半のアメリカでは、都市部の政治にマシーン〔訳注：利権に基づく集票組織。前出のタマニー・ホールはマシーンの代名詞とされる〕が関与していたが、組織としての院外団にもこれと似たところがある。一般的に、機能においてもやり口においても、院外団とアメリカの政治マシーンは似ている。賄賂と圧力によって党の課題を推し進め、影響力の拡大を図るのである。とりわけ院外団の暴力部門は、米政界のボスたちが暴力と保護を求めて頼ったグループとそっくりだと言っていい。ニューヨーク市第六区の消防隊長マシュー・ブレナンなどは、「四〇人かそこらの屈強な若い男からなる一団」を予備選や本選に送り込むことで、政治家の覚えめでたい人物だった。[30] 同様に、南北戦争前のフィラデルフィアでは、政治家たちが消防隊やストリート・ギャング、その他もろもろの地域のグループに自主的な支援を求めた。特にストリート・ギャングは、投票箱の前に立ちはだかったり投票所をブロックしたりする妨害工作の見返りとして、金銭的報酬と保護、それに刑事訴追からの免責を受けていたと言われる。[31] しかしながら、これらのグループと院外団の共通点はここまでだ。院外団の壮士たちは、院外団であるほかに、何かしらの独立組織（例えば消防隊やギャングなど）の一員という身分を持たなかった。院外団は政党機構に組み込まれていたのであって、その目標はあくまでも政治だったのである。

院外団は政党の内部から働きかける組織であり、政党に外側から働きかけるイギリスの圧力団体を比較に持ってきても大した役には立たない。イギリスの圧力団体は院外団のように党の利益増進を目指すものではなく、政党の外に位置を占める特別利益団体を代表するロビイストなのである。[32]

院外団がアメリカの政治マシーンほど洗練された組織ではなかったことも、注目に値する。南北戦争終結からニューディール開始までのあいだに最盛期を迎えたタマニー・ホールは、民主党の政治マシーンとして機能したが、成功の鍵は「大統領候補の指名と大統領選を支配する能力、および政府の任命職を実質的に独占する能力」にあった。[33] 大正日本にそのような力を持った政党院外団はなかったし、政党本体にもそんな力はなかった。タマニー・ホールの場合、周囲に張りめぐらされた支援者のネットワークも広大で、日本にそれに及ぶものはひとつもなかった。もっとも、戦前の日本の汚職についての突っ込んだ研究が行われれば、話は違ってくるかもしれない。[34]

院外団をひとつの組織として考えるとき、比較対象として最もわかりやすいのは、おそらく他国の政治マシーンや圧力団体ではなく、ほかならぬ日本の博徒であろう。両者とも親分子分の関係が基礎になっており、親分が子分の給与を決める支払い体系によって支えられている。[35] そして両グループとも、暴力を仕事の手段としている。無論このアナロジーにも限界はある。博徒にとって親分や仲間は、想像上の血縁関係によって結びついた家族であるし、博徒グループは政治結社などではなく、どちらかといえば企業組織だからだ。それでも両者とも部外者からは「暴力団」というレッテルが貼られており、このことからしても暴力こそが両者のトレードマークであることがわかる。実際、院外団も博徒も物理的強制力の行使をいとわないし、その組織内である種の暴力文化を育ててきた。ゆえに、院外団が国家主義団体の博徒と手を組んだとしても驚くにはあたらないし、次章で見ていくように、この連携が間接的に院外団壮士を軍と官僚につなぐことになるのである。

院外団が暴力を振るう組織だといっても、それは彼らの最大の政治目標が非民主主義的なものであることを必ずしも意味しない。政友会院外団を例に取ってみれば、彼らの意図するところは藩閥と軍の影響力を監視することである。政友会が一部の元老や官僚と協力し合っているときであっても、院外団は政友会の力が双方から削がれることがないよう努めるのである。こうした守りの姿勢は、政友会院外団の発足時の三つの決定事項に明瞭に見て取れる。ロシアとの交渉で失態を演じた政府への責任追及、当初の約束を反故にする政府の財政計画への抗議、前議会で却下された支出を国庫から捻出することに対する違憲の可能性の追及――以上三点について院外団は尽力することになっていた。[36] 政友会院外団は権力の側に回り込もうと策を弄しながら、ときに民権派と手を取り合って、藩閥、官僚、軍のやりすぎを抑え込もうとすることもあった。この政治地勢を渡っていくなかで、院外団の戦術は、デモ抗議者のそれと融合した。歴史学者の宮地正人が「民衆騒擾期」と呼ぶ時期にあってはなおさらのことだった。一九〇五年の日比谷焼打事件から一九一八年に広まった米騒動までの時期、人々は帝国と民衆の意思に忠実な政治を求めた。[37] 政友会にはそのような民衆の視点はなかったかもしれないが、それでも彼らの関心事は抗議者のそれと重なるものであり、それが反藩閥という共通の立ち位置を強化することになった。

一九一二年から一九一三年にかけて盛り上がった第一次憲政擁護運動においても事情は同じであった。政友会は、桂太郎の首相就任に抗議する民衆運動に加わった。桂はいわゆる政界の重鎮であり、長州藩出身の藩閥政治家だった。政友会はこの運動に取り組むにあたって、一九一〇年に犬養毅が結成した立憲国民党（以下、国民党）と手を組んだ。犬養は党内では元老との妥協を一切拒絶する派閥を率いていた。運動を推進するうえで、政友会、国民党双方の院外団は必ずしも暴力に訴えることをしなかった。彼らがしたのは、多くの場合、反藩閥主義に対する支持を拡大するための集会を開くことであった。政友会院外団が東京の日本橋地区で催した集会には、およそ千人もの参加者が集まった。また、小規模な討論会を開催し、運動の戦略について議論を行ったりもしている。[38] 政友会と国民党が組んだことで、互いの院外団同士も手を結び、一九一三年の一月、二月には合同で集会と討論会が開かれた。[39] 政友会＝国民党院外団を正式に発足させたのは村野常右衛門で、ここには森久保作蔵配下の三千からなる政友会壮士が加わっていた。森久保はとある演説会で、「政友会の桂太郎」と持ち上げられたという。[40]

同一の政治空間に院外団壮士と民衆活動家が共存しているという事態は、大野伴睦の初期の政治キャリアに見出すことができる。民権と院外団の暴力のあいだにある高い垣根を、大野はわりとあっさり飛び越えてしまった。第一次憲政擁護運動さなかのある日のこと、明治大学の法学生だった大野は、弁護士試験の勉強のために図書館へ向かう道すがら、犬養毅と尾崎行雄が立憲政治の擁護を訴える公開集会に行き当たった。彼らの政治的メッセージに惹かれた大野は運動に加わることを決意し、一九一三年二月、桂太郎内閣への不信任投票を呼びかける抗議デモに参加する。二月一〇日の朝、大野とその仲間たちは帝国議会を取り囲み、政友会と国民党の代議士が到着すると支持の声を上げた。この議員たちは目印として胸に白いバラをつけており、学生グループと院外団は「白バラ軍、万歳！」と声援を送った。昼も過ぎたころには、群衆は何万という数に膨れ上がり、議会の停会が知れると、群衆は議会周辺から流れて日比谷公園、銀座方面へと向かい、途中、国民新聞や読売新聞といった新聞社を襲撃して回った。一方、警察は群衆に紛れ込んで抗議の声を上げている人間にチョークで印を付けていった。これで警察は大野をデモ参加者と見定め、ほかの二五〇人といっしょに逮捕した。[41] この事件のあとで大野が思い至ったのはこういうことだろう――正式な党員としてではないにせよ、民衆活動家として政友会の大義に手を貸してきたにもかかわらず、金銭的な報酬は得られていないではないか、と。苦労に見合う報酬を受け取るにはどうすればいいかと考えた大野は、政友会本部に出向いて金銭的な対価を要求することに決めた。ここで大野は、このときすでに政友会の幹事長に収まっていた村野常右衛門との面会を取りつける。村野は酒とビールで昼をおごり、大野に金を渡して、ちょくちょく党本部に顔を出すように言った。助言に従い、院外団の幹部たちと親しくなった大野は、彼らの説得に乗ってグループに加わった。[42]

かくして大野は院外団の青年部門、鉄心会のメンバーになった。第一次憲政擁護運動で桂太郎内閣打倒を成し遂げた余勢を駆って作られたのが鉄心会である。発足時のメンバーは運動に参加するために東京に集まった多くの青年たちで、院外団はこの部門を通じて、首都東京にいる大学生グループとつながりを築くことができた。政友会は、大野のような明治大学の学生を集めていることで知られるようになるが、その多くは弁論部の学生だった。たまに無料で提供される、うまい食事を餌に駆り出された弁の立つ学生たちは、東京近郊の演説集会に登壇したり、選挙運動に参加したりするようになった。大野その人も演説を定期的に行ったが、大隈重信内閣（一九一四～一九一六年）の外交政策への批判喧しく、集会開催に積極的に動いたため、公序良俗違反で有罪宣告を受けることになった。[43]院外団の弁護士は町を出て大人しくしているよう助言したが、大野はこの勧めを蹴って、監獄で刑期を務めている。釈放時には、院外団の仲間たちが一団となって大野を出迎えた。手にしたノボリには「憂国の志士大野伴睦万歳」の文字があった。[44]

鉄心会は学生のほかに、博徒とテキ屋、つまりヤクザも引き入れた。政友会だけがヤクザの支援を取りつけたわけではない。最大の敵である憲政会も博徒に協力を仰いでいる。鉄心会のリーダー格であった大野重治は、事あるごとにこうした暴力専門家たちを動員し、自身も腕力をもって鳴らした典型だった。とある院外団メンバーの述懐によれば、大野は長身で肩幅が広く、ヤクザにしか見えないような男だった。[45]

物理的強制力の行使は院外団の中でもヤクザ一派の専売特許だったわけではない。演説のような、院外団の中で知的なラインの仕事に携わる人間も、暴力を使うことに頓着しなかった。例えば大野伴睦も、政友会の集会に参加する一方で、敵対政党の集会を妨害しにも行った。あるとき大野は憲政会の集会で事件を起こしている。憲政会は一九一六年に立憲同志会（以下、同志会。一九一三年に桂太郎が設立）と諸政党が合併して発足した政党だった。憲政会も自前の院外団を抱えており、早稲田大学と結びついていたことから、「政友会＝明治大学」対「憲政会＝早稲田大学」の対立構造が生まれていた。[46]当然のことながら、相敵対する両党の院外団は幾度となく衝突した。この一件では、大野ら一党が、劇場の二階から憲政会の演説者に野次を飛ばしていると、演説者が大野たちに向かって舞台に降りてきたらどうだと挑発した。ひとりがそれに応えて降りたところで憲政会の院外団がわっと襲いかかった。大野は助太刀しようと警官を振り切って二階から飛び降りたが、時すでに遅し。仲間はすでに警官に連行されていた。

院外団壮士の仕事は身体が資本であり、それには飲んだくれ文化が伴っていたように思われる。その意味で、院外団壮士は暴力が日常となった連中と世界を分かち合っていた。暴力という要素が政治の領域と、本来であれば犯罪的な領域のあいだに水路を通したのであり、院外団によるヤクザの引き込みはその端的な現われだった。境界が曖昧になっていく様は、実際にしばしば奇妙な形で目にすることができた。あるとき大野伴睦は、武部申策という有名なヤクザの親分に金の無心をしに近づいていったという。大野と仲間たちはある晩、予定より四〇円も多く使ってしまったのだった。武部はもともと自由党の党員だったが、博徒に転身し、その後手を広げて、実業界で総会屋を使った護衛とゆすりのビジネスを展開していた。[47]武部は政界とのコネを維持していたようだが、それにしてもなぜヤクザの親分が自分に金を払おうという気になると大野が踏んだのか不明だし、言葉の応酬があったあと、子分たちに大野を痛めつけるよう命じていることからしても、武部もまた困惑していたようである。大野は子分たちの攻撃をどうにかかわしながらドアへ向かったが、そこで武部が後ろから声をかけた。そして大野の蛮勇を褒め、金を渡して、酒とビールでもやろうと引き止めた。この出会い以降、ふたりはいわゆる「男同士のつきあい」を続けたようである。[48]このエピソードは細部については疑わしいところもあるが、院外団壮士であれヤクザであれ、勇気、男らしさ、腕っぷしの強さを理想とするという点で、政治暴力の専門家たちは共通していたように見えるのである。

大野は院外団の乱闘騒ぎを様々に描写しているが、その調子から知れるのは、大野にせよほかの誰にせよ、壮士であることを楽しんでいたという事実である。憲政擁護にコミットしたい、大隈内閣の外交を批判したいという政治的な動機があったにしても、それと同じくらい、酒を飲んで大騒ぎする口実が得られるという理由で彼らは院外団に入ったのだ。戦後、大野はこうした日々を振り返って、院外団をやっていたころは楽しかったし、タダ飯が食らえて、乱暴狼藉で懐が暖まったと懐旧している。[49]イギリスの歴史学者キャロリン・コンリーは、暴力はときに娯楽ともなり得る、レクリエーションの一形態であると述べているが、大野の態度にもそれは当てはまるだろう。コンリーは気晴らしとしての暴力の特徴として、「明確に定められたルール、自発的な参加者、それを楽しむ感覚、悪意の不在」を挙げている。[50]院外団壮士に関する限り最後の項目は怪しいが、彼らが自発的な参加者であったことは間違いないし、大野のように乱暴行為を働いて喜びを覚える人間がいたことも間違いない。口にはされなかったが、院外団の暴力にはルールもあった。先に述べた「不文律」がそれだ。自陣の集会に敵方の院外団がやって来た場合、多少の妨害には目をつぶるのである。そうすれば、たとえ敵方とはいえ、同じ無頼漢仲間が金を受け取ることができるのだ。

院外団壮士と警察のあいだにも了解があった。乱暴行為がエスカレートして暗殺や秩序の破壊にまで至らない限り、暴力を振るった院外団員は検挙されることはあっても、法制度に則って起訴されることも裁判にかけられることもなかった。統計的データが欠けているので、警察が院外団壮士をどう扱ったか、その特徴を描き出すことは難しい。しかし、少なくとも大野の断言するところによれば、公開集会を妨害した無頼漢たちはしばしば捕まって拘置所に放り込まれはしたが、そこで食事を与えられ、集会が終わればさっさと釈放されたという。[51] さらに壮士と警視庁が協力し合ったこともある。一九一四年二月初め、警視庁は首相官邸ならびに内務大臣官邸を警護するにあたって、森久保作蔵配下の無頼漢数百人がそこに加わることを容認している。[52] 壮士としても、物理的強制力の行使は取っ組み合いや殴り合いレベルで済ませるべきで、それ以上エスカレートしたり、政府に直接難癖をつけたりしようものなら（第一次憲政擁護運動のときのように）、許容範囲からの逸脱と見なされて警察と衝突することになるのは承知していた。警察側の見立てでは、院外団壮士はその先輩格に当たる明治の壮士とは違って、政府や国に対して深刻な（あるいは性急な）脅しをかけたりはしなかった。彼らが政治の営みを危険にさらし、混乱に陥れることもあったかもしれないが、大規模な動乱や反乱を扇動するようなことは概してなかったのである。したがって警察としても、無頼漢たちを取り締まったところでその苦労と出費に見合うものはほとんど得られなかった。大野伴睦タイプの院外団壮士がこうしたルールを理解していたこと、そして自発的に、あるいは積極的に暴力を振るったこと――以上の点は、暴力には気晴らしの要素があるという議論を強力に支持するものと言えるだろう。

乱暴行為に暗黙の限界が設けられていたということは、暴力が一種のパフォーマンスとして、つまりは力と政治スタンスを誇示する儀式として機能していたことを示している。物理的強制力そのものが結果に影響を及ぼすことがなかった場合でも、壮士の暴力を見せておけば、こちらにはこれだけ政治資源を投入する用意があり、これだけ真摯な関心を寄せているのだという重要なサインとなった。もちろん、乱暴行為はパフォーマティブなものであり得ると言ったところで、暴力の脅威がなかったことになるわけではない。いかに制限があろうと、パンチもキックも、あるいは器物破損も、否応なしに恐怖を呼び覚ますものであることに変わりはない。そして、暴力の行使にルールがあったことが、ある種の暴力行為は許容可能なものだという感覚を助長したのかもしれないし、それゆえに政治暴力の文化が続くことになったのかもしれない。

一九一〇年代の中葉、大野が政友会院外団と出合ったころは、乱暴行為の復興期に当たっていた。尾崎行雄はこの現象についてこう論評している。「昔はずいぶん政治上に壮士をつかったが、そのころは大分少なくなっていた。ところが寺内内閣になると、またも暴徒が横行しはじめた。演説会に臨むごとに、暴徒が必らず飛び出すようになった。私は何回となく暴徒に襲撃された」[53]。一九一七年一月、尾崎は公開集会で壇上に立ち、群衆に向かって演説をしていた。群衆の中には敵対政党の集団もあった。そのとき、刃渡り六寸のナイフを手にした暴徒が駆け寄って、尾崎を襲ったのである[54]。

一九一〇年代中葉に壮士の暴力が盛んになったのにはいくつかの理由が考えられる。一九一五年三月の選挙で、政府はかの悪名高き一八九二年の第二回総選挙以来の大規模な選挙干渉を行った。このとき争点となっていたのは軍事支出の増大で、前年に政友会が反対し、同志会がこれを支持した。この件についてはなんとしても政友会を叩こうと、政府はいくつもの戦略を採用した。薩摩藩出身で警視総監も務めた内務大臣の大浦兼武は、国政選挙で同志会の候補および政府に友好的な候補者の当選を確保すべく票を買収した。さらに、地方でも支持を集めるよう府県知事にも圧力をかけた。資金は主として財閥から調達され、親しい候補者におよそ五千円ずつが分配された。票の買収額は三円から数十円といったところだった。警察もまた有権者の家を訪れて、同志会ならびにそのほかの従順な政党に投票するよう圧力を加え、一方で政友会を厳重に見張って、票の不正取得を阻止しようとした。選挙法違反はいたるところで見られた。数字は信頼性に乏しく、資料によってまちまちだが、内務省の報告によれば、九五八件の選挙違反があり、一万五五五四人がこれに関与していた。これは前回の五五一件、四九二三人を大きく上回っている。[55]事実、政友会はこの選挙で一〇一議席を失い、衆議院の絶対多数派の地位を手放した。この結果については、すべて政府の選挙干渉で説明がつくわけではない。首相の大隈重信が大変な人気を博していたという事情もある。大隈は後にハリー・トルーマンがするように、列車の停留所で車窓から演説する戦略を採用し、これまた功を奏したのだ。[56]とはいっても、何でもありの状況では、政治的優位を確保するために金銭とともに乱暴行為が広く行使されたとしても、いっこうに驚きはない。そして一九一五年以降は、二大政党の政友会と憲政会（同志会と諸政党の合併で発足）という対立図式で、ときにはある政党と内閣という対立図式で、それぞれの武闘派が物理的強制力を引き続き行使していく。

　この政友会と憲政会のライバル関係は明治期の民党と吏党のそれを想起させるが、選挙中の対立はとりわけ苛烈なものとなった。その緊張がいかほどであったかは、例えば政友会の村野常右衛門と憲政会の八並武治が争った一九二〇年の総選挙を見ればおおよそ知れる。村野は選挙運動の一環として一五〇人からの鉄心会壮士を動員して、八王子にある敵方の選挙事務所を襲わせ、しっちゃかめっちゃかにしている。[57]東京南西部に位置するこの町では、壮士たちが杖と棍棒を持ってうろつき回った。さらに胸の内ポケットには別の武器も隠し持っていた。両陣営とも若い連中を駆り集めるにとどまらず、近隣の横浜、芝浦から港湾労働者を雇い、ついでに博徒も動員した。村野と八並、双方の角逐がクライマックスに達した四月、無頼漢二百人が大乱闘を演じ、やむなく武装警官が出動、結果、六八人が塀の中へ送られることになった。[58]

両党はまた男子普通選挙をめぐっても激突した。当時、最も注目を集めた政治問題であり、壮士および民衆の暴力に批判の矛先が向かなかったのはこの問題のおかげとも言えた。男子普通選挙を求める声は一八九〇年代から上がっていたが、憲政会および少数派の国民党が支持に回った一九一九年、一九二〇年に運動はピークを迎えた。抗議者たちのデモも最初は控えめなものだったが、そのころには何万という巨大な群衆を集めるまでになっていた。一九二〇年二月の大衆デモで、中核的なグループが政友会本部の足下を行進し、男子普通選挙を認めない党の方針に抗議の声を上げた。すると壮士と警官が厳重に守っている党本部の正門が開かれ、群衆から四人の代表者が招じ入れられた。一時間以上が経過したところで、そのうちのひとりが放り出されたが、政友会壮士に殴られ、顔からは血が滴り落ちていた。[59]憲政会側としても、この種の暴力を行使するのに遠慮はなかった。一九二三年六月、男子普通選挙を支持する他の党と連携を取りつけると、憲政会院外団の有力者の手引きもあって、合同青年団が結成された。政友会の鉄心会に相当するこのグループも、壮士の方法論に則っていた。[60]

一九二四年、憲政会と政友会の一部が、内閣に対する懸念から、男子普通選挙制の問題で共同歩調を取るようになった。一九一八年の原敬内閣以来、政党内閣を維持してきた両党は、非政党的な超然内閣へ回帰することを恐れていた。それゆえ政友会の一派が憲政会と妥協する道を選択したのだ。男子普通選挙の支持に同意すれば、ともに動いて官僚出身の清浦内閣（首相の清浦奎吾は数度にわたり閣僚を経験し、枢密院議長も務めた。政界の大御所、山県有朋の盟友でもある）を打倒することができる。後年、第二次憲政擁護運動として知られる運動の一環として、政友会は院外団の活動を先導し、集会や会議を開催した。[61] 政友会院外団はまた数百の三多摩壮士を動員している。のちに司法大臣になる代議士の横田千之助は、二〇人の壮士からなる特別チームを編成し、壮士たちは人にも物にも暴力を存分に振るった。政友会院外団は清浦内閣に揺さぶりをかけるべく、帝国議会の内外で騒動を起こす計画も立てていた。[62]

男子普通選挙の問題は政友会と憲政会を部分的に結びつけることになったが、また同時に、政友会とその院外団のあいだに亀裂を生じさせることにもなった。憲政会と妥協したことで、政友会の一部の派閥は党から飛び出して政友本党を結党し、選挙権の拡大に異を唱えて清浦内閣側に立った。そして政友本党はすぐさま自前の院外団を立ち上げる。構成員は八王子および府中出身の青年数十人。党の分裂はそのまま院外団壮士の分裂にもつながったのである。

第一次憲政擁護運動と同様、第二次運動も内閣を辞職に追い込むという目的を達成した。一九二四年の衆議院選挙では、憲政会と政友会、そして革新倶楽部の連立で過半数の議席を獲得し、憲政会の総裁加藤高明のもと組閣に至った（護憲三派内閣）。この内閣は一九二五年に重大な法律をふたつ可決したことでよく知られている。まずは普通選挙法。選挙権が二五歳以上の男子に拡大された。そして治安維持法。共産主義者と無政府主義者の政治活動を抑制するこの法律によって、言論の自由、結社の自由は大幅に制限されることになる。[63]

一九二八年の総選挙は男子普通選挙制が敷かれてから最初の選挙となったが、政治参加の拡大は、短期的にも長期的にも選挙運営に甚大な影響を及ぼすことになる。短期的に見ると、政友会は男子普通選挙で党の政治的求心力が失われることをますます危惧するようになった。一九二七年に憲政会と政友本党が合流して民政党が結成されて以来、政友会はその突き上げを受けてきたのだ。民政党は結成から数週間のうちに、院外団の発足式を開いている。五百人の団員が出席したが、その中には元内務大臣で院外団の相談役に就任した床次竹二郎の姿もあった。[64] 男子普通選挙の実施で先行きの見通しが立たなくなると、政友会はこの状況を打開すべく選挙干渉に手をつけることになる。一八九二年、一九一五年以来の、三度目となる大規模な干渉であった。今回は、政友会の内務大臣鈴木喜三郎がライバル民政党の足場を崩すべく、官僚と国の司法部門に影響力を振るった。鈴木は内務省と府県庁からそれぞれ一〇人以上の人間を、選挙運動の実態調査を行う民政党監視委員の動きを捕捉するために差し向けた。また、警察には反対集会の妨害を指示した。そして、特定の演説人やビラ、ポスターの使用を禁じ、手兵の刑事を使って、民政党支持者一七〇一人と他党の支持者三〇〇一人を選挙違反で逮捕させている。一方、政友会シンパで逮捕されたのはわずか一六四人だった。[65]

政治基盤を失うのではないかという政友会の懸念は、一九二八年の選挙でいっそう大きく膨らんだが、男子普通選挙のもたらしたものはそれだけではない。長期的に見ていっそう重要なのは、選挙運動の帰趨を決する力が、乱暴行為から他の形態へと移る画期となったということである。簡単に言えば、選挙民が爆発的に増えたことで、暴力は投票者の行動を左右する手段としては非効率で金のかかる方法になってしまったということだ。一九二四年に行われた直近の総選挙以来、選挙民の規模は三百万人少々から一二〇〇万人超のほぼ四倍に増えた。言い換えれば人口の約二〇パーセントを占めるようになったのである。[66] これは力で脅迫したり強制したりするにはあまりに大きな数字であって、院外団壮士に金を払って選挙民に暴力を振るうよりも投票者を買収するほうが、金の使い方としてはよほど理にかなったものになったのだ。

これに加えて、男子普通選挙を承認した一九二五年の新しい選挙法では、乱暴行為を働く余地が制限されていたし、暴力は厳しい取り締まりの対象となった。戸別訪問は禁止され、候補者が雇えるスタッフの数にも制限が設けられた。また選挙民、候補者、運動員、当選した政治家に暴力を振るったり、威力を加えたりした者には、三年以下の懲役ないし禁固、あるいは二千円以下の罰金が課せられることが法律に記載されている。同じ罰則は、交通、集会、演説を妨害したり、偽計その他の不正手段でもって選挙の自由を侵害したりした者にも適用される（第一一五条）。銃砲、刀剣、棍棒その他、他人を殺傷できる武器を携帯した者には、二年以下の禁固、または千円以下の罰金が課せられる（第一二一条）。さらに、こうした武器を持ったまま選挙会場、投票所、開票所に入った者は刑がさらに重くなり、三年以下の禁錮、ないしは二千円以下の罰金が課せられることになった。[67] 歴史学者の松尾尊兊がいみじくも指摘しているように、法律のこうした条文が意図したのは、かつてない数の人々が投票所に向かうことになるこの時期にあって、勃興しつつある無産政党の影響力を削ぐことだった。[68]
無産政党は政友会や民政党のように資力はないが、だからこそ影響力を行使する手段として暴力（壮士を雇うのではなく、自らの拳によって）に訴えるのではないかという恐れがあったのだ。したがって、この新しい選挙法をもって、国家による壮士の扱いが根本的に変化したとか、乱暴行為が全面的に批判されるべきものになったと考えるべきではない。ただし、無産政党を狙ったものであったのは確かだとしても、この法律によって主要政党側も暴力を差し控えるようになった可能性はある。

こうした理由によって、一九二〇年代の後半にもなると、乱暴行為は賄賂に場所を明け渡していった。[69]二年後の総選挙では、贈収賄で起訴された人間の数が二一六から四七四へと、ほぼ倍になっている。暴力で起訴された数は三倍になったが、数字が小さすぎて（二から六）、その意味するところを最大限に見積もったところで大した役には立たないばかりか、誤解を招く恐れもある。[70]この統計にはいささか怪しいところもあるが、報道メディアにおいても選挙暴力への言及は以前と比べてずっと少なく、この時期は政治家たちも口にしていない。これは少なくとも、一九二〇年代後半において院外団壮士の乱暴行為がわずかに弱まっていたことを示唆しているだろう。

暴力の文化――議会政治におけるヤクザの親分

二十世紀初めの数十年、暴力専門家は政治制度に組み込まれていた。そのことは、壮士とヤクザが院外団へ編入されていた事実のみならず、ヤクザの親分が衆議院議員として当選している事実にも表れている。そんな議員のひとりが、この章の冒頭で紹介した中外商業新報の連載記事で取り上げられている。九州に一大勢力を築いた博徒の親分、吉田磯吉である。記事の中で、吉田は並外れた度胸の持ち主であり、議員の卵が範とすべき人物として持ち上げられている。現代の幡随院長兵衛などという評判もあったようで、十七世紀の博徒の親分にして伝説的な「俠客」の姿を吉田に重ねて見る者もあった。[71]議会審議中の吉田については、威厳ある沈黙を守って金仏のように座っていたという（語弊のある）描写もある。[72]吉田のあとにも少なくともひとり、ヤクザのボスから政治家に転向して衆議院に加わった人物がいる。保良浅之助である。このふたりの政治キャリアがともに大正から昭和初期であることは、この時期、国政の最上層がヤクザを受け入れていたことの証明になるだろう。

投票者にしても同僚の政治家にしても、吉田と保良を不審の目で見なかったのは、政治暴力の文化が院外団内部にとどまらず、議会政治そのものにまで浸透していたからだ。壮士は当然のように議会の門をくぐることができたし、議院内の廊下や控室にたむろしていることもあった。[73]さらには、当選した代議士たちも暴力を忌避せず、むしろ党指導層からは、まだ弁舌に自信が持てないなら暴力に頼るようにとも言われていた。[74]多くの議員たちが、乱暴行為を屈強なボディーガードに任せっぱなしにせず、議院内でも必要と判断すれば、自ら腕を鳴らした。歴史学者のピーター・ドウスが言うように、一九二〇年代まで、議会での殴り合いは日常茶飯事だった。「衆議院の二大政党の席は会議場の中央を走る通路で隔てられていた。皆がいきり立っているときには、それぞれの党の最も大柄で屈強な議員が、この緩衝地帯に面した席に陣取るのが慣例となった。議員のネームプレートはもともと着脱可能だったのが、手ごろにして極めて危険な攻撃の道具になってしまうために、デッキに釘づけされるに至った」[75]。中外商業新報は見栄えよく脚色していたが、実際その背景には、政治の現場で腕力がものを言うようになってきたという現実があり、それが吉田と保良を魅力的な政治家に見せていたのである。また吉田と保良の当選は、ヤクザの地位を物語るものでもあった。彼らは（少なくとも一部の親分は）、ある地域において後ろ暗い「裏社会」の人間ではなく、地元コミュニティにおける特定の勢力を代弁する貴重な存在と見なされていたのだ。議会に居場所を確保した親分は、議院の壁の中にあってさえ暴力が政治的言説を編み上げていく政治を反映した存在だった。そして翻って、彼らの存在がそうした政治を永続させていく。

吉田と保良の政治キャリアに分け入って議論する前に、このふたりについて書くのには困難が伴うということを述べておきたい。彼らの人生を写し取った資料では、しばしばそのキャリアのある面が粉飾されたり、意図的に歪められたりしているからである。とりわけ吉田は伝説的な人物となっている。吉田の業績を記念する銅像と碑は、北九州市の大きな公園に今も立っている。さらに大事な点は、例えば火野葦平の『花と竜』に見られるように、吉田が創作中の人物のモデルになっていることである。[76]また吉田はおおむねヤクザを持ち上げる類いの書物や雑誌でも題材となっているが、こうした出版物はどちらかといえば聖人伝の趣を備えている。例えば藤田五郎の『任俠百年史』や雑誌『実話時代』の記事などがこれに当たるだろう。[77]筆者としては、吉田のあるがままの人生を見通すために、こうした資料は意図的に避けたが、自伝や新聞記事にしても、あるいは人々の断片的な記憶の寄せ集めにしても、潜在的にミスリーディングな部分を孕んでいる。一方、吉田と比べれば保良の名は知られておらず、神話化の弊から免れている。しかし彼について書いたものが少ないということは、取りも直さず自伝という自画自賛の産物に大きく依拠しなければならないということでもある。こうした伝記の類いは資料としていくつかの点で問題はあるが、吉田と保良に関する資料に見られる大言壮語こそ、ヤクザの議会政治への関与がどういった性質のものであったかを最もよく示しているとも言える。どの部分を誇張するかという判断が、政界におけるヤクザの自画像と機能を、そして彼らがほかの政治家に取り込まれた理由を雄弁に物語るのだ。例えば吉田の伝記も保良の自伝も、彼らをヤクザではなく俠客と称している。とりわけ保良は、自分は人生のある時点でヤクザから俠客になったのだと熱弁を振るっている。この婉曲表現こそが、吉田も保良も、選挙民や同僚の政治家の前では俠客として振る舞っていたという事実を強調しているのだ。俠客のスローガンである「弱きを助け強きをくじく」は、おそらく地元の一定層には魅力的だったろうし、俠客を任じるという振る舞いに含まれる愛国主義的なトーンは、支持政党を異にする人々にも響いたことだろう。

また、資料ではふたりとも戦いの技量に秀でていたことが強調されており、ヤクザないしは政治家との対決模様が書かれているが、あたかも絶体絶命に立たされた主人公が数的不利を跳ね返して強大な敵に奇跡的な勝利を収める剣豪神話といった趣を呈している。ここでは吉田と保良の暴力スキルが隠されるどころか強調されているわけだが、それは政治的にもっともな理由やイデオロギーが絡む場合には、暴力が許容されていたことを意味しているだろう。なんなら愛国的な俠客だからという程度の茫洋とした理由でも構わなかったのである。ふたりには暴力を行使するにしても、それを正当化するにしても、躊躇なく踏み出せるだけの実行力があった。国会の内外で、「立派な」政治家たちがふたりの支持を求めた理由のひとつはそのあたりにあるのかもしれない。

吉田磯吉が反政友会の候補者として議会政治に足を踏み入れたのは、政府の干渉で悪名高いあの一九一五年三月の選挙である。政友会の野田卯太郎を負かした吉田は、北九州の筑豊地区を代表する議員に選ばれたのだった。[78]

吉田の幼少期を眺めてみても、のちに政治という選ばれし者の世界でキャリアを積んでいくようには思われない。父親の徳平は武士の家系の十代目だったが、揉め事を起こして藩を追われ、浪人の身になった。徳平は藩から藩へと渡り歩き、放浪の旅路に妻の乃武を失うという苦難に見舞われながら、最後には新妻の佐久とともに現在の福岡県芦屋町にたどり着いた。藩から疎遠となっては仕官の道もなく、徳平と佐久はかなり貧しい生活を送っている。一八七二年に徳平が死ぬと、佐久にはまだまだ手のかかる当時五歳の磯吉とふたりの姉、スエともんが残され、家族の経済状況はますます苦しくなった。幼少期の吉田は地元の学校に通うこともなく、こまごまとした仕事をして回った。九歳のときに芦屋から博多へ出て煙草屋に奉公したが、結局故郷へ逃げ帰り、十代の半ばまでは卵、野菜、魚の行商をして暮らした。一六歳のとき、吉田は若松の石炭積出港で船頭の職を得る。数年は親方に仕える雇われの身だったが、やがて長姉のスエの資金援助を得て船頭として独立する。スエはそのころ、遊郭を経営してこれを繁盛させていたのである。[79]

吉田は船頭として六年ほど働いたあと釜山へ渡り、それからまた若松へ戻った。二〇代になっていた吉田は、ヤクザの世界に出入りするようになり、スエから金を借りては賭博につぎこむといった日々を送る。吉田が関わり合うようになった連中はたいていプロの博徒で、彼らを通じて様々な親分とのつながりができた。こういう関係を持っていると、若松の外へ出る機会もしばしば出てくる。例えば長崎では、高級料亭を改装した賭博場で、関西から来た親分たちと賭博をするなどということもあった。吉田は博奕打だったが、一八九九年には地元で商売人としての顔も持つようになる。妻の稲田いわと息子の敬太郎の生活を支えるべく、現銀亭という小料理屋を開いたのだ。

ヤクザと商売人のコミュニティで顔を売ったことで、吉田がヤクザの親分になる道が敷かれた。小料理屋を開いたのと同じ年、吉田は若松の長老で地元の商店主である人物から依頼を受ける。地元ヤクザの縄張り争いを鎮めるのに一役買ってほしいというのだ。これを承諾した吉田は子分を集めはじめる。その中には中山豊吉、岡部亭蔵（彼もまたのちに政治家になる）といった人物がいた[80]。吉田が本物の博徒の親分として名を上げたのは、一九〇〇年二月、ライバルの江崎組を抑え込んだときのことである。この事件についてはフリーランスライターの猪野健治の著作に詳しいが、事の顛末はなにやら神話めいている。吉田側は、中山と岡部、そのほか七、八人の子分がいるだけだったが、江崎満吉は七〇から八〇人の子分を引き連れて戦いを挑んできたという。形勢は明らかに不利だったが、吉田はこの強敵を奇跡的に打ち倒した。物語的な誇張はあるだろうが、とにかく吉田はこの勝利をもってコミュニティに面目を保った、あるいは面目を施したようである。一九〇九年まで吉田は消防団で働き、その年の秋、ある大関力士の所属をめぐって対立していた大阪と東京のヤクザのあいだに入ってこれを調停することで、その名前を広く轟かせた[81]。

そして、一九一五年の衆議院選挙出馬をスタート地点に、吉田はいよいよ国政に関与していくことになる[82]。何に背中を押されて出馬に踏み切ったのかははっきりしないが、多少なりとも政友会に対する嫌悪が働いた様子はうかがえる。吉田は政友会の振る舞いを傲慢なものと見ていたようだ。しかし、大隈重信の反政友会の取り組みに共感を寄せる一方で、七七歳という高齢の大隈にどれほどの活力が残されているのか懸念を抱いていた。そこで、若い力を反政友会運動に注入する役割を進んで引き受けた。吉田が反政友会的なスタンスを取るようになった裏には、プラグマティックな計算があったとも考えられる。反政友会気運の盛り上がりと、いわゆる「大隈ブーム」を感じ取り、その流れに乗って政治家になろうと思ったとしてもおかしくはない。結果、一九一五年の選挙で政友会は絶対多数を失い、吉田は帝国議会の議席を獲得することになる。[83]

しかしここでおそらくもっと大事なのは、吉田が北九州、わけてもその実業界に真の関心を向けていたことである。吉田が代表している筑豊地域は鉄鋼業で知られる北九州の産業地帯だが、ここが二十世紀最初の数十年に急速な成長を遂げたのは、筑豊炭田があったからである。少年時代から鉱業関係者を相手に小商いをしていた吉田は、ここに新しく登場した商人層や労働者層が求めるものを理解していただろう。吉田を支援したのは、炭鉱夫や農民グループも含む、この筑豊地域の住人だった。若松でのある公開集会には、支持者六千人が「親分の話を聞こう！」と集まった。[84] 吉田は一九二〇年の衆議院選挙では憲政会の候補者として出馬したが、実際、憲政会の支持者のほとんどは、そうした新しい商人層、労働者層だった。

吉田はひとたび当選すると、暴力的な行動も辞さない姿勢を見せている。先に見た中外商業新報の記事では、吉田は堂々たる「金仏」のごとく無言で議員席に座っていたとあるが、実際には議場で取っ組み合いに加わることも少なからずあった。一九一五年に初当選した直後、首相の大隈重信が議会の特別審議の席で政友会への厳しい批判を口にしたとき、事件は起きた。その言葉に怒り心頭に発した政友会の武藤金吉が大隈に詰め寄り、その片腕をつかんで壇上から引きずり降ろそうとしたのである。ここで吉田が大隈を逃がそうと武藤につかみかかり、吉田の仲間数名は吉田を引きとどめようとした。結果、議場の床に政治家が何人も折り重なって倒れる事態になった。[85] 似たような事件は一九二七年にも起きている。このときは副議長の小泉又次郎が、当該の法案が審議されるまで動議は受け付けないと示唆した。これに怒った政友会の議員数名が副議長席に押しかけたが、このとき吉田は小泉のもとに駆け上がり、これらの議員を押し戻して壇上から払い落としている。[86]

吉田はまた、手兵の博徒を政界に引き込んだ。一九二四年、議会での諍いが議院の壁を越えて広がったとき、吉田の子分らは院外団と同じく政治的暴力集団としての役割を果たした。トラブルは議場の喧嘩として始まり、怒った吉田はこれに加わろうとしていた。憲政会の同僚である町田忠治は、状況が悪化するのを阻止しようと吉田の首に飛びついて引き止めを図った。議院内の混乱はどうにか終局するが、この騒ぎで議院の外に緊張が走っていた。乱闘で親分が蹴られたという噂を聞きつけて、吉田の子分およそ一〇〇人が集まっていたのだ。吉田の子分が政友会の院外団と睨み合い、一触即発の状態になっていたところへ、吉田が政友会院外団に築地の高級料亭で宴会でもどうだと和解を持ちかけ、正面衝突は回避されたという。[87] この事件については語られていない部分も多いように思われる。だいたい、吉田が政友会院外団との関係を取り繕おうとした理由がわからない。また、このエピソードが戦いを好まず正義を愛する吉田の人柄を証明するために挿入されたものだったとして、そもそも吉田が議会での取っ組み合いに加わろうとしていたことや、それによって問題が起こることを恐れた町田に引き止められたことまでが書かれているのは印象深い。ここで明らかなのは、吉田の子分もまた、政友会院外団と同じく攻撃に出ることもあれば、護衛の役割を果たすこともあったということだけである。

なお、少なくとも一度、吉田の子分の暴力が乱暴行為というレベルを超えて殺人にまで至ったケースがあった。一九一九年九月二七日の夜九時一五分ごろ、若松実業新聞の社主で、政友会シンパの品川信健が歩いて帰宅中、心臓を刺されて致命傷を負った。品川は石崎という政友会の候補者を推しており、吉田への批判を口にしていたことが知られていた。品川を殺したのは中西長之助という吉田磯吉の子分であった。[88]

かくして暴力方面で評判を立てた吉田は、政友会と憲政会が全面的にぶつかりあった一件で重要な

42、43歳頃の吉田磯吉。出典：吉田磯吉翁伝記刊行会編『吉田磯吉翁伝』（東京、吉田磯吉翁伝記刊行会、1941年）

役どころを演じることになる。両者とも党の財源を賄うために、ライバルよりも財界と緊密な関係を結び、資金力のある財閥の支援を受けようと、長らく争いを繰り広げてきた。この争いの中心にあったのが、日本初の近代的な海運会社である日本郵船株式会社だ。日本郵船にとって大正初期は、大型船購入の投資効果が上がっている時期で、一九一六年にパナマ運河を通る世界周回航路が開拓されたこともあって、実入りのいい時代だった。主として第一次世界大戦のさなかから終戦直後まで続いた活況のために、会社には何千万円もの積立金があった。[89] 政党はこの資産を目当てに争ったのである。しかし目当ては金だけではなく、日本郵船と渡りをつけて巨大な影響力を持つ三菱財閥とのパイプ役になってもらうことだった。

この争いは一九二一年五月に火がつく。反政友会の政治家たちにとって、政友会が日本郵船の積立金を意のままにするために、現社長に辞任を迫って党の利益に配慮する人間を後任に就けようと画策しているという情報が信憑性を帯びはじめたのだ。実のところ、政友会が日本郵船との関係を密にしようとしたのはこれが初めてではない。一九一四年には、政友会の有力党員で、党首原敬の友人である岡崎邦輔を会社の副社長に指名しようという話があった。このとき政友会の採った戦略は、五月三〇日に神田の青年会館で予定されていた株主総会を、壮士の手を借りて妨害するというものだった。この壮士たちは、関東で名の知れた右翼団体のメンバーだと噂されていた。ある壮士は株主を装うために日本郵船の株を買い、またある壮士は、おそらくは社長を辞任に追い込むべく、必要に応じて総会を妨害する手筈になっていた。[90] これは、総会屋のやり口を真似たものである。総会屋は株主総会をぶち壊したり、他社の総会屋に睨みを利かせたりすることで報酬を得る、いわば「プロ株主」だ。彼らは金融界の壮士である。そうであってみれば、政治、金融双方の世界で働く無頼漢がいたとしても驚くことはない。

日本郵船への影響力を獲得しようとする政友会の試みは、反政友会の政治家からの厳しい批判にさらされた。ある憲政会メンバーの見立てによれば、政友会が日本郵船に関心を寄せるのは、経済の全領域に触手を伸ばして利益の確保を目指す党の計画の一環だった。金と影響力の確保を目論む政友会の「陰謀」を確信していた人物がふたりいる。ひとりは元首相で元老の山県有朋、もうひとりは吉田磯吉の地盤である北九州の発展に便宜を図ってきた杉山茂丸である。邪な計画であったかどうかはともかく、資金の確保と日本郵船および三菱財閥との連携によって政治的立場の強化を図るという政友会の戦略に、ふたりが脅威を覚えていたのは明らかだ。それは道徳的な憤りというよりも、最大の敵対政党の勢力を抑えたいという願望の発露だった。山県と杉山は、こうした懸念から吉田に助力を求める。吉田はこれに応えて子分の岡部亭蔵に連絡を取り、株主総会の前に九州から人を集めるよう指示を出した。最終的に何百という吉田の子分が東京にやってくる（数については資料によって二百から五百までばらつきがあり、大きいほうの数字は吉田自身が述べているものだ）。憲政会の代理として総会に出席するため、上京した壮士のうち七〇人が日本郵船の株を買った。一方、政友会側は一六〇人の壮士が出席していた。青年会館の表を守る段取りも整えられ、吉田は負傷者が出た場合に備えて、神田と築地の病室を押さえた。九州からやってきた子分の多くは麴町の吉田宅に集まって、拳銃や刀の準備をしていた。家じゅうが武器で埋め尽くされる中、吉田の子分である牧田定吉が命を落としている。子分仲間が過って発射した銃弾を受けてしまったのだ[91]。

日本郵船をめぐる政友会と憲政会の緊張は、加速の果てに霧散することになった。壮士とヤクザが街の中に動員されることに対して報道と警察の目がますます注がれるようになると、両陣営とも手を引くことに決め、政友会は株主総会を妨害しないことに同意した。その後、靖国神社の境内で手打ちが行われ、続いて築地で会議が開かれた。これには吉田も四人の子分と出席し、最終的に事態はここで決着を見ることになった。吉田は報道陣に向けた声明で、政友会が暴力的な戦術に頼ったことを非難し、自分自身の行動については、相手が暴力をちらつかせたので対抗措置として必要だったと説明した。五月二九日の午後、吉田は麴町の自宅で記者たちにこう話している。「私は何も郵船［日本郵船］に恩も恨みもないが暴力で不当野心を貫こうとするものがあると聞いては黙っていられない。斯る問題は一会社の問題じゃない、国を危うくする基となる」。吉田の言い分では、彼が力に訴えた唯一の理由は、政友会が壮士を増強していることだという。[92] 吉田が政友会の暴力を非難したところで、そんなものは偽善でしかないが、この騒動で吉田に役が回ってきた唯一の理由が、手足となる暴力的な子分がいて、なんとなればその腕力を政敵に差し向けることができるという評判だったことを思えば、偽善臭はなおのこと鼻をつく。

吉田は数々の事件で立てた評判を梃子にしていくが、その主たる活動内容は労働争議を経営側有利に決着させることだった。吉田も子分も、様々なストライキで「調停者」の役を演じている。彼らが関与したストライキには、一九二六年の旭硝子と三井物産、一九二七年の入山炭鉱、一九三〇年の林兼産業などがある。[93] 吉田はこれらの争議で、地元産業の生産性向上と運営の円滑化を実現すべく、経営側に極力コストがかからない形で解決に当たった。

とはいえ、吉田が同僚の政治家から物理的強制力の提供者としてのみ認知されていたわけではない。吉田には、自分が関心を持っている問題について要人たちと直談判する能力も十分にあった。例えば、国家の功労者を貴族院勅選議員に推挙するにあたり、吉田は自分の考える候補者を何人かの首相に進言しているが、なかでも加藤高明とはその私邸で面会し、代議士の苦しい生活について意見を交わしている。そしてその後まもなく、吉田が提案した通りに推挙が行われたのだった。吉田はまた、大蔵省、商工省、内務省の要人を訪ね歩き、とりわけ福岡県にとって重要な法案を通すよう動いている。これによって、これまで国家の収入となっていた鉱業税の半分が、課税地域に移譲されることになった。

吉田は一九三二年に国政を退いてからも、晩年まで地方政治に関与しつづけた。一九三二年の衆議院総選挙では、民政党の河波荒次郎を押し立てて、河波当選のために、代議士の前田幸作に助力を仰いでいる。吉田はその礼として、前田の提案する電灯料金値下げを支持し、民政党の支援も取りつけた。この提案は東京で承認され、最終的に一九三六年四月に実施された。[94]

一九三六年一月に吉田が死ぬと、地元利益への忠誠、腕っぷし、暴力的な子分集団といったものを燃料に政界を渡る時代は終わりを迎えた。吉田はヤクザな生き方ゆえに有名だったかもしれないが、いかなる意味においても彼は日陰者などではなかった。「裏社会」の人間として軽んじられることもなく、むしろ多くの同業者にとって有益な資質と能力を体現した人物として、大いに評価されていたのである。

吉田が議会を去る二年前、保良浅之助は山口県選出の政友会議員として衆議院に席を得た。山口県は吉田の故郷である北九州とは関門海峡を挟んで目と鼻の先である。吉田と同様、保良も人生の早い段階でヤクザと関わり合い、地元の顔となってから国政に参入し、やはり同様に暴力の使い手となった。しかし保良の場合、政治家というよりは、どこからどう見てもヤクザの親分という感じだったのではないかと思われる。第一に忠誠を捧げるべき自分の「一家」を構えていたし、同僚政治家とのつきあい方は、ヤクザ集団における「兄弟」とのそれと同じだったたし、喫緊の政治問題に関与することはあまりなかった。こうした印象を受けるのは、自伝には様々な功績を上げたことが誇らしく書かれている一方で、同時代の史料には保良についての言及が少ないからだろう。したがって、保良が政治職にとどまった理由も、人々が彼に投票した理由もはっきりしない。保良の場合、地元からの支持よりも、敵対者への脅迫という要素がその政治キャリアを形成したのかもしれない。しかしそういう人物であってもなお、政友会のお歴々は彼を受け入れたのである。

保良はその人格形成期のほとんどを神戸で過ごした。家族とともに生まれ故郷の和歌山を離れ、ほんの短期間大阪に滞在したあと、神戸にやってきた。荒っぽい地域で、街中で博奕に興じる女たちもいたし、若き保良もまたしばしば喧嘩に加わった。八歳で小学校に入学した保良は、毎朝弁当箱を手に家を出たが、学校には行かずに劇場で芝居を観ていた。その後、小学校を四年で辞めて、ぶらぶら出歩くようになる。一四歳のころには花柳街の常連になっていて、貸座敷を訪ねるのはもちろんのこと、大島秀吉という、のちに神戸ヤクザの大親分になる男と関係を築いていた。若い保良は茶目っ気たっぷりで、祭りで素っ裸になったりする一方で、若気の至りとして少なくとも一度はヤクザと立ち回りを演じている。保良が相生座で人気の壮士役者、荒木清が出る芝居を観ていたところ、近くの席のヤクザが騒ぎだした。劇場の若いスタッフのひとりが静かにするように言ったが、これが火に油を注いだ。そのヤクザは三〇人からなるグループのひとりで、束になってその若いスタッフに襲いかかったのだ。これを見た保良は畳の角をつかんで持ち上げると、ヤクザのひとりに向かって投げつけた。これが命中し、男から血が流れだした。このころには誰もが立ち上がっていて、芝居も中断されていた。保良はどさくさにまぎれて劇場を抜け出した[95]。

保良自身がヤクザになったのは一四か一五歳のころで、「難波の福」の通称で知られる大阪を根城にした関西ヤクザの大親分との縁からこの世界に入った。保良の回想によれば、保良の姉の夫が大阪の建設会社に勤めていたが、作業員を募集する告知板には契約業者としてこの親分の組織(南福組)の名前を書いておくのが慣例となっていた。そうすれば、厄介な連中が怖がって寄り付かないからだ。巷間囁かれるところでは、難波の福は保良に会ったとき、この十代半ばの若者が将来ヤクザの親分として大成することを予見して、保良を正式に一家に迎えるべく盃を交わした[96]。一八歳になるころには、保良は南福組の若親分として、賭博を仕切るのはもちろん、劇団を連れて満州を巡回したりしていた。この時期、神戸ヤクザの大親分である板井辰三(通称大辰)とつるんだりもしている。板井は青島で料亭を開くために、四〇、五〇人の芸者を連れて大陸に渡っていた[97]。

こうした無軌道な十代を過ごしたのち、保良はヤクザの世界から足を洗ったらしい。自伝では、いかにも後知恵ふうの分別を若き日の自分に授け、ヤクザ生活に倦んだということになっている。賭博も喧嘩も、殺したり殺されたりも、犯罪も、若い連中が死ぬのも、すべてにうんざりしたというわけだ。難波の福が保良の気持ちを汲んでくれたので、友好的に盃を返し、関係を断つことができたという。こうしたエピソードがどれほど正確であるかはさておき、保良のその後の振る舞いは、ヤクザのそれとなんら変わりはなかった。保良にしてみれば、難波の福と正式に手を切ったことで、破天荒なヤクザを脱して俠客らしい威厳と成熟を身にまとったということになるのかもしれないが、彼が言う「任俠道」なるものは、ヤクザな生活を続ける方便でしかなかった。その後も保良は花柳街に出入りし、入れ墨の面積を広げ、ヤクザ同士の争いでは腕力を振るった。[98]

日露戦争で兵役に取られたあと、保良は下関に落ち着いて、魚の運搬に使われる竹籠の製造という家業を拡張していった。このころ保良は、実質的にはヤクザの親分の役割を引き継いでいたようだ。保良に言わせれば、周囲には「親分」ではなく「大将」と呼ばせていたし、正業を持って堅気の生活を送っているうえに、子分たちにもまっとうな職に就いて博奕打にはなるなと言い聞かせているのだから、自分はヤクザとは違うということになる。子分には市議や県議もいれば、建築関係者もいるし、魚の卸会社や造船会社の経営者だっている、と。しかしながら、これらはいずれもヤクザと関わりの深い業界である。そればかりでなく、保良自身、籠寅組という組織の長を務めていた。籠寅という名は、家業と、保良の父親の名前「寅吉」から取ったものだ。さらに、保良の自伝では、自身の二八人の子分が徳川時代の伝説のヤクザ、清水次郎長の二八人の子分になぞらえて紹介されている。子分についての簡単な説明を見るだけでも、彼らがヤクザであったことは明々白々だ。博奕好きで下関の花柳街の娼妓と結婚した平吉、屈強無双の鬼の亀吉、国家主義団体・国粋会（詳しくは次章）の会長と競馬場のトラックで決闘したこともある勇猛果敢な春田の権兵衛、菓子を売りつつ、関東、関西、九州、満州、朝鮮の裏社会で名を馳せた甚兵衛、共産党の党員を刺し殺して刑務所送りになった青木政吉といった面々である[99]。

保良はいかにもヤクザらしく全身に入れ墨を施していたが、それを誇示するのは自重したということで、自分はヤクザでないと主張している。彼が最初に入れ墨を入れたのは一六歳のころで、悲劇の少年、梅若丸が龍にまたがる図柄を背中と両腕に彫ったが、腹には彫らなかった。下関に移ったあと、保良は図柄を完成させることに決め、神戸から彫師を呼んで全身に入れ墨を施し、入れ墨を入れていなかった子分一〇人にも彫らせることにした[100]。

入れ墨を入れたことに加えて、保良は下関でヤクザと（本人いわく、たまたま）関わってもいる。このエピソードを自伝に含めることで、保良は自分がいかに有力者として評判を得ていたかを、幡随院長兵衛になぞらえて読者に印象づけようとしたようだ。しかし、エピソードを語るだけでは飽き足らず、幡随院まで持ち出してしまったところに、すでに足を洗ったはずのヤクザ世界とのつながりが図らずも露呈している。事件は、保良が自分の製材所の従業員数人を伴って、下関の新しい花柳街を訪れたときに起こった。ある貸座敷の女たちが自分の部下を山出しの田舎者のように扱ったことに保良は腹を立てたのだ。保良が女主人を呼びつけると、彼女は二階に上がってきたが、女たちの振る舞いを詫びる様子もなかったため、保良はたちまち激怒した。酔っ払った保良が「何じゃい、それでも女将かッ」と大声を出すと、女主人と女たちはそそくさと部屋を出ていった。保良と部下たちが帰り支度をしながら下を覗くと、二〇人を超える博徒が女主人に呼び出されて貸座敷の出入り口を塞いでいるのが見えた。保良は部下を勝手口へ送り出すと、博徒がやってくるのを待ち構えた。博徒を率いていたのは樋口の甚兵衛と今村竹次郎である（今村は素人力士でもあった）。やがて保良の前に現れたのは、中島という花柳街の組合長で、保良の友人だった。どうやら事件を聞きつけて、保良に迷惑をかけたと樋口と今村を叱ったようである。保良は謝罪を容れて、ふたりは保良の子分となり、この事件をきっかけに下関に知られるようになったという[101]。

ヤクザとの衝突は珍しいことではなく、保良は事業の邪魔立てをするライバルに対抗するため、独自の戦略を練った。常套手段は、「保良組」と刻印された焼きごてを武器として使うことだった。すわ敵襲となると、三つ四つとたたらを踏み、二〇から三〇の焼きごてを火にくべ、この熱せられた棒でもって敵方ヤクザの短刀やナイフとやり合うのである。焼きごてを使うのは戦略的にも有効だったし、法的にも周到で、もっと武器らしい武器を使うよりも正当防衛を主張しやすかった[102]。

こうした騒動の合間に、保良は事業の拡大を続け、いまや地元の知られた起業家となった。朝鮮では作業員を雇って木箱の製造を行っていたが、しばしば現地に出向いては籠寅組に朝鮮人を引き入れたりもしている。最終的には、山口、鳥取、熊本などに二〇の製材所を建て、建設会社と製氷会社を興し、下関駅前には山陽百貨店を開業させた。下関救難会の会長も務め、芸能界にも関わり、兵庫、広島、大阪に数十もの劇場を所有していた[103]。

保良の政界入りについては、こうした種々のコミュニティでの事業展開から説明できる部分もあるかもしれない。それにしても、自伝に書かれている一九二九年の下関市議当選をめぐる状況はなんとも奇妙で、率直に言って信じがたい。保良によれば、彼は選挙に出るつもりはなかったし、ましてや運動をするつもりもなかった。そのころは素人芝居に入れあげていて、国定忠治を題材にした舞台と映画で主役の座を射止めたと誇らしく語っている。そして、自分の当選を電報で知って呆気にとられたという。一九二九年の選挙は男子普通選挙法が施行されてから初めて下関で行われた地方選挙で、有権者の数が爆発的に増えたことを考えれば、保良の「立候補」に大衆的な支持が集まった可能性もないわけではない[104]。とはいえ、組織的な取り組みもなく、まして当人が出馬を知らないままに当選を果たすなどというのは、どう考えても無理がある。当選した理由も方法もわからないが、とにかく保良は、妻のマツが背中を押したという理由だけで、しぶしぶながらこの政治的役回りを引き受けたという。保良が議員になるのに二の足を踏んだ理由としては、政治家になることに伴うコストの問題が語られている。保良が言うには、当時の衆議院議員にはひと月二五〇円が支給されており、一期ないしは二期だけ議員を務めるならそれで間に合うが、三期となるともはや割に合わず、政治家としての支出を賄うために資産を処分しなければならなくなる。今どきの政治家といえば、富を失うか暗殺されるかしかないのではないかと保良は悩んだ。にもかかわらず、結局は市会議員を引き受け、二カ月という短期間、副議長を務めて、自分も含めた無所属議員で昭和会を立ち上げた[105]。

　保良は政党政治には関心がなかったように見えるし（本人はそのことを、党利党略を超えて祖国に尽くす高邁な思想として美化している）、最終的に政友会と手を結んだのも、政友会総裁で元陸相の田中義一とのつながりを重視してのことである。保良が初めて田中に会ったのは、この著名な政治家を歓迎しに市会議員として萩へ出向いたときだった。その後、保良は子分たちとともに下関で田中をもてなした。田中はこのとき、保良に「兄弟」になろうじゃないかと持ちかけたが、子分や部下ならまだしも、兄弟などとはおこがましいと、保良はこれを断っている。しかし田中は譲らず、どうやらふたりは「兄弟」の盃を交わしたようだ。田中はここでおそらく国家の機密事項を保良に明かしたのだろう。例えば、山東出兵の失敗や、一九二八年の張作霖暗殺についてだ。それから保良に市会の無所属議員一七人を政友会に勧誘するよう促している。そうなれば、市会における政友会議員が二四人の多数派となるからだ。保良はこれに同意したのち、数百からの子分を集めて田中を見送り、自身は結局、神戸まで田中に同道した。神戸ではヤクザの大親分も含めた群衆が政友会総裁を支えるべく集まっていた。田中と保良はここで別れ、保良は下関に戻ると、頼まれた通りに昭和会のメンバーを政友会へ引き抜く勧誘に着手した。結果、保良を含めて昭和会のメンバー一六人が政友会に加わった。

一九二九年九月、田中が品川で急死すると、保良は三〇から四〇の子分を連れて上京した。彼らは「籠寅組」の文字を染めた法被を身につけ、元首相の棺を担いだという。[106]

一九三〇年、保良は衆議院総選挙に出馬した。山口県で同じ政友会から出馬した候補者には久原房之助と松岡洋右がいる。久原は田中内閣の逓信大臣で、その後日本産業（日産）となる久原鉱業所の元社長、松岡は著名な外交官で、第二次近衛文麿内閣で外務大臣を務めることになる。山口県の第一区に出馬した保良は、敵対政党の候補者から教育の不足と手腕の未熟を批判されたが、戦後法務大臣となる牧野良三と、五九郎という喜劇役者の支援を取りつけている。五九郎はかの清水次郎長と面識があり、その伝説に心酔していた。公開集会で炭鉱夫の群衆を前にした五九郎は、保良は親分という立場でありながら、決して拳に訴えることもなければ、我を通すこともなかったと語り、清水次郎長が東海道一の親分なら保良は日本一の親分だと持ち上げて、国家のためには保良の当選が必要だと訴えた。五九郎が物理的強制力を否認したのは、政党の暴力が批判にさらされた一九二〇年代後半の風潮を反映してのことだったが、そのメッセージが群集に響くことはなかっただろう。群衆は、愛国者としてのヤクザという表象がもたらす、ナショナリスティックでロマンティックな感覚に酔っていた。果たして保良は第一七回衆議院総選挙で山口県から当選を果たす。

一九三〇年四月、保良が新人の代議士として奉職した当時の最大の懸案事項は、ロンドン海軍軍縮会議であった。日本政府は海軍の補助艦保有量制限を緩和すべく、アメリカとイギリスを相手に交渉を進めた。保良はこの文脈では何ら大きな政治的役割を担ってはいなかったが、数多くの小競り合いには関わっている。真偽のほどは疑わしいが、自分の強さと高邁さを印象づけるために、保良はこんな場面を回想している。あるとき、政友会の尾崎行雄が議会の演説で政府の姿勢を批判した。当時の政府を率いていたのは民政党の浜口雄幸である。この演説に対する報復はすぐさま開始された。休憩時間になって代議士たちが喫茶室へ引き上げたとたん、尾崎は民政党議員二〇人に囲まれたのだ。そこで保良は、尾崎を取り囲む輪に強引に分け入っていき、政治家たる者はこのように扱われるべきではないと声を上げて尾崎を守ったという。お前は誰だと問う声に、自分には数百、数千の子分がいるが、彼らのほうが代議士よりよほど上品だと保良は答えた。この一件に関しては、言葉の応酬で場は収束したようだ。民政党の代議士たちは、保良の出自をあげつらい、新人議員のくせに生意気だと捨て台詞を吐いて去っていった。しかしながら、ある時点で睨み合いは暴力に発展する。一九三一年初頭の予算審議期間中、保良に向かって民政党院外団の団員五〇人が突進してきた。保良の弁によれば、相手は柔道ないしは相撲の心得がある屈強な男たちだった。この襲撃を受けて、ボディーガードを務めていた長男の寅之助が重傷を負い、病院に運び込まれることになった[107]。

上述のような事件や親分としての評判にもかかわらず、あるいはだからこそと言うべきか、保良は同僚の政治家から受け入れられていたようだ。昭五会という、同年に当選した政友会議員のグループにも保良は参加していた。そのメンバーには大野伴睦、林譲治、松岡洋右、船田中、中島知久平、太田正孝、犬養健など、錚々たるメンバーが名を連ねている。保良はこのグループの会長を務めて、月に一、二回の会合を新橋か赤坂の高級料亭で開いていたが、会長として毎回二百円から三百円を負担しなければならず、この費用が馬鹿にならない。そこで中島に会長職を引き継ぐよう依頼したという。昭五会のメンバーの中では、保良浅之助は大野伴睦と特に親しくつきあった。大野は政友会院外団から身を立てて、このころにはすでに政治の階段を上りつつあった。その侠客のような人品骨柄に打たれた保良は大野に敬意を抱き、一九三二年の再選を目指した選挙では岐阜での公開集会に五、六人の子分を遣って大野を応援している。大野のほうが保良に対してどんな感情を持っていたのかは定かではないが、それでも保良の自伝には序文を寄せている。

保良は次の衆議院総選挙では対立候補がいないままに立候補することになった。その理由の大部分は、保良自身がライバルとなりそうな人間に立候補を思いとどまるよう説いて回ったからだ。選挙は金がかかるし、党内で立候補者を一人にしぼったほうがいい。選挙に金を使うくらいなら、国のために飛行機の一機でも買ったほうがましだ——というのが、保良の説得口上だった。それにも乗ってこない人間には、立候補できるものならしてみろと挑発した。結果、誰も立候補しなかったとしても驚くには当たらない。こうして、不気味なほどにすんなりと再選を果たした保良だが、最終的には政界を去ることになる。時代は変わり、もはや教育のない人間に国民を代表する資格はないというのがその弁であった。議会を退いてからの保良は、ショービジネスで活躍している。[108] 長男の寅之助は、引き続き籠寅組を運営し、一九四二年には下関市議に当選して、一九四五年には市会議長になった。[109] 戦後、占領軍によって禁止された組織のリストに籠寅組が載っていたために、保良は戦争犯罪の容疑で捜査を受けたが、どうにか起訴は免れている。[110]

暴力専門家が政治の世界で地位を得るのは日本に固有の現象ではない。第二次世界大戦後のシチリアでは、ピノ・トラパニがパレルモ市議になっているが、彼はおそらくマフィア一家の顧問《コンシリエーレ》でもあった。国会議員のオノレヴォーレ・カロジェロ・ヴォルペは、「名誉ある男」として知られていたし、ディ・ジローラモという組織にも、君主党ないしは自由党で代議士を務めたジュゼッペという男がいた。戦後イタリアで、こうした人物が当選していることから知れるのは、とりわけシチリアの政治においてマフィアが絶対的な力を持って浸透していたことであり、彼らの力をもってすれば、ある候補者や政党に票を集めることは容易であったということだ。[111]

戦前日本の場合、吉田磯吉や保良浅之助が政治の道に進んだからといって、戦後イタリアのように、政治に暴力集団が跋扈していたということにはならない。むしろ、彼らの存在は、その腕力で始末をつけていくやり方を重宝するような政治文化があった証左と言える。彼らがヤクザ生活から政治の世界へとシームレスに移行できたのは、両方の世界で暴力がよく似た役割を果たしていたからであり、暴力が金銭的ないしは政治的に望ましい状態を獲得し、それを保護する手段として受け入れられていたということでもある。

街場の乱暴行為と最高レベルの政治の混じり合いが示唆するのは、暴力専門家になろうと、あるいは暴力専門家と関わろうと政治的汚点がつくわけではなく、仮にツケを払わされたとしてもその額面はごくわずかだったということだ。吉田磯吉や保良浅之助のようなヤクザの親分でも代議士になれたし、壮士のまとめ役だった村野常右衛門に至っては有力政治家として指導的立場まで上り詰め、大野伴睦のように院外団の出身者が政治家に転身したケースもある。大野は死ぬまで政治家として勢力を誇った。鉄心会を出たあと、東京市会議員に当選し、続いて衆議院議員となった大野は、第二次世界大戦後は日本自由党の結成に尽力して幹事長となり、衆議院議長、自由民主党副総裁などを歴任していく。[112]

壮士とヤクザは社会的に認められる領域と認められない領域のあいだを縫って歩くことができた。この能力の中にこそ、十九世紀半ばのイングランドや十九世紀後半から二十世紀前半のアメリカではなく、ほかならぬ日本において暴力が政党政治の奥深くに組み込まれていった理由を見て取ることができる。イングランドの「乱暴者（toughs）」や「金で雇われた暴徒（rent-a-mobs）」、あるいはアメリカのストリート・ギャングなどと比べても、壮士と院外団はずっと合法的な存在と見なされており、それゆえに政治勢力として生き延びることができた。壮士は単なる職を持たない根無し草の乱暴者ではなく、農民であったり、学生であったりした。ヤクザにしても、結局のところは賭博や売春といった社会的需要のあるサービスを提供しているのであって、その点で社会の中に両義的な立場を確保することができた。一般市民を餌食にするようなことさえなければ、彼らは大衆から嫌悪されるような存在ではなかったのだ。簡単に言えば、壮士と博徒はイングランドのジプシーや肉体労働者、あるいはアメリカのストリート・ギャングのように、社会の底辺に追いやられたり、犯罪に追い込まれたりするほど弱くはなかったのである。こうした事情で、院外団が大野伴睦のような著名な政治指導者を輩出する一方で、アメリカのギャングは、アル・カポネのような悪名高いマフィアのボスを生み出すことになったのだろう[113]。

暴力専門家が制度化され、院外団も政治家自身も暴力を振るう——この事態が帰結するところも両義的である。もともと議院内外での乱暴行為は、脅迫や強制、議論の中断を意図したものだった。そして資金力のある政党はより多くの無頼漢たちを雇い入れることができた。この意味するところは、院外団壮士は政党格差を拡大させる存在でもあったということだ。こうして政党そのものが人々の自由の声であることをやめて「既成政党」になるにしたがって、院外団の暴力の存在意義は薄れていった。しかし一方で、院外団は藩閥や軍、官僚へのチェック機能を果たしていた。さらに院外団の暴力は憲政擁護や男子普通選挙の施行といった民主的な目的を呼びかける大衆運動とときに重なり合い、ときにそれらを先導していくこともあった。

それゆえに乱暴行為とそれを取り巻く政治暴力の文化が存在すること自体が、民主主義にとって致命的だというわけではない。危険なのは、乱暴行為を暗黙裡に受け入れてしまい、そもそも民主的な意図や目的を持っているふりすらしない集団の暴力を正当化してしまうことである。次章の主題となる、一九二〇年代の暴力的なファシズム運動の盛り上がりが、政治暴力の文化とそれが戦前日本の民主主義にもたらした影響を見定めようとするわれわれの試みを紛糾させることになる。

第四章　ファシストの暴力　戦前の日本におけるイデオロギーと権力

『暗殺が作った政府』〔訳注：邦題『昭和帝国の暗殺政治』〕と題した一九四三年の著書の中で、元駐日特派員のヒュー・バイアスは、戦前期における国家主義団体の様子を、以下のように描写している。

日本では、職業的な愛国主義と職業的な犯罪とが合体し、愛国主義が嫌悪されるまでに、この両者は見分けがつかなくなっている。大規模な愛国主義団体がいくつもあるが、それらは氷山の一角にすぎない。すなわち、その底に深く広がっている犯罪者の世界があって、そこでは、ディック・ターピン〔Dick Turpin, 1706～39. イギリスの追いはぎ。馬を盗んだ罪によってヨークで絞首刑に処せられた〕が布で顔を包んで公道で強盗をはたらいたのと同じように、愛国主義の覆面をして獲物を狩っているのである。[1]

バイアスがかくも辛辣に評した国家主義団体は、一九二〇年代および一九三〇年代の日本で急成長を遂げた。彼らは国家社会主義、天皇主義、軍国主義、急進的帝国主義、「伝統的な日本の美徳」の保持などを信条に掲げ、それぞれ政治的な色彩は異なっていても、ある一点においてはおおむね共通していた。すなわち、ロシア革命の影響を受けた左翼イデオロギーの空前の繁栄を阻止すること、もしくは叩きつぶすことである。一九一〇年代後半から一九二〇年代を通して、左翼思想に取り憑かれた知識層や労働者層、学生らは、国家主義団体にとっての頭痛の種であった。アナルコサンディカリスムからマルクス主義、社会主義まで、多種多様な主義思想がときに対立しながら活況を呈していたのである。急進的な学生が左翼活動を先導し、労働者が団結と戦闘性を高め、左翼活動家は水平社をはじめとするマイノリティのための組織を立ち上げ、社会主義を奉じる女性たちはストライキや政治活動にいっそう精を出すようになった。なかでも国家主義団体にとって最大の懸念は、労働運動の拡大であった。友愛会、のち日本労働総同盟への参加者は増えつづけ、一九一八年から一九二三年にかけて労働組合の数は四倍になり、ストライキの期間も規模も、暴力のレベルも膨張していた。[2] 右翼団体の多くは、左翼活動の活性化を目の当たりにして、資本主義的な生産活動が滞り、国家の安定性が失われるのではないかと危惧していた。

バイアスは、国家主義団体と、彼が言うところの「犯罪者の世界」のつながりを生々しく描写してみせた。その筆致はいささか誇張ぎみとはいえ、まったく根拠のない話ではなかった。本章で取り上げるふたつの組織、すなわち大日本国粋会（以下、国粋会）と大日本正義団（以下、正義団）は、明らかにヤクザの集団だったからだ。[3] ただ、バイアスの文章が誤解を招く恐れがあるのは、これらの組織の犯罪的側面が、あたかも裏社会の霧の中に紛れているかのように書かれていることだ。実のところ、ヤクザは表社会を堂々と歩いていた。特に国粋会と正義団に関しては、「追いはぎ」の比喩が的確だとは到底言えない。ヤクザは山賊でも強盗でもなく、組織のリーダーなのである。しかもその組織自体、政治の周辺に巣くうマイナーな存在などではなかった。それどころか、戦前日本のイデオロギー風景を決定する運動の中心となって、それを力強く推し進めていくのである。特高警察がこのふたつの組織をとりわけ警戒したのは、彼らの影響力を恐れていたからにほかならない。[4] 知識層、政治評論家、労働運動の主導者らも、両組織を用心すべき国家主義団体と見なしていた。

国粋会と正義団が世間の目を引いたのは、ひとえにその暴力性のためである。内務省の定義に従えば、彼らは「暴力団」であった。内務省では、暴力団を構成メンバーによって以下のように分類していた。すなわち、①壮士（政治ゴロ）②不良学生③三百代言（もぐりの弁護士）④ヤクザの四種である。[5] 暴力団という蔑称は、新聞各紙や労働組合員のあいだでも広く使われた。実力行使こそは、国家主義的組織の最もわかりやすく、かつ禍々しい特性である。「暴力団」とは、彼らの行為を犯罪と見なすための呼称でもあった。

本章では、国粋会と正義団による暴力を、彼らが創造した政党政治家、軍人、大企業の経営者、ヤクザが一丸となって織りなす国家主義者ネットワークと絡めて論じる。ファシズムの一角と見なすべきこの集団は、左翼を弾圧し、大陸への進出を目指すというありきたりな欲望によってのみ動いているのではなかった。これらの目的を果たすためには暴力の行使が必要であるという確信が、彼らを突き動かしていたのである。この集団が行使したファシスト的暴力は、戦前の政治における政党の立場と行く末に多大な影響を与えた。その結果、軍部が政府を牛耳るという、日本の民主政治にとって最悪の結末をもたらすことになるのである。

ファシストのイデオロギー

戦前の日本をファシズム国家と見なすべきかどうかという点については、長年にわたって議論が続いている。日本の歴史家にとって、自国にファシストのレッテルを貼るのは一種の慣習のようなものだ。丸山眞男が提唱した「上からのファシズム」という古典的な定義も、いまだに引き合いに出される。[6]とりわけ、戦中派の歴史家にとって、ファシズムという言葉は一九三〇年代から一九四〇年代初頭にかけての悪夢の記憶を喚起するものであり、知識層が軍国主義と開戦を阻むために十分な努力をしなかったことへの戒めとして、あえてこの言葉が使われている。一方で、このような負い目を持たないアメリカの日本史専門家は、無視できない例外はあるにせよ、戦前の日本をファシズム国家と呼ぶことを避ける傾向がある。[7]ファシズムという概念を「欠陥品」であると断じる人々は、ファシストを自任する人間がたどった悲惨な運命、机上の空論しか展開できないファシストの知識層などとともに、その定義の曖昧さを槍玉に挙げる。[8]実際、戦前の日本が全体としてファシズム国家であったかどうかを議論することに大きな意味はないだろう。当時の政権をファシストと見なすのもいささか無理があるし、ファシズム体制の在り方そのものにも議論の余地がある。しかしながら、定義が困難であるからといってファシストという概念を安易に退けてしまうと、比較分析の道を断つことになり、日本の独自性を誇張した結論を導くことになりかねない。そうなれば、戦前の日本を新たな視点で分析し、理解する機会を見過ごしてしまう。歴史家のロバート・パクストンが指摘するように、自由主義であれ、民主主義であれ、資本主義であれ、共産主義であれ、近代性であれ、包括的な概念とはおしなべて曖昧なものになりうるし、文脈を差し違えて比較すれば捉えどころがなくなってしまう。それでもなお、こうした概念を捨ててしまおうとはそうそう思わないものだ。[9]

日本＝ファシズム国家という広く流布した先入観ゆえに、個々のファシズム運動に関心が払われてこなかったのは、国粋会と正義団にとっては不運な成り行きだったと言える。同じようにファシズム運動を展開していた他国の暴力集団、すなわちイタリアのスクァドリズモ（黒シャツ隊の名でよく知られている）およびナチス・ドイツの突撃隊（ＳＡ）と彼らのあいだには多くの共通点がある。これらの組織はいずれも、近代国民国家体制の樹立、世界に生存権を確保するための戦い、民主主義による種々の実験が進行する状況下で、ナショナリズムを寝床に生まれた。折しも、左翼運動が活発化し、大恐慌によって経済が混乱をきたした時代であった。そして、彼らを生みだした緊張関係が国境を越えて広がっていくにつれて、彼らのイデオロギーと暴力も世界中に拡散していった。

国粋会は、政友会の内務大臣の床次竹二郎と、ヤクザの親分たちが協働して結成した組織である。一九一九年一〇月九日の午後一時、紋付袴で正装した親分たちが東京ステーションホテルに集合した。その数は三〇を超える。親分たちは、床次との対面を果たそうと、はるばる関西地方（大阪、京都、名古屋、神戸、呉、大和、和泉、小倉）からやってきたのであった。会合そのものは秘密でもなんでもなく、大手新聞は親分たちの実名入りでこのイベントを報じた。しかし、誰が会合を主宰したのかという点についてはは諸説が入り乱れていた。親分の大半は、内務大臣と首相に招かれたものと信じており、これをもって床次内務大臣自らが会合の音頭を取ったと報じる新聞もあった。しかし、床次はこうした報道を断固として否定し、進んでヤクザと接触をはかるなどあり得ないと述べた。少なくとも親分のひとりは、会合を提案したのは自分たちだったとして、床次の発言を裏付けている[10]。ともあれ、床次は予定通りに親分たちと会うことにした。床次としては、ヤクザとの関係を後ろめたく思うというよりも、ヤクザと同盟の盃を交わす儀式そのものに気恥ずかしさを感じていたのではあるまいか。その日の夕方五時、親分たちは一斉に車に乗り込み、ホテルから内務省に向かった。そして、上階の大臣室で、床次大臣および高官らと対面を果たしたのである。

この会合が、国粋会結成の礎となった。国粋会の会員は、主として建設請負業者とヤクザの親分である[11]。親分の多くは建設請負業者も兼ねていたが、両者を結びつけていたのは、労働組合によるストライキへの危機感であった。東京での会合の四日後、親分たちは一堂に会し、この手の騒動に対して「拳骨の振り様」を協議した。この場で、関西、九州、関東地方の親分たちの同盟が新たに築かれたのである。労働争議の阻止は、きわめて重大な愛国的義務と見なされた。ある親分の言葉を借りれば、彼らがわざわざ上京したのは「吾々でも何か国家のお役に立つなら」と思ってのことだという[12]。労働争議を制圧したいのは、床次内務大臣としてもやまやまだった。組合の勢いが危険なまでに増しているのもさることながら、ヤクザの子分らの中に労働者側に同調する者が出てくることを床次は憂慮していた。労働問題が会合の中心的議題だったため、この同盟は当初「土木業議会」という即物的な名称で呼ばれていたが[13]、一〇月の末までには、より勇ましい「大日本国粋会」へと改められた。一一月の半ば、国粋会の関西地区の代表は、関東地方のヤクザと盃の儀を執り行い、新たな会員を迎え入れた。会場には五〇人近くが集まり、その晩は儀式と行事と挨拶と祝宴が立てつづけに行われた。日本各地からこれほど大人数の親分が一堂に会するという稀な機会だけあって、場に緊張や気まずい空気がなかったわけもなく、会場が沈黙に包まれることもあったという。とはいえ、この晩を機に、国粋会の関西と関東の親分の絆は深まったのであった。翌朝、東京の上空から飛行機によって撒かれた一万枚ものビラには、こう書かれていた。「仁侠を以て生命とする全国侠客団は国家の為尽瘁する目的を［中略］純帝国主義を奉じ茲に大日本国粋会成立したる事を空中より全国民に檄報す」[14]

国粋会は、決してマイナーな組織ではない。その影響力は本部のある東京をはるかに超えて、北海道から九州まで広がり、一九三〇年代初めには支部の数が九〇前後に増えていた。一部の例外を除き、各地方支部は少なくとも三〇人の会員を抱え、岡山、大阪、長野、徳島、京都といった主要支部の会員数は二千を超えた。総会員数は二〇万人に達していたと推定される。[15]いくつかの支部は東京本部の主導によって設立された。一九二一年一月には、京都の笠置を拠点とする侠客、森岡藤吉に会長自ら接触し、現地支部の設立と運営を要請している。和歌山県でも同様に、本部が選んだ人員によって支部が開設された。[16]

国粋会が信条としたのは、皇室崇拝と武士道の遂行をもって、「我が国固有の美風」の堕落に対抗し、「政府当局と労資関係者間の融和を促進」することであった。[17]国粋会の行動理念の中心にあったのは、日本国家の純粋性と正統性を強調した、独自の歴史解釈である。国土創世より、日本は国家の危機を幾度となく乗り越え、夷狄の襲来を果敢に迎え撃って、三千年を誇る汚れなき歴史を築いてきた。その歴史観によると、異国は病原菌も同然であり、大和魂をもってのみ退けることができる。

国粋会は、大和魂の解釈をもって自らの暴力性を正当化した。いわく、歴史的にも、武力の行使は国防の観点から必要とされ、重んじられてきた。「武士道」を守るサムライが、大和魂を介して国民と一丸になることによってのみ、国家は存続できるのだと彼らは説いた。別の説明では、大和魂とは日本国民なら誰しも持ち合わせているものであるが、サムライにおいては「武士道」という特別な形をとるという。[18] いずれの解釈にも共通するのは、明らかに武士が一般市民より一段上の存在であることだ。

国粋会は、ヤクザの歴史を武士による暴力の正当化と巧みに一体化させ、ヤクザこそが大和魂の体現者であり「武士道」の継承者であるという物語を紡ぎあげた。自らをヤクザではなく「俠客」と名乗り、ならず者やごろつきとは一線を画す、由緒も名誉もある男たちだと称したのである。国粋会の規約の第一条は、この点を強調し、「本会は意気を以て立ち任俠を本領とする集団なり」と謳っている。[19] 彼ら独自の歴史観によると、徳川時代に「武士道」を身につけた民間人が現れた。身分なくして堂々と立ち上がった恐れ知らずの男たちは、のちに「俠客」と呼ばれるようになる。彼らは損得勘定抜きで、まったき義務感から弱きを助け、強きをくじいた。国粋会の設立趣意書には、明治期に創設された国家主義団体（福岡の玄洋社など）と俠客のつながりや、日本の立憲・議会政治の発展と政党内閣の確立に俠客が果たしたとされる役割についても触れられている。彼らのような政治活動に熱心な俠客は、外部からは暴徒や過激派と蔑まれていたが、本人たちに言わせれば、「武士道」の精神に則って行動しているのは彼らのほうだった。

徳川時代の「俠客」と同様、国粋会の大義も、外国の脅威——西洋化、とりわけ左翼思想の流入

――から国民を守ることにあった。明治期に入って西洋化という恥ずべき流行が広まったことを、彼らは憂いた。その最たる例が、鹿鳴館での連夜の舞踏会だ。西洋式のレンガ造りの館では、「珍妙な」衣装に身を包んだ男女が夜な夜な踊り明かしていた。西洋の思想も日本には馴染まぬものであり、したがって共産主義が日本に根付くことは永久にないだろうと当初は信じられていた。ウィルソン主義であろうがレーニン主義であろうが、はやりの西洋思想にかぶれた者は誰であれ、心身ともに日本人らしさを失ったものと見なされた。日本古来の美徳を毀損するばかりか、外交における日本の立場をも危うくする西洋化の波を前にして、国体と皇室の真髄である「国粋」を保持せねばならぬというのが会の大義となった。ここで、国粋の堕落に対抗しうる唯一の武器として持ち出されたのが「武士道」である。かくして国粋会の暴力性は、気高くも献身的な武士の伝統、ナショナリズム、力強さ、男らしさといった文脈で語られるようになった。国粋会は「男の中の男」の組織というわけだ[20]。ここでは、暴力はただ正当化されるばかりでなく、外国に汚染された国土を浄化するための勇ましくも愛国的な手段であると称揚されていた。

正義団は、酒井栄蔵というヤクザの親分によって一九二二年一月に設立された。一九三二年には全国一〇六カ所に支部があったと言われ、その大部分は大阪に集中していた。会員数は、公称で東京本部が七万人、大阪本部が三万五千人とされた[21]。

国粋会以上に、正義団は日本史における俠客の重要性を強調していた。酒井はしばしば「日本俠客道」について語っているが、なかでも注目すべきは、一九二七年に出版された著書『無遠慮に申上げる』である。これは、刊行に先立つ二年間に、酒井が各地で行った講演をまとめたものであった。[22]また、一九二五年三月開催の第六回国際労働会議に出席した酒井が五〇カ国の代表団に配布した冊子の中でも、「俠客道」の定義と正義団の成り立ちが記されている。「全世界の識者に訴う」と題したこの冊子の冒頭では、不正に抵抗し、弱きを助け強きをくじいたと言われる徳川時代の伝説的な俠客、幡随院長兵衛の活躍ぶりが語られる。幡随院は、江戸の庶民を苦しめていた旗本の集団「白柄組《しらつか》」に敢然と立ち向かった。これに続いて酒井が取り上げるのは、明治時代の俠客、初代小林佐兵衛のエピソードだ（その二代目を継いだのが酒井自身であった）。小林は不良青年を更生させ、孤児や老人を救い上げることに自らの財を注ぎ込み、「義のため社会のため」我が身を犠牲にして顧みなかったという。さらに酒井は、ふたりに続く新世代の俠客として自ら名乗りを上げる。大正時代の小林佐兵衛として、時代の変化に対応した形で立ち上げた新時代の俠客団が「正義団」であり、団員は義のため国のため、身命を賭して働く所存だという。[23]

酒井が説いた、歴史における正義団の位置づけは、国粋会のそれよりもずっと込み入っている。国粋会は、単純に過去を今によみがえらせようとした。一方、正義団は前の世代の俠客らと理想を同じくしてはいたが、行動まで彼らに倣っていたわけではない。酒井が志したのは、昔ながらのしきたりを重んじつつ、時節に合った目的を持つ集団であった。酒井は幡随院長兵衛、国定忠治、清水の次郎長といった徳川時代の俠客らが身をもって示した義や理念を崇敬していた。その一方で、正義団は定義においても形態においても、江戸時代の俠客団とはまったく異なると、矛盾した主張をしている。正義団の団員は正業に就いており、賭博や喧嘩、重度の飲酒は禁じられていると酒井は強調した。酒井自身、実業界で活躍する身であり、正義団は大衆の望みを実現すべく国政を導くという高邁な理想を持っているのだ、と。正義団は、一般市民とは別世界に住んで大言壮語する旧世代の恐ろしげな俠客とは違う。そのような存在は、昭和の時代には許されない――このように、過去の俠客の不穏当な部分から自らを切り離そうとする正義団の方針は、団員を真っ当な市民と位置づけ、その帰結として自らの暴力を犯罪行為ではなく、計画的で目的を持った正義の行いであると印象づけるためのものであった。[24]

国粋会と正義団が掲げるイデオロギーには、ファシズム運動に共通する主題が聞き取れる。彼らはいずれも、民族共同体、単一性、純粋性といった概念を強調する形で国家の歴史を創作し、自らを文明の腐敗から国家を守る者と位置づけた。[25] ここで暴力は国民を守る妥当な手段であるにとどまらず、高貴さや浄化力、侍と俠客の時代への敬意を宿した美的な行為へと近づくことになる。[26] このように暴力を正当化し、さらには称賛することによって、国粋会と正義団はナチスと同じように、自らを雄々しく立派な存在に見せようとした。[27] また、国粋会は「暴力を単なる手段ではなく、人生行動の基盤となる価値観と見なす」というスクァドリズモ的理念の実践者でもあった。[28]

ファシストの暴力

国粋会と正義団のイデオロギーは、刊行物や声明文よりも、暴力の中にはっきりと見て取ることができる。彼らにとって、行動は言葉以上にものを言い、時には両者に矛盾が生じた。[29] なかでも労使問題ほど、行動と言葉が食い違った分野はないだろう。前述のように、国粋会の設立趣意書には「政府当局と労資関係者間の融和を促進せむと欲す」と書かれている。[30] 酒井栄蔵もまた、自身と正義団を労働争議における仲介者と位置づけ、資本家と労働者の双方に対して公平な発言を心がけていた。[31] とはいえ実際には、左派のイデオロギーを奉じる労働組合は、彼らが浄化すべき「異国の腐敗」の一部と見なされていたし、ストライキは工業生産に対する障害、ひいては国家の進歩を妨げる行動でしかなかった。したがって「融和の促進」とは、ストライキに参加した労働者を、経営側のニーズと要求に従わせることにほかならなかった。国粋会と正義団は常に経営陣の側に立ち、主にスト破り要員として労働者に紛れ込み、他の労働者を恐喝した。彼らにとって、公式のイデオロギーを実践向けに捻じ曲げることなど造作もなかった。労働者はストライキを起こすことで「強き者」になったのであり、彼らが引き起こした混乱からの保護を必要としている経営陣こそが「弱き者」である。経営者の側に立って労働者どもを雄々しく叩き潰し、強力な国家の成長を助ける行為こそ正義にほかならない、というのがその言い分である。

左翼（労働者以外に、社会主義者や共産主義者も含む）に対する国粋会や正義団のスタンスには、スクァドリズモやSAの暴力との類似点が見られる。ムッソリーニは当初、反資本主義的な政策を打ち出していたが、のちに彼が取った行動は正反対だった。スクァドリズモが社会主義者に対して行った攻撃の苛烈さは、SAが共産主義者に対して行ったそれに匹敵する。歴史家のロバート・パクストンは、政権を握ったファシスト政党は、本来の反資本主義的イデオロギーを放棄し、ストライキや独立系労働組合を潰しにかかったと指摘する。[32] 左派イデオロギーの影響下にある労働者は、彼らすべてに共通する内的脅威であり、敵だったのだ。

ストライキを弾圧するにあたり、国粋会と正義団はイタリアとドイツの準軍事組織のように装い、行動した。酒井栄蔵にとって、この類似は意図的なものだった。酒井は一九二五年六月一三日にムッソリーニと対面している。酒井がこのイタリアの独裁者を尊敬していたのは明らかで、彼はムッソリーニのことを教育にも血筋にも財産にも恵まれない生まれでありながら、義侠心を唯一の武器として正義の旗を掲げた人物と評していた。自著の中で、酒井は黒シャツ隊を「(イタリアの)侠客団」と表現してもいる。酒井自身、「東洋のムッソリーニ」と呼ばれることもあった。「ファシスト」と呼ばれたときと同じように、酒井は気乗りしない様子であしらっていたが、それは本心というよりも、このあだ名につきまとうネガティブなイメージから距離を置くためであったろう。正義団は「日本の黒シャツ隊」と呼ばれており、酒井自身は「黒外套団」と呼んでいた。また、団員は実際に黒シャツを着用していた。この事実は示唆に富む[33]。

一方、国粋会の制服は、国家所属の暴力専門家である軍隊と警察の制服を明らかに意識していた。服装の規定に含まれるのは、肩章付きのジャケット、制帽、上襟、ベルトである。これらの品々にはすべて、国粋会の徽章がつけられていた。徽章のデザインは、「国粋」の文字、鳩、桜の花もしくは桜の枝を組み合わせたもので、桜の花と鳩をあしらった肩章や、桜の枝が「国粋」の文字を取り囲んでいる徽章をつけた帽子などもある。上襟には桜の花の上に「国粋」の文字を載せた徽章がつけられ、ベルトのバックルも「国粋」の文字で飾られていた。制服は組織の一員である証しというだけでなく、組織内での階級も示している。肩章のパターンや徽章の色を見れば、本部の役員なのか、支部のリー

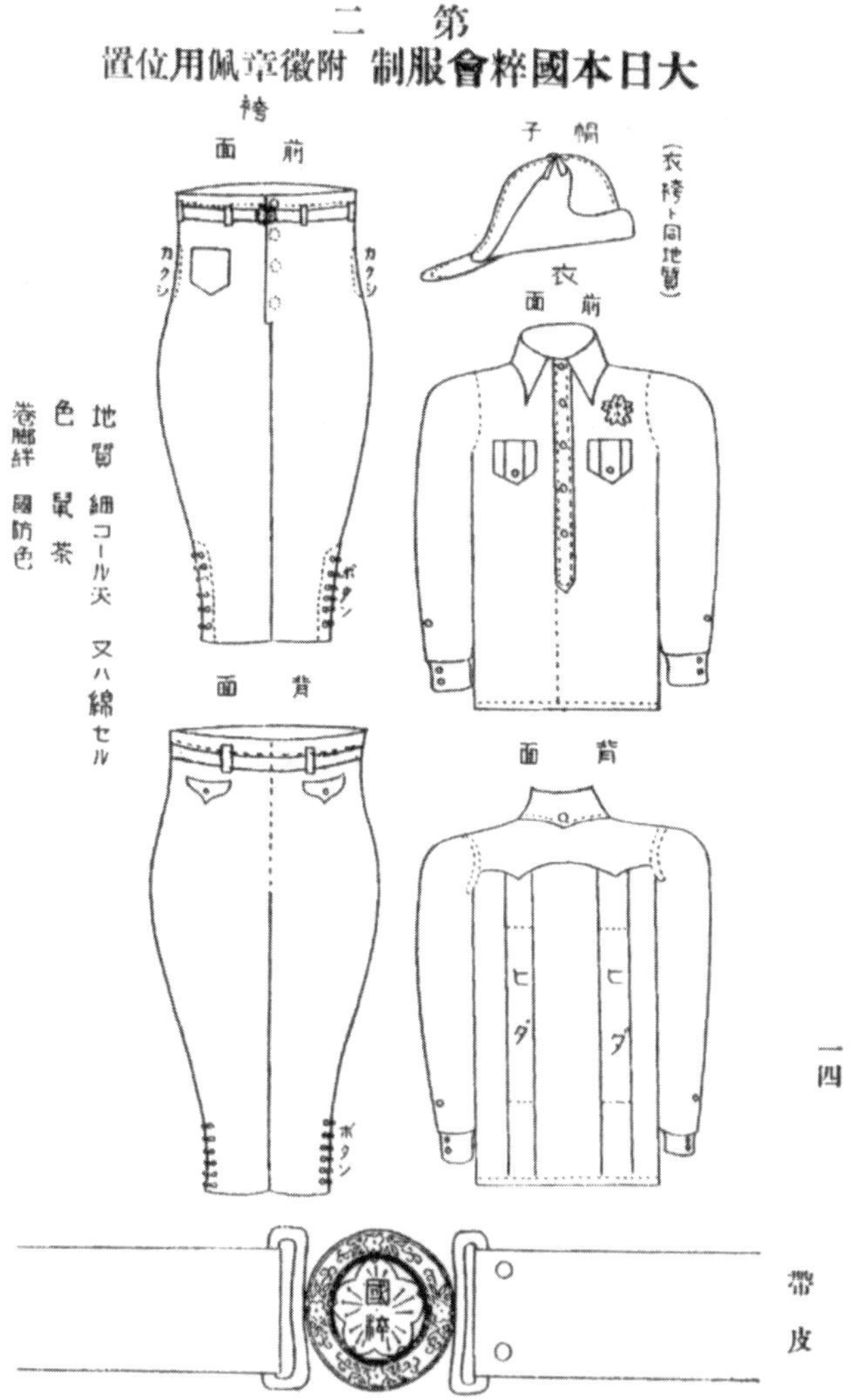

大日本国粋会制服のスケッチ。出典：内務省警保局「大日本国粋会員の服装に関する件（愛媛）」（1935年6月）

ダーなのか、一般団員なのか、ひと目でわかるようになっていた。ジャケットの下襟にも階級の差は表れる。そこは、勤勉かつ目覚ましい働きをした団員に与えられる、栄誉のメダルを飾るための場所であった[34]。

国粋会は数多くの労働争議に関わっている。その中には、八幡製鉄所（一九二〇年）、シンガーミシン（一九二五年）、野田醤油（一九二七-一九二八年）のストライキや、鶴見騒擾事件（一九二五年）などが含まれる[35]。また、正義団も大阪市電（一九二四年）、野田醤油（前出）、東洋モスリン（一九三〇年）のストライキに関わった[36]。

ストライキの制圧に当たる両団体の暴力があまりにあからさまだったので、暴力によって共産主義の拡散を防ぐというムッソリーニ流のファシスト道に彼らが追随せぬよう、司法省は警告を発した。一九二六年に施行された「暴力行為等処罰ニ関スル法律」には、集団による強要や脅迫、武器の保有、集会への介入に関する規定が盛り込まれたが、その最初の条項には、労働争議の仲介過程で発生した犯罪行為についても特記されている。とはいえ、司法省に組織暴力を根絶やしにしようというほどの意図はなく、ある程度抑え込むくらいが目的であったろう。というのも、国は左派のイデオロギーをひどく恐れており、工業生産が滞りなく進むことによって利益を得てもいたからだ。このことは、同法で規定されていた罰金が五〇円から五百円という控えめな金額であったことの説明にもなる。この法律が大した力を持っていなかったことを思えば、一九三〇年代の初めまで、暴力団がストライキの背後で暗躍していたとしても驚くにはあたらない[37]。

労働争議における国粋会と正義団の暴力は、単に相手を脅したり集会を妨害するためのものではなく、相手の政治活動そのものを抑え込もうとするものであり、壮士や院外団の暴力とは趣が異なっていた。両団体の目的は、政敵に勝つことではなく、ある特定の概念や思想を葬り去ることにあった。その意味で、彼らは「政敵に対しては反対意見を述べるのではなく、恭順を求めることで相手を貶め、排除する」というイタリアのスクァドリズモと非常によく似ていた。[38]要するに、彼らの暴力に民主的な要素はこれっぽっちもなかったということだ。国粋会と正義団の非民主的な性格は、とりわけ労働争議において組合員を力で制圧している点にはっきり見て取れる。

国粋会と正義団の両方が経営側と結託してストライキに関与した例が、一九二七年から一九二八年にかけての野田醤油労働争議である。戦前のストライキの中で、最も大規模にして最も被害が大きかったもののひとつだ。野田醤油の正規雇用者および非正規雇用者三五〇〇人以上が七カ月にわたってストライキを行った結果、会社と組合は百万円以上の損失を被った。[39]野田醤油の本社がある千葉県野田町（現野田市）の当時の人口は一万六九八一人。その中に三六一三人の従業員と家族が含まれるほか、取引先の関係者なども含めれば、このストライキは野田町民の大半に影響を及ぼしたことになる。[40]

野田醤油と契約業者である「丸三運送店」の紛争に端を発するストライキは、賃金と待遇に不満を抱く従業員らによって一気に拡大していった。[41]もともと野田醤油の資本で設立された丸三運送店は、四半世紀にわたって同社の運送業務の大部分を担っていた。しかし、丸三の従業員が地元の労働組合に加入した結果、組合員がいないという理由から野田醤油最大の工場である第一七工場の製品の取り扱いを拒否するようになり、これを機に緊張が高まっていく。報復として、野田醤油が丸三の事業を徐々に子会社である「野田運送店」と「丸本運送店」へと移行していった結果、丸三の収益は減少した。これを受けて、一九二七年九月一五日、地元の労働組合は丸三の従業員の支援に立ち、同年四月に野田醤油に対して要求していた賃金引き上げと待遇の改善を蒸し返した。[42] ストライキが開始されたのは翌九月一六日のことである。その後、二百日以上にわたって争議は続いた。[43]

ストライキの発生後間もなく、野田醤油は会社の警備という名目で暴力専門家を雇ったが、これは主に労働者やストライキの参加者を脅しつけるためだった。この集団にどんなメンバーが含まれていたのか、当時の報道（大部分は労働者に同情的だった）から特定するのは難しい。暴力団、暴漢、労働争議破壊の常習者、正義団員……といった具合に、様々に異なる書かれ方をしているからだ。[44] ここで言及されている正義団とは、おそらく「野田正義団」のことだろう。この組織は野田商誘銀行の重役、高梨忠八郎を団長とし、一〇月一二日に正式に結成された。大日本正義団の支部であるかのような印象を受けるが、両者の結びつきの程度は不明である。野田正義団（以下、正義団）は、町の中流層や中小企業を主体とし、町長ほか町役場の幹部まで含めた八百から千人の会員数を誇っていた。[45] 同団体は、町の治安を維持し、福祉を充実させ、「会社正義」なる曖昧な理念を支持し、労使間の対立においては中立の立場をとることを使命に掲げていたが、最初の三つが労働争議を制圧する口実としても容易に利用され得るものである以上、最後のひとつも鵜呑みにするわけにはいかない。そして、ここでもまた「国体とその産業を護持する」という大義名分が使われていた。[46]

果たして正義団は、結成からひと月と経たないうちに経営寄りの姿勢を強めていく。[47] 正義団が労働者に職場復帰を促し、操業中の工場の視察を行い、町内の反ストライキ派の意見をまとめあげていくにつれ、経営側も彼らを味方に得たことを「幸運」だと認識するようになった。一例を挙げれば、一〇月二九日には数名の正義団幹部が操業中の第九工場と第一五工場を訪れ、労働者らに仕事にとどまるよう奨励し、ピケを張っている同僚たちに加担しなかったことを称賛している。また、一一月一日と二日には、第一、第七、第一二工場への視察も行われた[48]。正義団は会社に新たな労働力を提供し、業務を補助することもあった。一一月上旬には町内のあちこちでビラを配り、ストライキに参加している労働者らに職場に戻るよう説得を行った。正義団が会社側に立って活動していることは明らかで、労働者らは彼らを「御用団体」と揶揄した[49]。

正義団は、スト破り要員としてヤクザその他を動員していたようだ。というより、正義団そのものが一種の暴力団として機能していた。少なくとも、野田町で発生した暴力団がらみの事件の多さは、正義団の幹部であった町長や町の役員が暴力に対して見て見ぬふりをしたことを示している。とはいえ、小競り合いが工場の壁を越えて野田町内にあふれだした以上、人目につくのは避けられなかった。

暴力団の存在が、野田町内で初めて報告されたのは九月下旬のことである。彼らは第一四工場付近にたむろしていたと思われる。これを受けて、ストライキに参加していた労働者らも武装を始めた。その結果、組合の事務局員ふたりとその他八〇人が、暴力団に対抗するために七四本の竹槍を所持していたとして逮捕された[50]。一〇月までに、暴力団が幅を利かせていることを報じた新聞は、少なくとも一紙ある。その報道によれば、野田醤油は東京から何百人もの暴力団員を雇い、様々な工場に配置して、ピストル、匕首《あいくち》、その他の武器を携行するよう命じた。暴力団員は野田町内を徘徊しては、スト参加者と衝突した。一〇月一三日には、野田醤油の相談役に率いられた暴力団が、労働組合の集会を解散させようとしている[51]。一週間後の一〇月二〇日の夜、ストライキのリーダーを含むふたりの労働者が、丸本運送店に所属する暴力団員一四、一五人に攻撃された。ふたりはトラックに連れ込まれ、丸本の本社へと拉致された。そこで、刀を所持した丸本社員四〇人と、現場に駆けつけたスト参加者の護衛のあいだで乱闘が起きる。最終的に、警察官が両陣営の武器を没収し、スト参加者一〇人と丸本側の四三人が逮捕されて事態は収束した。事件を報じた左派の新聞はこの機会を捉え、暴力団が町内にのさばった結果、不安とスト参加者への同情が町民のあいだで高まっていると強調した。これら一連の事件に加え、スト参加者が頻繁に暴力団の車に拉致され、会社に連れ戻されて業務を強いられたという報告もある。組合員が流れ者の暴力団員に襲撃されることも珍しくなかった。[52]

一方の国粋会は、当初はストライキに対して穏当な姿勢を保っており、彼らに対してはスト参加者も正義団に向けたような敵意を見せることはなかった。ストライキの初期の数カ月間、国粋会は仲介役を買って出ようとした。後藤幸次郎によって設立された国粋会の野田支部は、紛争の解決に一肌脱ごうという人員を本部から募集した。例えば、九月二三日には国粋会の関東本部から幹部六人が野田町を訪れ、スト参加者と会社の双方に調停役を申し出ている。しかしながら、この申し出は拒絶された。同様の申し出を行った他の国家主義団体も同じような目に遭っている。一二月中旬、国粋会は再び調停役を買って出て、再び却下された。野田醬油側が支援を受け入れなかった理由は不明である。ただ、正義団や国粋会が単にスト破りを敢行するだけでなく、真にストライキの解決を意図してやってきたのだとすれば、野田醬油側の頑なな態度は、労働者とは一切交渉に応じるつもりがないという意思の表れだと解釈できるだろう。[53]

国粋会が調停に注力する一方で、正義団とスト参加者のあいだの緊張感は高まっていった。スト参加者らは四、五人でグループをつくり、高梨や他の正義団のメンバーの自宅に忍び寄っては排泄物を投げつけた。一一月上旬、正義団の活動と会社の方針への反抗を示すため、スト参加者らは正義団の幹部が経営する商店のボイコットを始めた。正義団の幹部と労働者代表の半月ごとの会談が決裂したのち、スト参加者らは集会を開き、高梨が頭取を務める商誘銀行から、各々が預金を引き出すことにした。[54]

　正義団と争いながら、スト参加者らは暴力団員とも衝突を繰り返していた。こうした抗争は一九二七年の暮れまで続き、一二月上旬に頂点を迎えると、今度は野田町を超えて、野田醤油の第一六工場があった行徳の町まで飛び火していった。そこでは野田醤油の社宅が、会社の承認を受けることなくストライキの支部として使用されていた。社宅としての本来の用途を守らないのであれば追い出すと脅された労働者らは、居座るのは自分たちの権利であると主張してこれを退け、会社の恐怖と不安をさらに煽った。そこで、野田醤油の役員である茂木国太郎は東京から四〇組以上の暴力団を招聘した。鉢巻をつけた暴力団員は、雄叫びを上げながら行徳のスト参加者を攻撃した。スト参加者は白い鉢巻を着用し、革命歌を歌って応戦したが、数で劣ったためついに敗北した。[55]

　野田劇場を集会所にしていたスト参加者らも、撤退を余儀なくされた。彼らを劇場から追い出したのは、この時点で野田醤油側と手を組んでいたと見られる国粋会である。国粋会の倉持直吉がメンバー百人を引き連れて会社側の戦力に加わったという噂を聞きつけると、スト参加者らは劇場の入口で焚き火を燃やし、町の商店は早じまいした。野田醤油が国粋会に支援を求めたのは事実だが、彼らに限ってことが穏便に済むわけはなく、東京から野田の国粋会支部に向かった車の一台は警察に止められ、日本刀一二本、棍棒一八本、弾薬四一包と銃二丁が押収された。四人の国粋会メンバーが宿泊した宿も捜索され、日本刀一本、短刀二本、鉄筋数十本が発見された。このとき逮捕者も出たが、それでもなお、国粋会はスト参加者らを劇場から退去させることに成功した。倉持は「倉持興業部事務所」と書かれた看板を劇場の上に掲げ、百人以上の国粋会メンバーを待機させた。ここに至って、国粋会は堂々と経営側に立ってストライキに関与するようになった。国粋会の梅津勘兵衛は野田醤油の役員らと協議を重ね、一二月二三日に正義団の代表と対面した[56]。

暴力団による実力行使はストライキ側の決意を煽る結果になり、労働者らは和解を退け、武力衝突も辞さない構えであった。国粋会による野田劇場の占拠に対する報復行為は翌月から展開され、野田醤油争議における最大の騒動へと発展する。一月一四日の夜、集会を終えた組合員は野田町内に繰り出し、正義団の団員が経営する商店二九軒に投石して、窓とショーウィンドーを破壊した。スト参加者は、正義団の団員を「正義団の奴ら」呼ばわりし、会社の手先だと非難するビラを撒いて、抑圧者への敵意を表明した。ビラには「資本家暴力団」に対して勇敢に立ち向かった人々への賞賛の言葉も並んでいた[57]。二月上旬には調停が試みられるも、様々な理由から頓挫する。交渉初日である二月六日に、組合員四人が暴力団から刺されるという事件がストライキの解決に貢献しなかったことは言うまでもない[58]。

交渉の再開は、さらなる暴力の積み重ねではなく、天皇の支持を得ようというストライキ側の捨て身の作戦によって実現した。争議団副団長による天皇直訴という大胆な行為がもたらした衝撃は、関係者全員を交渉テーブルに引き戻すのに十分だった。野田醤油の役員、組合員、正義団の代表者らが三月下旬から四月にかけて交渉を行い、最終的に一九二八年四月二〇日に解決協定が成立した。その結果、会社に選ばれた三百人が職場復帰し、七四五人が退職した。[59] その二日後、スト破りのプロ集団としていっそうの躍進を遂げたことを祝しつつ、野田正義団は解散記念の式典を行った。[60]

正義団の暴力が抑圧的なのは意図されたものだったが、それはしばしば経営側と労働者の憎しみ合いをこじらせるという意図せざる結末をもたらした。この傾向は野田醤油争議でも見られたが、一九三〇年の東洋モスリン争議ではいっそう顕著になった。このとき、正義団はあからさまに会社側の支持に回り、労働者に身体的な危害を加えた。いまや労働者は、酒井栄蔵の組織に対して猛烈な敵意を向けていた。

ストライキの発端は、東洋モスリン社が綿紡部と営繕部を閉鎖した結果、五百人の従業員が大量解雇されたことである。綿紡部は九月二六日に閉鎖され、社員寮に住んでいた全労働者は自宅に帰されることが発表された。その後、労働者代表、経営幹部、そして酒井栄蔵が一堂に会して交渉が行われたが、組合は経営側が出した条件に納得せず、その年二度目のデモが行われた。[61] 東洋モスリンの従業員約二五〇〇人全員が日本紡織労働組合洋モス支部協議会のメンバーであり、全員がデモに参加したという。また、従業員の二千人以上が女性だった。[62] およそ一週間後、市民に支持を訴える嘆願書の中で、スト参加者は酒井が交渉のテーブルに着いていることへの怒りをあらわにし、会社側が闘争に備えて暴力団を動員していたため協議の中止に至ったと説明した。[63]

九月二七日の朝、東京郊外の亀戸町にある東洋モスリンの工場に、会社の代理である「アジプロ（プロのアジテーター）」として車で乗りつけたのは正義団の団員だった。その日の午後三時三〇分、労働者は工場でデモを行い、事務所を襲撃し、正義団を部屋のひとつに閉じ込めた。夕方になると、警察によって寮で謹慎させられていた五百人の若い女性工員が、デモに参加するために警備をすり抜けて駆けつけてきた。女性工員が労働歌を歌っているあいだ、寮に残った人々は二階の窓の網戸を破り、組合の旗を振った。[64]

工場には約二百人の正義団団員もつめかけ、会社側に雇われた警備員として労働者と乱闘を繰り広げた。[65]東洋モスリン争議において、「暴力団」とはおおむね正義団のことを指す。野田醤油争議では「暴力団」という言葉は特定の組織を表すものではなかったが、ここに至って労働者は明確に正義団と暴力団を同一視していた。ある女工は仲間たちにこう呼びかけた。「皆さん、この人たちは正義団と呼ばれていますが、本当のところは暴力団です。こんな人たちに負けるわけにはいきません」[66]。報道の中には、暴力団という単語のあとに、わざわざ括弧つきで正義団の名前を入れているものもあった。[67]

正義団の知名度があまりにも高まっていたため、正義団とは無関係な暴力団員を、労働者側が正義団だと誤認した可能性はある。一〇月上旬にはこんな事件も起きた。東洋モスリン社は入山炭鉱から一六人の臨時警備員を連れてきて、在庫を移動し、新たな機械を設置する作業に当たらせていた。ストト参加者らは、これらの警備員を「暴力団」と決めつけ、彼らを倒せとビラに書いた。「入山炭坑の暴力団を全部ネムラシてしまへ！」[68]。入山からやってきた警備員が、本当に暴力団員であったのかどうかは不明だ。一九二七年に入山鉱山で起きたストライキにも暴力団は関与していたが、正義団からの参加者は、いたとしてもごく少人数であったと思われる。暴力団の正体はヤクザであったと指摘している文献もある。[69]にもかかわらず、東洋モスリンの労働者たちが、敵方を暴力団＝正義団と認識していたことは注目に値する。

暴力団による乱暴行為は労働者から厳しく批判され、組合の集会や刊行物によって広まっていった。例えば、労農党は警察当局と資本家と暴力団が手を組んで暴力的な弾圧を行うことに抗議するための集会を開いた。[70]暴力団の残虐な本質を浮き彫りにし、労働者の反抗心を煽るために、特定の事件をことさらに報じることもあった。スト参加者向けの刊行物では、会社側に雇われた二〇人の武装暴力団が二三人の女性工員を負傷させたという記事が、センセーショナルな見出しとともに掲載された。「会社の暴力団が二十三名の女工さんを短刀で突き刺した」「暴力団をツマミ出せ」。ある記事は、暴力団による襲撃を言語道断の行為として批判した。[71]一〇月九日の晩には、暴力団が女子寮を襲撃し、部屋に入り込んで女性工員を藁縄で縛りあげるという事件が起きる。これを事細かく報じた新聞記事も大いに注目を集めた。[72]これらの記事の狙いは、暴力団の冷酷さを訴えるだけでなく、経営側に打ち勝つためには労働者側にも力が必要であることを読者に確信させることだった。[73]暴力団の凶暴さが強調されることによって、スト参加者は自らの行動を正当化し、闘争への意欲をいっそう高めることができたのである。

結局、正義団はストライキから退いた。長びく闘争に関与を続けた揚げ句、曖昧な決着しかつかないのでは、世間の反発を招くと考えたようだ。[74]撤退の真の理由が何であれ、正義団の関与によって労働者が無抵抗になったり、ストライキの解決が容易になったりしたわけではないことは明白だった。それどころか、ストライキ側と経営側が暴力的な衝突を続けたことは、正義団の存在が両者の緊張関係を助長し、労働者同士の結束を高めたことを示唆している。ストライキは結局、開始からほぼ二カ月後の一一月二一日に終結した。

左翼活動の封じ込めを企てる国粋会と正義団の攻撃は、労働組合やストライキ参加者にとどまらず、多少はリベラル、多少は左寄りであるという程度の層にまで及んだ。例えば、国粋会が男子普通選挙法の制定を阻止し、社会主義者の集会を妨害しようとしていることはよく知られていた[75]。国粋会が起こした最も有名な事件のひとつは、被差別部落の解放を目的とする社会主義的傾向を持った全国組織「水平社」を標的にしたものだ。国粋会が水平社と対立したのは、幹部の多くが建設業者であり、被差別部落の人々を労働者として雇う立場であったことから、自己主張が強く、敵対的と見られていた「部落民」が力を持つことを恐れたためであろう。国粋会と水平社のメンバーには友好的な関係を築いている者もいれば、両方の組織に属している者さえいたが、その事実よりも懸念のほうが優先されることになった[76]。

のちに「水国事件」として知られることになるこの事件は、一九二三年三月一七日に奈良県で発生した。被差別部落の婚礼に遭遇した森田熊吉という老人が、通過する花嫁に対して指を四本出して見せた（「部落民」に対する差別のしぐさ）のが発端である。森田の行動を目撃したふたりの若者が警察に通報し、事件は報道によって広まった。水平社は森田に対して謝罪を要求したが、森田はこれを拒否し、国粋会に支援を求めた[77]。翌朝、約八百人の国粋会員と、竹棒と刀で武装した水平社の活動家約七五〇人が小競り合いを始める。その後も、双方の支持者は奈良および近県から集まりつづけた。そして事件発生から二日後の三月一九日、水平社の支持者一二二〇人と、国粋会、在郷軍人会、青年団のメンバー一二〇〇人のあいだでついに乱闘が起きる[78]。地元の警察署長が仲裁を試みようとするころには、県知事が軍と大阪の警察に援軍を依頼するほど、乱闘の規模は拡大していた。乱闘が最高潮に達したタイミングで、監察官補一〇人、巡査部長三六人、正規の警察官三四八人が奈良県に集結している[79]。

三月二〇日に水平社と国粋会のあいだで交わされた合意には、森田からの謝罪が含まれているため、水平社が勝利したかのように見える。しかし、警察による事件後の捜査は、より被差別部落側に厳しいものであったようだ。警察が二つの捜査班に分かれたとき、水平社を担当する班には一三三人の警官が割り当てられたのに対し、国粋会を担当したのはわずか四五人だった。別口の捜査でも、国粋会の二五人に対して水平社には四〇人が割かれている。事件に関与した水平社の関係者（二九四〇人）が、国粋会のメンバー（二二七五人）に比べて目立って多くもないことを思えば、この人員配置には恣意的なものが感じられる。国粋会の逮捕者（一二人）より水平社の逮捕者（三五人）のほうが多かったことも、驚くにはあたらないだろう[80]。

労働者と左翼に対して攻撃的であるという意味で、国粋会と正義団の両組織は、イタリアのスクァドリズモやナチス・ドイツのSAとよく似ていた。いずれの組織も、国家主義的イデオロギーにしっかりと根を張っており、労働組合や社会主義者を、国民性と国家の発展に対する重大な脅威であると考えていた。スクァドリズモの最も重要な方針のひとつは「ボルシェヴィズム」と戦うことだった。この傾向は一九二〇年ごろから顕著になっていく。その年の冬から翌一九二一年の春まで、スクァドリズモは社会主義者に対して執拗な攻撃を続けた。この「組織的なテロキャンペーン」は、あらゆる社会主義団体のなかでもとりわけ労働組合を目の敵にし、労働争議へも積極的に介入していった[81]。一方、ドイツのSAの場合は、保守右派と争っていた時期もある。これは、日本の国粋会や正義団とは異なる点だ。SAにもスクァドリズモにも、初期には反資本主義的な段階があった[82]。しかし実際には、これらの組織のすべてが、社会主義者や労働者を沈黙させ、左派の思想に汚染された国家を浄化するために激しく闘っていたのである。

内地と外地における国家主義的ネットワーク

国粋会と正義団というふたつの「暴力団」は、単なるヤクザ集団以上の存在であり、そのファシスト的暴力はいっそう抑圧的な性格を帯びていた。彼らは政治家、軍人、官僚、実業家を巻き込んだ、国家主義的なネットワークの中心にいたのである。このネットワークに身を置いていたのは、下っ端の人間などではなく、各組織の指導的役割を担う大物たちだった。特に国粋会は、政界のエリートとの幅広い交流で知られる。一九二六年二月に国粋会の総裁が任期半ばで他界したとき、後継になることを希望したと言われる政治家のひとりが、後藤新平だ。台湾総督府の民政長官、南満州鉄道（満鉄）総裁、逓信大臣、拓殖局総裁、内務大臣、外務大臣、東京市長という輝かしいキャリアを誇る人物である。とはいえ、十分に反共産主義的でないという理由で、後藤の総裁就任は見送られた[83]。

三年後の一九二九年、今度こそ著名な政治家が国粋会の総裁の座に就いた。司法大臣と内務大臣を歴任し、政友会の総裁に就任することになっていた鈴木喜三郎である。会長としてその傍らに立つのは、原敬内閣の書記官長を務めた高橋光威であった。[84]軍人もまた、国粋会の中で重要な位置を占めていた。一九三〇年代に総本部の副会長を務めていたのは海軍中将であり、理事長を務めたのは陸軍中将である。また、理事会は陸軍中将四人、海軍中将一人と海軍少将三人によって構成されていた。顧問にも海軍中将三人と陸軍中将一人が含まれている。さらに、筋金入りの国家主義者にして、玄洋社の総帥として知られる頭山満も顧問に名を連ねていた。[85]

国粋会および正義団と国家主義者との結びつきは、政治的に大きな意味を持つうえ、カバーする領域も広大だった。両組織とも、大陸進出を支持する国家主義団体の歴史を踏襲し、国境を越えて支部を設立していった。国粋会と正義団のメンバーは、彼らの暴力を海外へと広めるべく、玄洋社などの組織に倣って「大陸浪人」となった。第二章でも述べたように、明治中期の朝鮮と満州における玄洋社の暴力行為は、政府により積極的な外交政策を喚起することを目的としていた。一方、国粋会の青島支部は、母国日本で注力していた問題に焦点を当てた。すなわち労使問題である。山東半島の南端においても、ストライキが発生するたびに国粋会のメンバーは工場に現れた。また、彼らは現地の日本人と中国人の紛争に介入したことが知られている。その結果、中国人の怒りを買って、一九三一年八月一八日には数千人もの中国人が国粋会を襲撃するに至った。周囲に敵意が広がる中で、青島の国粋会は内部にも問題を抱えていた。その緊張感は、行動を控えるよう事前に勧告を受けていたにもかかわらず、支部の幹事長が現地の反乱の制圧に加わったことで頂点に達する。一九三二年二月二〇日、多くの人間が存続を望んだものの、ついに国粋会の青島支部は解散した。[86]

満州の国粋会は、日本政府の対中政策をいっそう声高に批判していた。一九三一年五月、国粋会の奉天支部は「国粋会満州本部」と名を改め、満州における日本の立場に関して数々の懸念を表明した。五月二二日の夕方には新本部長（東京帝国大学卒のジャーナリスト）を迎える式典が行われ、続いて現在の政治情勢と組織の将来について話し合うための会議が開かれた。三百人が出席したこの会議では、政府の対中政策の弱腰ぶりや、満鉄関連の問題への対処の甘さを厳しく批判する声明が発表された。この困難な状況の中で、満州在住の日本人の結束が必要なのだと声明は訴えた。組織の次なる課題は、資金を調達し、さらに多くの会員を勧誘し、南満州鉄道の管理下にある各地域に派遣する指導者の選定に注力することだった。国粋会満州本部の活動計画の中には「国粋武道館」なる施設の建設も含まれていたが、実現に至ったかどうかはわからない[87]。一九三一年九月半ばには満州事変が発生し、その翌月に「満州国粋会」が創設されたという記録が残っている。これが新組織であったのか、国粋会満州本部を刷新したものであったのかは不明だが、いずれにせよ、この組織は一九三三年四月の時点で一五〇〇人の会員を抱えていた[88]。

一方、正義団にとっても、満州事変は中国での活動を拡大していく契機となる。活動計画は一九三一年九月以降に策定され、一九三二年四月、酒井と幹部数名が満州へ遠征すると同時に始動した。遠征はその後、六月と七月にも行われている。このときの視察で、酒井らは満州各地を訪問して主要な政府関係者や軍の上層部と会談し、南満州鉄道会社などから資金援助を取り付けることに成功した。七月に開かれた集会には、三井、住友、安田、三菱の各財閥から代表者が参加している[89]。

正義団の目的は、団員の「満州国」（日本人は、傀儡国家としての満州をそう呼んでいた）への移住を奨励し、「正義村」を形成することであった。この「村」は、正義の理念を世に広める拠点、より具体的には国境の警備と治安維持を担う拠点になることを目指していた。七月までに、正義団は最初の移住者となる団員百人（東京から三〇人、関西から三〇人、九州から二〇人、その他二〇人）の選定をすませている[90]。この集団は、酒井に率いられて八月九日に奉天に到着すると、すばやく事務所を構え、満州正義団を正式に立ち上げるための準備に入った。

一九三二年九月八日の午後遅く、正義団の設立趣意を説明し、新たな団員を歪で迎える公式集会が開かれた。日本人と中国人を含む三二〇人の前で、酒井は日本人の同胞たる「満州国」を強化する重要性を説いた。このとき、満州正義団の団規と綱領に掲げられていたのは、王道の宣揚、正義の実践、そして世界平和と福祉の実現であった[91]。

実際には、正義団の活動の大半が、物理的強制力を中心に展開されていた。団員は組織の主要な拠点がある奉天と新京で警備と治安維持に努め、反乱を鎮圧するための遠征を行った。関東庁警務局の局長は、日本から移住してきた正義団の団員は（現地でメンバーになった運転手や工場員、失業者らとは対照的に）、銃で武装し、軍隊風の訓練や演習を行っていると報告している[92]。酒井栄蔵の名前は、満州に向かう「武装移民団」の責任者のひとりとして、政府の文書にも言及されている。酒井はまた、地元の強盗集団（馬賊）とも関係を築いた。一九三二年九月下旬には、一三〇〇人の馬賊に「満州国」への忠誠を誓わせたと言われる。この出来事を報じた朝日新聞の記事には曖昧な点も多いが、酒井が暴力専門家集団である馬賊らと互角に渡り合ったという点は注目に値する。酒井とその周辺の「浪人」たちの行動を監視した記録を除けば、彼らに法の力が及んだ形跡はほとんど見られない[93]。

満州正義団は、古参の国家主義団体の多くと同様、軍部の人間の支援を受けて活動を行った。頭山満の玄洋社が膨張政策という共通のヴィジョンを介して軍将校らと手を結んだのと同じく、満州正義団は満州駐屯軍との関係を築き上げた[94]。国粋会も正義団も、本国でも大陸でも等しく、攻撃的で暴力的な帝国主義を推進するネットワークの一部として機能したのである。

政党衰退期における暴力

一九三〇年代、政治家と国家主義団体の癒着は政党が衰退する一因となった。歴代の内閣にも軍人は大臣として名を連ねていたが、国粋会や正義団の顧問を務めるなかで、政治家たちは政治的指導力を軍部と分担することにいっそう無頓着になっていった。一九三〇年代の十年間で、軍と政治家による共同統治は全国規模で政党の力を奪っていくことになる。なにより問題だったのは、政友会と国粋会が蜜月を続けたせいで、党が国民から離れてしまったというネガティブなイメージが強まったことだ。国粋会の指導者、もしくはメンバーであった政友会の政治家らは、政党が自由主義から乖離していった象徴とみなされた。彼らが「既成政党」になってしまったことの証拠というわけだ。加えて、政友会は国粋会の暴力を制御できていないという批判も受けていた。結果、政党は概して、国家の秩序と安全を維持する能力が根本的に欠けていると見なされるようになった。

政友会と国粋会の関係は、国粋会が誕生したときから始まっていた。政友会の内務大臣の床次竹二郎が、国粋会の結成に関わっていたからだ。床次は世話役として組織に関わりつづけたが、それ以上に注目すべきは、村野常右衛門の会長就任だろう。第三章で述べたように、一八八五年の「大阪事件」で暴力行為に手を染めたのが村野の出発点だ。のちに村野は壮士らを組織し、やがて政友会院外団の実権を握り、政友会の幹事長にまで出世した。一九二二年、村野は国粋会の二代目会長に就任し、原敬内閣と高橋是清内閣で司法大臣を務めた大木遠吉総裁とともに組織を率いていく。国粋会において村野がどれほどの実権を握っていたのかは不明だが、会長として、総裁、副総裁、各支部の部長を指名する権利は持っていた。歴史家の色川大吉は、村野の日記に国粋会の行事が細かく書き込まれていたことを指摘している。おそらく本人が出席したのだろう。村野が名ばかりの会長ではなかったことは間違いない。[95]

村野は政友会院外団と国粋会それぞれが持つ暴力部門の異種交配を促進し、この流れは同志の森恪に受け継がれた。森は原敬に見出されて政友会院外団に入り、のちに代議士となり、院外団を率いることになった人物である。森の指導下で、院外団はヤクザ、大陸浪人、国家主義団体のメンバーらを多数吸収していった。その顔ぶれは、のちにある歴史家が「暴力団的院外団的な組織」と形容したほどである。一九二〇年の後半には、政友会院外団と国粋会をはじめとする国家主義団体の交わりは、もはや当たり前のことになっていた。[96]

国粋会と政友会院外団の蜜月は、共通の理念と戦略がもたらした自然な結果と言える。左翼運動を阻止するという目的を同じくすればこそ、村野は国粋会に引き寄せられていった。このような協力関係が、田中義一内閣の下で栄えたのは単なる偶然ではないだろう。田中は左翼政党のメンバーの逮捕を求め、満州での日本の権益拡大を後押しした。その際に用いられた暴力の様式（目的を持って組織化された暴力行為）も、国粋会と院外団に通じるものだった。

この時点での国粋会と政友会の関係は、一九二〇年代初頭のイタリアにおけるスクァドリズモと国家ファシスト党（パルティト・ナツィオナーレ・ファシスタ）の関係、もしくはドイツのSAとナチ党の関係と酷似している。国家ファシスト党は、ファシズムを推進し、国家を防衛するための「実行部隊」として、スクァドリズモを党内の各部門に迎え入れた。歴史家のエミリオ・ジェンティーレも「スクァドリズモとファシスト党は分かち難い絆で結ばれていた」と述べている。[97] ドイツのSAも、政党のために機能し、政党に利益をもたらす、一種の「政党民兵」であった。ただし、SAよりも国粋会のほうが多少は政治的に自立していた点には注目しておくべきだろう。また、国粋会の暴力行為は、SAが選挙で振るった暴力のレベルには達していない。例えば、一九三二年のドイツ国会選挙では、武装したSAが政敵と衝突し、三百件を超える政治的暴力事件の中で二四人が死亡している。選挙の結果に対する不満は「大々的なテロ活動」を誘発することにもなった。[98] 国粋会、スクァドリズモ、SA――これら三つの組織には明らかな違いもあるが、政党を守り、政党の敵を攻撃するという役割を担っている点では同じだった。

国粋会は公然と暴力行為を働いていたため、組織と関係のある政治家も含めて批判の的になった。とりわけ厳しく彼らを追及したのは、穏健派の左翼である。一九二三年には、政治暴力は日常茶飯事と化しており、雑誌『中央公論』はこの現象について複数の連載を設けた。ある号では、批評家・哲学者・歴史家の三宅雪嶺が、国粋会のイデオロギーの空疎さを強調し、国粋会は「国粋」とも武士道とも無縁であると主張している。国粋会が言うような「弱きを助け強きをくじく」行為はなされたためしがなく、それどころか彼らは弱者を迫害し、脅迫した。三宅に言わせれば、政治権力と経済的影響力と武力を自在に操る国粋会は、強者どころか暴君であるということになる。これを受けて、平和主義者の水野広徳も、国粋会がいかに労働者を迫害したかを力説する記事を寄稿した[99]。政府が国粋会に積極的な支援を行い、率先してその活動に参加していることに対して強い憤りを示す者もいた。劇作家で小説家の菊池寛は、政府が国粋会のような「暴力団体」の共犯者になることは、左翼と右翼の対立に火をつけることにしかならないと警鐘を鳴らした。菊池にとって、国粋会は暴力的なイデオロギー闘争を予見させる不吉な存在であった。社会主義者でクリスチャン教育者の安部磯雄は、一九二三年の水国事件などに、すでにイデオロギー闘争の影を見ていた。これらの言論人全員が、政府は国粋会の暴力を容認し、奨励すらしていると非難した[100]。

国粋会への支持は「政府」の看板に泥を塗ったが、政党政治の暴力と国粋会の暴力の類似性は、政党の合法性そのものに疑いを生じさせることになった。院外団のごろつき連中と国粋会を、同じ言葉で表現する者もいた。実業家で政治家の渡辺銕蔵は、両者を「志士」と呼び、これらの「大正志士」は、幕末の志士とは似て非なる存在だと明言している。明治維新における志士が、様々な問題に向き合って日本を世界の舞台に押し上げた一方で、大正の志士は無学、無知、臆病であり、国家を妄信するあまり国家に害をなしていると渡辺は断じた[101]。国粋会と院外団を、同じ暴力現象に属するほぼ同種の組織と捉え、両者に等しく批判を向けた人々もいる。比較的立場の弱いマイノリティを犠牲にして自らの理念を推し進めようとする専横的な組織という意味で、国粋会も政友会も似たようなものだというのだ。壮士による暴力行為、帝国議会での乱闘事件、汚職の実態なども、政友会の堕落を証明するものとして頻繁に引き合いに出された[102]。

政党と議会政治に対して向けられたこれらの批判は、議会政治の理念そのものを否定するものではなかった。事実、穏健派左翼の多くは、議会という民主的なプロセスによる社会主義的な変化を長年支持してきた。彼らが問題にしていたのは、政治システム全般ではなく、政治暴力および暴力集団による政治への介入という特定の現象である。彼らが最も憂慮したのは、暴力の蔓延が物語っている日本の近代性、社会、文化の現状であった。三宅雪嶺は、理性と論理がいかに暴力の犠牲になっているか、イタリアにおけるムッソリーニの台頭とそれを称賛する日本がいかに社会的な後退の見本であるか、日本の文化レベルがいかに落ち込んでいるかを論じ、現況を憂いた。暴力とは原始的な行為であり、進歩、道理、正義、法といった理念、ひいては文明的で開明的な政治とは対極にあるという三宅の主張は、安部磯雄、水野広徳、政治学者の杉森孝次郎といった知識人仲間からも広く賛同を得るものだった。[103] これらの人々に、議会政治の正当性を問う風潮を作ろうという意図はなかったものの、暴力とは社会と政治における病であるという、彼らの漠然とした批判は、結果として政党と議会の面目を失わせる格好になった。現状に対して真に責任を負うべきは、国粋会ではなく政党であると見なされたのである。暴力が独裁的、非文明的、破壊的と見られる時代になったにもかかわらず、政党が壮士と院外団の暴力にこだわりつづけたことは、彼らの支配者としての正当性を損なうのに十分であった。

政友会の暴力性に対して厳しい批判を展開したのは左翼の知識人ばかりではない。一九二〇年代には、街中や議会で暴力を行使したとして、政友会はたびたび大手新聞の社説で攻撃の的となった。そして一九二六年三月、こうした批判を一気に噴出させる事件が発生する。代議士の清瀬一郎が、軍の

代議士・清瀬一郎の糾弾の後、1926年3月に発表されたこの漫画は「立憲政治の標本」と題されている。出典：『憲政を危機に導く政友会の暴行事件』（東京、自由文壇社、1927年）

機密費から不正な支出を行ったとして政友会総裁の田中義一を糾弾する演説を議会で行ったのである。これに反応して、政友会の議員らは演壇に押し寄せて清瀬を殴打し、議会を大混乱に陥れた。ある議員は清瀬のシャツを背後から引っ張り、別の議員は頭突きで清瀬を攻撃した。議院の廊下でも、院外団同士の衝突によって怪我人が出た。乱闘に巻き込まれた大勢の人々が包帯姿で議会から避難し、清瀬も首を刺されて出血した。ある新聞によると、一三人ほどの「暴行代議士」が清瀬を襲撃し、最終的に一六人が暴行罪で東京地裁に起訴された。[104]

各紙の社説は、すかさずこの立ち回りをきわめて暴力的な騒動として報じた。大阪毎日新聞は、議会で暴力が振るわれたケースは珍しくないとしつつ、今回の事件は演壇に押し寄せた議員の数で群を抜いていると書いた。別の新聞は暴力の程度に注目し、関係者が命の危険を感じるほどのケースは今回が初めてだと報じた。また別の新聞は、騒ぎが起きるのが当たり前の議会でさえ、今回の騒動は異常であるとし、議員らの暴力行為を「議会の歴史に、最大の汚点を印するもの」と断じた。[105]

これらの報道からもわかるように、この事件は議会と政党に対する根深い不信を表明するまたとない機会として利用された。東京朝日新聞だけは、議会と政党をボイコットせぬよう訴え、暴力行為に及んだ議員の再選をこそ阻むべきだと主張したが、大方の新聞は、ほとんど議会と政党の存在そのものを許すまじと言わんばかりだった。[106] 九州新聞は、議会に対する国民の信頼が衰えており、ややもすれば議会を否認する声まで上がっていると書く。同紙の社説は、議会は自ら言論の自由を重んじ、模範を国民に示すべしと述べ、議会の改善を怠れば国民からの軽蔑を招くことになるだろうと警告した。万一そのような事態になれば、議会はその存在意義を失ってもやむを得ない、というのである。[107]

議会にも増して、その存続が危ぶまれたのは政友会のほうだろう。大阪毎日新聞は、政友会の政治家らが党の信用を根底から揺るがし、その威信を失墜させたと断じた。政友会員の行動は、全国民に対する暴力であり、その暴力は憲政の理想を否定するものだと解釈する者もいた。なお悪いことに、この暴力は他党の議員の言論を抑圧したり、（清瀬のような）反対勢力を「アカ」と呼んで揶揄したりするといった他の病巣ともあいまって、いっそう有害と見なされた。[108] 長崎日日新聞は、強制力の行使ばかりではなく、党がその後とった暴力を正当化し、責任を回避しようとする態度を問題視した。田中総裁国民新聞は、事実、政友会の田中総裁はある種の陰謀に加担していたのだとほのめかした。田中総裁が無実なのであれば、暴力に訴えるかわりに堂々と論駁すべきであったというのがその論旨だ。暴力の行使もさることながら、暴力で問題の隠蔽を図ったのであれば、それこそ恥ずべき謀略だというわけである。これらすべての状況を踏まえて、各紙は政友会が「墓穴を掘った」と結論づけた[109]。

こうした様々な懸念をはっきりと示すべく、四月七日には約一三〇人の記者と二〇人の知識人（政治学者の吉野作造を含む）が日比谷公園に集結し、議会暴力を糾弾するための集会を開いた。正式名を「議会暴力排撃有志記者大会」と称するこの集会は、記者らがこれまで社説で表明してきたスタンスを改めて宣言するものだった。その骨子は以下の通りだ――議会における度重なる暴力は憲政の恥であり、国民の思想にも悪影響を及ぼすものである。議会の神聖は尊重されるべきである。言論の自由のために暴力は排除されるべきである。さらに、政党による自省と、常習的に暴力に訴える議員の追放を強く求める決議も採択された。この集会に、政友会は記者に変装した六七人の壮士（ご丁寧にも新聞社の名刺まで持たされていた）を送り込んで議事の妨害を試みたが、点呼投票の結果、宣言・決議のいずれもが可決された[110]。

これらすべての批判の根底にあったのは、政友会、あるいは政党という存在そのものに、暴力的な社会に秩序を取り戻す能力がないのではないかという懸念であった。最も発言力のある知識人の中には、暴力とは本質的に不安定要因であるがゆえに、革命もしくは吉野作造が言うような「無政府的混沌」を招く恐れがあると考える者もいた[111]。無秩序への恐怖は秩序への希求を伴う。だからこそ、これらの左派思想家の多くは国家に安定の源であることを求めた。彼らは、国家には社会的秩序を維持する義務があると釘を刺し、イデオロギーの如何を問わず、暴力行為は断固抑制すべしと訴えた。「況して脅迫強請是れ事とする社会の害虫に対しては最も峻厳なる方法に依って之を撲滅すべきである」と、述べたのは水野広徳である。[112] 暴力を制御する責任は警察にあると明言した者もいた。堀江帰一は、警察は日常生活の様々な側面において「暴漢」の脅威から国民を保護すべきだと述べている。[113] 警察の責任論を最も強固に主張したのは安部磯雄だ。一九二三年八月という早い段階で、安部は暴力を振るうすべての者に対し警察を立ち向かわせるべしと説き、この責務を果たすための警察の機動力と熱量の低さを批判している。警察が暴力を取り締まるようになれば、しだいに暴力事件は減っていくだろうと安部は固く信じていた。

若し警察力が全然暴力禁ずる態度を執れば今云ったような暴力事件は次第に少なくなって、我々がそれがために心配をする必要もなくなるに違いない。勿論国家の警察力を以てするならば今述べた程度の暴力を取締ることは困難ではない。若し警察力で足りなければ兵力を以てしても出来ることであるから、政府の態度如何に依っては暴力という事はさほど問題とする事柄ではないのである。[114]

日本の社会主義運動の先駆者にしてキリスト教平和主義者であった安部は、国家権力による警察の乱用という可能性についても言及し、思想と言論は自由であるべきだと警鐘を鳴らしているが、それでもなお、暴力的な個人を国家警察もしくは軍の力で取り締まるという考えには疑問を抱かなかったようだ。イデオロギー的に中庸な立場であったからか（過激派を抑圧の対象と見なし、彼らの思想に一切歩み寄らない）、あるいはドイツ流の社会民主主義にこだわっていたからか（国家に疑念を抱かないのが基本スタンス）、あるいは無秩序に対する潜在的な恐怖からか（他に対抗手段が存在しないと考えられていたせいもあるだろう）、国による暴力の取り締まりを支持したこれらの言論人の誰ひとりとして、誰が国を取り締まるのかという問いを投げかけた者はいなかった。

彼ら言論人が、政党や議会の代わりに国家の実働部隊を安易に頼ったことは、政党政治家には統治能力が欠けているのではないかという懸念が当時一般的に見られたことと無関係ではない。政党への信頼が損なわれた要因は暴力だけではなかった。汚職や大恐慌による経済的打撃に加えて、一九三〇年に民政党の浜口雄幸首相が調印した「ロンドン海軍軍縮条約」も議論を呼んでいた。暴力の蔓延は、こうした政党の弱体化を象徴する出来事と受け止められたのだ。この現象は、戦前の日本に固有のものではない。ドイツでも、共産主義者による暴力と街中での乱暴行為に対する恐れから、民主国家では用をなさないという懸念が広がっていた。ロバート・パクストンいわく「ナチスは、自らの肖像をつくりだす際、自分たちを共産主義に反対する最も活力ある有力な勢力として描き、同時に、自由主義国家が公共の治安を維持するためには無能だとも描き出した」[115]。イタリアでも、スクァドリズモが議会と無能な政党を罵倒していた[116]。日本の特異な点は、既存の政党が他党や反対運動から正面攻撃を受けるのではなく、理念や出自が様々に異なる軍国主義者や国家主義者らによって多方面から攻撃を受けていたという点だ。彼らの一部は後に政界に進出し、政党を滅ぼすとは言わないまでも、脇へと追いやる役目を担うことになる[117]。しかしながら「無秩序」を制するにはある種の「秩序ある暴力」が必要であるという考えが軍国主義や国家主義者の台頭を許したのは、ドイツ、イタリアと同様であった。とりわけ暗殺、そしてクーデターまでもがその手段と見なされるに及んで、こうした傾向にいっそう拍車がかかった[118]。

国粋会や正義団といった組織が、著名な暗殺事件やクーデターを引き起こした軍国主義者や右翼らとどの程度のつながりがあったのかを見極めるのは難しい。しかし、彼らの全員が暴力を救国の手段だと信じていたのは間違いない。一九三〇年代の青年将校らは「テロリズムとテロによる殉死を国土浄化のための尊い犠牲として称揚していた」[119]。これらの暴力行為により、政党は弱体化していく。一九二一年に銀行家の安田善次郎と首相の原敬が右翼に暗殺されたのは、それだけでも憂うべき事態であったが、その後を追うように一九三〇年代には世間を騒がせた暴力事件が立てつづけに発生する。一九三〇年一一月には浜口雄幸首相が襲撃され、一九三一年には右翼と陸軍によるクーデター未遂事件である三月事件と十月事件が発生。一九三二年二月から三月にかけての血盟団事件では、民政党幹部の井上準之助と、三井財閥の総帥である団琢磨が命を落とした。同年五月の五・一五事件では、海軍の青年将校によるクーデターで首相・政友会総裁の犬養毅が暗殺される。一九三六年の二・二六事件では、陸軍青年将校に率いられた反乱軍が、大蔵大臣の高橋是清、内大臣の斎藤実、教育総監の渡辺錠太郎を暗殺した。一九三二年五月、暗殺された犬養毅に代わって海軍大将の斎藤実が首相に就任した時点で、政党内閣は終わりを迎えた。一五の閣僚ポストのうち、三分の二は政党政治家ではなく官僚もしくは軍人が占めていた。政党にとって痛恨の一撃となったこの人事は、高度な政治的陰謀の成果ではあったが、その背景に、過激で暴力的な連中を阻止するためには、政権の中心に穏健派の軍事指導者が必要であるという確信があったことは強調しておくべきだろう。

政党の衰退とともに、院外団も政治の表舞台から消えていった。一九二〇年代後半、普通選挙法の成立によって有権者の数が四倍になったころから、すでに彼らの威光は衰えはじめていた。拡大した有権者層が初の投票を経験したのは一九二八年の総選挙のことである。彼らを投票所に向かわせる動機となったのは、壮士による恐喝ではなく、(非暴力的な)演説集会や青年らによる選挙運動であった。政治家としても、有権者がこれほど大勢になれば、票を脅し取るより票を買う方向に舵を切ったほうが得策である。かくして一九三〇年代に入ると、政友会院外団は国粋会をはじめとする国家主義団体に吸収され、置き換えられることになった。

一九四〇年代初頭には、国家に属さない暴力専門家集団の多くが政治の舞台から姿を消したように見える。院外団式の暴力は、一九四〇年に近衛文麿が大政翼賛会の結成を試みた時点で存在意義を失っていた。圧力集団の必要を助長していた政治闘争や対立が過去のものになったからである。加えて、戦争の経済的負担により壮士を雇うための資金も尽きていた[120]。国粋会と正義団も、いまや先行きが知れなかった。一九三〇年代後半から一九四〇年代初頭にかけて、組織そのものが消滅の危機に瀕していたのだ。一九三〇年代の前半で、両組織の会員数は激減していた——国粋会の場合、一九三二年当時の公称会員数二〇万人が、一九三五年には二万五八一九人に、正義団も一〇万五千人から一万九六一九人に減っている。これは、左翼が行動主義に走らなくなったために、反左翼活動も推進力を失ったからだろう。いずれにせよ、一九四二年に入ると、国家主義団体の活動に関する政府の報告書では、国粋会と正義団、いずれの名前も言及されなくなっていた[121]。とどめとなったのは、一九四〇年代に入って暴力専門家グループの人員(主に若い男性)が軍に取られるケースが増えたことだ。若くて壮健な男子を求めて、戦時下では広範囲で徴兵が行われた。壮士とヤクザは、政党や国家主義団体にではなく、国家の暴力部隊にその力を提供するようになった。

国粋会や正義団は、かつてはファシスト的な暴力の強力な体現者であった。彼らは反左翼主義と膨張主義を振りかざして労働者らを脅迫し、大陸における国家の立場を強化しようとした。彼らの暴力行為がそれほどの威力を持ちえたのは、一部の著名な軍国主義者、実業家、政治家の意に沿っていたからだ。国粋会と正義団の暴力は、議員や議員候補者が派閥争いや選挙で優位に立つため(もしくは保身のため)に用いるような暴力ではなかった。それは、格別な影響力を持った人間が、自らが支持する国家主義的、資本主義的、膨張主義的なイデオロギーをすべて一気に推し進めるための暴力だった。[122]

国粋会と正義団の暴力が持つイデオロギー的な重みは、彼らを一種の政治現象へと押し上げた。この現象は、例えばアメリカのピンカートン探偵社などとは大きく様相が異なる。ピンカートン探偵社の創業者であるアラン・ピンカートンにも彼なりの政治的信条はあったろうが、同社が労働組合に潜入させていた探偵にしても、実業家の身辺警護に当たらせていた警備員にしても、政治組織の一員ではなかった。[123] 国粋会と正義団は、スト破り要員として組合に手先を潜入させていたアメリカの犯罪組織とも異なっていた。確かに、ざっくりとした類似点はある。アメリカの犯罪組織も、彼らの寄生的な支配に抵抗した労働組合のメンバーや指導者らに対して暴力(脅迫、暴行から暗殺まで)を行使した。彼らは年金基金の横奪などを含むあらゆる手段で組合員を痛めつける一方で、選挙で自分たちの支援を当てにしている政治家らの保護を受け、刑事訴追を免れた。この傾向は、二十世紀頭から半ばにかけて特に顕著であった。とはいえ、アメリカの犯罪組織は労働組合の活動を鎮圧、あるいは根絶しようとまではしなかった。なるほど彼らは労働組合に寄生したが、寄生するには組合が存続している必要があった。なにより、シカゴのアル・カポネ一家のような犯罪組織にとって、労働組合は儲けの手段（社会学者のジェームズ・ジェイコブスの言葉を借りれば「金づる」）であった。つまり、アメリカの犯罪組織の動機や関心は「金銭」に偏っており、「イデオロギー」ではなかったのだ。[124]

国粋会と正義団は、単なるスト破り要員ではなかったし、金を稼ぐことだけを考えているマフィアでもなかった。彼らが利益を得ることに無関心だったというわけではない。金銭への関心と政治的な関心が両立しないと考えるのは誤りである。彼らの動機は様々であったが、その影響力を考えれば、彼らの活動がイデオロギーに根差していたことは間違いない。一部のヤクザ勢力が政治に関与したこと（政治信条を持っていたこと、と言い換えてもいいかもしれない）は、「非イデオロギー的なビジネス」であった従来の犯罪組織のイメージを覆すものだった。[125] こうしたヤクザのナショナリズムは、なぜ彼らがイタリアのマフィアのようにファシズム運動の攻撃対象とはならず、むしろファシズム運動の一端を担っていたのかの説明になるだろう。シチリアのマフィアが国粋会や正義団と異なるのは、ファシズムに対抗したという点である。ムッソリーニから見れば、「統一イタリア」に反対し、州の独立を貫こうとするマフィアは、彼の政権にとっての敵であった。「暴力集団」に対するロマンティックなイメージを破壊し、自らシチリアでの実権を握るため、ムッソリーニはマフィアを犯罪者と断定し、一九二〇年代の大半を通じてマフィアの逮捕と裁判に注力した。[126]

戦前の日本で国粋会と正義団の暴力が台頭し得たのは、彼らに国家主義的、膨張主義的なイデオロギーがあったからだ。そのスタンスは、軍事、産業、政治の各方面の権力者に気に入られ、支持された。言い換えれば、権力者とのつながりがあったからこそ、国粋会と正義団の暴力は正当化され、尊重された。彼らの暴力がどの程度まで合法とされていたのかを見極めるのは難しいが、彼らのイデオロギー（必ずしも暴力を伴うとは限らない）が、国家主義と帝国主義を支持する大多数の国民の共感を得たであろうことは想像に難くない。労働組合や社会主義運動とは無関係な人々にしてみれば、反左翼的な暴力の標的となる恐れがないぶん、彼らの活動に対しても比較的無関心だったのだろう。こうした状況のすべてが、ファシスト的な暴力と左翼的な暴力を明確に隔てていた。左翼には暴力専門家を雇う資金はおろか、権力も、世論の幅広い支持もなかったからである。一方、政党の暴力はイデオロギー的な支柱や外観を欠いていたため、その土台は揺らいでいた。かつて、自由党壮士が明治の元老やその後継者の強権に対して立ち上がったとき、彼らにはイデオロギーがあったが、一九二〇年代には、政党による暴力は世間から無意味な内紛のように見られるようになった。以前は国粋会の暴力を批判していた人々も、秩序と安定の維持に失敗したという理由でその矛先を政党に向けるようになった。「イデオロギーの有無」というものが「有用であるかどうか」と同じくらい、暴力の成り立ちや影響力、そして命運を左右したのである。

第五章　民主主義の再建　戦後の暴力専門家

一九四六年五月下旬、暴力は民主主義の敵であるという論旨の社説が読売新聞に掲載された。新たなる平和国家の基盤を築くにあたり、日本国民が「封建的」で暴力的な思想の残滓と闘うため、民主主義の立て直しが急務となった。戦前のテロリズムと軍部独裁は、暴力がいかに制御不能に陥り、破滅的な結果をもたらすかという教訓として語られた。[1]暴力をこのように捉えたのは読売新聞だけではない。同紙の社説は、戦後繰り返し唱えられる「暴力と民主主義は両立し得ない」という反省の、ほんの一例にすぎない。

日本中が共有していたこの感覚は、戦争と占領を経て、過去の暴力的な民主主義がいかに根底から覆されたかを物語っている。戦争は暴力の核心にある破壊性を最悪の形でさらしてみせた。多くの同胞が命を奪われ、残された者は疲弊と絶望に沈むほかなかった。[2]広島と長崎への原爆投下は、暴力の持つ破壊性の象徴となった。降伏から数年後、憲法学者の鈴木安蔵は、戦争とは他者の意思と肉体を支配する行為であり、それゆえに最悪の暴力なのだと述べた。広島の原爆投下は人類史上もっとも残虐な暴力行為であり、未来への希望を打ち砕いた。今ひとたび戦争が起きれば、今度こそ文明は壊滅し、人類は死に絶えることになるだろう、と。[3]しかしながら、日本国民の非難は原爆ではなく、戦時下の政府と軍国主義者に集中していた。国家の指導者に戦争責任を押し付けようとする動きの背後には、占領軍の思惑があった。戦時中に権力を握っていた面々を追放し、戦争犯罪で裁判にかけるためである。結果、軍と「ファシスト」は、多くの日本人の中で戦争とテロリズムに結び付けられることになった。そのイメージがすっかり浸透したため、読売新聞の社説が軍国主義者やファシストをつるし上げて、彼らこそが戦前・戦時中の暴力の権化であると糾弾しても、違和感を抱く者はいなかった。戦後しばらく、過剰で横暴に見える暴力が「軍国主義的」「ファシスト的」という言葉で形容されることになったのも自然ななりゆきであった。戦争とその責任を負わされた人々は、暴力の末路に警鐘を鳴らす反面教師となった。

戦争で深く傷ついた日本人の多くは、この何十年かの過ちを二度と繰り返さないための砦として、民主主義に信頼を寄せた。歴史家のジョン・ダワーがいみじくも述べたように、占領軍当局は皮肉にも民主化計画を上から指導することになった。なかでもとりわけ重要な位置を占めていたのは、平和を尊重した新憲法の制定である。その象徴が、戦争の放棄を宣言する「第九条」だった。新憲法には貴族院を廃止して参議院を設立する旨や、女性参政権を明確に保障する旨も盛り込まれた。[4] 制度が変わるのと並行して、民主主義は平和かつ進歩的な政治文化であるという見方が主流を占めるようになっていった。民主主義のあるべき姿は多くの知識人が語っている。慶應義塾大学の塾長であった経済学者の小泉信三もそのひとりだ。小泉は民主主義が不完全であることを認めながらも、批判、抗議、参加、投票といった形で政治活動に参加する自由が民衆に認められていることが、社会を進化させる仕組みなのだと主張した。民主主義はムッソリーニやヒトラーの強権政治より、あるいはソ連の一党独裁より好ましいのは言うにおよばず、こうした独裁政治を阻止するための手段でもあるのだ、と。[5]

戦後しばらく、日本国内には暴力を拒絶し、民主主義を受け入れる空気が広がっていた。一方で、戦前の政治文化がしぶとく生き残っていることもうかがえた。敗戦の灰塵からよみがえった保守派の政治家の中には、いまだに祖国愛と共産主義への憎悪に根ざしたイデオロギーにしがみついている者もいた。彼らはフィクサー、ヤクザ、大企業、そして新たな同盟相手であるアメリカからなる保守派のネットワークを形成するのに一役買った。これが、一九二〇年代、一九三〇年代の国家主義ネットワークに酷似して見えるのは偶然ではない。プレーヤーの多くはかつての国家主義者、軍国主義者である。彼らは共産主義を何よりも恐れ、社会主義者から力を奪おうと目論む占領軍と思いを同じくすることによって、いわば第二の人生を与えられた者たちだった。彼ら保守派が、社会主義者や労働組合員、日米の強固な同盟関係に反対する一派など、多彩な顔ぶれの左翼と真正面から衝突（時には暴力も伴った）することになったのも、驚くにはあたらない。

こうしたイデオロギーの対立（非暴力的な新しい政治を支持するグループと、暴力的な政治の有用性と必要性を信じつづけるグループ間の摩擦も含む）は、戦後に一部の暴力専門家が姿を消し、一部が生き残った理由――つまり、ヤクザが生き延びる一方で壮士（政治ゴロ）と院外団（圧力団体）が政治から遠ざかった理由の説明になるだろう。また、政治暴力の性質が戦後どのように変化し、どのような背景で暴力よりも金のほうが政治の道具として好まれるようになっていったかを知る手がかりにもなる。戦争前後に見られる様々な連続性と不連続性を並べてみれば、戦後の政治がまっさらな布から仕立てられたわけではなく、「仕立て直された」ものであるとわかる。われわれはまたしても、形を変えて存続する日本の暴力的な民主主義を目の当たりにすることになるだろう。

壮士の衰退と院外団的暴力の改変

政治参加が拡大し、暴力に対して不寛容になった戦後の社会で、壮士は存在意義をなくし、政党内での居場所を失った。一八八〇年代から一九二〇年代にかけての政党政治であれほど目立つ存在だった彼らは、いまやすっかり影を潜めていた。選挙や討論や演説会は、おおむね落ち着いた雰囲気の中で行われ、壮士らの妨害を受けることはなかった。「壮士」という言葉自体、もはや政治と絡めて語られることはなくなっていった。稀にどこかで使用されることがあったとしても、わざわざ言葉の意味を説明しなくてはならないほどだった。壮士の衰退は、一九二〇年代半ばの普通選挙法制定で、有権者が激増したことに端を発している。これほどの有権者を力ずくで動かすことは難しかったからだ。それよりも金を投じて票を買うほうが効率的で、費用対効果も高い。投票者を脅すために無頼漢を動員するという戦略が男子普通選挙の実現によって効力を失ったとすれば、女性の投票が認められるようになった戦後、それはますます実際的ではなかった。女性が初めて投票に参加した一九四六年四月の総選挙では人口の約半分が選挙権を得ていた[6]。一八九〇年に行われた初の総選挙で有権者が人口の一パーセント程度であったことを思えば、驚異的な伸びと言える[7]。

院外団は一九五〇年代の前半までは曖昧な形で存続していたが、壮士はその暴力部門の中にも姿を見せていない。一九四〇年代の後半には、院外団が話題に上ることも滅多になくなっていた。せいぜい日本進歩党内で院外団を設置するか議論がなされたという記録が残っているくらいだ[8]。一九四七年に日本進歩党から民主党が誕生したとき、新党は院外団を組織した。「新生会」と名付けられたこの集団の目的は、党の国会外での活動範囲を広げることであった。それがどのような活動を指すのか、そしてどの程度の暴力が介在していたのかは不明である。しかし、一九五〇年の民主党解散を待たず、幣原喜重郎が党を去るのと同時に新生会は崩壊した。[9]

一九五三年にはある政治雑誌に、近ごろ「院外団」という言葉を滅多に聞かなくなったと指摘する記事が載った。その一年後には、ある評論家が月刊誌『世界』で、一九二〇年代後半には、院外団は議会を中断させるために暴力を行使したことでよく知られる存在だったと解説している。評論家は明らかに、暴力装置としての院外団を知らない読者に向けて、このような説明をする必要があると感じていた。[10]過去との決別を図る風潮の中で、院外団を持たないことが進歩の証しだと宣言したのが改進党である。改進党は、院外団のそもそもの役目は政党と国民を結びつけることにあり、そのような仲介役は今日のいっそう民主的な時代には不要であると主張した。これに疑義を呈したのがライバル政党のひとつである自由党だ。彼らは、改進党には単に院外団を擁するだけの資金がないだけではないかと指摘した。

その自由党は一九五三年一月下旬に正式に院外団を結成し、圧力団体を擁する唯一の政党となった。院外団と称されてはいたものの、自由党の院外団は、戦前の院外団に比べればはるかに大人しい集団だった。占領中は「同交会」と称していたこの集団は、東京に三七五人の会員を抱えていた。構成メンバーは、党員や政治家志望者、政治愛好家、学生などだ。院外団の最も重要な任務は、党の決定を推進することだった。その一環として、彼らは特別選挙の実施を要求し、特別放送行政局の局長に共産主義者の活動状況を問い合わせ、東京都議会での混乱に関する決議書を提出したりしていた。党の顧問は、院外団の振る舞いがすっかり真面目になったとコメントしたものだ。荒っぽく振る舞うだけで無料の昼食と小遣いがもらえた古き良き時代はすでに過去のものになっていた。戦前の院外団に所属していた政治家の大野伴睦は、無秩序で血気にはやった当時の活動を回想し、演説会に殴り込んで騒ぎを起こしたり、野党と取っ組み合いを繰り広げたりするのがいかに楽しかったかを熱く語っている。戦前の圧力団体の荒っぽさと腕力主義にまつわる大野の回想は、戦後の政治において壮士と院外団（の武闘派グループ）の性格が変化したこと、あるいは両者がすでに政治から縁遠くなっていたことを示唆するものだ[11]。

院外団の性格が従来より抑えの利いたものになったからといって、彼らが真っ当な政治的礼節を育んでいたと受け取るべきではない。党は青年党員（正式な院外団メンバーとは言えないかもしれないが）を駆り出し、メガホンと、おそらくは賄賂としてばらまくための軍資金を持たせて遊説に向かわせた[12]。たとえ院外団があからさまに暴力的な一派を抱えていなかったとしても、政党は依然として暴力の可能性を残していた。自由党院外団の活動内容には暴力を伴うもの、あるいは暴力の可能性を伴うと解釈されかねないものも混じっていた。例えば、集会で演説者に加勢すること、破壊活動防止法の可決を阻止しようとする左翼に対して「あらゆる可能な措置」を講じること、党総裁や幹部が東京以外の場所で遊説を行う際の警護に当たることなどである。したがって、吉田茂首相の外遊先で、その脇を固めるように歩く男たちはみな院外団だと思われていた。こうした任務のさなか、どれほどの頻度で暴力が振るわれたのかは不明だが、一九五〇年代半ばから、討論や演説会を妨害する男たちの姿がしばしば見られるようになった。上級団員のひとりなどは、暴力沙汰に際して党員と事務所を守るのが院外団の務めだという理由で、院外団を「腕力団」と呼ぼうという意見に賛成さえした[13]。さらには、院外団以外の政党内組織による暴力も散見されるようになった。この「秘書団」は、国会議事堂の中で対立政党の院外団や党員らと激しい衝突を繰り広げた。

このころの議会政治に、暴力専門家、または腕力の行使を第一の任務とする者たちによる暴力が見られないことは注目に値する。院外団、秘書団、政党員および政治家らは、暴力的な活動を展開できたし、事実展開していたが、戦前期の壮士のような「特別に任命された政党内の武闘派」はいなかった。その理由のひとつは、暴力よりも金銭のほうが政治工作の手段として好まれるようになったことだ。しかし、それ以上に大きかったのは世論が暴力を嫌うようになったことである。暴力専門家の再登用は政党にとって危険な賭けと見なされた。非民主的であるという批判への恐れと、その恐れによって形作られた議会政治の新たな暴力は、一九五〇年代半ばの乱闘の中にとりわけ顕著に見て取れる。

議会政治の武器、議論の武器としての暴力

一九五四年夏の乱闘国会は、六月三日の晩に起きた自由党と日本社会党(以下、社会党)の衝突に端を発する。きっかけは、保守派の自由党が提出した警察法の改正法案に対する意見の不一致であった。この法案は、警察の一元化を実現すべく、全国数百の自治体警察を廃止して国家地方警察と合併させることによって、各県の知事と公安委員会の管理下にある新しい都道府県警察を発足させようと

するものであった。社会党は、この法案は地方自治を否定しかねないうえに、国家権力の延長である戦前の中央集権的な警察組織への後退であるとして猛反対を唱えた。五月一五日の衆議院本会議において法案は二五四対一二七で可決されたが、参議院で審議が止まってしまう[14]。自由党が法案を成立させるために四度目の会期延長に持ち込もうとしているのかどうかは、六月三日の午後遅くまで判然としなかった。夕刻が近づくにつれ、社会党は相手が土壇場で強行採決に持ち込もうとしているのではないかとの懸念を募らせはじめた。実際のところ、まさに社会党が怖れていたとおり、衆議院議院運営委員長は午後八時以降のある時点で会議を打ち切って、そのまま法案を本会議に持ち込もうとしていた。この動きを見越して、社会党の秘書団は議長室と本会議場のあいだにピケを張って議長の動きを封じ、法案審議のための会期延長を決定する本会議の開催を阻止しようとした。また、すでに本会議場に入っていた社会党員は、上段の議長席を占拠した。社会党員は議長室に押し入ることまでは想定していなかったが、後部扉が開け放しになっていたため闖入に成功し、そこでスクラムを形成して部屋を塞いだ。この事態に慌てふためいた自由党員の何人かは、劣勢の衛視に加勢しようと警察に通報した[15]。

この事件は、戦前の帝国議会に見られた乱闘と比べれば、暴力の面ではずっと控えめなものだった。社会党は自らが望む政治的結末を導くために秘書団を動員し、自由党はそれに対抗するために警察を動かした――そのこと自体は暴力的な行為であったと言えるだろう。しかし、戦前のいざこざにつきものであった傷害や破壊行為はほとんど見られなくなった。にもかかわらず、暴力を忌避する戦後の風潮の中、この事件は一九二〇年代、三〇年代の事件よりもはるかに激しく広範囲な反発を招いた。

大手新聞の三紙は、六月一一日には早くも非難を表明し、国会は失われた名誉の回復に努めるべきだと声明を出した。本会議の開催を阻止するのに力技を使ったということで、メディアの矛先は主に社会党に向けられていたが、一方で各紙は政府と全政党、全議員に対して自制と反省を求めた。そして、議会の運営を正常に戻し、世論に従って行動することで迅速に事態を収拾するよう、関係者全員に要請した。国権の最高機関でこのような混乱が長引くことで、政治、経済、社会に不安が広がり、民主政治の基盤が崩れることを各紙は深く懸念していた[16]。国民の意思を無視し、世論に反する決定を下しているとして、前々から与党である自由党と吉田茂内閣に対する不満は広がっていたが、いまや国民の多くは野党である社会党にも失望し、国会議員全般に対して反感を抱くようになった。翌一九五五年になっても、二月の総選挙を前にして、国民は汚職と暴力に侵された国会に対する不信を募らせていた[17]。

自由党と社会党、それぞれの支持者はこの政治的停滞を使って、相手を暴力的で非民主的だと非難することでお互いの信用を傷つけ合った。どちらの陣営も、相手が正当な議会の手続きを捻じ曲げ、ぶち壊そうとしているという印象を世間に植えつけようとした。事件から二日後、自由党議員の集会でスピーチを行った吉田茂は、自身に対する社会党の批判に反論し、社会党こそ言論の自由、国会の自由、憲法の精神を踏みにじる存在であると述べた。社会党の行動は恥知らずなだけでなく、民主的な議会政治の破壊を目的とした、もっと大きな陰謀の一部なのだと吉田は断じた[18]。政治家の増田甲子七は吉田の社会党批判に同調し、腕力で議会の審議を阻止するという暴挙は、国会の重要性を軽んじ、否定しようとする社会党の本質を露呈するものであると述べた。この点を強調するために、増田は戦前の記憶を呼び覚ますような表現をわざと用いた。社会党は大多数の政党の意思に反した行動を取る、独裁的かつ封建的かつ絶対主義的な少数派であり、本質的にはムッソリーニと大差ない、というのだ。増田はさらに、議長室を封鎖して議長席を占拠するという行為はクーデターも同然であり、一九三〇年代の軍部による政権掌握を想起させるとまで言い切っている。

増田らはまた、この一つの事件をもって左翼の行動原理やイデオロギー全般を語る機会と捉え、その潜在的な暴力性や攪乱的体質への恐怖を煽ろうとした。左翼はマルクス主義的なイデオロギーが命じる社会革命を実現するために暴力や違法行為に訴えようとしており、六月三日の国会における社会党の行動はその表れであるというわけだ[19]。こうした議論を展開したのは増田ひとりではない。早稲田大学の名誉教授であった津田左右吉は、社会党の幅広い影響力についてさらに詳しく論じている。津田は、社会党と日本共産党の両党を、労働争議や学生運動に見られる暴力と関連づけて語った。津田に言わせれば、社会党は国会で起きた一件の違法行為にのみ責任を負っているのではない。左翼的暴力という風潮に拍車をかけ、国家の法的、社会的、道徳的秩序を脅かす元凶として責められるべき存在なのである[20]。

社会党もまた、自由党の暴力行為に世間の注目を集めるために、同じような論旨を展開した。評論家の加藤彪二は、今回の事件は自由党に全面的な責任があると主張した。自由党の国会運営の拙さや引き伸ばし工作によって、社会党は困難で不利な立場に追い込まれたというのである。加藤の見解によれば、自由党の失政を招いたのは、自らの政策を無理やり押し通そうとする吉田内閣の強権的な性格だという。朝日新聞記者の西島芳二や法政大学の中村哲らもこれに同調した。中村にいたっては、吉田には民主的思考が欠けているとまでほのめかしている。中村が考える新憲法の本質とは「天皇から首相への権力の委譲」であり、その新憲法下にある戦後社会で首相が民主的思考を欠くのは大問題であった。吉田の流儀に倣い、自由党は「多数で決めればなんでもよい」の精神で、国民の意見を無視し、十分な議論もないまま決定を下したと中村は指摘する。社会党が国会の議事進行を妨害することで議会政治のルールを破った点は認めつつ、そもそも衆議院議院運営委員会でオープンかつ自由な議論が戦わされていれば、事件そのものが起こらなかったはずだと中村は固く信じていた。加藤と中村が真に強権的な存在と見なしたのは、小細工に走った社会党ではなく、自らの立場を悪用した自由党のほうだったのである。歴史学者の遠山茂樹は「多数の暴力」という表現を用いて、同様の意見をより簡潔に語った。遠山はまた、平和を守り、自由党による戦後政治の「ファシズム化」を食い止めるためには、進歩的な政党同士が協力し合うべきだと強調し、戦前の過ちを繰り返したくないと望む人々の不安に訴えかけた[21]。

上記の事件から約二年が経過した一九五六年五月、再び国会でいざこざが起きる。今回の事件は、会期中の議会が「暴力国会」と揶揄されるほどの大乱闘へと発展した。暴力がエスカレートしていった背景にはいくつかの理由が考えられるだろう。この国会において、保守派の自由民主党（以下、自民党）と社会党による戦後の二大政党制が始まった。自由党と日本民主党の合併により誕生した自民党は与党として権勢を誇った。保守派の強大化を目の当たりにし、従来の強権的な政治が続くことを恐れた社会党は、これに対抗するには通常の議会のやり方では手ぬるいと考えたのかもしれない。なおかつ、ふたつの政党はイデオロギー的にも深く分断されていた。その分断は、国会の外側で吹き荒れる社会闘争の嵐に呼応するものだった。乱闘の発端は、教育および労働の現場での左翼活動をめぐる対立が国会に持ち込まれたことである。そこでは自民党の支持基盤および社会党の有力支持層の双方に関わる重要な法案が審議されていた。

その国会は一九五五年の暮れに平穏に開幕したが、自民党が提出した小選挙区制法案の通過を社会党が妨害したことにより、一気に緊張感が高まった。一選挙区につき一人しか当選できない小選挙区制は、自民党の有利に働くと考えられていた[22]。さらに、翌年三月に自民党から新教育委員会法案が提出されるに至って、自民党と社会党の全面対決は避けられない事態になった。この法案は、教育委員の公選制を廃止し、自治体の長が任命する制度に改めることにより、教育委員会を自治体の指揮系統に組み込むことを目的としていた。そこには、選挙で善戦した日本教職員組合（以下、日教組）の力を削ぐという意図もあった[23]。言うまでもなく、日教組の意向を代弁していた社会党の一派はこの法案に反対した。日教組は左派政党ばかりでなく、日本労働組合総評議会（以下、総評）とも協力関係を結んでいた。一方の自民党側に立つのは、自治体幹部や全国市長会であり、自民党は来たる参院選でも彼らの支持を頼りにしていた。

両派が本格的に衝突したのは五月二五日のことである。その日、参議院の熱心な日教組メンバー約二〇人が、労働組合員と社会党の秘書団を動員してピケを張った。ピケのひとつは、教育委員長の事務室をぐるりと取り囲むように張られていた。この膠着状態は四、五日間続き、やがて自民党が法案の強行採決を決断するに至って新たな局面を迎える。社会党は党員と秘書団を会議場へ送り込み、議長を議長室に隔離したうえ、自民党の控室の前にもピケを張って副議長をその中に閉じ込めた。この騒ぎの中で、社会党側が赤いカーネーションを身につけ、自民党側は白いバラを身につけることでお互いを識別していたのは、一九一二年から一三年にかけての第一次憲政擁護運動を彷彿させる。

自民党の策謀に対して社会党は腕力で応じ、六月の最初の数日間で乱闘は最高潮に達する。六月一日の午後八時ごろ、参議院の議長は予定外の本会議を招集したが、社会党員の大半が到着する前に会議場の扉を締め切った。社会党の議員と秘書団は扉に体当たりして会議場に押し入ろうとしたが、反対側では衛視が扉をしっかりと押さえつけていた。衛視らは結局力負けして社会党員の乱入を許すが、このときに殴る蹴るの暴行を受けている。怒れる社会党員は会議場の中で副議長に殴りかかり、議長にも襲いかかって国会を大混乱に陥れた。負傷者数は一〇人程度とも三〇人を超えたとも言われる。やがて救急車が現場に到着し、負傷者を病院に搬送した。

この段階まで議長は警察の介入に反対していたが、一晩明けて警察の出動を要請する書類に署名する。警視庁の予備隊は六月二日の午後二時五〇分に出動要請を受け、その約三〇分後には五百人の警官が国会議事堂の外に到着した。午後三時四五分前に警官らは参議院本会議場前の廊下に配置されたが、その翌朝には早くも議事進行中の会議場に立ち入らざるを得ないほど、事態は収拾がつかなくなっていた。国家暴力が自民党の指示によって国会の心臓部に侵入を果たしたことに対し、一部の人々は憤激した[24]。

この事件に対する国民の反響は、二年前の事件への反響を踏襲していた。強制と暴力は非民主的な行為であるという基本的な構えは変わらなかったが、暴力を非難する声は一九五四年当時よりもずっと厳しいものになった。これは、二大政党制の幕開けに危機感を抱く声が多かったのと、日本の政治事件に対する海外メディアの注目の高まりを受けて自国の国会の現状を恥じる気持ちが国民のあいだに醸成されていたからだろう。[25] この一件で最も重要なのは、政治闘争に伴う暴力がかつてない激しさに達したという点である。だからこそ国民は強く反応したのであり、社会党を批判する風潮も広がったのだった。過去の事件との最大の違いは、以前は社会党のやり方を擁護していた人々ですら、今回ばかりは彼らを暴力的で問題のある政党だと見なした点にある。社会党の暴力は容認しうる政治行動の一線を越えたというのが、当時の世論の暗黙の了解であった。[26]

社会党が非民主的と見なされるのは、そのときに始まった話ではないが、ここに「犯罪的」という認識が加わったのである。ある評論家は雑誌への寄稿で、社会党は新憲法の基本原則と精神を理解していないばかりか破壊しようとさえしていると断じ、その暴力について重大な犯罪であるとの見解を述べた。さらに、平和憲法を守るという立場を取りながらも暴力に訴えたことを踏まえ、社会党は偽善的であると非難した。[27] 別の評論家は国会での社会党の行動から、平和を守るという職務に対する同党の誠実さに疑問を投げかけている。社会党は第三次世界大戦の阻止と世界平和の構築を願う真の平和主義者の同志ではない、というのがその論旨だ。[28] この寄稿者が自民党の議員であることは驚くに値しないが、社会党に共感していた層ですら、かつてないほど厳しい評価を同党に下した。一九五四年の事件では自由党と吉田茂を批判した朝日新聞記者の西島芳二も、社会党が暴力に訴えるやり方を放棄することを望んだ。西島は社会党と同じく新教育委員会法案に反対の立場であり、自民党が与党であることに深い懸念を寄せていた。しかし一方で社会党の未熟さを認め、同党にその暴力的な行動方針を反省し、議会政治と民主政治を受け入れ、それによって「大人の政党」に成長せよと促した。[29]

社会党に対する痛烈な批判と並行して見られたのが、自民党は平和的な政党だという露骨なアピールである。社会党批判の急先鋒であった国会議員の青木一男は、自民党の議員は暴力を暴力で返すことなく、何があっても会議場の自席から立とうとしなかったというはなはだ信用ならない証言を行っている。もし自民党議員が乱闘に加わったのであれば、彼らの多くは武道の上級者であるから、間違いなく勝利していたであろう。しかしそれは犯罪行為であるし、国会とはあくまで弁論の場であるからして、自民党議員は腕力を振るうのを自重した――というのが青木の主張だ。青木はまた、自民党が警察を動かしたことについても多少は説明する必要があると考えたのか、実際に会議場に立ち入った警察官は（国会を警護していた五百人のうち）わずか一五人であり、しかもたった数分間のことであったと述べ、それが些末な問題であることを強調している。[30]

一九五四年の事件のときと同じ文脈で自民党の態度を非難する声もあったが、それほど目立ったものではなかった。社会党の委員長は、国会の独占をはかる自民党こそ非民主的だという主張を繰り返し、左翼の学者らは「多数による圧政」について論じた。[31] 読売新聞のある社説は、自分たちの法案を無理やり通そうとする与党のやり方も暴力の一種であると述べている。もっとも、この記事は乱闘が最高潮に達した六月頭より前に掲載されたものであり、それ以降はもっぱら社会党の無分別な行動に世間の耳目は集中することになった。[32]

本書のテーマからして最も注目すべきは、社会党が過去の好ましからざる暴力と関連づけて語られたという点だろう。政敵を戦前の軍国主義者やファシストに例えることによって攻撃するという手法はすでにお馴染だったが、今回の事件でもこの回りくどい手法が使われた。社会党の一派が日教組と組んで起こした行動は、一九三一年の満州事変当時の侵略的軍国主義者を彷彿させると非難された[33]。社会党を凶悪なやくざ者と見なす向きもあった。ある新聞記事は、社会党は議会政治と立憲政治の何たるかも理解していない「無頼漢」であると揶揄した[34]。社会党のやり方は満州事変当時の「馬賊」と何ら変わらないという指摘もあった[35]。

一九五六年の国会をめぐる言説は、戦後民主主義の際立った特徴である、暴力に対する不寛容の広まりを示すものだ。当然ながら、様々な形態の政治暴力を非難した人々もそれぞれに政治的課題を抱えており、実際のところは口で言うほど暴力を問題視していなかったかもしれない。しかし彼らは、政敵の信用を落とすために暴力に標的を定めた。少なくとも、今となっては暴力を許さないという態度こそが国民の共感を呼ぶはずだと心得ていた。戦前に暴力を公然と批判する声が上がったときは、左翼寄りの意見として一顧だにされなかったのに、終戦直後の数十年においては同じ意見が圧倒的な支持を得たのである。

政治暴力や暴力専門家（軍国主義者であれ、やくざ者であれ）の再来に対する懸念は、戦後体制の中で政党が壮士や院外団を抱えるのは愚行であるという風向きを形成していく。組織化された暴力集団を政党に堂々と引き入れたりすれば、その党は大多数の国民の怒りに触れ、声高な批判にさらされることになるだろう。無論、国会議員や秘書団のメンバーが、いざとなれば自らの身体を政治的武器として利用するつもりである以上、意見の不一致が暴動に発展する可能性は常にあった。しかし、壮士さえいなければ、議会政治がはらむ暴力性を常に思い出させられることもない。また、暴力専門家が国会の廊下にたむろしていないかぎり、戦前のように激しい乱闘がしょっちゅう起こることもなかった。

「暴力団」の再来――ヤクザと保守ネットワーク

戦後になって、壮士や院外団は政治の舞台から退場を迫られたが、ヤクザはこの運命を免れた。それどころか、ヤクザは保守派のネットワークに不可欠な存在となる。このネットワークは、前章で論じた戦前の国家主義者のネットワークの再現とでも言うべきものだった。ヤクザがこのネットワークの一部であったことは、彼らがなぜ政治の舞台に立ちつづけることができたのかの説明になるだろう。暴力を許容しない戦後社会の中にあっても、ヤクザが命脈を断たれることはなかった。保守派の政治指導者とフィクサーらは、少なくとも戦後初期の数十年間は、批判を受けるデメリットを考慮してもなお、ヤクザ（とその暴力）は有用かつ必要であると判断した。おそらくは、ヤクザとゆるやかに連携する程度なら、壮士のような連中を組織化して政党内に取り込むほどには世論を逆撫ですることもないだろうという思惑もあったはずだ。実際、否認したりうやむやにしたりできる余地は多少なりとも広かった。

戦後に保守派の政治家と右翼が台頭した背景を理解するには、ヨーロッパに鉄のカーテンが下ろされたと言われ、アメリカがトルーマン・ドクトリンの下でソビエト拡大への懸念を表明した一九四〇年代までさかのぼらなくてはならない。日本における共産主義の拡大、一部の労働組合の乱暴ぶり、その他の違法すれすれの大衆運動を強く警戒した占領軍当局は、民主化政策よりも反共政策を優先させることになった。いわゆる「逆コース」である。それ以前の一九四六年から一九四八年まで、占領軍当局は戦前の右翼の復活を阻止し、民主化計画を推進するために彼らの公職からの追放を行っていた。軍国主義者や政治指導者らとともに標的にされたのは「超国家主義的、暴力的結社及び愛国的秘密結社の主要人物」である。その中には玄洋社のメンバーらも含まれていた。その結果、占領の初期段階で百を超える組織が解散に追い込まれる。同時に、占領軍当局は労働者に組合を結成する自由を与え、日本共産党を合法化し、左翼運動の活性化を促した。[36] しかし、一九四九年から一九五〇年にかけてその方針は一八〇度転換され、官公庁や民間（重工業から教育機関、通信会社まで）から共産党員や労働組合員などの左翼活動家が追放された。このいわゆる「レッドパージ」によって、実に二万一千人が職を失う。その一方で、占領軍当局は戦前の軍国主義者と国家主義者らの公職追放を解除した。これら一連の動きは、政治における保守派の覇権確立を促し、戦後に復活した右翼組織の急成長を後押しすることになる。[37]

その中で新たに政治生命を与えられたひとりが、A級戦犯容疑者として三年間巣鴨プリズンに収監されたのち、一九四八年に釈放された岸信介である。岸は一九三〇年代後半に「満州国」で官僚を務め、現地で政治ネットワークを形成し、アヘン売買や資金運搬を含む、合法・非合法を取り交ぜた副業で私腹を肥やしたとされる。一九四一年から一九四四年にかけて、岸は東条英機内閣で商工大臣を務め、戦時下の経済活動を切り回した。またそのころ、岸は政治における同志を結集して「岸新党」を立ち上げている。メンバーには国会議員、中国大陸でつきあいのあった実業家、一九三一年のクーデターに加担した国家主義者らが含まれていた。一九四八年に巣鴨プリズンから釈放されると、岸は戦後政治を主導していくための保守政党の立ち上げに着手する。こうして誕生したのが、戦前の岸新党と護国同志会を母体とする「日本再建連盟」である。しかし、同党は初の選挙で敗北する。その後、岸は保守派の自由党に入党を果たし、一九五三年の衆議院選挙で当選するが、翌年には内部造反を試みたとして除名処分を受け、ライバル政党の日本民主党に身を寄せる。この間ずっと、岸は保守勢力を増強する機会を伺っていた。そして一九五五年一一月、岸の尽力により自由党と日本民主党の合併がなされ、自民党が誕生。同党は一九九〇年代初頭まで日本の政治を支配することになる。岸（後年の首相である佐藤栄作の実兄にして、二十一世紀に首相となる安倍晋三の祖父）は自民党の幹事長に就任し、一九五七年から一九六〇年まで首相を務めた[38]（一九六〇年以降も、一九七九年に政界を退くまで議員の地位を維持しつづけた[39]）。

保守派のライバル同士（ひいては保守ネットワーク全体）を結びつけたものは、彼らが共有していた社会主義者への恐怖だった。一部の社会主義グループが一九五〇年代初頭に選挙で勝利を収めていたことに加え、さしあたりの脅威は二派に分裂していた社会党が一九五五年一〇月に再統一を果たしたことであった。この出来事は保守陣営に恐慌をもたらした。反社会主義的な立場に加えて保守派の結束を促したのは、労働組合運動への不快感と、企業利益の支持、さらに彼らの多くが抱いていた日本の再軍備への願いである。

保守派を最初に束ねたのは左翼への反感だったかもしれないが、保守政治の車輪に油をさし、自民党の支配体制を築きあげる動力となったのは金であった。自民党（および所属議員）への資金の流れを追跡すれば、広大で強力な保守ネットワークのつながりをたどることができるだろう。自民党への献金の一部は、政策への発言力を金で買うような行為に見えたかもしれないが、建前上は合法だった。保守派に対して巨額の献金を行っていたのは、大手企業の団体である経済団体連合会（以下、経団連）である。一九五五年一月、経団連は加盟企業による政治献金を自らが運営する「経済再建懇談会」にプールし、しかるのちに分配するというシステムを確立した。このメカニズムの背後には、個々の企業や業界が、政治家、政治派閥、政党とのあいだで交わしてきた金銭のやりとりを廃止することによって、政治資金の流通経路をいっそう透明化するという目的があった。前年の政治献金スキャンダルによって損なわれつつあった日本産業界への世間の信頼を、オープンなシステムによって維持しようとしたのである。したがって、経済再建懇談会からの献金はクリーンな資金ということになっていた。システムの責任者のひとりである花村仁八郎は、企業からの寄付はすべて政治資金規正法に準拠しており、スキャンダルとは無縁であると胸を張った。にもかかわらず、経団連の資金力の大きさは民主政治における大企業の立ち位置に疑問を投げかけることになる。保守勢力が地盤を固めるのに経団連からの資金提供が大きな役割を果たしたのは明白だ。経済再建懇談会には設立初年度のうちにおおよそ一〇億円が集まったが、その大部分は保守派の二大政党へと流れていった。経団連の意向を受けて自民党が結成されてからは、自由主義的な経済システムを永続させるという名目の下、花村は党の財政基盤を確固たるものにしていった。戦後の大企業と自民党の関係は、戦前の財閥と主要政党の結びつきを彷彿させる。その仲介役として重要な役割を担ったのが経団連であった。一九五五年から一九六〇年にかけて、経済再建懇談会は二五億円の献金を行っている。一九六〇年の選挙では八億円を集め、うち七億七千万円が自民党に流れた。経団連は共産党を除くすべての政党に献金していたが、その九〇%は自民党に対する献金である。経団連による献金の規模を、その他の資金提供者と比較してみればその影響力の大きさがうかがえるだろう。一九六〇年までに経団連が行った献金額は、記録に残る政治献金の総額の実に六〇%を占める。一方で、政治学者のリチャード・サミュエルズも指摘するように、経団連を経由した献金額は、企業から自民党に流れた資金のほんの一部でしかなかった[40]。

企業と並ぶ自民党の強力な支持者は、アメリカ中央情報局(CIA)である。CIAは、自民党および一部の保守政治家に秘密裏に資金提供を行っていたとされる。機密解除されたCIA文書は、米国政府が日本に保守政権の樹立を望んでいたことを明白に物語っている。一九五五年八月、米国務長官のジョン・フォスター・ダレスは、日本の保守派と協調することの重要性について語った。その数年後、駐日大使のダグラス・マッカーサー二世は、一九五八年五月の衆院選は重要な局面になると見られ、この選挙で岸信介が勝利をおさめることが米国に最大の利益をもたらすだろうと報告している[41]。岸の勝利が確定したとき、米国務省は日本の政治情勢について「極東における合衆国の利益に貢献するものである」との見解を示し、「日本は極東においてますます価値ある同盟国となるだろう」と予測した[42]。CIA文書および元工作員の証言によると、岸の選挙活動に対するアメリカの支援には資金提供も含まれていた。なかでも一九五八年の選挙における資金提供は、自民党全体を支援するより大きな戦略の一環であった。一九五五年から一九五八年までCIAの極東部長を務めたアルフレッド・C・ウルマー・ジュニアは次のように述べている。「われわれは自民党に資金を提供する代わりに、彼らの情報を頼りにしていた」。ジョン・F・ケネディ政権下で国務省の諜報・調査局長を務めたロジャー・ヒルズマンは、一九六〇年代初頭における自民党および自民党政治家への資金提供は「完全にルーティンワークとして確立されていた」と述べており、アメリカの対日外交政策上、当然かつ必要な手続きとして受け止められていたことをうかがわせる[43]。

保守ネットワークの中には、資金提供を行うだけでなく、自民党の支援団体を立ち上げた者もいる。政界の舞台裏で暗躍するフィクサーたちは、戦前の人脈や影響力を駆使して保守政治と右翼の活性化に努めた。保守グループにヤクザを引き込むのに一役買ったのも、こうしたフィクサーらであった。なかでも政治的に大きな影響力を持っていたのが、岸信介らとともにA級戦犯容疑者として巣鴨プリズンに収監された笹川良一である。戦前の笹川は熱心な国家主義者であり、開戦支持者でもあった。最終学歴は小卒で(学業を続ければ、いずれ社会主義者になってしまうだろうと家族が怖れたため――と本人は説明している)、帝国海軍のパイロットを務めた後、様々な国家主義運動に関わった。一九三一年九月、笹川は「国粋大衆党」の総裁に就任する。この組織は二三の支部と一万人以上の党員を抱え、モデルとしたイタリアのファシスト党に倣って黒いシャツを制服としていた。一九三二年には、戦闘機の操縦士を育成する目的で大阪に飛行場を建設。その格納庫は七〇機の戦闘機と二〇機の訓練機を収納できる広さを備えていた。のちに、この飛行場の所有権は軍隊に譲渡される。一九三五年には、強喝や贈収賄に加えて政治暴力を企てた容疑(うち一件は首相を標的としたものだった)で逮捕され、一九三八年まで服役。当時のメディアは、笹川を「日本の暴力団のドン」と呼んだ。釈放後の一九三九年、笹川はムッソリーニに会うためにローマを訪問している[44]。

一九三〇年代に、笹川は国家主義の同志である児玉誉士夫と知り合う。戦後、笹川とともにフィクサーとして活躍することになる児玉は、人生のかなり早い時期から左翼的なイデオロギーを軽蔑するようになった。児玉は各地の工場や作業場で働いたことがあり、身をもって労働者の生活の厳しさを知っていたが、労働組合や労働運動が共産主義寄りになることに対しては強硬に反対した。児玉は日記にこう記している。「日本国内の労、資間の不合理なことがらを解決するに、何故、ソ連を祖国よばりしなければならんか、また、国情のちがう日本に、マルクス主義を鵜のみにして、それをそのまま押しつけようとするのか、これはどうしても理解できなかった」[45]。やがて児玉は国家主義に耽溺するようになり、一九二九年には国家主義者のリーダー的存在であった赤尾敏と上杉慎吉が率いる反共的な「建国会」に加わった。以後八年間、児玉は様々な国家主義団体に関わり、何度も投獄された揚げ句、閣僚の暗殺を企てたとして、その人生で最長となる懲役刑に服す[46]。服役中、児玉は笹川の側近である藤吉男と知り合った。このコネクションを通じて、のちに児玉は笹川が主宰する国粋大衆党の東亜部長を務めることになる。

笹川と児玉の結びつきは、一九四一年にはいよいよ強固なものになった。この年、笹川は海軍航空本部から物資調達機関を率いる人材を紹介するよう依頼される。笹川は後輩である児玉に白羽の矢を立て、当時陸軍の嘱託であった児玉はやむなく海軍に移籍し、一九四一年一二月に「児玉機関」を設立した。設立から二年後、笹川の右腕である藤吉男が児玉機関の副機関長となる。笹川自身、児玉機関の設立に尽力したひとりであり、最大の支援者のひとりでもあった。児玉機関は上海に本部を置き、設立時に海軍から数百万円を受け取ると、航空本部のために物資の調達を進めていく。児玉機関は数百名もの機関員を抱えていたが、彼らは主に「プロの犯罪者、右翼の凶悪犯、憲兵隊員」から成っていたとされる。このことから、児玉とその部下は大陸浪人のような存在と見られていた。[47]児玉は当初、銅と航空機の部品を調達するという穏当な仕事を手がけていたが、次第に原料全般、食品、衣類、自動車へと手を広げていった。児玉は中国で鉱山を営んでおり、その一部ではタングステンやモリブデンなどの希少金属が産出されていた。金、ダイヤモンド、そしてアヘンを扱っていたという説もある。CIAおよび米陸軍対敵諜報部隊（CIC）の報告によれば、こうした資源の多くは没収や窃盗といった形で違法に入手されたか、海軍に報告された金額よりも安く入手されており、機関員は多額の利益を着服していた。違法な収入に加えて、児玉は一九四一年から一九四五年にかけて海軍から三五億円の報酬を受け取っており、戦争が終わるまでに、一億七五〇〇万ドル相当の資産を築いていた。終戦間際の数週間で、児玉は機関の資産と資金を日本に送り返した。資源の一部は笹川が借りていた倉庫に保管されたと言われる。[48]

戦争が終わるやいなや、笹川と児玉は自らの資産と組織活動のノウハウを生かして鳩山一郎が日本自由党を立ち上げる手助けをした。児玉機関の戦利品を売却した代金の一部がそのまま鳩山の元に流れたという指摘は多い。裏付けはないものの、複数の引用においてその金額は七千万円であったと言われている。[49]さらに、笹川と児玉は自由党の支持者集めにも奔走した。その中にはヤクザも含まれている。笹川が自由党の創立式典に出席したときも、テキ屋の集団が脇を固めていた。一九四六年四月に行われた戦後初の総選挙で、児玉がテキ屋の親分たちから選挙献金を募っていたという指摘もある。[50]児玉にせよ笹川にせよ、政治的にもイデオロギー的にも、戦後に何らかの宗旨替えを行った形跡は見られない。一例を挙げれば、笹川は終戦直後から次のような主旨のスピーチを何度となく行っている

――日本は西側諸国に生存を脅かされたからこそ、戦争に突き進まざるを得なかった。台湾、朝鮮、満州への膨張は侵略などではなく、現地にとっては福音であったのだ、と。[51]

笹川と児玉はA級戦犯容疑で投獄され、両名の政治キャリアも一時的に絶たれたが、やがて岸信介同様、ふたりとも自由の身になった。一九四八年一二月というタイミングで児玉と笹川が釈放されたのは、おそらく彼らが反共産主義者であったからだろう。ふたりが占領軍もしくはCIAのために情報収集を行う取り決めを交わしていたという説もあるが、そちらはいささか疑わしい。児玉が占領軍当局にスパイ役を買って出たのは事実だが、[52]直接アメリカの諜報員として活動するわけではなく、かつて帝国陸軍で参謀本部第二部長を務めた有末精三をサポートするという形での協力であった。有末は戦後、占領軍の諜報部（G2）にスカウトされ、部内で秘密情報班を組織した。児玉は大陸で築き上げた古いコネクションを生かして有末の諜報活動の多くに関わった。有末を通してという間接的な形であれ、アメリカ合衆国の資金が児玉に流れていたのは事実だが、児玉はアメリカ絡みの仕事だけでは飽き足らず、同じころに三井物産を恐喝して一〇億円をせしめたりしている。[53]アメリカとしても、G2に代わる米諜報機関の最前線としてCIAが日本に進出する一九五三年より前から、「反共」という漠然とした目的を共有するだけでは日米が強力な同盟関係を維持するには不十分だという認識を持つようになっていた。児玉に対しては、優秀な諜報員として頼りにするにはあまりに信用ならない人物であるという評価をCIAは下している。いわく「(児玉は) 本職のほら吹き、ギャング、ペテン師であり、正真正銘の泥棒である」[54]。また「明らかな危険人物であり、日本の裏社会における影響力ゆえに広く恐れられると同時に、高い地位にある弱者からは庇護を求められている」という分析もある。[55]

笹川はと言えば、その後の数十年間、戦前と変わらず右翼団体の支援を続けた。複数の団体で顧問を務め、共産主義をコレラやペストに例えて攻撃し、共産主義の拡散を阻止するためなら命を張ってもいいという右翼らをまとめ上げた。笹川はまた、引き続き児玉や岸らの協力を得て、次なる有望な事業を推進していった――競艇である。競艇事業の独占を笹川に認める法律を確実に通すためには、児玉らの助力が欠かせなかった。競艇関連企業の収益の約一五％は「全国モーターボート競走会連合会」の懐に入った。この組織は、児玉と「日本船舶振興会」（一九六〇年代初頭には笹川が会長を務めていた）の出資により笹川が創設したものだが、どちらの組織にも笹川が大戦前に率いていた国粋大衆党のメンバーが参加している。さらに、児玉を会長とする「東京都モーターボート競走会」からも笹川は利益を得ていた。このころになると、笹川は慈善活動にいそしむようになり、とりわけ国連とＷＨＯに対しては巨額の寄付を行っている。その功績を称えて、国連の欧州本部には笹川の銅像が飾られている。やがてノーベル平和賞を欲するようになった笹川は、各方面から自分を売り込んだ。[56]さすがにノーベル賞には手が届かなかったものの、笹川はマーティン・ルーサー・キング非暴力・人道賞、国連平和賞、ライナス・ポーリング人道主義章を受賞している。[57]

児玉もまた、戦後の右翼運動を後押しした。公職追放を受けた身ゆえ、政治の現場で「おおっぴらに活動する」ことは禁じられていたが、表舞台に立たない限りは、政治課題を追求するのは児玉の自由であった。[58]児玉は巣鴨プリズンから出所すると、精力的な政治活動を再開し、戦前の児玉機関を彷彿させる組織を立ち上げた（少なくともアメリカの諜報機関は、この組織を「児玉機関」と呼びつづけていた)。この機関はアジアから共産主義の影響を排除し、日本を反共同盟の柱に据えるための活動に従事していたとされる。[59] これらの方針の下、児玉は機関の北海道支部を拠点に、日本共産党を標的とする活動を展開していたようだ。資金調達は東京・丸の内に本社のある商社の主導によって行われていた。[60] この商社以外にも、児玉機関と関係があると見られていた企業は多数に上る。加えて、大川周明や三浦義一ら、元軍人や国家主義者らの協力も得ていた。[61] 児玉機関と関係があった者の多くは、中国において国民党側に物資を密輸し、共産党と戦うための軍隊に日本の若者を派遣するという大がかりな計画の一部を担っていたとされる。しかし児玉はそのような計画への関与を否定した。[62]

戦後のキャリアの中で、児玉は縦横無尽な政治的コネクションを駆使しながら、新たなコネクションを築きあげていった。岸信介とも、巣鴨プリズンでともに囲碁に興じ、同じ食卓を囲んでいたころの同志のような関係性を長年保っていた。岸が認めたところでは、首相時代、岸が出席する会議には児玉も顔を出すことがあった。彼らの関係は良好だったようだ——ふたりはしばしば囲碁に興じ、釣りを楽しみ(児玉は釣果はすべて岸と分け合った)、一度きりだがゴルフでラウンドをともにしたこともあったという。[63] 児玉はまた、大野伴睦とも関係が深かった。一九一〇年代に政友会院外団の一員であった大野については第三章でも触れた。一九四八年に大規模な政治スキャンダル〔訳注:昭和電工事件〕に連座するも、大野の政治キャリアは戦後大きく花開く。一九五二年に衆議院議長に就任した大野は、翌一九五三年に入閣し、その後は一九六四年に亡くなるまで自民党の副総裁を務めた。大野は、博徒や侠客のような荒っぽい態度をとることで知られていた。あるジャーナリストは、ややゴシップめいた記事の中で、大野が政治家として名を上げてからもその戦闘的なやり方を変えないことを批判し、喧嘩は子供のやることであって、政治家になってまで拳を振り上げて乱闘に加わったりするのは大野ぐらいのものだと述べた[64]。さらに由々しきことに、大野はヤクザとのつきあいを敬遠しなかった。自民党の副総裁であったころでさえ、関西ヤクザの大親分が集う会合に出席した写真が残されている。その集会には、暴力団「本多会」のツートップである本多仁介と平田勝市も出席していた。神戸を拠点とする本多会は、もともと「本多組」として一九三八年に結成された組織で、一九四六年に名称を本多会へと変更し、一九六〇年代初頭には二千人に届こうかという組員を抱えていた。本多会の事業の中には、建設会社「本多建設工業」の経営も含まれていた[65]。

児玉誉士夫もヤクザとじかに交流を育んだ。一九五六年九月に児玉が主催したパーティでは、四〇人の招待客の中に、プロレスラーや右翼団体の幹部らと並んで一〇を超えるヤクザの「一家」の親分が名を連ねている。このときの招待客の中には鳩山一郎内閣で農林大臣を務めた河野一郎の顔もあった。これまた児玉一流の人脈と言えるだろう[66]。

戦後の国家主義団体の復活は、児玉や笹川の復活と同様に、昔からの政治的コネクションのしぶとさと強固さを物語っていた。一九五〇年代に暴力で知られた右翼団体は、戦前の大日本国粋会や大日本正義団と同じく、多くの場合が「一部ヤクザ、一部政治団体」のハイブリッド型であった。戦時中は弱体化していたヤクザだが、終戦後に急増した闇市で荒稼ぎすることでなんとか再建に成功し、一九四〇年代を生き延びた。一九四五年一〇月の時点で、すでに一万七千もの闇市が存在し、食品、衣類、石鹸類といった生活必需品のほか、アンフェタミンのような薬物まで売られていた。大都市では、ヤクザの親分が闇市にそれぞれの縄張りを持ち、露店の管理を行っていた。例えば東京では、松田組が新橋エリアを、芝山組が浅草エリアを、上田組が銀座エリアを、関口会が池袋エリアを、和田組と尾津組が新宿エリアを仕切るといった具合だ。ヤクザの親分は、自分こそが無法地帯に秩序をもたらす存在なのだと考えていた。そんな親分のひとりが、大阪・梅田の闇市を仕切っていた森本三次である。森本は弱きを助け強きをくじくの精神で、闇市を訪れる人々を公平に列に並ばせる一方で、自らはナイフとピストルで武装していた。もっとも、縄張りをめぐる争いが乱闘に発展したような場合、ヤクザの存在は暴力を抑えるというよりも、むしろ助長する傾向にあった。一九四六年六月に起きたある事件では、何千人ものヤクザが銃撃戦を展開し、七人の死者と三四人の負傷者を出した。

　経済が回復の兆しを見せはじめ、闇市の必要性が薄れてくると、ヤクザ組織は急成長を遂げている娯楽産業へと軸足を移すことで経済成長の恩恵にあずかろうとした。博奕、パチンコ、バー、レストラン、売春といったビジネスは、いずれも「みかじめ料」の源泉となった。加えて、ヤクザが戦前に独占していたニッチ市場である建設業と造船業に労働力を提供するビジネスも、占領下で再び盛り返した。これらの事業すべてがヤクザの財源となった結果、組織は大きく発展し、やがて強力な暴力団を形成するに至る[67]。

　ヤクザ組織が政治色を帯びるとすれば、左よりも右と相場が決まっている。この傾向は今日に至るまで健在で、左翼のヤクザなど冗談にもならない。その理由はいくつかあるが、ひとつには支配階級の機嫌を損ねないことがヤクザにとって重要な戦略であったということが挙げられる。警察をはじめ、ヤクザの金脈を断ちうる権限を持つ層とは仲良くしておくに越したことはない。また、労働争議においては保守派が経営側と結託する傾向があるというのも理由のひとつだろう。戦前もそうだったように、ヤクザにとっては経営側と手を結んだほうが利益になる。労働者を恫喝するために、企業はヤクザを金で雇おうとするからだ。

そんな中、あるヤクザ組織は右翼団体と連携せず、自らが右翼団体となった。東京の浅草、本所、向島一帯の闇市を仕切っていた「関根組」である。一九四八年に関根組の親分が武器所持の容疑で逮捕されたとき、組織は解散を命じられた。関根組の残党は（合法な）政治団体として生まれ変わると、一九五三年ごろから右翼団体として名を上げ、一九五九年九月、正式に「松葉会」を結成する。松葉会の綱領には、若年層に共産主義思想が浸透するのを阻止し、日教組をはじめとした「危険思想」を持つ団体を叩き潰すという、組織の願いが明確に示されている。同会はまた、天皇を国家の象徴として重んじ、ゆくゆくは「大アジア」の建設を望むなど、戦前を彷彿させるようなヴィジョンを公言した。一九六〇年までに、松葉会は東京に六つの事務局を置き、近隣の千葉、茨城、群馬の各県にも支部を構えていた。ある新聞報道によれば、同会の構成員は二千人から三千人。その主体は博徒、テキ屋、愚連隊などを含むヤクザであった[68]。

その他の右翼団体も、過去の遺産を大いに活用し、戦前の右翼集団とコネクションを築いたり、そのイデオロギーを取り入れたりした。大日本国粋会の分派である関東国粋会の元メンバーらは、占領が解かれたのちに交流を再開し（あるいはずっと交流が続いていたのかもしれない）、一九五三年三月に東京で「全国国粋大会」を開催する計画を立てていたと見られる[69]。関東国粋会の梅津勘兵衛のもとにも、反ソビエト・反共産主義の大義の下にヤクザを集結させるにはどうすればいいか、助言と支援を請う者が訪れた。梅津のもとを訪れた男を、木村篤太郎という。吉田茂内閣で二度、法務大臣を務めた木村は、梅津と協働して博徒とテキ屋をまとめ上げ、「護国団」とその下部組織である「護国青年隊」を一九五四年に結成した。護国団結成の中心にいたのは、戦前に血盟団を結成し、一九三二年の暗殺事件（血盟団事件）を企てた井上日召である。児玉誉士夫と笹川良一も同団体に資金提供を行った。[70] 松葉会と同じく天皇を崇拝していた護国団は、より熱烈な言葉でその思いを表現している。彼らにとって、天皇とは日本人を束ねる血縁の中心的存在であった。さらに、日本の民族社会を「家族」と表現しているあたりにも戦前の思想が反映されている。[71]

終戦とともに解散した大日本国粋会の再編組織である「日本国粋会」（以下、国粋会）の場合も、戦前のレガシーは根強く残っていた。彼らは戦前の語彙や理念を取り入れて、自らを義侠集団であると称し、大日本国粋会のみならず、徳川時代にまでさかのぼるヤクザの理想に自分たちを結びつけた。加えて、祖国への愛を育み、左翼とは断固として闘い、日本の歴史と伝統が誇る「美しい習慣」（すなわち「国粋」）を守り抜くことを目的に掲げた。その一方で、国粋会は戦後の文脈で好まれそうな表現も取り入れ、ただの右翼とは一線を画すことを強調しようとした。自分たちは何よりも、国民の生活を脅かす「残忍な暴力」を根絶すべく献身的な活動を行っていると訴えたのである。こうした建前上の理念とは裏腹に、国粋会は暴力の行使を控えようとはしなかった。会員には博徒もいれば、護国団に参加している者もいた。一九五八年七月に正式に結成された国粋会は、東京に本部を置き、一九六〇年ごろには二五〇〇人の会員を抱えていた。[72]

警視庁は、右翼政治団体を自称する二八の組織について、政治団体というよりは警察用語でいうところの「暴力団」に近いとの見解を示している。[73] もっとも、これらの団体の中で暴力的な政治事件に繰り返し関与していたのはごく一部だ（その筆頭は松葉会、護国団、国粋会である）。一例を挙げると、一九五八年一〇月、三人の男が東京の九段会館で開催されていた日教組の集会を妨害するという事件があった。騒動のきっかけは、闖入者のひとりが発煙弾を発射し、「これはダイナマイトだ」と書かれたプラカードを掲げてパニックを起こそうとしたことだ。共犯のふたりもこれに続き、もう二発の発煙弾に点火して部屋全体の視界を遮った。三人のうちふたりが逮捕された結果、容疑者は国粋会の青年挺身隊のメンバーであることが判明した。最初の発煙弾を発射したのは青年挺身隊のリーダーを務める二六歳の若者だった。この若者は、威力業務妨害と不法侵入の容疑で拘束された[74]。一九五九年三月下旬に発生した同様の事件では、一〇を超える右翼団体（護国団、護国青年隊を含む）から集結した約六〇人が社会党の演説会に押し入り、ビラの配布や演説者へのヤジ、壇上に向けての発煙弾の発射などによって妨害を行った。

一九五〇年代の終わりごろに起きたこれらの事件は、右翼団体の結束を印象づけ、暴力的な右翼の復活を恐れる左翼らを不安に陥れた。一九五九年三月には、護国団と国粋会を含む一〇を超える右翼団体が「全日本愛国者団体協議会」を結成。笹川と児玉が顧問に就任している。この組織は、政治ヤクザと右翼団体の連盟であったというばかりでなく、戦前の著名な暴力事件に関与した人物を幹部に据えていたことでも注目される。その顔ぶれは以下の通りである——一九三〇年一一月に浜口首相（当時）の暗殺を企て、死刑を宣告されるも終身刑に減刑され、一九四〇年に釈放された佐郷屋留雄。一九三二年の血盟団事件の首謀者である井上日召（前述）。一九三九年に政友会総裁の中島知久平の狙撃を企てたことで知られる三浦義一。一九三二年の五・一五事件において重要な役割を果たした橘孝三郎。一九三三年の神兵隊事件で逮捕され、一九四一年の平沼騏一郎（国務相・当時）狙撃事件にも関与した天野辰夫。一九三三年の若槻礼次郎（元首相）暗殺未遂に関与した大沢武三郎。[75]また、一九五九年六月一一日には護国団と松葉会を含む一六の右翼団体から三〇人のリーダーが集まり、もうひとつの右翼連盟である「愛国者懇談会」が結成された。[76]

戦前と同じく、右翼団体は孤立した政治組織ではなく、もっと包括的な政治ネットワークの一部であった。戦後初期の数十年間は、暴力的な右翼団体と政治家のあいだには、最高レベルのコネクションが形成されていた。一例を挙げれば、松葉会会長の妻の葬儀には元東京都知事から弔花が送られ、参列者には元警視総監、前文部大臣、一七人の自民党国会議員、五〇人の地方議員らが名を連ねるなど、政界との関係がはっきりと表れていた。[77]

かくしてヤクザは右翼の復権と、保守各派とのあいだに結んだ（結びなおした）互恵関係によって、生き伸びることに成功したばかりか繁栄を享受することになった。それが、衰退した壮士とは明確に異なる点である。反労働組合、反共産主義を掲げる保守派の政治家はヤクザの活動の恩恵を受け、一方でヤクザも保守勢力に守られている限りは経済的利益を得ることができた。笹川や児玉のようなフィクサーは、この関係を維持する仲介役として影響力を発揮すると同時に、自らも利益を得ていた。ヤクザは保守ネットワークの中で確たる地位を築き、非難の対象となるどころか、むしろ高く評価される環境の中で動き回ることができた。保守ネットワークの中では、戦前の人脈や戦術は依然として資産と見なされていた。複数の火種を抱える左派と右派の政治闘争において、ヤクザはことのほか使い勝手のよい駒だったのである。

一九六〇年——戦後の「暴力専門家」の最盛期

一九五〇年代のイデオロギー闘争を単純に捉えることはできない。というのも、右と左の両陣営がそれぞれに内紛の種を抱えており、どちらも一枚岩ではなかったからである。ともあれ、この十年間で最も激しい対立を見せたのは、保守派の右翼と進歩派の左翼であった。この対立の中で、あるいはこの対立を経て、保守派は自分たちが新しい政治環境に身を置いていることを否応なしに思い知らされることになる。戦前のイデオロギーや戦術にこだわることが、大きく変化した環境にまったくふさわしくないことに気づいたのだ。事実、保守ネットワーク（強力かつ広範ではあったが）の一歩外に出れば、戦前の国家主義や帝国主義のような右翼的思想や政治スタンスが広く世間に受け入れられることはまずなかった。[78]かたや、進歩的な運動は戦前よりもずっと活発になっていた。それが誰の目にも明らかになったのは、日本の戦後史上、政治が最も激動した一九六〇年のことである。ここに至って、保守派と進歩派のイデオロギー対立にとどまらない、「昔ながらのやり方で政治を動かそうとする右派」と「旧態依然は受け入れない左派全般」の決定的な分断が明らかになった。この文脈において、暴力専門家が昔から彼らの力に頼っていた保守勢力に駆り出されたとき、彼らもまた広範な批判の標的となるのは避けられない事態だった。本質的に非民主的で非進歩的なものでしかない暴力に対する不満は前々からくすぶっており、それが政治・イデオロギー闘争をきっかけに爆発したのである。一九六〇年ほど、政治闘争を煽る要件がそろった年はないだろう。この年、九州の三池炭鉱で日本の歴史上最も長期にわたるストライキが発生した。また、日米安保条約の改定に抗議して何十万もの人々が大規模デモに参加した。さらに、日本社会党の委員長である浅沼稲次郎が公衆の面前で暗殺された。これらの出来事は個々の事件としてではなく、すべて同じ大規模な政治闘争の一部として捉えられた。

三井鉱山が所有する三池炭鉱では、一九五九年秋、経営陣が約二千人の労働者を解雇する計画を発表したのをきっかけに、緊張感が高まっていた。人員削減は合理化戦略の一環であり、エネルギーといえば石油という時代になりつつある中で、炭鉱会社の競争力を引き上げるための手段であった。しかし労働組合はこの決定に反発し、数回にわたって短期のストライキを敢行する。解雇の対象とされた者の多くは組合の役員や組合員だった。しかし会社は解雇の決断を変えることなく、翌一九六〇年一月に三池炭鉱のロックアウトを開始する。組合側はこれに対抗して無期限ストライキに突入した。二四時間体制でピケを張り、二五歳未満の人員で「行動隊」を組織して各坑口に派遣し、緊急事態の対処に当たらせた。

労働組合の内部分裂と、暴力専門家の参入を機に、闘争は三月を境に激しさを増していく。組合の分裂を引き起こしたのは、ストライキの継続を望む一派と、労働者を作業に戻らせたがっている会社寄りの一派であった。三月一七日に両者の決裂は公になり、後者は「三池労組刷新同盟」として独立する。この、通称「第二組合」は三千人ほどのメンバーで発進したが、それから一〇日のうちに元の組合の三分の一に相当する四八〇〇人までに膨れ上がった。第二組合に参加したのは、ストライキの拡大に不安を感じている労働者や、とりたてて階級闘争には関心のない労働者である。経営側も第二組合を支持し、会社が雇った暴力団と協働してストライキに対抗させた。彼らは防犯パトロールの名目で警察車両によく似た街宣車やオートバイを乗り回し、日本国旗を振り、暴力団を最前線に配備した。

ストライキ側と暴力団の加勢を得た第二組合側の衝突が続くなか、三月下旬に緊張は最高潮に達した。三月二七日、トラックに乗った暴力団が四山坑の前に張られたピケを突破する。ピケを張っていた労働者らはつるはしと竹棒で応戦したが、放水と投石による返り討ちに遭った。午後になり、ストライキ側は三川坑で暴力団と第二組合のメンバーと衝突する。第二組合に忠実な約一六〇〇人は暴力団とともに三つのグループに分かれ、棒を振り回してストライキ側の労働者六百人を作業に戻らせようとした。この出来事は三池争議初の深刻な流血事件に発展し、二二〇人が負傷したという。乱闘は翌日までなだれ込み、ストライキ側はスクラムを組んで労働歌をうたいながら、二百人の暴力団員が車やバスで乗りつけるのを待ち受けた。午後四時ごろ、一台の車が検問を通過し、炭鉱の南門までやってくる。車から降りた暴力団はピケラインの労働者らを挑発しようとした。この挑発が不首尾に終わると、暴力団は警察が守っている正門へと移動した。暴力団とストライキ側の乱闘が続く中、ストライキに加わっていた組合員の久保清が暴力団員に刺殺されるという事態が発生する。久保の死を知った組合員は、暴力団への報復を展開する前に沈黙した。ここでようやく警察が介入し、暴力団員らを荒尾警察署へ連行していった。しかし翌朝、久保を刺殺した容疑者を除き、その全員が釈放された。この事件が三池争議の転機となった。久保の死がもたらした衝撃は、二つの組合の不和を解消し、元のひとつの組織へと再統合するのを促すのに十分であった[79]。

1960年3月、三池炭鉱における労働争議で、ストライキ側を攻撃するために経営側に雇われた暴力団員ら。棍棒と鉄棒を手にしている。出典：『1960年・三池』（城台巌・藤本正友・池田益実、同時代社、2002年）、版元および三池労働組合の厚意による転載

久保の殺害は、労働争議における暴力団の役割に世間の耳目を集め、批判の声は一線を越えたヤクザと経営寄りの暴力に加担した警察に集中した。日本共産党の機関紙の中で、記者の高木喬は、右翼暴力団の台頭がいよいよ明らかになったとコメントし、一九五九年以降、暴力団が数々のストライキに関与している点を指摘している。その中には主婦と生活社、メトロ交通、エスエス製薬、成光電機、山武自動車などの事例が含まれる[80]。

識者らは暴力団が専門家として雇われた点を強調するのを忘れず、専門家である以上は暴力の拡大に対して責任を問われるべきだと述べた。マルクス経済学者の向坂逸郎は、暴力団が一九五九年の暮れから三池界隈に出没していたことを指摘している。彼らはしょっちゅう酔っぱらっては労働組合の委員長の事務所に乱入していた。向坂自身もビラによる

中傷を受けたことがあるという。そこには「彼（向坂）は組合から多額の金をもらっている」「赤の巨頭向坂」と書かれていた。[81]一部の評論家は特定の暴力団に言及せず、単に「暴力団」もしくは「刺青集団」という呼称を用いていた。刺青はヤクザの証しだったからだ。彼らはボロボロの着物をまとい、腰には帯代わりの紐を締め、棍棒をかついでいた。暴力団の働きに対しては日給五千円が支払われていたという。[82]一方、三池争議に関与した暴力団を名指しで糾弾した評論家もいた。松葉会は破壊工作を常習とする博徒集団として名前が挙げられている。彼らは三月下旬に三池に姿を現し、翌月には毎日新聞の支局を襲撃した。ある書き手は、この出来事を戦前の二・二六事件の際の朝日新聞襲撃に等しい蛮行だと述べている。[83]名指しされたもうひとつの暴力団は「灯をともす会」であった。右翼団体「大日本生産党」の前線部隊であったこの集団は、三池争議のごく初期から経営側と関係があったと言われる。組合員を車で轢いたり、器物を破壊したりといった過去の所業から、彼らは凶悪な存在と見なされていた。三池争議では、灯をともす会のメンバーは抵抗する組合員の写真を撮って町内の目抜き通りにある掲示板にさらしたり、三月下旬に起きた複数の乱闘（久保を死に至らしめた事件を含む）にも積極的に参加したりしている。ストライキが激しくなると、ここに山代組や寺内組といった他の暴力団も加わった。[84]

暴力団の存在も、彼らが警察と連携しているという噂も、人々の感情を同様に逆撫でした。前出の高木喬は、当時の労働争議について、部分的には企業間の競争激化に原因があると述べつつ、一九五八年の警職法（警察官職務執行法）改正案をめぐる対立以来、紛争に積極的に介入するようになった警察にも責任があるとした。[85]高木の見解では、裁判による調停こそが労働争議の穏当で慎重な解決手段であったはずなのに、こうした動きの中でその効力は薄れてしまった。望ましい仲裁を法に求めることができずに、暴力団と警察の力に頼ることになってしまった。主婦と生活社のストライキでは、企業側が暴力団を雇って組合員を恐喝しても警察は傍観しているだけだった。山武自動車のケースでも、暴力団は車輌を強奪しようとしてストライキ中の組合員に怪我を負わせたが、パトカーは何もしなかった。そして三池争議では、警察はもっぱら組合員側を見張っており、暴力団が組合員と衝突したときはバスの中から様子を眺めているだけだったと言われる。[86] これらの事件の中で暴力団が警察に逮捕されることがあっても、その全員がほどなく釈放された。[87] 三池労組の四山坑責任者の言葉を借りれば、組合員の目には、もはや警察も暴力団同然であった。[88] もっとも、暴力団が何の罰も受けなかったと言い切るのは公平ではない。一九六〇年四月上旬、警察は暴力団の検挙に踏み切った。対象となったのは松葉会と国粋会である。五〇人以上の組員が逮捕されたが、どのくらいの期間彼らが拘禁され、どの程度の罰を受けたのかは不明である。[89]

暴力団と警察の協力を得てストライキを力ずくで潰そうとする会社側の態度は、組合員とその支持者からは、大衆運動が抑圧される時代が到来しつつあることの象徴と見られていた。労働争議でも安保闘争でも、企業、暴力団、警察、自民党は、全部まとめて国民の敵（大衆の政治参加を阻み、国民の意思と対立する存在）であった。特に、三月に久保が殺害され、五月にストライキがデッドロック状態に陥って以降、三池争議と安保闘争を同じ一つの闘いのように語る人々は増える一方であった。[90]

安保闘争のきっかけは、岸内閣が日米安全保障条約の改定案を支持したことである。新安保条約は、一九五二年のオリジナル版と比べれば双務的な内容であったとはいえ、依然としてアメリカに日本国内に基地を置くことを認めていた。この基本条項こそ、ほかの何にも増して、社会主義者、大学生、女性団体らを怒らせていた原因であった。というのもこの条項は、日本を覇権国アメリカの従属国として固定するものと考えられていたからだ。米軍の存在を認めつづければ、他国の戦争に巻き込まれるかもしれないという懸念もあった。それでも、岸内閣は新条約の内容を受け入れ、アメリカと協調体制を築くのに尽力したのである。かくして新条約は一月にワシントンで調印された。岸としては、五月二〇日までに国会の承認を受け、ドワイト・アイゼンハワー大統領の東京訪問が予定されていた六月一九日までに発効させたい考えだったが、期日間近の四月になると、何万人もの人々が条約に反対して一連の街頭デモに参加するようになった。四月下旬にはデモ隊と右翼団体が衝突する様子も目撃されている。デモの制圧に当たったのは、国粋会、大日本愛国党、義人党などであった。一九五二年に結成された義人党は、下部組織である「日乃丸青年隊」とともに五百人ほどのメンバーを抱えていた。[91]

五月一九日、岸首相と自民党は条約を確実に成立させるために、一九五四年と一九五六年の事件を彷彿させる強硬手段に踏み切った。この出来事は、折からの火種に油を注ぐことになる。その日の早朝から、松葉会と義人党のメンバーは自民党の青年部と協力して衆議院本会議場の傍聴席を占拠した。衆議院では、条約承認のために国会の会期延長を求める自民党と、これに抵抗する社会党が争っていた。両者の駆け引きが続くなか、社会党は衆院議長を議長室に拘束する。やがて、国会の廊下で社会党と自民党の議員、社会党秘書団、自民党院外団、そしてヤクザを巻き込んだ乱闘が発生。社会党の秘書のひとりは、ヤクザに頭突きを食らわされ、「大事な部分」に膝で蹴りを入れられたと述懐した。

安保反対運動を取り締まるために動員された国粋会のメンバーら。1960年。
出典：荒原朴水『大右翼史』(大日本国民党、1966年)

また、社会党議員ふたりがヤクザに殴打されたという。午後六時ごろ、両院の議長は国会議事堂の表に約二千人の警察官を派遣するよう要請した。しかし、社会党員の座り込みは夜まで続き、その間、乱闘も繰り返し起きた。午後一〇時二五分に本会議の開会を告げるベルが鳴ったとき、議長はまだ議長室に閉じ込められたままだった。それから二〇分間ほど、議長室の外から本会議場の議長席まで伸びるピケラインを解除するよう、議長は社会党のメンバーに向かって辛抱づよく呼びかけたが、徒労に終わった。そこで議長は警察官五百人を議事堂内に招集し、社会党員を力ずくで追い出すことによってバリケードの解除を試みた。日本の国会史上、国会議事堂内に警官が立ち入ったのは一九五四年以来三度目の出来事であった。午後一一時四八分、議長は国会の衛視に護衛されて議長席についた。会議場を埋めていたのはすべて自民党の議員であった。言うまでもなく会期延長

1960年6月15日、日米安保条約改定への抗議デモに攻撃を加える暴力団員。出典：西井一夫編『60年安保・三池闘争　1957-1960』（毎日新聞社、2000年）。毎日新聞社の厚意による転載

は認められ、条約案は採決された。[92]

新安保条約案を強行採決した自民党のやり方に対する批判は激しく、これを機に安保闘争は新たなステージに突入した。いまや、街中でデモに参加する人々は条約そのものに反対するばかりでなく、岸の追放と内閣総辞職を要求していた。六月に入り、抗議活動は東京の外にも広がり、一部の労働者は連帯を示すためにストライキを実行したり、サボタージュを行ったりした。こうした大衆運動を封じるために自民党は暴力団に頼った。このとき、岸首相自ら刑務所時代の仲間である児玉誉士夫に接触し、暴力的右翼団体を結成するよう依頼したというのが定説である。[93] 児玉が実際にそのような過激集団を組織したのかどうかは不明だが、六月の闘争において暴力団の存在は顕著になっていた。六月一〇日、アイゼンハワーの報道官であるジェームズ・ハガティが羽田に到着したところへ、請願書を持った抗議者数千人が詰めかけ

る。ある者はハガティの帰国を叫び、ある者はハガティの車を襲撃した。このとき、彼らの前に立ちはだかったのは暴力団と警察であった。

暴力団と抗議者の衝突は、アイゼンハワーの来日と条約の承認を数日後に控えた六月一五日に最高潮に達する。国会の外では、主に総評と全学連（全日本学生自治会総連合）によって動員された何万人もの抗議者が行進を行った[94]。これに対抗すべく投入されたのが、五千人の警察官と大勢の暴力団員である。複数の団体から派遣されてきた暴力団員は、その数一千人に達するとも言われた。その中には、先ごろ結成されたばかりの維新行動隊や、団体名の入った腕章とハチマキを身につけた国粋会のメンバーらも含まれていた。午後いっぱい、学生と暴力団は衝突を続けた。午後五時を回ったころ、維新行動隊の旗を振りかざした護国青年隊のトラック二台が参議院正門の前に集まっていたデモ隊の中にまっすぐ突っ込んでいった。続いて数十人の暴力団員が、群集に紛れて釘を打ち込んだ棍棒を振り回し、逃げようとする人々にガラス瓶を投げつけた。彼らに痛めつけられ、死ぬほど殴られた人々の多くは一般市民か劇団員（安保に反対する新劇団のメンバー）であった。三池争議のときと同様、暴力団の蛮行を容認する警察の態度に抗議者は怒りを募らせていた。六月一五日の夜、投石する学生らと警棒を振るう警官らの衝突の中で、樺美智子という名の東京大学の学生が死亡する。彼女の死は、三池争議における久保清の死に匹敵する衝撃をもたらした[95]。

この日の暴動の大きさを鑑みて、岸は翌朝アイゼンハワーの訪日中止を発表する。そして六月一九日の〇時きっかりに、新安保条約は成立した。その晩、何十万人もの群衆が国会の外に詰めかけ、静かに非難の意を表明した。この時点で、条約成立を阻止できる見込みは消えていたため、暴動は回避された。六月二三日の朝、条約改定をめぐる騒動の責任を取って岸は辞職の意を表明した。

岸が取った強硬手段に対する非難がおさまったのち、反安保の抗議活動に加わっていた何万人もの人々は、継続中の三池争議に再びエネルギーを向け、ストライキに加わろうと九州に向かった。[96] しかし、警察や他の炭鉱の支援を受けた三池炭鉱側は、秋までには勢力で労働者側を圧倒していた。結局、三池労組は会社側が提示する合理化計画への全面的な同意を余儀なくされた。

左翼と世間の大半が暴動の夏の記憶を引きずっていた一〇月、三池争議が最終局面を迎えていたさなかに、その年最後の、そして三度目の衝撃が走る。一〇月一二日の午後、日本社会党の浅沼稲次郎委員長は日比谷公会堂に集まった千人の聴衆の前で演説を行っていた。この様子はテレビでも中継されていた。聴衆には右翼団体も混じっており、野次を飛ばしたり、会場の二階から反共産主義を叫ぶビラを散布したりといった妨害活動を行っていた。そのとき、山口二矢という名の一七歳の青年が突然ステージに駆け上り、浅沼に短刀を突き立てて致命傷を負わせたのである。逮捕された山口は、浅沼を襲った理由を次のように述べた――中国・ソ連と過剰に友好的な関係を結ぶのは、祖国への反逆行為である。同じような理由で、山口は日本共産党と日教組の委員長の暗殺も企てていた。一一月二日、山口は自死によってその身を処した。[97]

捜査が進展するにつれ、山口が大日本愛国党員であり、犯罪歴があることも判明した。その長大な前科のリストには、一九五九年だけを取っても以下のような罪状が含まれている――反安保デモに対してビラを撒く（六月二五日）、安保改定問題を報じるラジオ放送の妨害（七月二九日）、広島の原水爆禁止世界大会でバリケードを破り、煙幕弾を投げ、警察官に対して暴力的に振る舞う（八月五日）、警察官の制服に損傷を加える（九月七日）、不法侵入（九月八日）、ビラを撒き、警察官を負傷させる（一一月一六日）、車の中から拡声器で大声を出し、警察官に対して暴力的に振る舞う（一二月一四日）。さらに、一九六〇年には次のような罪状も加わった。反安保集会の妨害（三月一日）、反安保デモの妨害（四月二六日）、暴力行為（五月三日）、安保撤回請願書の受付場所を示す看板の破壊（五月一四日）。このように、山口の罪状は数え上げればきりがなかったが、若いために保護観察処分で済んでいた。[98]

浅沼の暗殺は安保闘争と一括りにされた。左翼の多くは、日本社会党の委員長を反安保運動のリーダーであり、象徴でもあると考えていたからだ。したがって、浅沼に加えられた襲撃は、安保条約に反対した国民への攻撃として拡大解釈された。一部の評論家はさらに踏み込んだ解釈を行い、浅沼の暗殺は日本の独立、平和、民主主義を支持するすべての者に対する敵対的行為であると断言した。

浅沼稲次郎暗殺事件と安保闘争および三池争議の共通点は、暴力団系右翼の存在感が突出していたことである。とりわけ左翼の支持者の目にはそう映った。これを受けて、一九六〇年の秋ごろには、暴力団を弱体化させるべしとの議論が活発に交わされるようになっていた。暴力団は平和な生活を脅かし、国民の意思に真っ向から対立するダニのごとき存在だというのである。暴力団の力を削ぐ方策としては、ヤクザ組織を取り締まり、ヤクザの内情や政治的な立ち位置、政権との関係にもっと目を光らせなければならぬといった提案がなされた。東京教育大学のある教授［訳注：木下半治］は、暴力団系右翼が若者を集中的に勧誘していることにとりわけ深い懸念を抱いていた。戦争を経験していない若い世代は、右翼団体に参加することの悪影響を理解していないのではないか、と。[99]

総理大臣閣下
院外の圧力には屈しない。
デモは敵だ、学生は敵だ、女・
子供も敵だ。デモ隊を撃滅せよ。国際共産党を討て。
いくら敵でも一人の女性の生命がなくなったらお気の毒の
一言ぐらい言えないのか！

「総理大臣閣下」の見出しがついた政治漫画。警察とヤクザが共謀して、安保反対運動を終わらせる算段を講じている。女子大学生・樺美智子の死も、議会政治の腐敗も、彼らはまるで意に介していない。キャプションには「院外の圧力には屈しない、デモは敵だ、学生は敵だ、女・子供も敵だ。デモ隊を撃滅せよ。国際共産党を討て。（ここで声の主は漫画家に代わる）いくら敵でも一人の女性の生命がなくなったらお気の毒の一言ぐらい言えないのか！」とある。出典：『世界』176号（1960年8月）。漫画家・那須良輔氏の妻、那須美代氏の厚意により転載

戦争に至る道筋を再びたどることへの恐怖は、一九六〇年の左翼の政治動向を決定づけた。大勢の人々が浅沼の暗殺をすぐさま右翼による「テロリズム」だと見なしたのも、一九三〇年代の流れを彷彿させたからだ。[100] 日本が再びファシズムの勃興を目の当たりにしているのかどうか、盛んに議論が交わされた。思想家で評論家の久野収は、ファシズムという言葉は使わなかったが、浅沼の暗殺は政治家に対して暴力で対峙するという、戦前から戦時中にかけての「悪しき習慣」が今なお蔓延っていることの証左であると述べた。戦前同様、右翼は政治とイデオロギーを暗殺という手段によって操作し、恐怖の力で自らが望む方向へと国を動かしている。戦後の一五年で日本国民が自由や人権について語るようになったことは認めつつ、イデオロギー封殺の可能性は今も闇に潜んでいると久野は主張した。浅沼の暗殺はその存在を明らかにしただけなのだ、と。久野らは、一連の事件が米国のメディアに報じられ、日本の民主主義と「文明化」に対する疑問を米国の読者に投げかけている点にも言及している。ある評論家は、ワシントン・イブニング・ポスト紙の一〇月一二日付の記事について触れ、浅沼への襲撃は一九二〇年代、一九三〇年代の日本で横行した軍国主義者による政治家の暗殺を彷彿させるものであり、日本の民意は今もファシズムを支持しているのではないかという深刻な問いを突きつけるものである、とするその主旨に賛同を示した。[101]

もっとも、大方の評論家は右翼の暴力行為については懸念を示したものの、ファシズムの危険性をそこまで深刻に捉えていたわけではない。民主的で自由主義的な考え方が国民に広まると同時に、国民の発言権も強まっていたことが、一九二〇年代や三〇年代の政治状況とは大きく異なると考えられたからだ。浅沼殺害の犯人である山口が、天皇や吉田松陰、西郷隆盛、ムッソリーニらに心酔していたことを指摘し、ヒトラー風のニヒリズムを抱えたファシスト青年とは人種が違うと述べた評論家もいた[102]。

一九六〇年の一連の事件に対しては、左翼以外からも暴力への批判が噴出した。特定の政治組織や思想団体に批判の矛先が向いたこともあれば、全体としての風潮をやんわり諭すような向きもあった。最もよく見られたのは、すべての政治暴力を一括りにして批判する意見である[103]。安保闘争が最高潮を迎えていた六月中旬、朝日、毎日、読売、産経、東京、東京タイムズ、日本経済新聞の各紙は、暴力の廃止と議会主義の保護を求める共同宣言を発表した。その主旨は、次のようなものであった――六月一五日の「流血事件」は「痛恨事」であり、日本の将来が深く憂慮されるものである。言論に替えて暴力を行使するのは断じて許されるべきことではなく、こうした風潮が一般化すれば、民主主義は死滅し、日本国家の存続が危ぶまれる。与党と野党は協力して問題解決に当たり、国民の希望に応えて議会主義を守りぬき、国民が抱える不安の払拭に努めるべきである[104]。

同様の訴えは三池争議に対してもなされた。朝日新聞は経営側よりもストライキ側に対して批判的だったが、暴力がよい結果をもたらすことはなく、両陣営とも合意に至るための平和的手段を探るべきであると、ある日の社説を締めくくっている[105]。一九六〇年七月に岸信介の後継として首相に就任した池田勇人は集合的暴力全般を批判した（左翼は「集合的暴力」とはストライキや大衆運動に対する隠語ではないかと疑ったものだ）。池田は一〇月二一日の衆院本会議で、左翼、右翼を問わず、あらゆる暴力を排除する必要があると発言している[106]。

一九六一年に入ると、暴力を禁止する法案が各党から提出された。二月には日本社会党が政治テロに厳罰を科す「テロ防止法案」を提出。ここでいう「政治テロ」とは、政治的イデオロギーを動機とする殺人と、殺人に発展する可能性がきわめて高い武力制圧を指している。五月には、自民党と民主社会党（社会党を離脱した一派により一九六〇年一月に結成。のちの民社党）が連名で法案を提出。「政治的暴力行為防止法案」と題されたこの法案は、殺人や傷害を対象とするばかりでなく、不法侵入などの軽犯罪をも重罪として扱うものであった。また国民に、差し迫った暴力的行為の疑いがある場合は警察に通報するよう促し、違法で不適切な団体活動を阻止することを目的としていた。ある団体が不適切な活動に従事していると見なされた場合、そのメンバーは最長で四カ月間、機関紙の発行やデモ活動なども含むあらゆる団体活動を禁止される。いずれの法案も批判にさらされたのは想像に難くない。社会党の法案は一部から過激だと見なされ、自民党・民主社会党の法案も、一九二五年の治安維持法を彷彿させるものだとして同様の反発を受けた。[107] これらの法案に絡んで国会では議論が紛糾し、デモ活動が繰り返されたが、結局両案ともに採決されることはなかった。[108]

結び——一九六〇年以後の政治暴力

戦後日本史の文脈では、一九六〇年はひとつの転換点といえる。三池争議による混乱、安保反対デモ、浅沼委員長暗殺事件といった出来事のあと、政治暴力は「非常手段」へと後退し、物理的暴力に不寛容な国民と権限を増した警察の力によって、沈潜を余儀なくされた。こうした変化は徐々に起きたものであり、一晩で暴力が消滅したわけでは決してない。一九六〇年代頭には、岸信介の後継に池田勇人が任命された直後、岸が右翼の暴漢に腿を六回刺されるという事件が起きている。その後も右翼は政治家への恐喝をやめようとせず、池田首相の暗殺を企てさえした。[109] しかし、一九六〇年代半ばごろまでには、右翼団体の行き過ぎた暴力に対して警察や政治家が強硬な姿勢を見せるようになり、政党と暴力団の距離は次第に広がっていった。自民党もその例外ではない。一九七〇年代に入ると、右翼の暴力が強大なネットワークの支持を得て展開されることはもはやなく、一部の過激派による単独行動にすぎなくなっていた。[110] 左翼の場合、一九六〇年代の後半に教育制度やベトナム戦争などに対する大規模な抗議デモを学生や労働者らが展開する。このとき一部の団体が爆弾などの暴力的な手段に訴えたため、国民はデモに反発するようになり、一九六九年一二月の総選挙での日本社会党の敗北を招いた。一九七〇年代初頭に武装闘争が衰退すると、左翼は分裂して散り散りになり、暴力は赤軍派や東アジア反日武装戦線といった最も過激な一派の代名詞となる。彼らはやがて非合法組織となって地下に潜っていった。[111]

暴力専門家もまた、政治の舞台でずっと目立たない存在になった。壮士は終戦直後に事実上消滅していたが、一九六〇年代半ばになって、ヤクザもまた暴力的な右翼活動から身を引く（必ずしも右翼でなくなったというわけではない）。児玉誉士夫が結成したヤクザ連合は一九六五年に消滅したが、そのころには右翼による暴力は金で雇われたヤクザではなく、浅沼稲次郎を暗殺した山口二矢のような右翼青年の手で実行されるケースが増えていた。[112]「暴力団」という言葉も、ヤクザと右翼団体のハイブリッドではなく、次第に単なる犯罪組織を指すようになっていった。

ヤクザが政治や右翼活動から撤退したというわけではないにせよ、いまや暴力専門家としての性格は鳴りをひそめ、彼らは経済の分野で不正行為をネタに商売をするようになった。この変化をもたらした理由はいくつか挙げられる。ヤクザが裕福な犯罪組織として成長を遂げたことや、政治暴力に対する世間の目が厳しくなったことなどだ。ヤクザにとって、金融取引は世間の目に触れる機会が少ない分、暴力よりも効率のよいビジネスだった。一九七〇年代に世間を揺るがす汚職事件が一度ならず発生し（そのひとつには児玉誉士夫も絡んでいる）、腐敗政治家に対する世間の目が厳しくなるにつれ、その活動はますます包み隠されるようになっていく。一九八〇年代には犯罪組織への反感がいっそう高まったため、政治家としても児玉のようなフィクサーやヤクザとの関係は秘しておく必要があった。[113]事実、政治家とヤクザの癒着が発覚したときの代償は相当に高くつくようになっていた。一九九〇年代以降、ヤクザとのコネクションに対する世間の反発は、首相の竹下登と国会議員の金丸信を辞任に追い込み、森喜朗首相の凋落を招くことになる。

戦後初期の日本の民主主義は、有権者層が大幅に拡大され、政治参加の機会が増えたことに深い影響を受けている。有権者の大半は政治暴力に不快感を覚えていた。いまや男性も女性も選挙に向かい、その不快感を投票という形で表明することができた。[114]政治暴力に抗議する人々は、内閣を引きずり下ろし、政治家を辞任に追い込む力を手に入れたのである。国民の声をもって政治家に自らの行動の責任を取らせるという考え方は、別段新しいものではない。戦前にも大規模な抗議活動が内閣を失脚させたケースはある。ただ、民主主義という概念の受け取り方が戦前とは違っていた。いまや国民は、民主主義を政治指導者や政権与党による暴力の行使を許さないものとして受け取っていた。それは、国内政治（国会審議、労働争議、デモなどに対する暴力行使）でも国際関係（戦争や核兵器の保有などによる暴力行使）でも変わらなかった。左翼から仕掛けた暴力もあったことを思えば、この理念はいささか偽善的と言えるかもしれない。とはいえ、戦後の国民が掲げる民主主義の理想は、好戦的な帝国主義と民主主義のバランスを取ろうとする、戦前のインペリアル・デモクラシーとは一線を画していた。

日本の民主主義が変容した結果、戦後の政治では勢力拡大の手段として金が暴力を凌駕することになる。[115] とりわけ保守派の政治家らは、長年、政治の動力源として機能してきた金が、威力的にも暴力を上回る（加えて目立たない）ことに目をつけた。以後、暴力専門家の残党であるヤクザは、少なくとも政治的な領域では、暴力ではなく金融取引に専念するようになった。暴力より贈収賄が好まれるようになったのは、日本の民主主義における変化ではあったが、進化とは言えないだろう。金銭の流れは物理的暴力ほど目立たないうえ、贈収賄には大勢の人間が関与するため、取り締まるのが難しい。戦前の選挙で壮士に投票場で脅された有権者らはいわば無理強いされた人々だが、戦後の選挙で振舞い酒を目当てに地元の選挙事務所に立ち寄ったり、現金をしのばせたビラを受け取ったりした人々は、自ら進んで不正に加担したと言える。物理的暴力がほのめかされていない状況であればなおさらだ。金権政治の蔓延は、経済的に恵まれた国民ほど政治的に大きな影響力を持ったことを意味する。政治家を買収するにはそれなりの資金が必要だ。戦前も、壮士を雇うために金は必要だった。しかし、棒を振り回す若者の集団であれば誰でも政治家を恐喝できたことを思えば、さほどの投資は必要なかった。同じようなことをするのに、戦後はもっと金がかかるようになったのだ。だからこそ、汚職や贈収賄は暴力に劣らないほど悪質であり、排他的であり、非民主的なのである。

ここで言いたいのは、日本の民主主義から暴力が消滅したということではない。ヤクザの暴力が政治の表舞台から姿を消す一方で、一九六〇年代を通じて暴力は民衆による抗議活動や労働争議の手段でありつづけた。一九七〇年代に入っても、政治システムから取り残されたと感じた者は、自らの主張を世に広め、社会への不満を表明し、その責任を政治に問うべく、テロや暗殺などの暴力行為に訴えた。こうした過激な政治活動家にどう対処するかという問題が未解決であったために、暴力が噴出する現実的な可能性は残されることになった。さらに、ヤクザは別のビジネスでは何かにつけて暴力を行使していたのであり、その存在そのものが政治に対する暴力的脅威であった[116]。日本の民主主義において、暴力は戦前のようにありふれたものではなくなり、容認されることもなくなったが、その底流にはやはり不穏な暴力が入り混じっており、折に触れて表に顔を出しては、その健在ぶりを見せつけるのである。

最後に　暴力と民主主義

日本の近代史の大部分において、暴力と民主主義は不安定で複雑な、緊張をはらんだ関係を保ちながら共存してきた。他の国同様、日本でも暴力と民主主義は組んず解れつしながらも、いずれも相手を倒すまでには至らなかった。暴力だけでは民主政治を滅ぼすことはかなわず、民主主義もまた、暴力政治に対する万能薬とはなり得なかった。

事実、日本の暴力的民主主義の中心には緊張があった。日本の民主政治は、非民主的になりがちな暴力を結果として惹きつけたからである。一八九〇年代には大日本帝国憲法が施行され、国会(帝国議会)が成立し、国会議員の総選挙が始まったが、それで過去十年間の壮士の暴力が封じられたわけではなく、テロや反乱からただの乱暴行為へと、その形を変える手助けをしただけであった。続く数十年間の激しい政治闘争と、民主政治ゆえの立場の相違は、壮士による乱暴行為が用いられる土壌となった。壮士は政治を左右し、政策を推し進めるための手段となったのだ。民党と吏党の争い、議員候補者同士の争い、二大政党間の争い――こうした敵対関係はすべて、敵を動揺させ、説得し、望ましい政治行動を引き出すための手段(つまり暴力)への需要を高めていった。民主的改革は、暴力の終焉を告げる代わりに暴力を新しい形に作り替えた。かつては非民主的な政治システムに外部から対抗する手段であった暴力を、民主政治を運営するための制度として取り込んだのである。

民主政治が暴力を永らえさせる一方で、その暴力は非民主的な影響を各方面に及ぼした。もっとも、暴力の非民主的な性格はそれほどはっきり表に出ていたわけではなかった。院外団の壮士らは藩閥の勢力を監視したり、政治参加を拡大しようとする政党の取り組みにたびたび貢献したりして、国民の要求に応えたからだ。しかしながら、壮士の暴力は脅迫や恐喝を目的としており、演説会や国会審議、選挙といった民主主義の現場を妨害した。壮士は政治の不平等を助長し、彼らを雇うだけの資金を持つ人間の手づるとして機能した。壮士が政治システムに組み込まれたことで、新たな政治暴力の文化が醸成される。そこでは、暴力を振るう者とその関係者は、腕力の行使を必要にして許容できる政治戦略と見なしていた。一九二〇年代初頭には、二大政党制の下で男子普通選挙の実現に向かう日本の民主政治は、院外団壮士および政治暴力の文化とは切っても切れない関係になっていた。

　暴力と民主主義は、ほかにも多くの面で綱引きを演じていた。一八七〇年代から一八八〇年代半ばにかけて自由民権運動の血なまぐさい事件を主導した博徒と壮士は、「民主主義の目的を達成するために暴力を振るう」という矛盾を早くも体現していた。彼らは新たな秩序を構築するために政治を破壊し、より大勢が参加できる政治を目指して政敵を排除した。一八八〇年代と一八九〇年代には、自由の名の下に数多くの暗殺と軍事遠征が計画された。自由民権運動の大衆的でリベラルな精神から生まれた大陸浪人は、帝国主義と侵略戦争の一環として暴力を行使した。吉田磯吉や保良浅之助のように、民主的に国会議員に選ばれるヤクザの親分も登場したが、その理由の少なくとも一部は、彼らが暴力によって人に言うことを聞かせることができたからだ。

　複数の歴史家が述べているように、こうしたせめぎ合いは、日本の民主主義の後退を意味するものではなかった。日本の民主主義が時代遅れな封建制度に囚われていることの証しでもなかった。[1]ただ、民主主義のある欠陥が暴力の拡大に寄与したことは事実である。その代表例が選挙権の制限だ。暴力の存在そのものは政治的な後退を意味しない。自由民権運動に参加した博徒らは草の根から民主的改革を推し進める一翼を担い、大陸浪人は日本の膨張政策を推進し、壮士は民主政治のシステムに組み込まれ、大日本国粋会や大日本正義団といった組織は資本主義国家、工業国としての日本の強みを守るべく、共産主義の浸透を阻止しようとした。ここに挙げた暴力専門家の一部は、徳川時代の思想や語彙を借用し、勇敢なる「俠客」もしくは神話化された武士のような存在として自己を喧伝した（ことによると、本気でそう信じていたのかもしれない）。しかし実際には、彼らの政治暴力は最も近代的なムーブメントと緊密に結びついていた——近代的な国民国家の建設、議会・立憲民主主義、ナショナリズム、帝国主義、そしてファシズムである。

暴力と民主主義がもつれ合うと、両者を必然的かつ根本的に対立するものとして理解することは困難になるし、そのもつれ合いが生む政治的効果は多様にして曖昧だ。民主主義は暴力を消滅させるどころか、むしろ焚きつけることもあった。したがって、暴力を「民主主義の定着」の障害と見なすことにあまり意味はない。[2] 自由民権運動の博徒と壮士、さらには院外団壮士さえも、民主主義を前進させるという大義名分の下で暴力が行使される可能性があるという良い例である。われわれはその可能性を常に検討しなくてはならない。別の言い方をすれば、行使された暴力だけでなく、その背後にある原因も経緯も動機も「民主化」と関係があるのかもしれないということである。もっと一般的な言い方をすれば、暴力を「民主主義の定着」の妨げと見なすことは、暴力と民主主義は相容れないという単細胞的な見方を受け入れる愚をおかすことだ。それはあたかも、暴力の減少は厳密に計測することができるとか、民主主義は一切の暴力を伴わないなどと言うようなものである。「民主主義の定着」という考え方自体、ほとんど何の役にも立たない。民主主義はある種の自然な進化の道筋をたどって定着するものであるという考え方は、現実の混沌としたプロセスを歪曲したものであり、民主主義を常に安定したものと仮定している点で危険なのである。

暴力、ファシズム、軍国主義

事実、日本の民主主義は頓挫し、暴力が一九三〇年代と四〇年代初めの悲惨な運命を引き寄せた。政党政治家は長年、暴力専門家と協働し、ときには同じ組織に所属することもあったが、その歴史があったからこそ、軍人と国家の運営を分担するという発想が受け入れられたのかもしれない。そして、構造的に暴力を内包した政治の在り方は、政党だけでは国家の秩序を維持できないのではないかという疑念を国民に抱かせることになった。こうした疑念を増幅させたのが、国粋会や正義団などのファシスト集団だ。彼らは物理的強制力の行使を受け入れて高く評価するだけでは飽き足らず、暴力を愛国的な浄化行為として積極的に称揚することで、既存の政治暴力の文化を更新したのである。自信に満ちたファシスト集団は、自ら政治的な手腕を誇示することで政党の不能ぶりを国民に印象づけようとした。ファシズム運動が何よりも有害だったのは、国家（軍部、官僚）と暴力専門家（ヤクザ）を融合してしまった点だ。もちろん、国家は古くから暴力専門家とのつながりを持っていた。明治の元老らは政府党の壮士に守られ、中国大陸では軍人と国家主義者（大陸浪人）が協働していた。しかし、国家の支配層と暴力専門家がこれほど緊密な関係を持って政治運動をリードするようなことはかつてなかった。このとき、一九三〇年代の一連の軍事クーデターへとつながる文脈が、暴力的民主主義とファシズム運動の双方から誕生したのである。

　断っておくと、暴力行為の制度化と政治暴力の文化が必然的に一九三〇年代の軍部台頭へつながったというわけではない。そこでは暴力の問題以外にも、経済的混乱、農村部の苦境、身勝手な帝国主義、高官の謀略、政治の腐敗などが複雑に絡み合っていた。こうした無数の負荷が民主主義崩壊のきっかけをつくり、加速させていったわけだが、さもなければ日本の暴力的民主主義はいつまでも続いていたかもしれない。

　壮士や院外団の暴力とは異なり、ファシズム運動や軍事政権の暴力に民主的な要素は何ひとつなかった。というより、内部に摩擦や矛盾を抱えていないことがファシスト的暴力の特徴だった。暴力的な手段と民主的な目的、民主的な原因と暴力的な結末、民主的な動機と非民主的な行動――そこにはなんの葛藤もなかった。国粋会と正義団にしても、自分たちと異なるイデオロギーを支持する人々を抑圧するためなら驚くほどなんのためらいもなく暴力を行使した。一九三〇年代に日本の手綱を握った軍国主義政府は、壮士やヤクザの存在を必要としなかった。政権内に異分子がいなくなったため、国家に属さない暴力専門家の助けを借りる必要がなくなったからだ。壮士やヤクザは公式の暴力装置、すなわち国家所属の暴力専門家である警察と軍に取って代わられた。政治闘争の活力が失われ、民主主義と暴力の緊張が消え、暴力専門家の戦術が国家によって採用されたとき、暴力はおそろしいほどシステマティックで、支配的で、強力な形態を取ったのである。[3]

暴力専門家の歴史

暴力専門家は日本の暴力的民主主義がはらむ矛盾や曖昧さを象徴し、体現する存在だった。その理由の一部は、暴力という彼らの売り物の際立った特徴にある。誰が、どのように、誰に対して、何の目的で行使するかによって、暴力は多様な意味を持つ政治の道具となる。より核心をついた理由として、様々な利益のために行動する非国家的主体という立ち位置ゆえに、彼らが国家と社会という二分化された世界の境界をぼやかし、複雑化することに長けていたことが挙げられるだろう。一八八〇年代や二十世紀に入ってからの「民衆騒擾期」に一部の壮士がそうしたように、特定の暴力専門家が国家から独立した立場にいることを利用して、政府や当時の体制に反旗を翻したこともあった。一方で、非国家的な暴力専門家が国家を支持し、協働した時代もあった。一八九〇年代に吏党のために活動した壮士しかり、労働争議を鎮圧した暴力団しかり、戦後の保守ネットワークの要を担ったヤクザしかりである。このようにころころと立ち位置を変えることによって、彼らは生き延びたと言っても過言ではない。暴力専門家らは、彼らの断罪を望む人々にとっては、動く標的のように捉えづらい存在だった。だからこそ、国家は彼らが暴力を振るうのを容認し、時には支持さえしたのである。よしんば暴力専門家との関係を追及されたとしても、それを否定するのは簡単だったからだ。国家が軍や警察よりもヤクザの類いに頼るのを好んだのは、国家的暴力の乱用に対する批判より、暴力専門家との連携に対する追及のほうがかわしやすいと考えたからかもしれない。

国家と社会の境界が曖昧で、民主政治が闘争的な性格を伴い、内部にイデオロギー対立をはらんでいる――暴力専門家とは、そんな日本政治史の断面を反映し、垣間見せるだけの存在ではない。自ら歴史上のプレーヤーとして政治の流れを形づくった点で、彼らは重要なのである。暴力を行使する能力を備えていたからこそ、彼らには影響力があった。チャールズ・ティリーによる説得力のある論考の中でも、暴力専門家の存在そのものがしばしば暴力的な結果を助長するという指摘がなされている。[4] こうして生じた暴力的な結果が、非暴力的な状況が生むのとは異なる効果や反応を引き出すのだ。博徒と壮士が自由民権運動の暴力的な抵抗を助長した結果、明治の元老らが民主的改革に動いたと考えても、想像の飛躍とは言えないだろう。二十世紀初頭の民主主義運動の主導者として、壮士や院外団は民衆運動に息を吹き込み、政権を転覆させることにまで成功した。また、自民党とヤクザの協力体制は、戦後日本における保守政権の強化と長期化を支えた。暴力専門家は暴力の専門家として道具的価値を有していただけでなく、政治文化の形成にも影響を及ぼした。暴力専門家がいることで、暴力は「最終手段」ではなく日常的な政治のツールとなった。この「あたりまえさ」ゆえに、暴力はその目的の深刻さから切り離され、起こりうる事態への配慮はないがしろにされた。このような思考から生まれた政治暴力のカルチャーは、壮士を政党政治に組み込むことに貢献し、最終的に一九三〇年代の民主主義崩壊に手を貸すことになる。

日本における暴力組織と政治暴力の歴史については、まだ多くの研究が必要である。本書では暴力が政治に果たした役割やその影響に焦点を当ててきたが、暴力というものが生まれるプロセスについてはまだ知るべきこともある。つまり、人々が拳を振り上げ、武器を執ろうと思い立ったきっかけ、動機、その決め手といったものだ。それらは本書の領分を超えている。壮士やヤクザの実態を調査するには日記や回想録といった類いの資料が必要だが、その手の資料は悲しいほど少ない。それでも、調査が実現して暴力を社会学的視点から読み解くことができたあかつきには、本書の裏テーマに光を当ててくれることだろう。すなわち、暴力家(各種の暴力専門家を含む)は複雑な要因が絡み合って生まれるものであり、生得的もしくは必然的に暴力的な人間などない、ということを。

暴力的民主主義を現代の視点で捉える

世界大戦での完全敗北と、外国勢力による戦後の占領を通じて、日本の暴力的民主主義は新たな形につくりかえられた。最大の変更点は、政治の道具として暴力を行使することに寛容であり、むしろ積極的ですらあった戦前の政治暴力の文化が根絶されたことだ。それまでにも、博徒を犯罪者として扱おうとした明治の新聞や、暴力を社会の後退と捉えた一九二〇年代のリベラルな知識人やジャーナリストのように、暴力に反対を唱える声は一部にあった。だが戦後においては、暴力への苛立ちは一握りの批評家の輪をはるかに超えて広がった。暴力は野蛮で、違法で、破壊的で、社会を不安定化させるばかりでなく、非民主的だという意見が主流になったのだ。暴力が看過できないものと見なされるようになるにつれて、暴力専門家たちは次第に政治の舞台から姿を消し、地下社会に身を落とし、暴力よりも金でビジネスをするようになった。これは、暴力を組み込んだ戦前の政治システムから暴力の使用が全面的に排除されたという意味ではない。政治暴力(とりわけ右翼のヤクザと左翼のテロリスト）は日本の民主主義に対する脅威でありつづけた。
したがって、その形は何十年も前に変化したとはいえ、今に至るまで日本は暴力的民主主義の国である。暴力がありふれたものでなくなるにつれて、暴力と民主主義の緊張関係は薄れていった。物理的衝突を伴う政治は、いつでも起こりうる現実的な可能性ではなくなった。政治暴力と見なされる行為が発生すれば、それらはただちに非民主的であるとの烙印を押され、驚愕した国民から罵声が飛ぶだろう。それもすべて、暴力が普通のことではなくなったからだ。[5] しかしながら、今なお日本の暴力的民主主義を語ることは可能だ（他の民主国家についても同様である）。なぜなら暴力の可能性は消滅しておらず、暴力の脅威は持続しているからである。[6]
日本の民主主義が暴力の可能性を残しているのは、ひとつにはヤクザの政治関与が継続しているからである。いまや暴力よりも金を主に扱っているヤクザだが、彼らはまだ、腕力による脅迫と強要を体現する存在だ。事実、ヤクザがらみの暴力事件は頻繁に発生しており、その大半は政治外の話とはいえ、政治に関係した事件もたまには起こる。それゆえヤクザの暴力は今でも現実的な脅威と言える。暴力専門家や犯罪組織、マフィアの政治関与を継続して許している国は日本だけではない。ロシアでは、犯罪組織のメンバーが独立候補、地元の政治団体の代表、ロシア自由民主党の候補など、様々な立場で選挙に出馬している。一九九〇年代半ば以降は、ロシア国家が治安維持のために一部の犯罪組織の協力を仰いだことが議論を呼んでいる。国内の凶悪な犯罪組織の活動を封じ、チェチェンマフィアと戦うために、政府は別の犯罪組織の手助けを必要としたのである。[7] シチリアでも、マフィアは自分たちと懇意の政治家や候補者のために票を集めるだけでなく、その権力や影響力を削ごうとする勢力を脅迫したり、攻撃を加えたりしている。[8] 三者三様ではあるが、これらの国々は民主政治に対する犯罪組織やマフィアの影響を最小限に抑えるという難題に直面している。それはまた、他の国々についても言えることだ。これらの組織に深刻な打撃を与え、時代に順応して生き残る彼らの並外れた能力と戦う手腕を国家は持ち合わせておらず、またそうしたいとも思っていない。

著名な犯罪組織やマフィアが存在する地域ばかりが、民主主義に巣くう暴力に悩まされているわけではない。非国家的な暴力専門家が様々な理由から力を持たない国々でさえ（国家が強大である、法律の実効性が高い、国民の反応が苛烈、など）、暴力と民主主義のバランスを保つことは重大な課題でありつづけている。筆者の考えでは、すべての近代国民国家とすべての民主主義国家は暴力をはらんでいる。日本の民主主義の歴史において、暴力の台頭を許した大きな問題（抗議運動や反対運動、平等を支持するはずの政治システムにおける不平等、理想の政治・経済システムに対するヴィジョンのぶつかり合い、国家・政府の統治に対する脅威への対処、政治的少数派の扱いなど）は、日本が今なお抱える問題であり、それは広く世界にも共通する。すべての民主国家は、国家に属する暴力専門家（軍隊・警察）についてその暴力が正当とされる時機を見きわめ、それらが適用される範囲を議論し、過剰な暴力を法的に認めるかどうか熟慮しなくてはならない。暴力専門家は、国家に属するにせよ属さないにせよ、常に国民から徹底的な監視を受けなくてはならない。暴力は有用だという強力なロジックが、暴力が民主主義の実践にどのような影響をもたらすかという深い考察を葬り去るようなことがあってはならない——それを請け合うのは、国民の義務なのである。

謝辞

本書の執筆は共同作業であったと言っていい。執筆に取りかかってから出版されるまで、このプロジェクトは同僚や友人たちが何年にもわたって私を教え、正し、支えてくれる中で形をなし、改良されていった。リサーチや執筆が孤独な作業に感じられるときも、誰かしらの存在が、この仕事が他者との対話に多くを負っていることを思い出させてくれた。そんなわけで、ここに本書をよりよいものにする手助けをしてくれた人々を思い出し、感謝の言葉を送る機会が与えられたことをうれしく思う。彼らのおかげで本書を完成できた。

筆者はアンドルー・ゴードンの学恩を受けている。ゴードンの日本史への取り組みは筆者に多大な影響を与えた。民主主義から貫戦史（transwar history）に至るまで、本書がいかに彼の関心に沿ったものか、最近になって気がついた。ゴードンは数々の職務で手一杯のときも、筆者の仕事から目をそらすことはなかった。学者としても、大学人としても、ゴードンは筆者の手本でありつづけている。筆者はまた、ダニエル・ボツマンにも多くを負っている。ボツマンの犯罪史に関する深い知見と日本史の豊かな学殖があればこそ、本書はいくつかの章で深みを加えることができた。彼の思慮ある挑発と高い期待は、知的な挑戦として、筆者にとっても望むところだった。最後に、ピーター・フロストの存在がなければ、筆者はそもそも日本史の研究者になっていなかっただろう。フロストがこのテーマへと筆者を導いたのであり、彼はいまなお筆者にとって真のメンターである。その鋭い質問のおかげで本書の弱い部分を補強することができたが、筆者が感謝してやまないのは、何にも増して彼の心の広さだ。三人の相談役は、原稿に目を通し、反復の多さを指摘するなどして、みな本書に直接的な影響を与えている。

本書の全編、あるいは一部に対して気前よくアイデアを提供してくれた人はほかにもいる。ジョン・ダワーの大局を見る目と比較史学への献身を、本書からも読み取ってもらえれば幸いだ。藤野裕子は非凡なスパーリングパートナーである。彼女はこのテーマに情熱と洞察をもって臨み、筆者を日本の研究者に紹介する労をいとわず、難しい質問にも熱心に取り組んでくれた。その支えにどれだけ勇気づけられたか知れない。エイミー・スタンリーの専門は徳川時代だが、彼女の指摘を受けて文献を読み、興味深いアイデアに接することで第一章の方向が定まった。デビッド・アンバラスとサビーネ・フリューシュトゥックも時間を割いて助言を授けてくれた。トーマス・ヘイブンズも草稿に目を通し、コメントを寄せてくれた。

リサーチを進めているあいだ、筆者はそれぞれに研究の最前線にいる多くの人々からの助けを受けることになった。平石直昭は東京大学に滞在する際にたびたびスポンサーになってくれたし、研究がこれといった段階に差しかかると有益な助言を授けてくれた。安在邦夫、中嶋久人、須田努、星野周弘、根本芳雄、岩井弘融の各氏は、談論風発な対話を通してそれぞれのヤクザ研究の経験を惜しみなく分かち合ってくれた。法政大学の大原社会問題研究所にもたいへんお世話になった。ほかにも、三谷博、中村政則、成田龍一、大日方純夫、玉井清の各氏は、筆者がまだ暗中模索状態にあったときに、親切にも面会に応じてくれた。執筆作業も後半になると、ヘレナ・ハルニックは学部の研究助手として、夏のあいだじゅう、一九六〇年代の資料の山に脈絡をつけるのに忙しく働いてくれた。その成果は本書の最終章に生かされている。

様々な図書館や資料館のスタッフも、またなくてはならない存在だった。大原社会問題研究所、町田市の自由民権資料館、国立公文書館、ハーバード燕京図書館には特にお世話になった。外務省外交史料館、国会図書館、東京都立中央図書館、大宅壮一文庫、国立劇場、福岡県立図書館、メリーランドの国立公文書館、そして東京大学の様々な図書館を探索できたこともうれしい思い出だ。

いくつかの研究拠点を持つことができたのも幸運だった。ウィリアムズ大学は研究者への支援を惜しまない職場で、研究休暇の取得と予算に関しても太っ腹である。特に歴史学とアジア研究科の同僚たちはこのプロジェクトを支えてくれた。彼らの献身と励ましにはとても感謝している。東京大学社会科学研究所は何度か筆者を招聘してくれたし、ハーバード大学のライシャワー日本研究所は客員研究員として招いてくれた。ハーバードでは数々の機会で、知的友情のありがたさが身に沁みた。ジェミル・エイデン、ジェフ・ベイリス、ジェイミー・バーガー、マリヤン・ブーガート、マイケル・バーチャー、ラスティ・ゲイツ、前田弘美、村井則子、中山いづみ、イーマー・オドワイヤー、下田啓、内田じゅん、ローラ・ウォング。そして中納洋一は、すばらしく公正な視点をもって、筆者と共に本書のテーマに取り組んでくれた。

コーネル大学出版のロジャー・ヘイドンにも感謝したい。彼は本書がまだ目も当てられないほど粗雑な段階で興味を示し、手際よく、すぐれたユーモアをもって出版まで導いてくれた。ふたりの匿名の査読者が、草稿を読んで非常に建設的なフィードバックを寄せてくれたことも記しておきたい。数多くの手助けを受けてきたが、本書における意見も判断も最終的には筆者に属する。先に名前を挙げた人々の多くは、本書に示されたいくつかのアプローチや議論とは異なる立場を取っている。すべての不備と弱点が筆者の責任に帰すことは言うまでもない。

最後に、国際交流基金、米国社会科学研究会議、ライシャワー研究所、全米人文科学基金からの豊富な資金援助がなければ、本書の研究がなされることもなければ、本書が執筆されることもなかった。

自身を顧みず筆者の可能性を信じてくれた両親に、まずは何よりも感謝を捧げたい。日本滞在時に温かく受け入れてくれた日本の家族にも深い感謝を。おばあちゃんの強さ、心持ち、歴史への愛情がこの本に反映されていることを望んでいる。彼女が本書を生きて目にすることができないのが残念だ。そして夫のピートへ。ここ何年ものあいだ、筆者の仕事に対する夫の信頼、忍耐、揺らぐことのないサポートにどれほど励まされてきたか、それを十分に表現する言葉を筆者は持たない。心からの感謝が彼に伝わっていることを願いつつ。

エイコ・マルコ・シナワ
マサチューセッツ州ウィリアムズタウンにて

解説

藤野裕子

本書は、エイコ・マルコ・シナワの最初の著作、*Ruffians, Yakuza, Nationalists: The Violent Politics of Modern Japan, 1860-1960* (Ithaca, Cornell University Press, 2008) の日本語訳である。一一年前に刊行された原著が、こうして日本の読者に手に取りやすい形で出版されたことをまずは喜びたい。原著は、二〇〇三年にハーバード大学に提出した著者の博士論文を大幅に加筆したものである。博士論文から数えると、実に一七年の月日を経て、彼女の研究が日本に届いたことになる。

「謝辞」で、著者は私のことを「スパーリングパートナー」と書いているが、実際、彼女が原著を執筆していた頃は、私たちが最も頻繁に議論した時期だった。当時、私は彼女の出身大学院であるハーバード大学に留学していて、彼女の指導教員であったアンドルー・ゴードンのもとで研究に従事していることになっていた。とはいえ、当時の私は健康状態が思わしくなく、自分の身体の面倒をみている時間が多かった。彼女は折につけ、私をお茶や食事に誘ってくれて、そこでお互いの近況を交換しあった。私には特筆するような研究の進展はなかったから、彼女の執筆状況を聞いて私が疑問に思ったことを投げかけ、それについて彼女が答える、というパターンが多かったように思う。彼女がスパーリングに例えたのは、そうした会話のことだろう。

その頃の私たちの共通の関心事は、「戦前日本の暴力と民主主義」についてであった。彼女はそれを「暴力専門家」という観点から、壮士・院外団・暴力団について幕末から戦後まで見通そうとし、私は戦前の東京で起きた民衆暴動を対象に、日露戦後から一九二〇年代にいたる日本社会の変化を描こうとしていた。対象が重なりながらも、視点が異なる相手は、学術的なスパーリングには最適である。もちろん、スパーリングで力を付けたのは彼女だけではない。留学から帰国して五年後、私が提出した博士論文には、本書に登場する大日本国粋会などと民衆暴動との関係を検討する章が一つ加わることとなった（拙著『都市と暴動の民衆史』有志舎、二〇一五年参照）。

本書をとおして、著者は日本の近代政治が暴力に満ちていたことを明快に示してみせた。暴力によって政治を動かそうとすることは、幕末・維新期や自由民権運動期といった、議会政治が整う以前だけに見られた現象ではなかった。院外団や政党傘下の暴力団のように、大正デモクラシー期の政党政治において、政治と暴力の結びつきはむしろ「制度化」されたのだというのが著者の主張である。

本書の魅力は、「暴力専門家」と政治家との密接な関係という、日本政治の「裏面史」を通史的に描いたことにあるのではない。そうではなく、両者の関係が、戦前から戦後のある段階まで、公然としたものであり、組織的で、制度的であったことを明らかにしたことにある。こうした観点は、日本では、猪野健治や宮崎学の一連の著作で指摘されていたが、歴史研究において十分に深められてはいなかった。アメリカの日本研究においても斬新な切り口であったといえる。

もちろん、いわゆるヤクザや暴力団のもつ親分子分関係や盃式などの慣習は、「日本的なもの」として欧米からの関心を集めてもきた。これに抗うように、本書は、「暴力専門家」を「日本的なもの」

としては決して描こうとしなかった。これが本書のもう一つの魅力である。本書がアメリカやイタリアの事例に繰り返し言及しているのは、「暴力専門家」と政治との関係を日本に特殊な現象ではなく、近代政治に普遍的に見られうる現象と捉えるべきだという主張ゆえである。ジョン・ダワー、キャロル・グラック、アンドルー・ゴードンといった日本でも著名なアメリカの日本史研究者は、日本を特殊な存在と見たがるアメリカの日本観を乗り越えるべく、近代としての普遍性を前提とする日本近代史像を打ち出してきた。ゴードンの指導を受けた著者がヤクザなどを扱うにあたり、日本特殊論を慎重に退けるのには、そうした学術的な背景がある。

翻って、日本における研究動向に、本書はどのように接続するのだろうか。本書の序章では、日本の先行研究についても丁寧に整理されている。ここでは本書で触れられていない研究群との関わりを若干補足しておきたい。

日本では特に一九九〇年代以降、大正デモクラシー期と呼ばれてきた時代を、大衆社会・大衆民主主義の端緒と捉え直す研究が本格的に現れた。そこでは、大正デモクラシー史の研究が見落としがちだった親分・顔役と地方議会との関係についても重視されている。例えば、重松正史『大正デモクラシーの研究』（清文堂、二〇〇二年）は和歌山を事例に、国粋会に属する議員が県政・市政に深く関わっていたことを明らかにしている。大岡聡は、露店商の親分が東京市の区議会に進出したことをふまえて、大衆民主主義の特徴を論じた。拙著でも、東京で国粋会と対抗関係にあった大和民労会のトップが東京府議会に進出していたことを指摘した。こうした現象は、政党政治と男子普通選挙制度の成立を背景に、親分子分関係のネットワークが政治的な意味を持った現れといえる。本書が「暴力専門家」と呼んだ人びとが、各地域の政治・社会においてどのような存在だったのか、という点から今後も研究を深めることが可能だろう。

親分子分関係という点に着目すると、本書と密接に関わる研究領域として、炭鉱・土木・荷役業や都市雑業層などに関する社会史的な研究が浮かび上がる。「暴力専門家」たちのネットワークは、彼らのもう一つの顔である博徒や、土木建築請負業、港湾荷役業、人夫請負業などにおいて築き上げられていた。本書の表紙カバーを飾る吉田磯吉は、筑豊の炭鉱や運輸業の経営者であった。労働運動のスト破りを行っていた大日本正義団の名簿を見ると、土木建築関係の職に就いている者が多くを占める。本書の「暴力政治」の基盤には、こうした労働の世界があった。

日本の労働史研究は、重工業の労働者に長く研究の主軸を置いてきたが、特に一九八〇年代以降、都市史研究を中心に日雇い労働に関心が注がれるようになり（杉原薫・玉井金吾編『大正・大阪・スラム』新評論、増補版二〇〇八年など）、研究の蓄積も厚みを増している。宮崎学『近代ヤクザ肯定論』（筑摩書房、二〇〇七年）は、戦後に政治家と「暴力専門家」との表だった関係が切れていく背景の一つに、労働の世界における重機の導入やオートメーション化があったと指摘している。労働の歴史と接続させながら、本書の問題提起を突き詰めると、政治史と社会史とをいっそう立体的につなぎ合わせることができそうである。もちろんこれは、本書自体の課題というより、本書が後続の研究者に渡したバトンということになろう。

著者はすでに二冊目の単著である *Waste: Consuming Postwar Japan* (Ithaca: Cornell University Press) を二〇一八年に上梓している。「もったいない」という感覚に着目し、戦後日本の消費行動や意識形態に迫った労作である。消費・生活の歴史へと視野を広げた彼女の研究が再び日本の読者に届けられることを願いつつ、今後の研究のゆくえに注目したい。

（ふじの・ゆうこ／東京女子大学現代教養学部准教授・日本近現代史）

原注

イントロダクション

1. マリウス・ジャンセンは、日本の「政治的な未熟と精神的な失敗」に向けられた注意を相殺するために、「明るい面」を強調し、日本近代史をより「バランスの取れた評価」へと導かなければならないと論じている。Marius B. Jansen, "On Studying the Modernization of Japan," in *Studies on Modernization of Japan by Western Scholars* (Tokyo: International Christian University, 1962), 11.
2. 日本の近代化をテーマにした一連の学会からは2冊の書物が出ている。Marius B. Jansen, ed., *Changing Japanese Attitudes toward Modernization* (Princeton: Princeton University Press, 1965); R. P. Dore, ed., *Aspects of Social Change in Modern Japan* (Princeton: Princeton University Press, 1967).
3. 近代化論者については以下を参照。John W. Dower, "E.H.Norman, Japan and the Uses of History,"in *Origins of the Modern Japanese State: Selected Writings of E.H.Norman*, ed. John W.Dower (New York: Pantheon, 1975), 55-65; Sheldon Garon, "Rethinking Modernization and Modernity in Japanese History: A Focus on State-Society Relations,"*Journal of Asian Studies* 53, no. 2 (May 1994): 346-48; Daniel V.Botsman, *Punishment and Power in the Making of Modern Japan* (Princeton: Princeton University Press, 2005), 6-9. 近代化論者の先行世代に属するE.H. ノーマンは、後続の一派がしたような形で日本をポジティブに描いたわけではないというダワーの指摘は注目に値する。
4. Marius B.Jansen, "Ōi Kentaro: Radicalism and Chauvinism," *Far Eastern Quarterly*11, no.3 (May 1952): 305-16; Marius B.Jansen, *The Japanese and Sun-Yat Sen* (Cambridge, Mass.: Harvard University Press, 1954).
5. Jansen,"Studying the Modernization of Japan," 1-2. 筆者はここで近代化論者による暴力の扱い方を退けているが、それは「近代性(modernity)」や「近代的(modern)」といった概念が、分析の枠組みとして有用である、ないしは研究に値する現象であるという考えまで退けるものではない。それゆえに筆者としては、本書を通じて「近世(early modern)」や「近代(modern)」という表現を使うことにためらいはない。
6. 日本人の和の精神という観念に疑義を呈した論文としては、以下を参照。Stephen Vlastos, ed.*Mirror of Modernity: Invented Traditions of Modern Japan* (Berkeley: University of California Press, 1998).
7. Robert A. Scalapino, *Democracy and the Party Movement in Prewar Japan* (Berkeley: University of California Press, 1953); George Akita, *Foundations of Constitutional Government in Modern Japan, 1868-1900* (Cambridge, Mass.: Harvard University

Press, 1967); Tetsuo Najita, *Hara Kei in the Politics of Compromise, 1905-1915* (Cambridge, Mass.: Harvard University Press, 1967); Joseph Pittau, *Political Thought in Early Meiji Japan, 1868-1889* (Cambridge, Mass.: Harvard University Press, 1967); Peter Duus, *Party Rivalry and Political Change in Taisho Japan* (Cambridge, Mass.: Harvard University Press, 1968).

8. 以下の5章を参照。信夫清三郎『大正政治史2巻』(河出書房、1951年)。1950年代に「米騒動」について書かれた文献としては、以下も参照。庄司吉之助『米騒動の研究』(未来社、1957年)。

9. マルクス主義史学による暴力の扱いについては以下を参照。「暴力はどう語られてきたか」(所収：須田努、趙景達、中嶋久人共編『暴力の地平を超えて　歴史学からの挑戦』青木書店、2004年、14-15)。

10. 木下半治『日本ファシズム史』(岩崎書店、1949年)、田中惣五郎『日本ファッシズムの源流　北一輝の思想と生涯』(白揚社、1949年)、前島省三『日本ファシズムと議会　その史的究明』(法律文化社、1956年)。暴力に焦点を当てたものとしては、戒能通孝『暴力　日本社会のファッシズム機構』(日本評論社、1950年)がある。上記4人の筆者のうち歴史学を専門としているのは田中惣五郎のみである。

11. 丸山眞男のファシズムに関する最も知られた論文の英訳は以下に収録。Maruyama Masao, *Thought and Behaviour in Modern Japanese Politics*, ed. Ivan Morris (Oxford: Oxford University Press, 1963). 丸山のファシズム論に加えて、暴力を取り上げるようになった最近の論考までを歴史的に概括したものとしては、以下を参照。加藤陽子「ファシズム論」『日本歴史』第700号(2006年9月): 143-53。

12. 田中惣五郎『日本官僚政治史(改訂版)』(河出書房、1954年)、蠟山政道編『日本の政治』(毎日新聞社、1955年)、鈴木安蔵編『日本の国家構造』(勁草書房、1957年)。

13. 民衆史の歴史学者たちについては以下を参照。Carol Gluck, "The People in History: Recent Trends in Japanese Historiography,"*Journal of Asian Studies* 38, no. 1 (November 1978): 25-50.

14. 鹿野政直『日本の歴史27　大正デモクラシー』(小学館、1976年)、安丸良夫・深谷克己校注『日本近代思想大系21　民衆運動』(岩波書店、1989年)、色川大吉『困民党と自由党』(揺籃社、1984年)。暴力に焦点を絞った1960年代の仕事としては、以下を参照。室伏哲郎『日本のテロリスト　暗殺とクーデターの歴史』(弘文堂、1962年)、森川哲郎『幕末暗殺史』(三一新書、1967年)。

15. Roger W. Bowen, *Rebellion and Democracy in Meiji Japan: A Study of Commoners in the Popular Rights Movement* (Berkeley: University of California Press, 1980); Michael Lawrence Lewis, *Rioters and Citizens: Mass Protest in Imperial Japan* (Berkeley:University of California Press, 1990); Andrew Gordon, *Labor and Imperial Democracy in Prewar Japan* (Berkeley: University of California Press, 1991). 抗　議運動の文脈における、より最近の議論としては以下を参照。David L. Howell, *Geographies of Identity in Nineteenth-Century Japan* (Berkeley: University of

California Press, 2005), 89-109.

16. Tetsuo Najita and J. Victor Koschmann, eds., *Conflict in Modern Japanese History: The Neglected Tradition* (Princeton: Princeton University Press, 1982).

17. これらの問題は近年、暴力が日本史に占めた位置を検証する書籍の中で取り上げられている。以下を参照。須田努、趙景達、中嶋久人共編『暴力の地平を超えて　歴史学からの挑戦』(青木書店、2004年)。

18. 筆者が強制力(force)と暴力(violence)を同等視していることを知れば、ジョルジュ・ソレルは不快に思うだろう。ソレルは強制力と暴力を截然と分けて、強制力は社会秩序を打ち立てるために少数派が使うものであり、暴力は一般的に言って社会秩序を破壊するものだと主張している。Georges Sorel, *Reflections on Violence*, ed. Jeremy Jennings (Cambridge: Cambridge University Press, 1999), 165-66.

19. 例えばダニエル・ロスであれば、筆者が身体と精神を区別していることに、また身体を文字通り物質的な肉体と定義していることに異を唱えるかもしれない。ロスが用いる身体の概念ははるかに包括的なものである。「他のものから切り離せるのであれば、それはひとつの身体として描き出されることになる」。ロスの理解する暴力は、「何らかの効果を生じさせる行動」という茫漠としたものである。Daniel Ross, *Violent Democracy* (Cambridge:Cambridge University Press, 2004), 3-4. 一方、 筆者としては、暴力は必ずしも肉体的なものである必要はないという点には同意するが、その観念を拡張しすぎてしまえば、暴力と圧力を同一視する愚を犯すことになるし、有益な区別を損なうことになると考えている。チャールズ・ティリーもまた、「暴力」という語を漠然と用いることについて警告している。Charles Tilly, *The Politics of Collective Violence* (Cambridge: Cambridge University Press, 2003), 4-5.

20. ジョン・キーンは、暴力を「それまで「平和に」生きてきた人が望んでいないのに、その身体を物理的に侵犯する、意図的ないしは半意図的なあらゆる行為」と定義している。John Keane, *Reflections on Violence* (New York: Verso, 1996), 6.

21. Tilly, *Politics of Collective Violence*, 4-5, 35-36.「暴力専門家」という語を同様に使用した例としては、以下を参照。Robert Bates, Avner Greif, and Smita Singh, "Organizing Violence,"*Journal of Conflict Resolution*46, no. 5 (October 2002): 600.

22. ある種の用心棒ないしはアスリートのような暴力専門家は、日本の政治史とは端的に無関係であるため、本書では扱わない。兵士と警察についてはすでに研究がなされており、本書に紙幅を割く余裕はないものの、公的ではない暴力専門家との関係を議論するに際して言及されることになるだろう。

23. 組織犯罪やマフィアを専門とする学者は、マフィアを組織犯罪という属に含まれる種のひとつと理解するのが通例である。あらゆる組織犯罪グループは違法な品物の独占を追求するが、マフィアが主に取り扱う特産品とは、護衛である。ディエゴ・ガンベッタが初めて提案した定義に従えば、「マフィアとは特定の営利企業であり、その業界が生産、宣伝、販売するのは、私的護衛である」と説明されることになる。以下を参照。Diego Gambetta, *The Sicilian Mafia: The Business*

of Private Protection (Cambridge, Mass.: Harvard University Press, 1993), 1. 護衛で利益を確保していたことから、しばしばマフィアと国家との関係は、その他の組織犯罪グループよりも複雑である。

24. 秩序再編を目的とした政治暴力については、以下を参照。David E. Apter, "Political Violence in Analytical Perspective,"in *The Legitimization of Violence*, ed. David E. Apter (New York: New York University Press, 1997), 5.
25. 政治および政治的なもの、とりわけ民主主義政治の「矛盾する側面」については、以下を参照。Chantal Mouffe, *On the Political* (New York: Routledge, 2005), 2-4.
26. 政治理論家のジョン・キーンは、暴力と民主主義が本質的かつ根本的に相反することを明言している。「暴力は(…)よく知られているように民主主義の最大の敵である。暴力は民主主義の精神にとっても、実質にとっても鬼門なのだ」。John Keane, *Violence and Democracy* (Cambridge: Cambridge University Press, 2004), 1.
27. 史料に基づいた大正デモクラシーについての論文としては、以下が有益である。有馬学「「大正デモクラシー」論の現在　民主化・社会化・国民化」『日本歴史』700号(2006年9月): 134-42。
28. アンドルー・ゴードンもまた、「大正」という枕詞が年代的な混乱を招きかねない点を強調している。ゴードンの「インペリアル・デモクラシー」という概念は代替案として魅力的だが、天皇にも帝国にも焦点を合わせていない本書においては完全に座りがいいとは言えない。Gordon, *Labor and Imperial Democracy*, 5-9.
29. 坂野潤治『明治デモクラシー』(岩波書店、2005年)。
30. Richard J. Samuels, *Machiavelli's Children: Leaders and Their Legacies in Italy and Japan* (Ithaca: Cornell University Press, 2003), 10-15.
31. 壮士についての学説史は第2章、第3章で扱うことになるが、ここではヤクザについての学術的な研究が不足していることを強調しておきたい。英語で読める学術研究としては、次が最良のものだろう。Peter B. E. Hill, *The Japanese Mafia: Yakuza, Law, and the State* (Oxford: Oxford University Press, 2003). 学位論文としては、David Harold Stark, "The Yakuza: Japanese Crime Incorporated" (Ph.D. diss., University of Michigan, 1981). がある。ヤクザに関する標準的なテキストとしては、ふたりのジャーナリストの手になる以下を参照。David E. Kaplan and Alec Dubro, *Yakuza: Japan's Criminal Underworld* (Berkeley: University of California Press, 2003). 日本語の文献については第1章で紹介する。ヤクザは歴史学者の目には留まらなかったにしても、長らく大衆的想像力に根を張っている。ヤクザ映画についての興味深い記事は以下で読める。Federico Varese, "The Secret History of Japanese Cinema: The Yakuza Movies," *Global Crime*7, no. 1 (February 2006): 105-24.

第一章　愛国者と博徒

1. 困民軍の副指揮官であった加藤織平は神社に集まったのは1000人だったと証

言している。東京和泉橋警察署「第1回訊問調書　加藤織平」1884年11月7日(所収：井上幸治・色川大吉・山田昭次共編『秩父事件史料集成　第2巻　農民裁判文書2』二玄社、1984年、141)。この数字は、以下にも引用されている。群馬県警察史編纂委員会・編『群馬県警察史〈第1巻〉』(群馬県警察本部、1978年)、361。

2. 『朝日新聞』1884年11月5日(所収：井上幸治・色川大吉・山田昭次共編『秩父事件史料集成 第6巻 日記・見聞記　報道・論評他』二玄社、1984年、852)。
3. 芳賀登『幕末志士の世界』(雄山閣、2004年)、16-17。
4. 尊王攘夷思想の展開については、以下を参照。H. D. Harootunian, *Toward Restoration: The Growth of Political Consciousness in Tokugawa Japan* (Berkeley: University of California Press, 1970).
5. W. G. Beasley, *The Meiji Restoration* (Stanford: Stanford University Press, 1972), 147-55, 161, 165; Harootunian, *Toward Restoration*, 41. 志士の種々の類型については、以下を参照。Beasley, *Meiji Restoration*, 156-59, 162-66; Thomas Huber, "'Men of High Purpose'and the Politics of Direct Action, 1862-1864,"in *Conflict in Modern Japanese History*, ed. Tetsuo Najita and J. Victor Koschmann (Princeton: Princeton University Press, 1982), 123-27. 同僚志士の暴力行使のやり方に違和感を覚えた志士はいたが、いかなる種類の志士であっても、暴力の行使そのものに困惑を覚えることはなかったという事実は注目に値する。
6. テロリズムが象徴的な行為であり、恐怖と不安を引き出すことを意図したものであるということは(後者が主たる目的であるかどうかは議論があるにせよ)、その定義の多くで強調される点である。以下を参照。Jeff Goodwin, "A Theory of Categorical Terrorism,"*Social Forces* 84, no. 4 (June 2006): 2027-32; Grant Wardlaw, *Political Terrorism: Theory, Tactics, and Counter-measures* (Cambridge: Cambridge University Press, 1989), 8-10. 仮に暗殺という行為を「大物を選択的に、意図的に、かつ政治的な目的(宗教的な目的も含む)のために殺害すること」と定義できるのであれば、ある種の暗殺(すべてではない)はテロ行為と見なすことができるだろう。この暗殺の定義は以下からの引用である。Asa Kasher and Amos Yadlin, "Assassination and Preventive Killing,"*SAIS Review* 25, no. 1 (winter-spring 2005): 44.
7. Marius B. Jansen, *Sakamoto Ryōma and the Meiji Restoration* (Princeton: Princeton University Press, 1961), 103-4, 136; Beasley, Meiji Restoration, 173.
8. 芳賀登『幕末志士の世界』(雄山閣、2004年)、94-98。この暗殺については、芳賀とヘッセリンク、それぞれのバージョンに食い違いがある。ヘッセリンクは犠牲者の名前を熊野の伝吉としている。Reinier H. Hesselink, "The Assassination of Henry Heusken," *Monumenta Nipponica* 49, no. 3 (autumn 1994): 342.
9. Hesselink, "Assassination of Henry Heusken," 331-37, 344-48.
10. 芳賀登『幕末志士の世界』(雄山閣、2004年)、98-99; Rutherford Alcock, *The Capital of the Tycoon: A Narrative of a Three Years'Residence in Japan*, vol. 2 (New York: Harper & Brothers, 1863), 146-58.

11. Beasley, *Meiji Restoration*, 172.
12. Alcock, *Capital of the Tycoon*, vol. 1, 308-9. またオールコックは、イギリス人が不用意に拳銃を抜いて場の緊張を高めてしまったケースもあったことを指摘している。Alcock, *Capital of the Tycoon*, vol. 2, 23.
13. Ibid., vol. 1, 216. [『大君の都　幕末日本滞在記』、上　350ページ]
14. Ibid., vol. 2, 146. オールコックは「志士」という言葉は使っていないが、刀に言及していることから、襲撃者が平民でなかったことがうかがえる。志士は長い打刀と短い小太刀を持ち歩くのが普通だった。芳賀登『幕末志士の世界』(雄山閣、2004年)、29-30。
15. Alcock, *Capital of the Tycoon*, vol. 2, 34; vol. 1, 215-17, 224, 309. もちろん、政治的なものかどうかはさておき、イギリスに暴力犯罪がないわけもない。1862年の『イラストレイテド・ロンドンニュース』の記事は、「首都の街路で、身の毛もよだつ暴力犯罪が頻発している」ことを伝えている。*The Illustrated London News*, December 6, 1862.
16. Huber, "'Men of High Purpose,'" 109.
17. Beasley, *Meiji Restoration*, 161, 188.
18. 以下に引かれていたものを転載。Ian C. Ruxton, ed., *The Diaries and Letters of Sir Ernest Mason Satow (1843-1929), A Scholar-Diplomat in East Asia* (Lewiston: Edwin Mellen Press, 1998), 27.
19. Daniel V. Botsman, *Punishment and Power in the Making of Modern Japan* (Princeton: Princeton University Press, 2005), 135-36.
20. Huber, "'Men of High Purpose,'" 113.
21. Ibid.,112-13; Jansen, *Sakamoto Ryōma*, 131-32. さらし首と公開処刑については以下を参照。Botsman, *Punishment and Power*, 20-28.
22. Beasley, *Meiji Restoration*, 215-18; Botsman, *Punishment and Power*, 136; Jansen, *Sakamoto Ryōma*, 138; Huber, "'Men of High Purpose,'" 116.
23. マリウス・ジャンセンも同様の指摘をしている。*Sakamoto Ryōma*, 376-77.
24. Richard Maxwell Brown, "Violence and the American Revolution," in *Essays on the American Revolution*, ed. Stephen G. Kurtz and James H. Hutson (Chapel Hill: University of North Carolina Press, 1973), 103-8, 112-15.
25. 士族と元武士は完全に同じものではない。徳川時代には武士でなかったものが、士族という位に格上げされることもあれば、かつての武士(例えば幕府を支持した藩主の家臣)が士族にならないこともあった。落合弘樹『明治国家と士族』(吉川弘文館、2001年)、1-3。
26. Stephen Vlastos, "Opposition Movements in Early Meiji, 1868-1885," in *The Cambridge History of Japan*, vol. 5, ed. Marius B. Jansen (Cambridge: Cambridge University Press, 1989), 382-83; 松本二郎『萩の乱　前原一誠とその一党』(鷹書房、1972年)、131。
27. 来原慶助『不運なる革命児前原一誠』(平凡社、1926年)、5-6; 松本二郎『萩の

乱』、136-39。

28. John M. Rogers, "Divine Destruction: The Shinpūren Rebellion of 1876," in *New Directions in the Study of Meiji Japan*, ed. Helen Hardacre with Adam L. Kern (New York: Brill, 1997), 408-9, 414, 424, 428-30; Vlastos, "Opposition Movements in Early Meiji," 391-92.
29. Mark Ravina, *The Last Samurai: The Life and Battles of Saigō Takamori* (Hoboken: John Wiley & Sons, 2004), 183-210; Jansen, *Sakamoto Ryōma*, 189; Vlastos, "Opposition Movements in Early Meiji," 398.
30. Ravina, *Last Samurai*, 7-11; Ivan Morris, *The Nobility of Failure: Tragic Heroes in the History of Japan* (New York: Holt, Rinehart and Winston, 1975), 221.
31. Rogers, "Divine Destruction," 438-39.
32. Huber, " 'Men of High Purpose,' " 118; Hesselink, "Assassination of Henry Heusken,"350-51.
33. 以下を参照。玄洋社社史編纂会・編『玄洋社社史』1917年(復刊:葦書房、1992年)、葛生能久『東亜先覚志士記伝』1933年(復刊:原書房、1966年)。
34. 王希亮「大陸浪人のさきがけ及び日清戦争への躍動」『金沢法学』第36巻第1・2合併号(1994年3月): 55-56; 渡辺竜策『大陸浪人　明治ロマンチシズムの栄光と挫折』(番町書房、1967年)、71-73; 相田猪一郎『70年代の右翼　明治・大正・昭和の系譜』(大光社、1970年)、82-83; 玄洋社社史編纂会・編『玄洋社社史』、109-13; 都築七郎『頭山満　そのどでかい人間像』(新人物往来社、1974年)、43。収監中の頭山についての証言としては以下を参照。薄田斬雲編『頭山満翁の真面目』(平凡社、1932年)、23-24。大久保利通は薩摩出身の士族らに狙われて、1878年には命を落とすことになる。
35. 相田猪一郎『70年代の右翼』、84; James H. Buck, "The Satsuma Rebellion of 1877: From Kagoshima through the Siege of Kumamoto Castle,"*Monumenta Nipponica*28, no. 4 (winter 1973): 443.
36. E. Herbert Norman, "The Genyōsha: A Study in the Origins of Japanese Imperialism,"*Pacific Affairs* 17, no. 3 (September 1944): 265; Morris, *Nobility of Failure*, 221, 223.
37. 前近代の賭博についての短い要約としては以下を参照。安丸良夫編『「監獄」の誕生—歴史を読みなおす22』(朝日新聞社、1995年)、26。もう少し詳しく知りたい向きは、以下を参照。田村栄太郎『やくざの生活』(雄山閣出版、1964年)、8-16。
38. 田村栄太郎は季節労働者や火消しに注目し、一方で星野周弘は貧農、武士、力士、職人も博徒になったと示唆している。田村栄太郎『やくざの生活』、17-19; Hoshino Kanehiro, "Organized Crime and Its Origins in Japan" (unpublished paper), 3. 賭場だけが人々が博奕に興じる場所だったわけではない。田村の指摘では、博奕は藩の屋敷でも行われていた。屋敷には治外法権があり、それゆえに博徒を逮捕しようとしている町奉行の侵入から守られていたからだ。同じく入り込みにくいという理由からであろう、武家の地所(とりわけ兵舎と倉庫)でも博奕が

行われていた。田村栄太郎『やくざの生活』、22-23。

博奕打の武士は徳川幕府にとっては困った存在で、博奕が犯罪であることを知らしめるために、位の高いものほど苛酷な処罰がくだされた。ダニエル・ボツマンによれば、「［寛政の改革時の］1792年に出された最初の禁令では、いかなる種類であれ賭博にかかわった足軽と中間は無条件で江戸から追放と定められている。これは、上級武士に科せられる罰（遠島）ほど厳しくないが、賭博に興じた庶民を罰するのに普通は過料が科せられたのに比べれば、間違いなく重い罰だ。さらに1795年、幕府は以前の法令を補足する形で御触れを出し、足軽や中間も含め、すべての武士は、主君の屋敷の敷地内で賭博をしているところを見つかった場合、無条件で遠島に処されることになった」。Botsman, *Punishment and Power*, 72-73.［『血塗られた慈悲、笞打つ帝国。』、105ページ］

39. 神田由築は、博徒組織における親分子分の関係と、相撲集団における師弟ないしは兄弟分の関係には密接なつながりがあると見ている。神田の主張するところでは、力士（それ自体がある種の暴力専門家である）が博徒になると、相撲集団の構造を持ち込んで、博徒グループの関係構築にひと役買うという。神田由築『近世の芸能興行と地域社会』（東京大学出版会、1999年）、247-48。

第二次大戦後における博徒の後継組織である巨大暴力団もまた、血縁ではなく、架空の縁戚関係によって結びついている。この点で、彼らはシチリア人やイタリア系アメリカ人によるマフィアとは異なるし、むしろロシアのマフィアと似ている。以下を参照。Peter B. E. Hill, *The Japanese Mafia: Yakuza, Law, and the State* (Oxford: Oxford University Press, 2003); Diego Gambetta, *The Sicilian Mafia: The Business of Private Protection* (Cambridge, Mass.: Harvard University Press, 1993); Francis A. J. Ianni, *A Family Business: Kinship and Social Control in Organized Crime* (New York: Russell Sage Foundation, 1972); Federico Varese, *The Russian Mafia: Private Protection in a New Market Economy* (Oxford: Oxford University Press, 2001).

徳川時代後のより洗練された博徒組織と儀式については以下を参照。田村栄太郎『やくざの生活』、44-45、94-106; 岩井弘融『病理集団の構造　親分乾分集団研究』（誠信書房、1963年）、128-30、146-50、160-61。

40. 増川宏一『賭博の日本史』（平凡社、1989年）、154-55。徳川の身分制度と「無宿」が「homeless」と訳されてはならない理由については以下を参照。Botsman, *Punishment and Power*, 59-62. 身分制度の問題を扱った古典的な仕事としては、以下のものがある。John W. Hall, "Rule by Status in Tokugawa Japan," *Journal of Japanese Studies* 1, no. 1 (autumn 1974): 39-49.

41. この時代の博徒の大親分を扱ったものとしては以下を参照。今川徳三『考証幕末俠客伝』（秋田書店、1973年）。

42. 阿部昭『江戸のアウトロー　無宿と博徒』（講談社、1999年）、11-16、20。以下も参照。田村栄太郎『やくざの生活』、179-205; 高橋敏『国定忠治』（岩波書店、2000年）。関所破りと「高札」設置の実際については次を参照。Botsman, *Punishment and Power*, 19, 46.

43. 村落共同体における博徒の立場については、どの村の誰が博徒と関わって利益を得ており、どこの誰が損失を被っていたかといったことについて詳細な情報がない以上、なおいっそう曖昧にならざるを得ない。関東取締出役が国定忠治のような博徒を追い詰めるのに誰が手を貸したか、あるいはそうした村々で、ゆすり、脅迫、強盗の標的になったのは誰なのかといったことがわかれば役に立つだろう。大口勇次郎は、無宿による暴力沙汰も含め、1830年代に多摩地区で起きたいくつかの事件を論じて、村々のそうした事件への対応、および村々と関東取締出役などの組織との関係に光を当てようとしている。大口勇次郎「村の犯罪と関東取締出役」(所収：川村優先生還暦記念会編『近世の村と町』吉川弘文館、1988年、79-101)。

44. 幕府は罪人の腕に線の入れ墨を施していたが、犯罪者のマークとして用いられる入れ墨が、どこでもこれほどシンプルだったわけではないことをボツマンは指摘している。「広島藩では、再犯者には額の中央に「犬」という字を入れたし、紀伊藩では「悪」の字を使っている」。Botsman, *Punishment and Power*, 27-28.［『血塗られた慈悲、笞打つ帝国。』、43ページ］入れ墨の鮮烈な図像に興味がある向きは、以下を参照のこと(ボツマンも引用している)。Donald Richie and Ian Buruma, *The Japanese Tattoo* (New York: Weatherhill, 1980). カラフルで手の込んだ、装飾的な入れ墨は、第二次大戦後においても引き続きヤクザの象徴となっている。

45. タキエ・スギヤマ・リブラは戦後期について、いくつかの点で似た議論を行っている。「逸脱は、規範的文化と対立するものというよりは、文化的重圧が生んだもの、ないしは支配的価値が極端な形を取って表れたものと見なすことができる」。リブラが強調しているのは、「極端」さが「逸脱」であるということだが、徳川期にあって博徒(あるいはヤクザ)文化は極端なものでも逸脱したものでもなかった。Takie Sugiyama Lebra, "Organized Delinquency: Yakuza as a Cultural Example," in *Japanese Patterns of Behavior* (Honolulu: University of Hawai'i Press, 1986), 169.
博徒(あるいはヤクザ)の儀式で、徳川時代の広範な現象に起源を持つものとしては、仁義がある。博徒のあいだ(しばしば旅人《たびにん》と当地の親分とのあいだ)で取り交わされる様式化された挨拶である。これはもともと徳川時代に、修行と仕事を求めて旅した渡り職人によって行われていたものだったが、のちには人足寄場の親分に食事と宿を求める渡り労働者によっても行われるようになった。仁義について詳しくは以下を参照。岩井弘融『病理集団の構造』、262-67; 田村栄太郎『やくざの生活』、59-60; 田村栄太郎編「上州遊び人風俗問答」(所収：林英夫編『近代民衆の記録〈4〉流民』新人物往来社、1971年、218-22)。入れ墨の施術法については以下を参照。Richie and Buruma, *Japanese Tattoo*, 85-99.

46. 岩井弘融『病理集団の構造』、37; George A. De Vos and Keiichi Mizushima, "Organization and Social Function of Japanese Gangs: Historical Development and Modern Parallels,"in *Socialization for Achievement: Essays on the Cultural Psychology of the Japanese*, ed. George A. De Vos (Berkeley: University of California Press, 1973), 286-87.

47. 安丸良夫編『「監獄」の誕生』、27-28。
48. James W. White, *Ikki: Social Conflict and Political Protest in Early Modern Japan* (Ithaca: Cornell University Press, 1995), 4-6, 15.
49. Eric Hobsbawm, *Bandits* (New York: Delacorte Press, 1969), 13, 78.
50. 田村英太郎『やくざの生活』、19、24。俠客関連の法令については、以下を参照。尾形鶴吉『本邦俠客の研究』(博芳社、1933年)、309-14。
51. David L. Howell, "Hard Times in the Kantō: Economic Change and Village Life in Late Tokugawa Japan," *Modern Asian Studies*23, no. 2 (1989): 358.
52. Botsman, *Punishment and Power*, 93-95. 博徒にとっては、目明しになることは金とより高い地位の獲得を意味した。以下参照。阿部善雄『目明し金十郎の生涯　江戸時代庶民生活の実像』(中央公論社、1981年)。この文献と、本章で扱ったいくつかの議論についても、エイミー・スタンリーの示唆があった。
53. この点に関して安丸良夫が強調しているのは、幕府の弱体化が進んで力の空白地帯が生まれ、その間隙を縫うようにして博徒が地域でのし上がり、既成の権威に挑戦するようになったということである。安丸良夫編『「監獄」の誕生』、28。
54. 長谷川昇『博徒と自由民権　名古屋事件始末記』(平凡社、1995年)、46-47。
55. 1805年および改組された1827年の関東取締出役は、4つの代官所からそれぞれ2人が借り出されて、計8人から成っていた。各人の下にはそれぞれ雇いの足軽2人、小者1人、道案内2人がついた。1班は6人から成り、2班を単位として巡回した。安丸良夫編『「監獄」の誕生』、27。
56. シチリアマフィアにおける名誉と血の掟(Omerta. 語源的には「男らしさ」といった意味)の概念については以下を参照。Robert T. Anderson, "From Mafia to Cosa Nostra," *American Journal of Sociology*71, no. 3 (November 1965): 302; Raimondo Catanzaro, *Men of Respect: A Social History of the Sicilian Mafia*, trans. Raymond Rosenthal (New York: Free Press, 1988), 31; Gaia Servadio, *Mafioso: A History of the Mafia from Its Origins to the Present Day* (New York: Stein and Day, 1976), 27-28. ロシアンマフィアの「規律ある泥棒」(vor-v-zakone ないしは vor-zakonnik)については次を参照。Varese, *Russian Mafia*, 145-66.
57. 国定忠治を題材にした創作としては、例えば以下のものがある。劇作家、行友李風の『国定忠治』(1919年);マキノ省三監督作『国定忠治』(1924年);衣笠貞之助監督作『弥陀ヶ原の殺陣』(1925年);小説家、子母澤寛の『国定忠治』(改造社、1933年);山中貞雄監督作『国定忠治』(1935年);谷口千吉監督作『国定忠治』(1960年)。
58. 賭博とヤクザのつながりは、まさにヤクザという語の成り立ちに表れている。「ヤ-ク-ザ」は、すなわち数字の「8-9-3」のことであり、花札におけるブタである(おいちょかぶでは、カードの数を合計した一の位が0になってしまうと最も弱い手になる。8と9と3の合計は20だから、この組み合わせは負けの手なのである)。そういうわけで、「ヤクザ」という言葉は、ある人間にとっては「負け犬」を意味することになる。といっても、この言葉がいつ割り当てられて、そ

こからこのネガティブな含意がいつ取り除かれたかは判然としない。以下を参照。加太こうじ『新版日本のヤクザ』(大和書房、1993年)、17。

59. ディエゴ・ガンベッタは、マフィアを「私的な警護を生産、宣伝、販売する産業」と定義している。警護の独占を図ることに関しては、「暴力は手段であって、目的ではない。つまり資源であって、最終的な商品ではない」ということになる。ピーター・B・E・ヒルは戦後の日本のヤクザについて、このガンベッタの定義に手を加えて援用している。Gambetta, *Sicilian Mafia*, 1-2; Hill, *Japanese Mafia*, 6-35. マフィアは産業であると強調するガンベッタの議論は、マフィアを生き方、すなわち「心持ち、思想と行動の制度」によって定義づけようとする議論とは一線を画すものになっている。以下を参照。Servadio, *Mafioso*, 20, 22.

60. 長谷川昇はまた、大正時代が始まるまでに、三河には14の博徒一家があり、平井一家は2大一家の一角をなしていたと補足している。長谷川昇『博徒と自由民権』、19-22、29、70-71。

61. Ibid., 62-63, 68-70, 72-80, 90-91.

62. Ibid., 70-72. この時期の博徒を扱った書籍としては以下も参照。高橋敏『博徒の幕末維新』(筑摩書房、2004年)。

63. 自由民権運動の草の根的側面については以下を参照。Irokawa Daikichi, *The Culture of the Meiji Period*, trans. and ed. Marius B. Jansen (Princeton: Princeton University Press, 1985), 108-13。

64. スティーヴン・ヴラストスとアン・ワルトホールはともに、徳川時代の前半の農民一揆は、必ずしも暴力的なものではなかったと論じている。ワルトホールは、打ち壊しという破壊的な抗議行動はあったにせよ、政府機関が対象となることは稀であったことに注意を促している。Stephen Vlastos, *Peasant Protests and Uprisings in Tokugawa Japan* (Berkeley: University of California Press, 1986), 3, 20; Anne Walthall, *Social Protest and Popular Culture in Eighteenth-Century Japan* (Tucson: University of Arizona Press, 1986), 15, 121. ジェイムズ・ホワイトもまた1868年以前の民衆闘争で博徒が目立った役割を果たすことはなかったと指摘している。White, *Ikki*, 185-86.

65. 森長英三郎「群馬事件　博徒と組んだ不発の芝居」『法学セミナー』第20巻第14号(1976年11月): 124; 田村英太郎編「上州遊び人風俗問答」、216; 福田薫『蚕民騒擾録　明治十七年群馬事件』(青雲書房、1974年)、16。

66. 西群馬では以下のような博徒一家が活動していた。碓氷峠：新井一家。高崎：浜川一家、福島一家、金子一家、大類一家。富岡：小串一家、田島一家、藤岡：田中一家、山吉屋一家。下仁田：大和一家。清水吉二『群馬自由民権運動の研究 上毛自由党と激化事件』(あさを社、1984年)、184。

67. 1878年の法令で、年利の上限は、100円以下の貸し付けで20%、100円から1000円で15%、1000円以上で12%と定められた。ところがこの法律を迂回する切金貸という仕組みがあって、貸し付けた元金から20～30%を前金として抜いてしまうのだ。そうすると、例えば100円の貸し付けを受けたことになっているのに、

借り手は70円ないしは80円しか受け取れない。事前に決められた期間内に返済ができない場合は、最初の元金に利息を加えた額が新たな元金とされて、それに対して利息が課せられる。例えば、5％の利息が元金100円に乗せられると(実際に貸し出されるのは70円か80円)、新しい元金は105円になる。これに対してさらに20％の利息が課されれば、合計して126円の借金となるわけである。田中千弥「秩父暴動雑録」(所収：大村進、小林弌郎、小池信一共編『田中千弥日記』埼玉新聞社出版局、1977年、586-87)；群馬県警察史編纂委員会・編『群馬県警察史〈第1巻〉』(群馬県警察本部、1978年)、336-37。

68. 1880年から1885年の生糸一斤の価格は次の通り。1880年：6742円、1881年：7859円、1882年：6936円、1883年：5021円、1884年：5844円、1885年：4983円、群馬県警察史編纂委員会・編『群馬県警察史〈第1巻〉』、336。

69. 森長英三郎「群馬事件」、124; 福田薫『蚕民騒擾録　明治十七年群馬事件』、16; 清水吉二『群馬自由民権運動の研究』より、服部之総の引用、187。

70. 賭博で捕まると、1カ月から4年の禁固刑と5円から200円の罰金が課されることになっていた。集団を形成する、武器を携帯する、近隣地区に対してたかり行為をする――このいずれかに当てはまる者は、1年から10年の禁錮刑、および50円から500円の罰金に処された。賭博の道具は没収される。警察はいつ何時、誰の家であっても踏み入ることを許されていたため、常に令状を持っているも同然だった。萩原進「群馬県博徒取締考」(所収：林英夫編『近代民衆の記録〈4〉流民』、新人物往来社、1971年、577)；清水吉二『群馬自由民権運動の研究』、185-86。

71. 福田薫『蚕民騒擾録　明治十七年群馬事件』、17; 萩原進「群馬県博徒取締考」、578。

72. 1884年以降の数年間に処罰された人間の数は以下の通り。1885年：1012人、1886年：1002人、1887年：876人。群馬県警察史編纂委員会・編『群馬県警察史〈第1巻〉』、383。この史料に掲載されている表では、1888年の数字が抜けているが、その先は1892年まで続いている。おそらく1889年以降のデータは、賭博犯処分規則が同年に廃止されていることから、別の反賭博法の下で処罰された件数ということになるだろう。萩原進「群馬県博徒取締考」、577。

73. 具体例を挙げよう。前橋の警察で部長を務めていた有信社の宮部襄は、地元の博徒同士の諍いを根気よく仲裁し、彼らと良好な関係を築いた。秩父の決死派メンバーの新井愧三郎と自由党急進派の村上泰治は、岩井丑五郎という博徒の親分と面識があったため、自由党もまた博徒らと協働した。田村栄太郎編「上州遊び人風俗問答」、215。

74. 福田薫『蚕民騒擾録』、16-17、95; 萩原進『群馬県遊民史』1965年(復刊：国書刊行会、1980年)、139; 森長英三郎「群馬事件」、126; 以下も参照。関戸覚蔵編『東陲民権史』1903年(復刊：明治文献、1966年)。

75. 福田薫『蚕民騒擾録』、96; 萩原進『群馬県遊民史』、139。

76. 群馬県警察史編纂委員会・編『群馬県警察史』、337-39; 萩原進『群馬県遊民史』、

137。

77. 宇田友猪・和田三郎共編『自由党史　下巻』(五車楼、1910年)、206-7。

78. 群馬県警察史編纂委員会・編『群馬県警察史』、339; 萩原進『群馬県遊民史』、140; 森長英三郎「群馬事件」、126; 宇田友猪・和田三郎共編『自由党史　下巻』、207。

79. 福田薫『蚕民騒擾録』、11、127、130-31; 萩原進『群馬県遊民史』、141; 森長英三郎「群馬事件」、126。

80. 関綱吉が収監された事件からは、民権運動家と博徒の緊密な連携ぶりがうかがえる。事件の細部については史料によって食い違いも見られるが、概要は以下の通りだ。事の発端は1884年1月、関が違法な賭博施設を開いたことである。関は知る由もなかったが、このときすでに施設は警察の監視下にあった。やがて関は藤田譲吉(複数の史料で刑事ないしは密偵で、関の知人であったとされている)という男から接触を受ける。藤田は関に対して、自首すれば60から70日足らずの禁固刑で済むよう話をまとめてやると持ちかけた。藤田の勧めに従い、関は松井田の警察に出頭した。ところが実際に自首してみると、新しい反賭博法に基づいて最も重い処罰を受けることになる。すなわち、懲役と50円の罰金を伴う禁錮10年だ。藤田の裏切りに怒り心頭に発した新井一家の博徒、町田鶴五郎と神宮茂十郎は、4月1日に関の仇討ちを決意する。4月3日の夜、町田と神宮は刀を手に藤田の家に向かった。ふたりは客人が退散するのを待ってドアに火を放った。すると、藤田が刀を振り回しながら家から飛び出してきて町田に襲いかかった。虚をつかれた町田は抜刀する間もなく、手にした棍棒で応戦。神宮が応酬に飛び込んで、藤田に致命傷を負わせ、負傷した町田を仰向けに引きずって現場を離れた。町田はその夜を生き延びることなく、藤田も4月6日に死んだ。神宮も胸と肩に傷を負っており、民権家のリーダー三浦桃之助の家に逃げ込んだ。三浦は神宮を同じく民権運動の主宰者である清水永三郎の倉庫に匿った。群馬県警察史編纂委員会・編『群馬県警察史』339-40; 福田薫『蚕民騒擾録』、97、100、110-12; 萩原進『群馬県遊民史』、140; 森長英三郎「群馬事件」、126。

81. 集まった人間については、200人から3000人まで様々に推定されている。群馬県警察史編纂委員会・編『群馬県警察史』、342; 萩原進『群馬県遊民史』、141-42; 森長英三郎「群馬事件」、126。

82. 萩原進『群馬県遊民史』、142。警察署は実際には襲われていないとする説もある。以下を参照。群馬県警察史編纂委員会・編『群馬県警察史』、344;「下野新聞」1884年5月22日(所収:『明治ニュース事典　第3巻』毎日コミュニケーションズ、1984年、261)。

83. 福田薫『蚕民騒擾録』、11; 群馬県警察史編纂委員会・編『群馬県警察史』、340、344; 萩原進『群馬県遊民史』、142-43; 森長英三郎「群馬事件」、126-27;「下野新聞」1884年5月22日(所収:『明治ニュース事典　第3巻』、261)。

84. 群馬県警察史編纂委員会・編『群馬県警察史』345; 森長英三郎「群馬事件」126-27。

85. 1880年の明治の刑法(1907年の刑法と区別するために旧刑法と呼ばれる)では、犯

罪は3つに分類されている。すなわち重大な犯罪である重罪、軽度の犯罪である軽罪、そして警察の取り締まりの対象となる違警罪である。重懲役および重禁錮は、ともに「重労働を伴う禁錮(imprisonment with hard labor)」と訳される。重罪に適用される重懲役のほうが通常厳しい処罰で、刑期は9年から11年、重禁錮は通例では軽罪に適用されて、刑期は11日から5年。軽懲役もまた重労働を伴う禁錮に処せられるが、刑期は6年から8年となっていた。以下の刑法1条、22条、24条を参照。我妻榮編『旧法令集』(有斐閣、1968年)、431。

86. 森長英三郎「群馬事件」、127; 田村栄太郎編「上州遊び人風俗問答」、215。
87. 福田薫の主張は、山田丈之助も関綱吉も分営の不意をついて襲いかかることなどできなかっただろうし、5月1日の襲撃計画は「ヤクザの喧嘩的作戦」であったというものである。福田薫『蚕民騒擾録』、131-33; 森長英三郎「群馬事件」、127。
88. Charles Tilly, *The Politics of Collective Violence* (Cambridge: Cambridge University Press, 2003), 4-5.
89. 筆者はここで博徒に政治的含みを持たせているが、萩原進ならおそらくこれに異を唱えるだろう。博徒は雇われるだけの存在であるというのが彼の主張するところだからだ。山田丈之助のような人間が民権運動の指導者たちから金銭を受け取っていたというのはさもありなんではあるが、博徒を単なる傭兵と見なすのは誤りであるように思える。第一に、事件の首謀者たちが2500からの子分を手配した山田と関に対して十分な報酬を支払う能力があったのか不明である。もし金銭だけが博徒の動機だったのであれば、相当な額を請求したことだろう。第二に、博徒が単なる雇われの腕自慢だったら、山田と関が計画段階から関与していたり、博徒と首謀者のあいだにこのようなネットワークがあることが不自然に思われる。以下を参照。萩原進『群馬県遊民史』、142。
90. 萩原進も似た議論を展開しているが、彼は博徒の寄生的性質を、その変化の原動力と捉えている(萩原は「ヤクザ」という語を使っている)。ヤクザは本質的に「社会的な寄生虫」であり、自己防衛と、明治時代における新しい宿主との関係維持のために環境に適応した。しかしこの線で考えても、博徒が政治的な領域での活動を選択した理由は見いだせないし、まして明治国家に正面から対立する立場を取った博徒についてはなおさら説明がつかない。もし金銭的な豊かさが彼らの主な関心事であったなら、賭博やゆすりや売春といった行為に注力しただろう。萩原進『群馬県遊民史』、137-38、142。
91. 長谷川昇『博徒と自由民権』、11、101-5。
92. 賭博で逮捕された場合、標準的な服役期間は1カ月ないしは2カ月だった。新法の下では、親分が4年かそれ以上、幹部が2年かそれ以上の禁錮を受けることも珍しくはなかった。下っ端の子分でさえ、1年かそこらの刑期を務めることがあったかもしれない。筆者はここでアメリカの連邦法であるRICO法を例に出したが、それは「組織犯罪」をターゲットとしている点で似ているからだ。こうした法の下では、なんらかの犯罪活動に従事しているグループないしは組織に所属しただけで、違法とされるのである。

93. 長谷川昇『博徒と自由民権』、126、140-43、148-49、162、171-76、183-95、213-39。
94. Ibid., 203-4, 223-25, 242-45, 251.
95. 久野幸太郎と3人の自由党員は飯田事件とのつながりを疑われて1週間早く逮捕されている。飯田事件は自由民権運動の一環として政府転覆を企てたものだった。しかしながら、12月14日の強盗事件によって、彼らは名古屋事件ともつながったのである。長谷川昇『博徒と自由民権』、251-53。
96. ある者は殺人で、またある者は強盗傷害で、7人が終身刑に処せられた。11人が監獄で死んだ。3人には証拠不十分から無罪判決が出された。長谷川昇『博徒と自由民権』、243、255-58。以下も参照。寺崎修『明治自由党の研究　下巻』(慶応通信、1987年)、105-14。なお、寺崎は名古屋事件に加わった人間を「志士」と呼んでいる。
97. 千嶋寿『困民党蜂起　秩父農民戦争と田代栄助論』(田畑書房、1983年)、280、324; 我妻榮他編『日本政治裁判史録　明治』(第一法規出版、1968年)、80。
98. 須田努『「悪党」の一九世紀　民衆運動の変質と“近代移行期”』(青木書店、2002年)、168-72。
99. デビッド・ハウエルは秩父事件の参加者には千年王国的なヴィジョンがあったと指摘している。以下を参照。David Howell, “Visions of the Future in Meiji Japan,”in *Historical Perspectives on Contemporary East Asia*, ed. Merle Goldman and Andrew Gordon (Cambridge, Mass.: Harvard University Press, 2000), 107-8. 稲田雅洋もまた同様の主張をしているが、秩父事件は国家に直接異議申し立てをした点で、「世直し一揆」とは一線を画すものであったことを強調している。稲田雅洋『日本近代社会成立期の民衆運動　困民党研究序説』(筑摩書房、1990年)、222-23、226。
100. 大宮郷警察当部「逮捕通知 田代栄助」1884年11月15日(所収：『秩父事件史料集成　第1巻』、100)；『郵便報知新聞』1884年11月6日(所収：『秩父事件史料集成　第6巻』、381)；高橋哲郎『律義なれど、仁侠者　秩父困民党総理田代栄助』(現代企画室、1998年)、60; 千嶋寿『困民党蜂起』、45-50、58。
101. 稲田雅洋『日本近代社会成立期の民衆運動』、219-20; 浅見好夫『秩父事件史』(言叢社、1990年)、60; 高橋哲郎『律義なれど、仁侠者』、60。この地域全体の養蚕業については次の第5章で詳細を知ることができる。Karen Wigen, *The Making of a Japanese Periphery, 1750-1920* (Berkeley: University of California Press, 1995)。田代について、親族以外の人間を家に住まわせるほどの資力があったにもかかわらず、借金の必要があったというのは矛盾した話に思えるかもしれない。しかしながら1880年の登録に見られる23という世帯人数が2年後、3年後まで維持されていたとは限らない。また田代が処刑された数カ月後、1885年の夏に、田代の地所のいくつかが債権者の手に渡っていることにも注意されたい。平野義太郎「秩父困民党に生きた人びと」(所収：中沢市朗編『秩父困民党に生きた人びと』現代史出版会、1977年、67)。
102. Roger W. Bowen, *Rebellion and Democracy in Meiji Japan: A Study of Commoners in*

the Popular Rights Movement (Berkeley: University of California Press, 1980), 53-54; 新井佐次郎『秩父困民軍会計長・井上伝蔵』(新人物往来社、1981年)、87; 群馬県警察史編纂委員会・編『群馬県警察史』、347-48。

103. ある歴史家たちは、経済状況と国への不満が民衆蜂起という力強い形を取った理由として、この秩父における困民党と自由党の密な関係を指摘している。例えば色川大吉は、秩父では困民党と自由党が相乗り入れており、このために暴力的な蜂起へと発展したが、武相(神奈川県)の貧困地域では、困民党と自由党が緊張関係にあり、このために効果的な蜂起への取り組みが挫折し、事実、困民党は自由党の党員が経営する銀行と貸金業者を攻撃するという事態に追い込まれたと述べている。色川大吉『困民党と自由党』(揺籃社、1984年)、18-19、23-25; 以下も参照。稲田雅洋『日本近代社会成立期の民衆運動』、24-25、29-34、223-24。

104. 高崎警察署「第2回訊問調書 小柏常次郎」1884年11月15日(所収：井上幸治・色川大吉・山田昭次共編『秩父事件史料集成　第3巻　農民裁判文書3』二玄社、1984年、175)。加藤織平が博徒であったことについて、ほぼ異論はない。検察官は加藤を博徒社会に顔の利く人物と述べているし、田代はその証言の中で加藤の博徒人脈に触れている。大宮郷警察署「第五回訊問調書 田代栄助」1884年11月19日(所収：埼玉新聞出版部編『秩父事件史料　第1巻』埼玉新聞社出版部、1971年、117); 千嶋寿『困民党蜂起』、312。

105. 浅見好夫『秩父事件史』、21-22; Bowen, *Rebellion and Democracy*, 277; 千嶋寿『困民党蜂起』、312。親分ないしは博徒としての加藤織平については以下をも参照。松本健一「暴徒と英雄と　伊奈野文次郎覚え書」『展望』第233号(1978年5月): 118; 我妻榮他編『日本政治裁判史録』、72。

106. 千嶋寿『困民党蜂起』、115-16; 浅見好夫『秩父事件史』、21-22; 高橋哲郎『律義なれど、仁侠者』27。

107. 田代栄助が正式に自由党の党員になっていたかどうかについては疑問符がつく。秩父事件のあとの警察の尋問で、田代は1884年の1月下旬、ないしは2月上旬に自由党に加盟したと供述しているが、自由党新聞の新党員紹介欄に田代の名が載ったことはない。大宮郷警察署「第五回訊問調書 田代栄助」1884年11月19日(所収：埼玉新聞出版部編『秩父事件史料　第1巻』、14-15); 千嶋寿『困民党蜂起』、126-28。

108. 大宮郷警察署「第五回訊問調書 田代栄助」1884年11月19日(所収：埼玉新聞出版部編『秩父事件史料　第1巻』、116);『読売新聞』1884年11月18日(高橋哲郎『律義なれど、仁侠者』、79より); 大宮郷警察署「第一回訊問調書 田代栄助」1884年11月15日(所収：埼玉新聞出版部編『秩父事件史料　第1巻』、100); 浅見好夫『秩父事件史』、365; 小池喜孝『秩父颪　秩父事件と井上伝蔵』(現代史出版会、1974年)、84; Bowen, *Rebellion and Democracy*, 278; 高橋哲郎『律義なれど、仁侠者』、91-92; 千嶋寿『困民党蜂起』、59; 中嶋幸三『井上伝蔵　秩父事件と俳句』(邑書林、2000年)、110。

109. 大宮郷警察署「第五回訊問調書 田代栄助」1884年11月19日(所収：埼玉新聞出版

部編『秩父事件史料　第1巻』、101）; 高橋哲郎『律義なれど、仁侠者』、19-20; 千嶋寿『困民党蜂起』、131。

110. 井上光三郎・品川栄嗣『写真でみる秩父事件』（新人物往来社、1982年）、32。

111. 千嶋寿『困民党蜂起』、227-28; 中嶋幸三『井上伝蔵』、6; 浅見好夫『秩父事件史』、42; Bowen, *Rebellion and Democracy*, 57; 群馬県警察史編纂委員会・編『群馬県警察史』、349; 色川大吉「民衆史の中の秩父事件」『秩父』1995年3月号: 6。

112. 一連の襲撃事件に加わった者の中に、田代の子分、柴岡熊吉がいる。柴岡は10月14日夜の2件の強盗に加わっている。彼はのちに困民軍の会計兼中隊長として働いた。浅見好夫『秩父事件史』、42、56; 千嶋寿『困民党蜂起』、250; 高橋哲郎『律義なれど、仁侠者』、110-12、116-19; 群馬県警察史編纂委員会・編『群馬県警察史』、351-52; 我妻榮他編『日本政治裁判史録』、75。

113. 例えば青木甚太郎とその4人の子分など、秩父の反徒であった博徒の名前が以下にも見られる。「自由党史（1910年）」（所収：井出孫六編『自由自治元年　秩父事件資料・論文と解説』現代史出版会、1975年、65）; 高橋哲郎『律義なれど、仁侠者』、41。

114. 大宮郷警察署「第二回訊問調書 田代栄助」1884年11月16日（所収：埼玉新聞出版部編『秩父事件史料　第1巻』、103-4、106-7）; 千嶋寿『困民党蜂起』、279-81。士官の任命は志士の反乱である1863年の天誅組の変にも見られる。Huber, "'Men of High Purpose,'" 117。

115. 大宮郷警察署「第二回訊問調書 田代栄助」1884年11月16日（所収：埼玉新聞出版部編『秩父事件史料　第1巻』、107）; 千嶋寿『困民党蜂起』、8、279-81、315; 高橋哲郎『律義なれど、仁侠者』、149、153、234; Bowen, *Rebellion and Democracy*, 60-61; 我妻榮他編『日本政治裁判史録』、75。

116. 色川大吉『困民党と自由党』、25; 群馬県警察史編纂委員会・編『群馬県警察史』、361-62、371; 千嶋寿『困民党蜂起』、9、337。

117. 大宮郷警察当部「逮捕通知 田代栄助」1884年11月15日（所収：『秩父事件史料集成　第1巻　農民裁判文書1』、31）; 千嶋寿『困民党蜂起』、9-10、316、337-39; 高橋哲郎『律義なれど、仁侠者』、291-94、302; 高野壽夫『秩父事件　子孫からの報告』（木馬書館、1981年）、132-33 。

118. Bowen, *Rebellion and Democracy*, 64-65; 高橋哲郎『律義なれど、仁侠者』、305; 松本健一「暴徒と英雄と」、117; 我妻榮他編『日本政治裁判史録』、76。

119. 坂本宗作は加藤織平の子分であったと思われる。博徒と目される伊奈野文次郎は、金を持ち逃げした科（拐帯）で、1884年10月半ばに重禁錮と4円の罰金、それに6カ月間の保護観察処分を言い渡されている。しかし彼はこの処罰から逃れて、11月3日に皆野周辺で困民党に加わった。荒井寅吉は1883年の9月に賭博罪で有罪となり、重禁錮で2カ月間服役し、5円の罰金を支払っている。横田もまた賭博で、80日間の懲役刑を務めた。小林酉蔵は多摩川一家の博徒で、これもまた賭博で1882年1月に重禁錮2カ月、罰金5円、さらに重禁錮3カ月と罰金7円の刑に服している。小林はもともと警察の密偵だったが、11月2日に困民軍に捕ら

えられると、その後は長野県まで反乱軍と行動をともにして、道中、群馬から追ってきた警察官を殺害した。小林はこの罪によって、翌年前橋で処刑されることになる。松本健一「暴徒と英雄と」、117-19、122-23; 千嶋寿『困民党蜂起』、311、314; 浅見好夫『秩父事件史』、365。

作家の新井佐次郎は、秩父で蜂起した組織の中で博徒は重要な役を担ってはいなかったと言うが、これはもはや明確な誤りである。新井佐次郎「明治期博徒と秩父事件　その虚実を地元資料でただす」『新日本文学』第34巻第1号(1979年1月): 131。

120. 松本健一「暴徒と英雄と」、125-26; 群馬県警察史編纂委員会・編『群馬県警察史』、373; Bowen, *Rebellion and Democracy*, 65-67; 千嶋寿『困民党蜂起』、11。
121. 田代栄助は1880年刑法の第2編第138条によって有罪となった。浦和重罪裁判所「裁判言渡書 田代栄助」1885年2月19日(所収:『秩父事件史料集成　第1巻』、53-56)。同様の罪状で死刑判決を受けた者は、以下の7人である。田代栄助、加藤織平、新井周三郎、高岸善吉、坂本宗作、菊池貫平、井上伝蔵。井上は判決を受けたが、逮捕の手をすり抜けて北海道に逃亡した。ゲリラ戦に突入してからのリーダーたちの処罰については以下の通り。欠席裁判で死刑判決を受けた菊池貫平は、1889年の大恩赦によって無期懲役に減刑された。伊奈野は北海道で15年の徒刑を宣告されたが、早々に釈放されている。理由は定かではない。小林は警察官殺害で死刑。横田は8年、荒井は6年の重懲役の刑を受けている。我妻榮他編『日本政治裁判史録』、78、81; 松本健一「暴徒と英雄と」、126-27。
122. 以下を参照。『朝日新聞』『明治日報』『東京日日新聞』1884年11月5日、『明治日報』1884年11月25日、『東京日日新聞』1884年11月15日(所収:『秩父事件史料集成　第6巻　日記・見聞記 報道・論評他』、852、965、951、627、506)。
123. 『東京日日新聞』1884年11月17日(所収:『秩父事件史料集成　第6巻　日記・見聞記 報道・論評他』、506); Bowen, *Rebellion and Democracy*, 296.
124. 田中千弥「秩父暴動雑録」、586; Bowen, *Rebellion and Democracy*, 259; 千嶋寿『困民党蜂起』、300-301。
125. 『ジャパン・ウィークリー・メイル』1884年11月8日に掲載された『郵便報知新聞』の英訳記事から引用した。
126. 『ジャパン・ウィークリー・メイル』1884年12月13日。
127. 『改進新聞』1884年11月8日(所収:『秩父事件史料集成　第6巻』、974)。
128. Christopher Duggan, *Fascism and the Mafia* (New Haven: Yale University Press, 1989), 23-27, 85-86.
129. 『朝野新聞』1884年11月11(所収:井出編『自由自治元年』、34-35)。
130. 『明治日報』1884年11月15日(所収:『秩父事件史料集成　第6巻』、970)。『時事新報』も賭博法の施行以来、博徒が村々にたかるようになっていた様子を論じている。また『郵便報知新聞』は、賭博法が博徒の事件参加を促した可能性があるとしている。『時事新報』1884年11月21日;『郵便報知新聞』1884年11月6日(所収:『秩父事件史料集成　第6巻』、949、379)。

日本の歴史家も、博徒、とりわけ田代栄助の人となりを、この大きな事件全体に対する解釈と関連づけている点では当時の報道と変わらない。逆に、田代のアイデンティティ問題に対してどのような立ち位置を取っているかで、彼らが秩父事件を理解するのに依拠しているフレームワークが知れるといった部分がある。田代は博徒ではなかったと主張した学者たちは、概してこの事件を自由民権運動の枠内にきっちりと収めようとするか、大衆がイデオロギー的に洗練されていたことを強調した。例えば井上幸治は、田代を単なる「お飾り」にまで格下げして、代わりにもっと政治のことがよくわかった自由党と困民党の指導者たちと、目覚めた大衆の役割に力点を置いた。井上は博徒が事件へ参加したということ自体を低く見積もっていて、「親分」などというのはどんな種類の上役にも使える言葉であり、必ずしも賭博とのつながりが示唆されるわけではないと述べている(これは一理ある)。千嶋寿もまた、田代に「親分」という語が使われていることは、必ずしも田代が博徒のボスであったことを意味しないとして、田代が賭場を経営していたという証拠もなければ、本当に博徒のボスであればもっと多くの子分を蜂起に駆り出せただろうと議論を進めている。千嶋にとって、田代という人間が持っている犯罪者の側面を軽視することは、正義を希求する民衆の上に事件全体を置いて眺めようとする彼の態度からして一貫したものではあった。

井上、千嶋とは対照的に、田代に遠慮なく博徒というレッテルを貼りつける歴史家たちは、博徒に対して前向きな(なんならロマンティックな)見方をしており、田代ないしは事件そのものを自由民権運動の文脈に置くことには概して興味を持っていない。高橋哲郎は例外的に、田代がプロの博徒だったのか素人の博徒だったのかという問題に心を漂わせて、田代の義侠心と正義感にフォーカスを当てている。松本健一は田代についてはわずかな言及にとどめているが、ほかの博徒たちを論じて、博徒たちは蜂起に勇気を付与したと主張している。井上幸治『秩父事件　自由民権期の農民蜂起』(中央公論社、1968年)、37; 千嶋寿『困民党蜂起』、55、350-51; 高橋哲郎『律義なれど、仁侠者』、88-90; 松本健一「暴徒と英雄と」、117-28。

井上と千嶋が博徒を秩父事件から遠ざけたがる裏には、暴力と犯罪は民主主義に反する要素を持っているという臆断がある。田代栄助が博徒であることが決まってしまえば、あるいは、この自由民権運動で最大限持ちこたえた暴力事件に博徒が参加していたことを認めてしまえば、事件の民主的で草の根的でイデオロギー的な性格が図らずも毀損されることになるというわけである。井上も千嶋も、事件が暴力的であると同時に民主的でもあるという可能性を考えていない。田代栄助と秩父事件を公明正大かつ非ロマン主義的に扱った例外としては、以下を参照。安丸良夫「困民党の意識過程」『思想』726号(1984年12月): 90-95。

131. 国家の暴力装置を築き上げるのに明治政府が直面した困難については、以下を参照。大日方純夫『日本近代国家の成立と警察』(校倉書房、1992年); D. Eleanor Westney, *Imitation and Innovation: The Transfer of Western Organizational Patterns to*

Meiji Japan (Cambridge, Mass.: Harvard University Press, 1987); 戸部良一『逆説の軍隊』(中央公論社、1998年) ; Roger F. Hackett, *Yamagata Aritomo in the Rise of Modern Japan, 1838-1922* (Cambridge, Mass.: Harvard University Press, 1971). 戸部の本の存在を教えてくれたコリン・ジョーンドリルに感謝。

132. 力の合法的な使用を独占することを国家の特徴と見なすヴェーバーの議論は問題含みであるが、それは独占という概念が曖昧であるばかりでなく、国の暴力はすべからく合法的であるということを(誤って)ほのめかすものとなるからだ。ヴェーバーの *Economy and Society: An Outline of Interpretive Sociology*, vol. 1, trans. Ephraim Fischoff et al., ed. Guenther Roth and Claus Wittich (Berkeley: University of California Press, 1978), 54の第1章を参照。

133. アントニオ・グラムシは、従属的社会集団との連帯を仲介する労を惜しむ指導者層は、社会変動を正しく扱うことはできないという点を強調している。この考えは政府による圧政の過酷さを強調するマルクス主義者たちを鼓舞することになった。これとは対照的に、ライアルは地方のエリート層の近代的な中央集権国家に対する抵抗に焦点を当てている。L. J. Riall, "Liberal Policy and the Control of Public Order in Western Sicily 1860-1862," *Historical Journal*35, no. 2 (June 1992): 345-51, 355, 365-68.

筆者がマフィアに言及するとき、小文字でmafiaとしている点に注意されたい。大文字でMafiaとすれば、マフィアのネットワークが広範にわたって存在していることを示唆するが、本文でも述べたように、実態としてはイタリア政府がシチリアでマフィアに苦しめられていると言い張っていただけである。シチリアにおけるマフィアの起源については以下を参照。Gambetta, *Sicilian Mafia*, 75-99.

徳川時代から明治への移行が比較的円滑に進んだ理由については、いまや基礎的な論説となった以下を参照。Thomas C. Smith, "Japan's Aristocratic Revolution," in *Native Sources of Japanese Industrialization* (Berkeley: University of California Press, 1988), 133-47.

134. ハワード・G・ブラウンはいみじくもこう評している。「一般市民が、いわゆる秩序維持を図る勢力と結んだファウスト的契約によって、近代的な「治安国家」の創造が可能になった。それは行政担当者による監視、強制的な取り締まり、そして秩序の回復と維持に伴う正当性に基礎を置く国家である」。Howard G. Brown, *Ending the French Revolution: Violence, Justice, and Repression from the Terror to Napoleon* (Charlottesville: University of Virginia Press, 2006), 8, 14-16; on "the militarization of repression," 119-233.

第二章　暴力的民主主義

1. Carol Gluck, *Japan's Modern Myths: Ideology in the Late Meiji Period* (Princeton: Princeton University Press, 1985), 42-45; Takashi Fujitani, *Splendid Monarchy: Power*

and Pageantry in Modern Japan (Berkeley: University of California Press, 1996), 76-78.

2. George Akita, *Foundations of Constitutional Government in Modern Japan, 1868-1900* (Cambridge, Mass.: Harvard University Press, 1967), 13.
3. Daniel Ross, *Violent Democracy* (Cambridge: Cambridge University Press, 2004), 7-8.
4. Irokawa Daikichi, *The Culture of the Meiji Period*, trans. and ed. Marius B. Jansen (Princeton: Princeton University Press, 1985); Roger W. Bowen, *Rebellion and Democracy in Meiji Japan: A Study of Commoners in the Popular Rights Movement* (Berkeley: University of California Press, 1980); 坂野潤治『明治デモクラシー』(岩波書店、2005年)。
5. 『時事新報』1882年4月28日(所収:『明治ニュース事典 II』、毎日コミュニケーションズ、296);『郵便報知新聞』1883年11月22日(所収:『明治ニュース事典 III』、毎日コミュニケーションズ、363);高橋彦博「院外団の形成　竹内雄氏からの聞き書を中心に」『社会労働研究』第30巻第3・4号(1984年3月):106; Ozaki Yukio,*The Autobiography of Ozaki Yukio: The Struggle for Constitutional Government in Japan*,trans. Hara Fujiko (Princeton: Princeton University Press, 2001), 94. 星も尾崎も、「壮士」という言葉が紀元前200年ごろの中国に由来するものであり、大義への自己犠牲を、わけても専制支配に対する反抗への自己犠牲を含意していたことについては意識していなかったように思われる。摩天楼・斜塔『院外団手記　政党改革の急所』(時潮社、1935年)、57。
6. 遠山茂樹編「三多摩の壮士」(所収:『明治のにない手(上) 人物・日本の歴史11』読売新聞社、1965年、181)。
7. 梅田又次郎『壮士之本分』(博文堂、1889年)、14。以下も参照。清水亮三(瓢々居士)編『社会の花　壮士運動』(翰香堂、1887年);内村義城『明治社会壮士の運動』(翔雲堂、1888年)。梅田の目論見が壮士の肯定的なイメージの維持にではなく、その復権にあったことは注意を要する。以下を参照。木村直恵『「青年」の誕生　明治日本における政治的実践の転換』(新曜社、1998年)、276-79。
8. 『国民之友』1887年4月3日;『朝野新聞』1887年4月5日。
9. 『朝野新聞』1887年9月6日;『国民之友』1887年11月15日。
10. 『朝野新聞』1888年2月23日。自由党の創設者である板垣退助は、1910年に党の歴史をまとめた最初の書物を刊行しているが、その中でも民権派の扇動者に対して「壮士」ならびに「志士壮士」という言葉を当てている。板垣退助監修、遠山茂樹・佐藤誠朗校訂『自由党史〈下巻〉』1910年(復刊:岩波書店、1958年)、279。
11. 色川大吉は、こうした明治前半期の壮士を「青年志士」と呼び、強いイデオロギー的性格を有し、はっきりと民権思想に関与していたという点で、後期の無頼漢とは一線を画す存在であると主張する。色川大吉・村野廉一『村野常右衛門伝〈民権家時代〉』(中央公論事業出版、1969年)、142-43。
12. 壮士たちが参加した事件をリストアップした記事がある。福島、高田、加波山、埼玉、飯田、静岡の各地で起きた事件とともに、大久保利通暗殺もリストに上

がっている。『国民之友』1887年8月15日。

13. 高橋哲夫『風雲・ふくしまの民権壮士』(歴史春秋出版、2002年)、20、24-25; 我妻榮他編『日本政治裁判史録　明治』(第一法規出版、1968年)、43-53; 佐藤孝太郎『三多摩の壮士』(武蔵書房、1973年)、10-14。我妻が加波山事件の参加者を「志士」と呼んでいることに注目されたい。
14. 我妻榮他編『日本政治裁判史録　明治』、53-56; 手塚豊『自由民権裁判の研究〈中〉』(慶応通信、1982年)、133。加波山事件では、1884年12月27日に施行された爆発物を取り締まる特別法(爆発物取締罰則)に対する違反で裁かれた者もいた。手塚豊『自由民権裁判の研究』、132。
15. 『郵便報知新聞』1883年11月22日(所収:『明治ニュース事典』Ⅲ、363); 安在邦夫「自由民権派壮士に見る国権意識と東洋認識」『アジア歴史文化研究所　シンポジウム報告集　近代移行期の東アジア－政治文化の変容と形成－』(早稲田大学アジア歴史文化研究所、2005年)、20; 遠山茂樹編「三多摩の壮士」178、182; 我妻榮他編『日本政治裁判史録 明治』、51; 色川大吉編『三多摩自由民権史料集』(大和書房、1979年)、444-49。
16. 真辺将之「宮地茂平と壮士たちの群像」『土佐史談』第211号(1999年8月); 遠山茂樹編「三多摩の壮士」、166、190; 高橋彦博「院外団の形成」、89;『朝野新聞』1888年7月28日(所収:『明治ニュース事典』Ⅳ、5)。
17. 歴史家の安在邦夫は、1880年代前半の激化事件が収束し、壮士が急増するきっかけになった節目として、1887年を特に強調している。安在邦夫・田﨑公司共編『自由民権の再発見』(日本経済評論社、2006年)、214-18。河西英通もまた同様の議論を展開している。河西英通「明治青年とナショナリズム」(所収:岩井忠熊編『近代日本社会と天皇制』柏書房、1988年、139-41)。
18. 『朝野新聞』1887年11月25日(所収:『明治ニュース事典』Ⅲ、366)。
19. 1880年の集会条例では、すべての政治結社と政治集会に、地元警察当局への届け出と承認を義務付けていた。制服警官はそうした集会を監視し、解散させる権限を持っていた。屋外集会が禁止されたのに加えて、異なる政治団体同士の提携も禁止された。軍人、警察、教員、学生の政治活動への参加も認められなかった。
20. 運動会が軍事訓練を兼ねることもあった。身体を暴力に馴らす、文字通りの訓練である。運動会が開かれるようになったのは、それより10年ほども前のことで、当時すでに民権家を明治政府の支持者と競わせる大会(旗取りゲームの一種)が存在したことが、少なくとも一件は確認できる。木村直恵『「青年」の誕生』、64-78。
21. Ozaki, *Autobiography of Ozaki Yukio*, 92.
22. 鈴木武史『星亨　藩閥政治を揺がした男』(中央公論社、1988年)、77-79; Ozaki, *Autobiography of Ozaki Yukio*, 93-94; 佐藤孝太郎『三多摩の壮士』、15-16。
23. R. H. P. Mason, “Changing Diet Attitudes to the Peace Preservation Ordinance, 1890-2,” in Japan’s Early Parliaments, 1890-1905: Structure, Issues, and Trends, ed. Andrew Fraser, R. H. P. Mason, and Philip Mitchell (New York: Routledge, 1995), 91-94, 115-

17; Ozaki, *Autobiography of Ozaki Yukio*, 95-97; 佐藤孝太郎『三多摩の壮士』、16。保安条例は壮士が政府にとって政治的な脅威となった結果と理解されるべきだという木村直恵の議論には説得力がある。木村直恵『「青年」の誕生』、108。

24. 1869年の出版条例は1875年に改定され、新聞を除くあらゆる出版物は内務省への届け出が義務づけられた。1875年の新聞紙条例は内務省に新聞を検閲する権限を与えている。両条例とも、自由民権運動をコントロールする目的で明治政府によって利用されることになった。
25. 木村直恵『「青年」の誕生』、108-11。
26. 『東京日日新聞』1889年2月17日(所収:『明治ニュース事典』Ⅳ、651);『山陽新報』1889年5月30日(所収:『明治ニュース事典』Ⅳ、79)。
27. 『東京日日新聞』1888年12月28日(所収:『明治ニュース事典』Ⅳ、190);『山形新報』1889年1月15日(所収:『明治ニュース事典』Ⅳ、6);木村直恵『「青年」の誕生』、100-101。
28. 『東京日日新聞』1889年10月15日(所収:『明治ニュース事典』Ⅳ、387-88)。
29. 木村直恵『「青年」の誕生』、14、103、120-21。
30. Jason G. Karlin, "The Gender of Nationalism: Competing Masculinities in Meiji Japan," Journal of Japanese Studies 28, no. 1 (winter 2002): 59.
31. Ibid., 41-44, 60. 史料に見つかることは稀だが、壮士には女性もいた。一例として以下を参照。『東京日日新聞』1891年4月28日(所収:『明治ニュース事典』Ⅳ、389)。
32. 木村直恵『「青年」の誕生』、99、103、119-21; 色川大吉・村野廉一『村野常右衛門伝』、203;「ジャパン・ウィークリー・メイル」1892年5月28日。
33. Karlin, "Gender of Nationalism," 60.
34. David R. Ambaras, *Bad Youth: Juvenile Delinquency and the Politics of Everyday Life in Modern Japan* (Berkeley: University of California Press, 2006), 69.
35. Ibid., 69-72.
36. Karlin, "Gender of Nationalism,"58; 佐藤孝太郎『三多摩の壮士』、32。
37. 三多摩壮士の変化についてこうした主張を展開したのは色川大吉であり、以下にもその引用が見られる。高橋彦博「院外団の形成」、116。
38. 『国民之友』1887年8月15日。この記事については以下の著作から示唆を得た。木村直恵『「青年」の誕生』、43-48。
39. 『朝野新聞』1887年9月10日。
40. Ibid.,1889年3月31日。
41. Ibid.,1890年2月25、28日。
42. 『絵入自由新聞』1887年10月8日。
43. 玄洋社社史編纂会・編『玄洋社社史』1917年(復刊:葦書房、1992年)、209-11、223-25; 石瀧豊美『玄洋社発掘　もうひとつの自由民権』(西日本新聞社、1981年)、23。この最後の方針を後づけと片付けるわけにはいかない。頭山は福岡から大阪、東京へと巡って民権の伸長を呼びかけているし、東京では同じく玄洋社の指導

者である箱田六輔、進藤喜平太と合流し、明治政府に国会の開設を訴えている。都築七郎『頭山満　そのどでかい人間像』(新人物往来社、1974年)、85; 渡辺竜策『大陸浪人　明治ロマンチシズムの栄光と挫折』(番町書房、1967年)、79-80。中島岳志に言わせると、頭山満ら玄洋社メンバーにしても、その分派である黒龍会にしても、なんらイデオロギーを持ち合わせていなかったということになる。彼らの関心は個人の能力、精神、行動にあり、知的なアジア主義者と比して情緒に重きを置いていたというのが中島の主張だ。中島の主要な関心である汎アジア主義という観点からすればその通りだが、しかしそれはまたこうしたグループや指導者の国家主義的傾向を著しく軽視した議論でもある。イデオロギー的な洗練がないからといって、知識的にも動機的にも、彼らが自由主義ないしは国家主義といった思想と無縁であったということにはなるまい。中島岳志『中村屋のボース　インド独立運動と近代日本のアジア主義』(白水社、2005年)、129。

44. 渡辺竜策は大陸浪人を以下の8つに分類している。北方へ向かった北方型、南方へ向かった南方型、愛国者の国士型、政治的無頼漢である壮士型、後衛たる後方型、前衛を任ずる先兵型、知識人である思想型、実行を旨とする行動型である。渡辺竜策『大陸浪人』、10-11。
45. 大陸浪人の史料を概観したものとしては、以下の論文が有益である。趙軍「「別働隊」と「志士」のはざま　近未来大陸浪人研究の回顧と展望」『千葉商大紀要』第36巻4号(1999年3月): 105-24。上述の渡辺竜策と升味準之輔は、大陸浪人をいささかロマンティックに描き出した。一方、エドガートン・ハーバート・ノーマンとマリウス・ジャンセンは、より厳しい見方をしている。升味準之輔『日本政党史論　第3巻』(東京大学出版会、1967年); E. Herbert Norman, "The Genyōsha: A Study in the Origins of Japanese Imperialism," *Pacific Affairs* 17, no. 3 (September 1944): 261-84; Marius B. Jansen, *The Japanese and Sun Yat-sen* (Cambridge, Mass.: Harvard University Press, 1954).
46. 石瀧豊美『玄洋社発掘』、134-36; 升味準之輔『日本政党史論　第3巻』、151; 玄洋社社史編纂会・編『玄洋社社史』、239。
47. 頭山は大阪で警察に逮捕されたが、その翌日には他のメンバーとともに釈放されている。玄洋社社史編纂会・編『玄洋社社史』、393-94。都築七郎『頭山満』、133-43; 相田猪一郎『70年代の右翼　明治・大正・昭和の系譜』(大光社、1970年)、93-94; 渡辺竜策『大陸浪人』、66-67。
48. 姜昌一「天佑俠と「朝鮮問題」「朝鮮浪人」の東学農民戦争への対応と関連して」『史学雑誌』第97編第8号(1988年8月): 16-19、23-27; Hilary Conroy, *The Japanese Seizure of Korea, 1868-1910: A Study of Realism and Idealism in International Relations* (Philadelphia: University of Pennsylvania Press, 1974), 230-31.
49. 「天佑俠」に英語の定訳はない。内田じゅんは"Heavenly Blessing Heroes,"コンロイは"Saving Chivalry Under Heaven,"ノーマンは"Society of Heavenly Salvation for the Oppressed."としている。Jun Uchida, "'Brokers of Empire': Japanese Settler Colonialism in Korea, 1910-1937" (Ph.D. diss., Harvard University, 2005), 42; Conroy,

Japanese Seizure of Korea, 230-31; Norman, “Genyōsha,” 281.

50. 姜昌一「天佑俠と「朝鮮問題」」、5-9; 蔡洙道「「天佑俠」に関する一考察」『中央大学大学院研究年報』第30号(2001年2月): 442-44。
51. 葛生能久『東亜先覚志士記伝』1933年(復刊:原書房、1966年)、181-94; 西尾陽太郎『頭山満翁正伝』(葦書房、1981年)、215-216; 姜昌一「天佑俠と「朝鮮問題」」、15; 石瀧豊美『玄洋社発掘』、174-75。
52. 葛生能久『東亜先覚志士記伝』、187-94、294-95; 姜昌一「天佑俠と「朝鮮問題」」、11、15-16; 石瀧豊美『玄洋社発掘』、175。天佑俠はあの手この手で武器と爆薬を調達しようとしたが、それは厳密には「革命の輸出を企図した武器の密輸」を違法とする法律に抵触する行為だった。日本政府は特に東学党の叛徒に武器を売ることを禁止しており、天佑俠のメンバーはこれにも違反していた。宮崎滔天『三十三年の夢』の英訳版 *My Thirty-Three Years' Dream: The Autobiography of Miyazaki Tōten*, by Miyazaki Tōten, trans. Etō Shinkichi and Marius B. Jansen (Princeton: Princeton University Press, 1982) に寄せた訳者の序文 ; 姜昌一「天佑俠と「朝鮮問題」」、10-11.
53. 姜昌一「天佑俠と「朝鮮問題」」、13、15; 葛生能久『東亜先覚志士記伝』、295。玄洋社の社員が軍の諜報活動に協力したのはこれが初めてではない。1880年代、頭山満は諜報目的で中国に大陸浪人を送り込んで、志を同じくする軍人と関係を築いている。Norman, “Genyōsha,” 278; 王希亮「大陸浪人のさきがけ及び日清戦争への躍動」『金沢法学』第36巻第1・2合併号(1994年3月): 62; Douglas R. Reynolds, “Training Young China Hands: Tōa Dōbun Shoin and Its Precursors, 1886-1945,” in *The Japanese Informal Empire in China, 1895-1937*, ed. Peter Duus, Ramon H. Myers, and Mark R. Peattie (Princeton: Princeton University Press, 1989), 212-16.
54. 姜昌一「天佑俠と「朝鮮問題」」、28; 大矢正夫(色川大吉編)『大矢正夫自徐伝』(大和書房、1979年)、136-37; 石瀧豊美『玄洋社発掘』、177-179; Uchida, “ ‘Brokers of Empire,’ ” 44-45; 我妻榮他編『日本政治裁判史録 明治』、224-33。
55. 蔡洙道「黒龍会の成立　玄洋社と大陸浪人の活動を中心に」『法学新報』第109巻第1-2号(2002年4月): 163-69、175-80; Jansen, *Japanese and Sun Yat-sen*, 111.
56. 葛生能久『東亜先覚志士記伝』、815-17、822; 石瀧豊美『玄洋社発掘』、183-85; 西尾陽太郎『頭山満翁正伝』、236-37。
57. 石瀧豊美『玄洋社発掘』、185-87; 西尾陽太郎『頭山満翁正伝』、235-37; 葛生能久『東亜先覚志士記伝』、815; 頭山統一『筑前玄洋社』(葦書房、1977年)、205-7。
58. 『朝野新聞』1890年9月25日。
59. 『ジャパン・ウィークリー・メイル』1892年5月28日。
60. 木村直恵『「青年」の誕生』、113。
61. R. H. P. Mason, *Japan's First General Election*, 1890 (Cambridge: Cambridge University Press, 1969), 30-31.
62. 色川大吉・村野廉一『村野常右衛門伝』、202。
63. Mason, *Japan's First General Election*, 177.

64. Ibid., 52-58, 174-77.
65. 選挙の結果は以下を参照。Akita, *Foundations of Constitutional Government*, 76.
66. 升味準之輔『日本政党史論　第2巻』(東京大学出版会、1966年)、163。
67. Mason, *Japan's First General Election*, 193-94.
68. 植木枝盛『植木枝盛日記』(高知新聞社、1955年)、363-64;『朝野新聞』1890年9月16日;升味準之輔『日本政党史論　第2巻』、168-69。
69. 『朝野新聞』1890年9月13日;『読売新聞』1890年9月14日。
70. Mason, "Changing Diet Attitudes," 98-99; Akita, *Foundations of Constitutional Government*, 77-81.
71. 植木枝盛『植木枝盛日記』、371-73;『ジャパン・ウィークリー・メイル』1891年1月10日;『東京日日新聞』1891年1月8日(所収:鈴木孝一編『ニュースで追う明治日本発掘　憲法発布・大津事件・壮士と決闘の時代』、河出書房新社、1994年、161)。
72. 升味準之輔『日本政党史論　第2巻』、175。
73. Mason, "Changing Diet Attitudes," 101.
74. 升味準之輔『日本政党史論　第2巻』、176。
75. Mason, "Changing Diet Attitudes," 103-4;『ジャパン・ウィークリー・メイル』1891年1月17日。
76. この記事では壮士の人数を政党ごとに掲載している。自由党103、国民自由党42、改進党6、大成会0。加えて、特定の政治家に雇われている壮士についても数字を挙げている。大井憲太郎50、星亨30、尾崎行雄2。しかしながら情報源は不明であり、数字がこれほど詳細である理由もはっきりしない以上、この記事を真に受けるのは考えものであろう。『朝野新聞』1891年2月20日。
77. 『ジャパン・ウィークリー・メイル』1891年2月14日。
78. Ozaki, *Autobiography of Ozaki Yukio*, 130. [「咢堂自伝」、228ページ]
79. Ibid.
80. 高橋雄豺『明治警察史研究　第3巻』(令文社、1963年)、221-23、225-26、264-75。松方内閣の全閣僚が選挙干渉を支持していたということではない。伊藤博文は懐疑的だった人間のひとりである。以下を参照。Akita, *Foundations of Constitutional Government*, 99-100.
81. 犬養毅は1892年の選挙以前に、民党の政治家が政府の雇った壮士に殴打される恐怖を覚えていたことを語っている。朝野新聞は1891年1月7日の記事で、棒きれを振り回す民党壮士と剣を振り回す吏党壮士を明確に区別して語っている(なんなら、剣を振るう警察についても「壮士」と呼んで、その無法行為を論評してみせてもよかっただろう)。升味準之輔『日本政党史論　第2巻』、176;『朝野新聞』1891年1月7日。
82. 佐賀県史編纂委員会編『佐賀県史〈下巻〉近代編』(佐賀県史料刊行会、1967年)、117。尾崎行雄の回想によると、死者の数は25人であった。Ozaki, *Autobiography of Ozaki Yukio*, 128.

83. 『読売新聞』1892年2月13、15-17日;『東京日日新聞』1892年2月17、18日; 高知県編『高知県史　近代編』(高知県、1970年)、231。
84. 最も多くの死亡者を出したのが高知県(10)、それから佐賀(8)、福岡(3)、千葉(2)、熊本(1)と続く。負傷者数では佐賀が最大で(92)、高知(66)、福岡(65)、千葉(40)、熊本(37)と続いている。佐賀県史編纂委員会編『佐賀県史〈下巻〉近代編』、117。
85. 島津明「本朝選挙干渉史」『人物往来』1955年3月号: 50。政府が意図してこのふたつの県を狙い撃ちしたことが同書で示唆されているわけではない。
86. Ozaki, *Autobiography of Ozaki Yukio*, 128. [「咢堂自伝」、225ページ]
87. 石瀧豊美『玄洋社発掘』、154-55; 都築七郎『頭山満』、161; Norman, "Genyōsha," 276.
88. 『読売新聞』1892年2月5日。
89. 『東京日日新聞』1892年2月17日;『読売新聞』1892年2月17日。
90. 『東京日日新聞』1892年2月17日。
91. Ozaki, *Autobiography of Ozaki Yukio*, 127-28.
92. 『読売新聞』1892年2月15日。
93. Ibid.,1892年2月5日。
94. Ibid.,1892年2月12日。
95. 『東京日日新聞』1892年2月17日。
96. 『国民之友』1892年2月13日。
97. 『読売新聞』1892年2月16日、17日。立川で起きた別の事件では、民党壮士が刀と竹槍を満載した荷車を投票所に持ち込み、吏党壮士は民党壮士を「水攻め」にする作戦をとった。最寄りの井戸を取り囲んで、民党壮士たちが水を飲めないようにブロックしたのだ。佐藤孝太郎『三多摩の壮士』、30-31。
98. 『東京日日新聞』1892年2月18日; 色川大吉・村野廉一『村野常右衛門伝』、203。
99. Ozaki, *Autobiography of Ozaki Yukio*, 128.
100. 『東京日日新聞』1892年2月18日。
101. 『読売新聞』1892年2月16日。
102. Ibid.,1892年2月17日; 島津明「本朝選挙干渉史」、50。尾崎行雄も佐賀3区の投票延期については言及しているが、当地では投票が再開されても、3分の1の選挙民が投票を差し控えた。Ozaki, *Autobiography of Ozaki Yukio*, 128.
103. 『東京日日新聞』1892年2月17日;『読売新聞』1892年2月17日。
104. 尾崎によるこの引用が、品川の言葉をそっくり再現したものかどうかはわからない。というのも尾崎は、品川を貶めようという政治的傾向を持っていたからである。Ozaki, *Autobiography of Ozaki Yukio*, 132-33. [「咢堂自伝」、233-34ページ]
105. 明治政府に対する怒りの感情を1892年を過ぎてもなお持ちつづけた者たちもいた。島田研一郎という水戸の壮士は吏党壮士を「ごろつき」と呼び、民党(島田の目に義はこちらにあった)に対する吏党壮士の攻撃を批判した。島田研一郎『うき草の花』(羽村市教育委員会、1993年)、314-15; 同作が執筆されたのは1894年6月

3日から1896年3月17日にかけてである。

106. Ozaki, *Autobiography of Ozaki Yukio*, 134.［「咢堂自伝」、236ページ］

107. Ibid. 決議の全文は以下を参照。自由党党報『選挙干渉問題之顚末』(自由党党報局、1892年)、86。

108. Ozaki, *Autobiography of Ozaki Yukio*, 132-35; Akita, *Foundations of Constitutional Government*, 98-101; 高橋雄豺『明治警察史研究　第3巻』、290-97。

109. 高橋雄豺『明治警察史研究　第3巻』、315。

110. 刑法の中に、玄洋社にとって有利に解釈しうる曖昧さを持った条文があったという事情もある。例えばふたり以上のあいだで殴り合いになった場合も、先に手を出したほうに確固とした意図がなければ、いずれの側も罰せられることはなかった(310条)。またここに正当防衛という考えを並べることもできた(309条)。現代法制資料編纂会『明治「旧法」集』(国書刊行会、1983年)、34、35、37、44。

111. 木村直恵『「青年」の誕生』、112-13。1892年の選挙が終わると、壮士の活動は弱まったようにも見えるが、その年いっぱいは、依然として壮士の暴力に関する報道が散見された。熊本の荒れた選挙や代議士への襲撃事件はその一例である。以下を参照。『朝野新聞』1892年8月23日；『ジャパン・ウィークリー・メイル』1892年9月10日；同10月8、16日；同11月26日。

112. 高橋雄豺『明治警察史研究 第3巻』、322。

113. 『東京日日新聞』1894年2月6、8、10、11、13、20、24、27、28日；同3月1-3日；『読売新聞』1894年2月16-18、27日；同3月2、3日；『大阪毎日新聞』1894年2月18、28日。

114. Ozaki, *Autobiography of Ozaki Yukio*, 147.［「咢堂自伝」、259ページ］

115. 『大阪毎日新聞』1897年12月16、18日。

116. 『読売新聞』1898年2月2日。

117. David C. Rapoport and Leonard Weinberg, "Elections and Violence," in *The Democratic Experience and Political Violence*, ed. David C. Rapoport and Leonard Weinberg (London: Frank Cass, 2001), 29.

118. K. Theodore Hoppen, "Grammars of Election Violence in Nineteenth-Century England and Ireland," *English Historical Review* 109, no. 432 (June 1994): 606.

119. Charles Seymour, *Electoral Reform in England and Wales: The Development and Operation of the Parliamentary Franchise, 1832-1885* (1915; reprint, Newton Abbot: David & Charles, 1970), 187.

120. Hoppen, "Grammars of Election Violence," 609.

121. Tyler Anbinder, *Five Points: The 19th-Century New York City Neighborhood That Invented Tap Dance, Stole Elections, and Became the World's Most Notorious Slum* (New York: Free Press, 2001), 27-29, 141-44, 153-58, 277, 321. ストリート・ギャングが扇動したものには、慣習的に「暴動」と呼ばれてきたものもある。その最たる例が、1857年のバワリー・ボーイズの暴動である。以下を参照。Anbinder, *Five Points*, 277-96.

122. Richard Franklin Bensel, *The American Ballot Box in the Mid-Nineteenth Century* (Cambridge: Cambridge University Press, 2004), 170.

123. Ibid.

124. Ibid., 171-72.

125. Ibid., 20-21.

126. Rapoport and Weinberg, "Elections and Violence," 29-30.

127. Peter McCaffery, *When Bosses Ruled Philadelphia: The Emergence of the Republican Machine, 1867-1933* (University Park: Pennsylvania State University Press, 1993), 13.

128. Rapoport and Weinberg, "Elections and Violence," 38.

129. Ibid., 19.

130. Ibid., 30.

131. Ibid., 19, 21, 31.

132. アメリカの大都市における、選挙中のパトロール部隊の活動については以下を参照。Robert M. Fogelson, *Big-City Police* (Cambridge, Mass.: Harvard University Press, 1977), 19-20, 34-35.

133. Rapoport and Weinberg, "Elections and Violence," 39.

134. Anbinder, *Five Points*, 326-27.

135. Seymour, *Electoral Reform*, 233; Rapoport and Weinberg, "Elections and Violence," 39.

136. John F. Reynolds, "A Symbiotic Relationship: Vote Fraud and Electoral Reform in the Gilded Age," *Social Science History* 17, no. 2 (summer 1993): 247; Seymour, *Electoral Reform*, 233.

137. アメリカにおける移民排斥と選挙制度の改革については以下を参照。Reynolds, "Symbiotic Relationship," 246; Fogelson, *Big-City Police*, 42.

138. これらの法改正については以下を参照。林田和博「Development of Election Law in Japan.」『法政研究』第34巻第1号(1967年7月):98-101。1925年の法律については以下を参照。Harold S. Quigley, "The New Japanese Electoral Law," *American Political Science Review* 20, no. 2 (May 1926): 392-95.

139. David E. Apter, "Political Violence in Analytical Perspective," in *The Legitimization of Violence*, ed. David E. Apter (New York: New York University Press, 1997), 3.

140. Victor T. Le Vine, "Violence and the Paradox of Democratic Renewal: A Preliminary Assessment," in *The Democratic Experience and Political Violence*, ed. David C. Rapoport and Leonard Weinberg (London: Frank Cass, 2001), 277-78.

第三章　暴力の組織化と政治暴力という文化

1. 『中外商業新報』1922年2月17、18日。ほかに名前が挙がったのは、以下のような顔ぶれであった。柔道二段格の中島鵬六、福島県選出の堀切善兵衛、大阪府選出の山口義一と三枝彦太郎、柔道初段の春日俊文、富山県選出の喧嘩っ早い

高見之通、大分の吉良元夫、愛知県選出の舞田寿三郎、木檜三四郎、中野正剛。
2. 『中外商業新報』1922年2月19日。記事は強者を閣僚に指名した原敬を賞賛し、樋口誠康、若槻礼次郎ら、腕で鳴らした貴族院議員についても短く言及している。
3. 1920年代に登場した様々な見解については、日本現代史研究会編『1920年代の日本の政治』(大月書店、1984年)を参照。このテーマを英語で論じた文献には以下のものがある。Sheldon Garon, "State and Society in Interwar Japan," in *Historical Perspectives on Contemporary East Asia*, ed. Merle Goldman and Andrew Gordon (Cambridge, Mass.: Harvard University Press, 2000), 155-82.
4. 鈴木武史『星亨　藩閥政治を揺がした男』(中央公論社、1988年)、25-32、70-73。
5. 佐藤孝太郎『三多摩の壮士』(武蔵書房、1973年)、27-29。
6. 鈴木武史『星亨』、104; 佐藤孝太郎『三多摩の壮士』、26; 色川大吉・村野廉一『村野常右衛門伝〈民権家時代〉』(中央公論事業出版、1969年)、198-99; 遠山茂樹編「三多摩の壮士」(所収：『明治のにない手(上)　人物・日本の歴史11』読売新聞社、1965年、29、193)。併せて平野義太郎『馬城大井憲太郎伝』(風媒社、1968年)、266-72も参照のこと。
7. 竹内良夫『政党政治の開拓者・星亨』(芙蓉書房、1984年)、88。
8. 『読売新聞』1892年2月9日、13日。
9. 『読売新聞』1984年3月8日。
10. Ozaki Yukio, *The Autobiography of Ozaki Yukio: The Struggle for Constitutional Government in Japan*, trans. Hara Fujiko (Princeton: Princeton University Press, 2001), 101. [「咢堂自伝」、175-76ページ]
11. Ibid., 175.
12. 色川大吉・村野廉一『村野常右衛門伝』、i-ii、33、39-40、202-3; 遠山茂樹編「三多摩の壮士」、166、172; 色川大吉編『多摩の歴史散歩』(朝日新聞社、1975年)、187-89。
13. 色川大吉・村野廉一『村野常右衛門伝』、44、190、199、203; 遠山茂樹編「三多摩の壮士」、184。
14. 鈴木武史『星亨』2。尾崎行雄は、衆議院議長の座を明け渡すまいと奮戦する星の姿を自伝の中で活写している。Ozaki, *Autobiography of Ozaki Yukio*, 142-45.
15. 佐藤孝太郎『三多摩の壮士』、35-37。
16. 乾照夫「軍夫となった自由党壮士　―神奈川県出身の「玉組」軍夫を中心に―」『地方史研究』第32巻第3号(1982年6月): 47-50、52-54、56-58。多摩組(玉組)のメンバーの出身地は以下の通り。南多摩108人、東京市56人、北多摩36人、西多摩16人、その他(東京府内) 14人、神奈川県36人、千葉県21人、新潟県17人、長野県14人、富山県11人、茨城県11人、石川県10人、その他(東京府外) 82人。
17. Peter Duus, *Party Rivalry and Political Change in Taisho Japan* (Cambridge, Mass.: Harvard University Press, 1968), 8-9.
18. 色川大吉・村野廉一『村野常右衛門伝』、230; 遠山茂樹編「三多摩の壮士」、197-98。

19. 鈴木武史『星亨』、139-44; Duus, *Party Rivalry and Political Change*, 10。
20. 色川大吉・村野廉一『村野常右衛門伝』、ii、234、236; 佐藤孝太郎『三多摩の壮士』、46-47。
21. Duus, *Party Rivalry and Political Change*, 3, 10-11。
22. 大野伴睦先生追想録刊行会編集委員会『大野伴睦　小伝と追想記』(大野伴睦先生追想録刊行会、1970年)、53。
23. 佐藤孝太郎『三多摩の壮士』、47-50; 遠山茂樹編「三多摩の壮士」、201。
24. 鈴木武史『星亨』、159-71。
25. 高橋彦博「院外団の形成」、95、109-10、115; 摩天楼・斜塔『院外団手記　政党改革の急所』(時潮社、1935年)、60。
26. 大野伴睦先生追想録刊行会編集委員会『大野伴睦』、16。
27. 摩天楼・斜塔『院外団手記』、56-58、64-70。上記資料では、院外団は「政治愛好の浪人の一団」と表現されている。高橋彦博は、院外団が暴力集団であることを認めている。「院外団の形成」、91を参照。
28. 大野伴睦『大野伴睦回想録』(弘文堂、1962年)、44-45; 摩天楼・斜塔『院外団手記』、61-63。
29. 大野伴睦『大野伴睦回想録』、43-44。
30. Tyler Anbinder, *Five Points: The 19th-Century Neighborhood That Invented Tap Dance, Stole Elections, and Became the World's Most Notorious Slum* (New York: Free Press, 2001), 165.
31. Peter McCaffery, *When Bosses Ruled Philadelphia: The Emergence of the Republican Machine, 1867-1933* (University Park: Pennsylvania State University Press, 1993), 11-14.
32. イギリスの圧力団体については以下を参照。Michael Rush, ed., *Parliament and Pressure Politics* (Oxford: Clarendon Press, 1990).
33. Arnold J. Bornfriend, "Political Parties and Pressure Groups," *Proceedings of the Academy of Political Science* 29, no. 4 (1969): 56. See also Jerome Mushkat, *The Reconstruction of the New York Democracy, 1861-1874* (Rutherford, N.J.: Fairleigh Dickinson University Press, 1981), 144.
34. 1930年代の初めに起きた「帝人事件」(官僚や金融界の要人が多数起訴された大規模な疑獄事件)については以下を参照。Richard H. Mitchell, *Justice in Japan: The Notorious Teijin Scandal* (Honolulu: University of Hawai'i Press, 2002).
35. 永川俊美はこのアナロジーを少し進めて、政党内の親分子分の関係はある時点では俠客のそれと類似したものであり、いわば師弟関係であったと述べている。永川俊美「政党の親分・乾児」『改造』、1930年8月号: 25-33。渡辺幾治郎も同様の見方をしているが、渡辺の場合、とくに政治家同士の親分子分関係についてはずっと批判的である。渡辺幾治郎「随筆　政界の親分子分」『政界往来』第12巻第5号(1941年5月): 5-6。
36. 小林雄吾・小池靖一編『立憲政友会史　第2巻』(立憲政友会出版局、1924年)、42。

37. 宮地正人『日露戦後政治史の研究』(東京大学出版会、1973年)、226-28。宮地が用いた「民衆騒擾期」というフレーズは、アンドルー・ゴードンが英訳したことで流行した。以下を参照。Andrew Gordon, *Labor and Imperial Democracy in Prewar Japan* (Berkeley: University of California Press, 1991), 26-27. 民衆騒擾については以下を参照。藤野裕子「騒乱する人びとへの視線」(所収:須田努・趙景達・中嶋久人共編『暴力の地平を超えて　歴史学からの挑戦』青木書店、2004年、81-110)。
38. 『東京日日新聞』1913年1月12、14日;山本四郎『立憲政友会史　第3巻』1924年(復刊:日本図書センター、1990年)、572-73。
39. 『東京日日新聞』1913年1月17日 ;土倉宗明「院外団争闘記」『文藝春秋』1935年12月号:212。
40. 佐藤孝太郎『三多摩の壮士』、52-54;大野伴睦先生追想録刊行会編集委員会『大野伴睦』、12。
41. 大野伴睦『大野伴睦回想録』、9、16-22;『東京日日新聞』1913年2月11日。アンドルー・ゴードンによれば、この事件で168人が負傷し(うち110人が警察官)、253人が逮捕された。政府に協調している新聞社、ないしは政府に同情的な新聞社への襲撃に加えて、38の交番が打ちこわしにあった。Gordon, *Labor and Imperial Democracy*, 28.
42. 大野伴睦『大野伴睦回想録』、23-26。
43. 大野は治安維持法によって逮捕されたと主張しているが、1925年5月12日までは法が施行されていなかったことからして、事実ではありえない。大野伴睦『大野伴睦回想録』、30-31。政治家の有馬頼寧も、選挙運動に大学の弁論部の部員が参加していたことに言及している。有馬頼寧『政界道中記』(日本出版協同、1951年)、16-17。
44. 大野伴睦先生追想録刊行会編集委員会『大野伴睦』、16-17;大野伴睦『大野伴睦回想録』、28-34;高橋彦博「院外団の形成」、98、100、106。
45. 高橋彦博「院外団の形成」、104、107。
46. Ibid., 103, 106-7. 中央大学と日本大学の学生は院外団に参加するほど自由な時間がなかったというし、法政大学はこのライバル関係に食い込むには小さすぎた。昭和初期、明治大学弁論部は新たな指導部の下で方向転換して、憲政会と協力関係を結ぶことになる。
47. 武部申策については以下を参照。Kenneth Szymkowiak, *Sōkaiya: Extortion, Protection, and the Japanese Corporation* (Armonk, N.Y.: M. E. Sharpe, 2002), 37-39.
48. 大野伴睦『大野伴睦回想録』、43-46。
49. 「院外団の正体を衝く」『政経時潮』第8巻第3号(1953年3月):13-14。
50. Carolyn Conley, "The Agreeable Recreation of Fighting," *Journal of Social History* 33, no. 1 (autumn 1999): 57-58.
51. 大野伴睦『大野伴睦回想録』、43-44。
52. 『読売新聞』1914年2月8日。
53. Ozaki, *Autobiography of Ozaki Yukio*, 313. [「咢堂自伝」、563ページ]

54. Ozaki, *Autobiography of Ozaki Yukio*, 313.

55. 1908年の選挙では、323件の選挙違反があり、2826人がそれに関与していた。永田秀次郎「選挙の裏面に潜む罪悪」『日本評論』第2巻第4号(1917年4月):192。永田は内務省警保局の局長を務めた人物である。別の史料は1912年の選挙について、それよりも少ない数字を挙げており、選挙法違反が660件、うち78件は暴力的な脅迫罪に分類されている。山本四郎『立憲政友会史　第3巻』、514。1915年の選挙の直後に新聞で報道された数字もまた、控えめなものであった(430件、2391人)。政党別の内訳は以下の通りである。同志会143件(777人)、政友会142件(915人)、無所属84件(512人)、その他27件(38人)、中正会18件(93人)、国民党16件(58人)。『読売新聞』1915年3月26日。

56. Duus, *Party Rivalry and Political Change*, 89-92; 升味準之輔『日本政党史論　第3巻』(東京大学出版会、1967年)、280-81; 1915年4月6日付『時事新報』(所収:明治大正昭和新聞研究会編『新聞集成大正編年史』明治大正昭和新聞研究会、1969年、540)。

57. 『読売新聞』1920年5月6日。群雄割拠していた三多摩壮士の組織も1915年ごろには解散に追い込まれていたと言われている。しかしたとえ組織として東京で存在感を発揮しつづけることはなかったとしても、村野は必要とあらば彼らを動員できたようである。佐藤孝太郎『三多摩の壮士』、68。

58. 佐藤孝太郎『三多摩の壮士』、80-84。村野はこの選挙で落選しているが、原敬の推挙によって貴族院勅選議員として政界での職を確保している。

59. Duus, *Party Rivalry and Political Change*, 155-56.

60. 高橋彦博「院外団の形成」、109。

61. 『東京日日新聞』1924年1月20日。

62. 土倉宗明「院外団争闘記」、216。

63. 佐藤孝太郎『三多摩の壮士』、92-95。

64. 『朝日新聞』1927年6月13日。

65. Thomas R. H. Havens, "Japan's Enigmatic Election of 1928," *Modern Asian Studies* 11, no. 4 (1977): 550; Kenneth Colegrove, "The Japanese General Election of 1928," *American Political Science Review* 22, no. 2 (May 1928): 405. 毎度のことだが、ここでも選挙違反の数には違いが見られる。大阪毎日新聞は選挙違反で1371人が司直の手にかかったと報道している。うち888人が起訴された。起訴された人数は政友会支持者よりも民政党支持者のほうがはるかに多く、民政党539人に対して政友会は147人であった。有罪となった者のうち禁固刑を受けたのは3人だけで、残りの368人には罰金が課せられた。『大阪毎日新聞』1928年2月25日。

66. 松尾尊兊『普通選挙制度成立史の研究』(岩波書店、1989年)、327。

67. 「衆議院議員選挙法」法律第47号、1925年5月5日(所収:自治省選挙部編『選挙法百年史』第一法規出版、1990年、185-202)。併せて以下も参照のこと。Colegrove, "Japanese General Election of 1928," 404. 翌年、暴力行為の取り締まりを狙った法律(暴力行為等処罰ニ関スル法律)が帝国議会で可決された。この法律の第一条は、

集団暴力を振るった者に対して、最長3年の懲役、もしくは最大500円の罰金を課すことを規定している。「暴力行為等処罰ニ関スル法律」法律第60号、1926年3月。この法律は朝鮮と台湾でも適用された。勅令第299号「大正十五年法律第六十号ヲ朝鮮、台湾及樺太ニ施行ノ件」(1926年9月4日)、国立公文書館蔵。

68. 松尾尊兊『普通選挙制度成立史の研究』、329-30。

69. 新しい選挙法では贈賄についても規定されてはいたが、おそらくは暴力などの悪弊は金の行き来よりもよほど目につくものであったし、懲罰の有無に左右されやすかった。

70. 選挙妨害で起訴された人間の数も19から32に増えている。『読売新聞』1930年2月21日。

71. 幡随院長兵衛については以下を参照。田村栄太郎『やくざの生活』(雄山閣出版、1964年)、170-73。

72. 『中外商業新報』1922年2月18日。

73. 摩天楼・斜塔『院外団手記』、60。

74. 有馬頼寧『七十年の回想』(創元社、1953年)、250。

75. Duus, *Party Rivalry and Political Change*, 18-19.

76. 猪野健治『俠客の条件　吉田磯吉伝』(現代書館、1994年)、7。小説『花と竜』に吉田を想起させる人物が登場している件は、以下でも言及されている。読売新聞社西部本社編『福岡百年(下)日露戦争から昭和へ』(浪速社、1967年)、172-76。火野葦平(本名は玉井勝則)は若松生まれで、父親は玉井一家の親分だったが、青年時代は左翼の思想に共感を抱いていた。火野葦平『日本文学全集〈第52〉火野葦平集』(新潮社、1967年)、461-72も参照のこと。

77. 藤田五郎『任俠百年史』(笠倉出版社、1980年)、195-202; 溝下秀男「これが「川筋者」の魂だ!」『実話時代』2001年10月号: 38-39。

78. 猪野健治『俠客の条件』、55-56。

79. Ibid., 16-30. 玉井政雄『刀と聖書　筑豊の風雪二代記』(歴史図書社、1978年)、17-18も併せて参照のこと。

80. 岡部亭蔵は1921年に市会議員に選出された。猪野健治『俠客の条件』、59を参照。

81. Ibid., 30-38, 44-50.

82. 吉田磯吉は若松から代議士に選ばれた最初の人物であるようだ。若松郷土研究会編『若松百年年表』(北九州市立若松図書館、1969年)、42を参照。

83. 吉田磯吉翁伝記刊行会編『吉田磯吉翁伝』(吉田磯吉翁伝記刊行会、1941年)、29; Duus, *Party Rivalry and Political Change*, 89.

84. 猪野健治『俠客の条件』、56-57。

85. Ibid., 61.

86. 吉田磯吉翁伝記刊行会編『吉田磯吉翁伝』、63-64; 猪野健治『俠客の条件』、86。

87. 有馬頼寧『七十年の回想』、250-51。

88. 猪野健治『俠客の条件』、59-62。

89. Ibid., 35. 1901年には620万円であった日本郵船の準備金は1906年から1910年の

あいだに37.2パーセント増加し、1910年から1914年にかけては81パーセント増加している。以下を参照。William D. Wray, *Mitsubishi and the N.Y.K., 1870-1914: Business Strategy in the Japanese Shipping Industry* (Cambridge, Mass.: Council on East Asian Studies, Harvard University, 1984), 479-81.

90. 『東京日日新聞』1921年5月28日; 吉田磯吉翁伝記刊行会編『吉田磯吉翁伝』、36、55; 玉井政雄『刀と聖書』、88-89; Wray, *Mitsubishi and the N.Y.K.*, 474-75.

91. 『東京日日新聞』1921年5月27、28、30日;『東京朝日新聞』1921年5月30日; 吉田磯吉翁伝記刊行会編『吉田磯吉翁伝』、37-39、45-46、53-57; 子分の岡部亭蔵が九州を発って株を買うのは難儀だった。あちこち渡り歩いた岡部には戸籍謄本がなかったからである。株主になるには戸籍謄本が必要だった。岡部はどうにか他人の戸籍を借りることができたが、その後も東京行きを阻止しようとする警察の目をかいくぐらなければならなかった。

92. 『東京日日新聞』1921年5月30日;『東京朝日新聞』1921年5月30日; 吉田磯吉翁伝記刊行会編『吉田磯吉翁伝』、50、53、57。

93. 猪野健治『俠客の条件』、71-72; 吉田磯吉翁伝記刊行会編『吉田磯吉翁伝』、117-25。吉田が経営側の有利になるよう、紛争を「調停」していたことを思えば、この地域の労働者が吉田を支持しているように見えるのはなぜなのかという疑問も湧く。考えられるのは、ほかの調停者に任せるよりも吉田に投票したほうが、自分たちの利益を守ることになると労働者たちが判断したということだ。吉田に地元産業を代弁してもらえば、最終的には自分たちの利になるというわけである——とはいえ、あくまでこれは推測にすぎない。

94. 吉田磯吉翁伝記刊行会編『吉田磯吉翁伝』、72-75、135-37。

95. 長田午狂『俠花録　勲四等籠寅・保良浅之助伝』(桃園書房、1963年)、8-12。

96. 盃事をもって「一家」内における関係は正式なものとなる。とりわけ重要なのは、親分と子分の関係だ。盃事には様々な形態があったようだ。以下に示すのは典型的と思われる儀式の説明である。盃事は儀式にふさわしい装飾品と道具の用意された空間で吉日に執り行われる。儀式は祭壇の前で行われるが、祭壇には右から左へ、八幡大菩薩(弓矢と戦いの神)、天照大神(神道の太陽神であり、皇統の創始者とされる)、春日大明神(もともとは藤原家の氏神)の3つの巻物が掛けられる。祭壇の前には捧げものとして酒と厚手の和紙(奉書付神酒)、さらに米、塩、カツオ、そして神道で神聖な木とされる榊の枝が置かれる。また三角に畳まれた奉書を載せた小さな木製の台(三宝)には一対の徳利と盃、塩を山盛りにした3つの皿、魚2尾(一方の背が他方の腹につくように並べられる)、箸2膳が置かれる。儀式の中心となるのはむろん親分と子分、そして媒酌人で、階級の順に並んで座った一家の面々がこれを見守る。儀式は媒酌人が箸で2尾の魚を向き合わせることで始まる。それから媒酌人が右に置かれた徳利から盃に3度注ぎ入れ、左の徳利からも3度注ぎ入れる。次に3皿の塩をひとつにまとめ、箸で塩を3度つまんで、それを盃に入れる。魚が箸でつまみ上げられて、盃に3度浸される。右の徳利からひと注ぎ、左の徳利からひと注ぎし、盃が満たされる。

この時点で媒酌人は盃を親分の前に置いて、親分と一家に忠誠を誓った子分に語りかける。子分と親分がともに口上を述べたあと、親分が酒を飲み干し、媒酌人がふたたびそこに酒を注ぎ入れ、今度は子分がそれを飲み干す。そして親分と子分が媒酌人のために酒を注ぐ。盃は紙に包まれ、媒酌人の手で子分に渡される。これで子分が正式に親分の盃を受け取ったことになる。徳利に残った酒は魚と箸に注がれ、これらは紙に包まれて一家の流儀に従って処分される。この盃事は多少の変更が加えられて、「兄弟」の結束を強めるためにも執り行われる。また反目する一家同士の手打ちの印として盃事が行われることもある。岩井弘融『病理集団の構造　親分乾分集団研究』(誠信書房、1963年)、146-50、160-61; 田村栄太郎『やくざの生活』、98-106。

97. このころ、保良はマツと結婚している。マツは保良の実家と仕事上のつながりのあった魚屋の娘であった。長田午狂『俠花録』、13-21。

98. Ibid., 21-22.

99. Ibid., 5, 9, 23-24, 26, 33-35, 38-39, 44, 69-73.

100. Ibid., 48-49.

101. Ibid., 40-44.

102. Ibid., 50-53.

103. Ibid., 67, 76, 78-80; 猪野健治『俠客の条件』、94-95。

104. 最後の制限選挙となった1925年の下関市会選挙では、総人口9万3019人(男4万8591、女4万4428)のうち選挙権を持っていたのは4942人だった。それが1929年になると、その数は総人口10万4589人(男5万3862、女5万727)のうち1万9096人となっていた。下関市市史編集委員会編『下関市史　第3巻』(下関市役所、1958年)、164-65を参照。

105. 長田午狂『俠花録』、89-92、102、104-16。保良によれば、2カ月間副議長を務めたあと、手広く事業を手がけていたことから、下関商工会議所の会頭になったという。彼はこの任を2カ月務め、それからナンバー2のポジションを引き受け、結局はこれも辞めた。下関商工会議所の記録には、1933年に保良が副議長を務めたことが記されているが、会頭を務めた記録はない。下関商工会議所『下関商工会議所創立百年史』(下関商工会議所、1981年)、10を参照。

106. 長田午狂『俠花録』、117-26。田中の葬儀を報じた大部数の日刊紙に目を通したが、籠寅組への言及は見当たらなかった。

107. 長田午狂『俠花録』、126-42。

108. Ibid., 1-2, 151-58.

109. 中西輝磨『昭和山口県人物誌』(マツノ書店、1990年)、247; 下関市市史編集委員会編『下関市史　第3巻』、174-76。

110. 長田午狂『俠花録』、204-8。尾崎行雄の夫人がアメリカ人であったことから、尾崎のサポートがあって占領当局の承認を得られたと保良は述べているが、尾崎の妻はイギリス人であり、この説明については眉に唾をつけるほかはない。Ozaki, *Autobiography of Ozaki Yukio*, 246参照。

111. Diego Gambetta, *The Sicilian Mafia: The Business of Private Protection* (Cambridge, Mass.: Harvard University Press, 1993), 182-87.
112. 大野伴睦先生追想録刊行会編集委員会『大野伴睦』、46-49、51-52、67-68; 高橋彦博「院外団の形成」、97。
113. アル・カポネについては以下を参照。Laurence Bergreen, *Capone: The Man and the Era* (New York: Simon & Schuster, 1994).

第四章　ファシストの暴力

1. Hugh Byas, *Government by Assassination* (London: George Allen & Unwin, 1943), 226. [『昭和帝国の暗殺政治 テロとクーデタの時代』、206ページ] これらの組織は、通例「超国家主義者」と表現されるが、筆者としては「国家主義者」という表現を採用することによって、彼らの多く(特に本章で取り上げるふたつの団体)が取り立てて政治的に急進派ではなかったという点を強調したい。彼らは必ずしも、極端な国家主義を体現するために積極的に暴力を行使したわけではなかった。
2. 以下を参照。Henry DeWitt Smith II, *Japan's First Student Radicals* (Cambridge, Mass.: Harvard University Press, 1972); Ann Waswo, "The Transformation of Rural Society, 1900-1950," in *The Cambridge History of Japan*, vol. 5, ed. Peter Duus (Cambridge: Cambridge University Press, 1989), 541-605; Ian Neary, *Political Protest and Social Control in Pre-War Japan: The Origins of Buraku Liberation* (Manchester: Manchester University Press, 1989); Vera Mackie, *Creating Socialist Women in Japan: Gender, Labour and Activism, 1900-1937* (Cambridge: Cambridge University Press, 1997); Sheldon Garon, *The State and Labor in Modern Japan* (Berkeley: University of California Press, 1987), 42, 71; Andrew Gordon, *Labor and Imperial Democracy in Prewar Japan* (Berkeley: University of California Press, 1991), 144-48.
3. 国粋会と正義団を構成していたヤクザの大半は博徒であったと思われる。博徒はテキ屋より権力も財力もあったからだ。文献の中でヤクザの種類が明記されている場合も、それは大抵テキ屋ではなく博徒である。とはいうものの、単にヤクザあるいは侠客と言い表されるケースが大半であるため、本章でも「ヤクザ」という表現を用いた。
4. 政治思想の取締りを任務としていた特高警察は、大日本国粋会と大日本正義団を、国家主義運動家の三本柱のひとつと見なしていた。他のふたつは北一輝ら「国体論者」と、大川周明ら「国家社会主義者」である。「最近ニ於ケル国家主義運動情勢ニ関スル件」1931年11月5日、『特高警察関係資料集成　第13巻』(不二出版、1992年)を参照。
5. 内務省警保局「暴力団続出跋扈の状況」(日付不明) 1-4。「暴力団」という言葉は、特に組織暴力団を指す言葉として戦後に復活することになる。

6. Maruyama Masao, *Thought and Behaviour in Modern Japanese Politics*, ed. Ivan Morris (Oxford: Oxford University Press, 1969) を参照。
7. 以下の「天皇制ファシズム」に関する論考を参照のこと。Gordon, *Labor and Imperial Democracy*, 302-30。
8. Peter Duus and Daniel I. Okimoto, "Fascism and the History of Pre-War Japan: The Failure of a Concept," *Journal of Asian Studies* 39, no. 1 (November 1979): 65-68.
9. Robert O. Paxton, *The Anatomy of Fascism* (New York: Alfred A. Knopf, 2004), 21.
10. 『東京朝日新聞』1919年10月10、14日；『大阪毎日新聞』1919年10月9日（所収：『大正ニュース事典』、378-79）。
11. 国粋会の会員については以下を参照。守安敏司「今田丑松と水平社創立者たち　大日本国粋会と奈良県水平社」『水平社博物館研究紀要』第2号（2000年3月）: 5。
12. 『東京朝日新聞』1919年10月10、13日（所収：『大正ニュース事典』、378）。
13. 『大阪毎日新聞』1919年10月9日（所収：『大正ニュース事典』、378）。
14. 『東京朝日新聞』1919年11月15日（所収：『大正ニュース事典』、378-80）。大日本国粋会の大阪本部の設立を祝して12月15日に開かれた式典には、少なくとも15のヤクザ組織が参加した。大阪府警察史編集委員会『大阪府警察史　第2巻』（大阪府警察本部、1972年）、197。
15. 全支部の会員数を合計すると、4万1000人というかなり控えめな数になる。20万人という数字は地方支部には所属していない会員を計算に入れたものかもしれない。内務省警保局保安課「特高資料・社会運動団体現勢調」（1932年6月）、31。1934年になると、支部の数は92から87へと微減し、有力支部でも規模の縮小が始まった。合計会員数も3万6500人前後まで減少している。内務省警保局保安課「特高資料・社会運動団体現勢調」（1934年6月）、39。一方、大日本国粋会から分裂した関東国粋会は、1932年には支部10カ所、会員数1300人だったのが、1934年には支部16カ所、会員1900人へと規模を拡大している。内務省警保局保安課「特高資料・社会運動団体現勢調」（1932年6月）、33; 同（1934年6月）、41。
16. 大日本国粋会総本部会報局「大日本国粋会史」『大日本国粋会会報』（1926年12月1日）、38-39。
17. 以下を参照。鎮西国粋会「鎮西国粋会会則」協調会史料、リール番号52、16-18;「大日本国粋会大分県本部会則」協調会史料、リール番号52、12-13;「大日本国粋会大分県本部設立趣意書」協調会史料、リール番号52、14-15;「大日本国粋会田辺支部創立趣意書」国立国会図書館憲政資料室蔵、内務省資料、9.5-7、2334;「大日本国粋会八幡支部規約」協調会史料、リール番号52、21-22。
18. 「大日本国粋会設立趣意書」協調会史料、リール番号52（1919年11月）、5;「我等の信条」『国粋』第1号（1920年10月15日）。武士道の精神は、イタリアのスクァドリズモの影響も受けていた。以下を参照。Emilio Gentile, "The Problem of the Party in Italian Fascism," *Journal of Contemporary History* 19 (1984): 256.
19. 大日本国粋会「大日本国粋会仮規約」協調会史料、リール番号52（1919年）、9。

20. 『大倭国粋新聞』1926年10月11日;「大日本国粋会設立趣意書」5-7;「我等の信条」;大日本国粋会「大日本国粋会仮規約」9;『大阪毎日新聞』1919年11月1日(所収:『大正ニュース事典』、379);「大日本国粋会規約説明」協調会史料、リール番号52(1919年11月)、7。
21. 全支部の会員数の合計は約6300人であり、ここでも国粋会同様、人数が水増しされていることがわかる。内務省警保局保安課「特高資料・社会運動団体現勢調」(1932年6月)35。1934年には13カ所に支部を持ち、会員数は約1万9800人に達していた。内務省警保局保安課「特高資料・社会運動団体現勢調」(1934年6月)37。
22. 「侠客道」に触れた酒井の講演については『東京朝日新聞』1928年3月28日を参照。国粋会の会員である梅津勘兵衛も侠客について述べているが、梅津はどちらかと言えば「ヤクザ」「ヤクザ道」という言い回しのほうを好んで用いた。以下を参照。梅津勘兵衛『侠客及侠客道に就いて』(日本外交協会、1941年)。
23. 酒井栄蔵『無遠慮に申上げる』(竜文館、1927年)、1-3。
24. 同上、35-37、44、85-89。
25. パクストンによるファシズムの定義の前半部は以下の通り。「ファシズムとは、民族共同体の没落、屈辱、被害者意識といったものに強迫されたかのように捕われた、あるいはまた、民族の統合、活力、純潔という代替すべきものをもって熱狂することを特徴とする、政治行動の一形態と定義してもよいかもしれない」。後半部にも日本のケースに該当する個所がいくつかある。国粋会と正義団について「大衆的基盤をもちながら献身的な民族主義者の闘士で組織する政党が、伝統的なエリートと容易ならずとも効果的な協力関係をつくり」という部分は当てはまらないにせよ、彼らが「民主主義的自由を放棄し、救済は暴力をもっておこない、道徳的制約も法律的制限もなしに国内の浄化と国外への拡張の目標を追求する」のは間違いない。Paxton, *Anatomy of Fascism*, 218. [『ファシズムの解剖学』、340ページ]
26. ファシスト的暴力に美学を感じていた人々については以下を参照。Ibid., 84-85.
27. Richard Bessel, *Political Violence and the Rise of Nazism: The Storm Troopers in Eastern Germany, 1925-1934* (New Haven: Yale University Press, 1984), 75.
28. Roberta Suzzi Valli, "The Myth of Squadrismo in the Fascist Regime," *Journal of Contemporary History* 35, no. 2 (April 2000): 132.
29. リチャード・ベッセルは、ナチス・ドイツの文脈で同様の指摘を行っている。すなわち、SAの行為そのものがナチスのイデオロギーと見なされるべきだというのである。以下を参照。Bessel, *Political Violence and the Rise of Nazism*, 151-52.
30. 大日本国粋会「大日本国粋会設立趣意書」、7;『大阪毎日新聞』1919年11月1日(所収:『大正ニュース事典』、379)。
31. 酒井栄蔵『無遠慮に申上げる』、62-66。
32. Paxton, *Anatomy of Fascism*, 7, 64, 84.
33. 酒井栄蔵『無遠慮に申上げる』、1、7、85、87;『読売新聞』1925年10月11日;鈴

木裕子『日本女性労働運動史論1　女工と労働争議：1930年洋モス争議』(れんが書房新社、1989年)、107。正義団の制服には「北」の字があしらわれていたとも言われる。「北の佐兵衛」の通称で知られた酒井のボス、小林佐兵衛にちなんだものだ。『読売新聞』1925年2月18、21日。

34. 内務省警保局「国粋会員の服装に関する件通牒(庁府県)」(1923年8月15日)；同「大日本国粋会員の服装に関する件(愛媛)」(1935年6月4日)、13-16。
35. 八幡製鉄所のストライキについては以下を参照。広川禎秀「八幡製鉄所における1920年のストライキ」『人文研究』第24巻第10号(1972年)：59-92。八幡製鉄株式会社八幡製鉄所『八幡製鉄所労働運動誌』(八幡製鉄所、1953年)。鶴見騒擾事件は、それぞれ別のヤクザの支援を受けた2組の下請建設業者の抗争である。以下を参照。斉藤秀夫「京浜工業地帯の形成と地域社会　いわゆる「鶴見騒擾事件」をめぐって」『横浜市立大学論叢　人文科学系列』第40巻第1号(1989年3月)：1-121; サトウマコト編『鶴見騒擾事件百科』(ニイサンマルクラブ、1999年)。シンガーミシンのストライキについては以下を参照。亀井信幸「シンガーミシン会社分店閉鎖及分店主任解雇問題ニ関スル件」協調会史料、リール番号80（1925年12月17日)、502。
36. 大阪市電のストライキについては以下を参照。渡辺悦次「戦前の労働争議 -3- 河野密さんにきく　高野山への篭城戦術をあみだした大阪市電争議」『月刊総評』241号(1978年1月)：113。
37. 司法省調査課『司法研究報告書集 第8集』(1928年)、509; 大阪府警察史編集委員会『大阪府警察史　第2巻』195-96;『朝日新聞』1926年3月9日(所収：田中惣五郎編『大正社会運動史　下巻』三一書房、1970年、961)。大阪において、脅迫・恐喝行為に対する罰金として暴力団から徴収された金額は、1931年が8万9000円、1935年が25万5000円、1936年が2万4000円、1937年が2万7000円であった。『大阪府警察史　第2巻』、201。
38. Gentile, "Problem of the Party in Italian Fascism," 256.
39. Mark W. Fruin, *Kikkoman: Company, Clan, and Community* (Cambridge, Mass.: Harvard University Press, 1983), 183, 200-201.
40. 森長英三郎「野田醤油労働争議事件　217日の長期、最大のスト1」『法学セミナー』第202号(1972年10月)：104。
41. Fruin, *Kikkoman*, 183, 195, 201.
42. 1927年4月10日に組合が野田醤油に対して提出した6項目の要求は以下の通り。(1)男性職員に対する10%の昇給と、女性職員に対する20%の昇給。(2)解雇、退職、早期退職に伴う手当について、勤続1カ月あたり1日を計算の対象に追加すること。(3)各工場の樽製造員に徒弟制度を導入すること。(4)年末のボーナスの最低額を1カ月分の給与に設定すること。(5)熟練の従業員に昇進(並びにしかるべき待遇と終身雇用)を認めること。(6)工員扶助規定に基づき、非正規雇用の従業員にも上記のすべてを適用すること。以下より引用。Fruin, *Kikkoman*, 201.

43. Fruin, *Kikkoman*, 200; 森長英三郎「野田醤油労働争議事件 1」、106。森長英三郎「野田醤油労働争議事件　217日の長期、最大のスト2」『法学セミナー』第203号(1972年11月): 88。地元の労働組合が最初に行ったことのひとつが、第17工場のメインゲート前にピケラインを張ることである。同工場は一時的に操業停止を余儀なくされたが、9月27日に再開した。森長英三郎「野田醤油労働争議事件2」、88。
44. 野村襄二「全労働者は決起して建国会を叩きつぶせ」『労働者』13号(1928年2月): 41。当時の資料に最も頻繁に登場する表現は「暴力団」である。したがって本章でも、暴力行為を働いた集団の特定が難しい(もしくは不可能な)場合はこの表現を用いた。
45. 800人という数字は以下の資料による。協調会労働課編『野田労働争議の顛末』(協調会労働課、1928年)、50。1000人という数字は以下の資料による。野田醤油株式会社編『野田争議の顛末』(野田醤油、1928年)、30。『野田醤油株式会社二十年史』(野田醤油、1940年)、234。
46. 協調会労働課編『野田労働争議の顛末』、50-51; 野田醤油株式会社編『野田争議の顛末』、32。
47. 「第九工場作業開始に就いて　野田醤油株式会社」(1927年10月)、法政大学大原社会問題研究所、野田醤油労働争議に関するファイル、1927年9月-1928年4月; 協調会労働課編『野田労働争議の顛末』、27; 町田辰次郎『労働争議の解剖』(第一出版社、1929年)、66。
48. 野田醤油株式会社編『野田争議の顛末』、30;『野田醤油株式会社二十年史』、234; 野田醤油株式会社編『野田争議の経過日録』、38、44。
49. 日本社会問題研究所編『労働争議野田血戦記』(日本社会問題研究所、1928年)、150、164; 協調会労働課編『野田労働争議の顛末』、78。
50. 組合側の逮捕者は9月30日に釈放された。「竹槍事件」として知られるこの事件の後、会社側は組合員に解雇通知を送付した。以下を参照。森長英三郎「野田醤油労働争議事件2」、88-89。
51. 森長英三郎「野田醤油労働争議事件2」、88-89;『社会民衆新聞　号外』協調会史料、リール番号63 (1927年10月23日)、566。
52. 『社会民衆新聞　号外』協調会史料、リール番号63 (1927年10月23日)、566; 日本社会問題研究所編『労働争議野田血戦記』、147-48、153; 森長英三郎「野田醤油労働争議事件2」90。
53. 協調会労働課編『野田労働争議の顛末』、59、70; 町田辰次郎『労働争議の解剖』、64-65; 森長英三郎「野田醤油労働争議事件2」、89。
54. 日本社会問題研究所編『労働争議野田血戦記』、227; 野田醤油株式会社編『野田争議の経過日録』、47; 協調会労働課編『野田労働争議の顛末』、78-80。
55. 日本社会問題研究所編『労働争議野田血戦記』、233-36。
56. 同上、238-39、242-43;「野田醤油株式会社労働争議概況」(所収:『特高警察関係資料集成　第9巻』不二出版、1991年、290); 協調会労働課編『野田労働争議の

顛末』、83; 野田醤油株式会社編『野田争議の経過日録』、65、67、71-72。

57. 労働農民党、東京府京橋支部「野田六千の兄弟諸君!!」協調会史料、リール番号63（1928年1月16日）、568。80人が逮捕され(組合の主要人物2人を含む)、34人が起訴された。森長英三郎「野田醤油労働争議事件2」、90。
58. 日本労働総同盟関東労働同盟会「野田争議の真因経過及現状：会社の誇大並に虚構の宣伝を糺す」協調会史料、リール番号63（1928年）、498-99; 森長英三郎「野田醤油労働争議事件2」、90。
59. 森永英三郎によると、解決協定が成立したのは4月19日だが、別の資料は4月20日を挙げている。森長英三郎「野田醤油労働争議事件2」、91; 野田醤油株式会社編『野田争議の経過日録』、143; Fruin, *Kikkoman*, 205.
60. 協調会労働課編『野田労働争議の顛末』、51。
61. 解雇条件は以下の通り。自宅に戻されることになった綿紡部の従業員は、3カ月分の旅費と、1カ月あたり26日分の給与(通常の日給の3分の1)を受け取る。練馬や静岡の工場に異動になる可能性も残されているが、3カ月たっても自宅から呼び戻されなかった場合、その従業員には退職手当が支払われる。即時退職を希望した者は、通常の給与、旅費、退職手当に加えて29日分の給与が支払われる。寮住まいではなく家から通っていた従業員にも上記の条件が適用された(ただし旅費の支払いは除く)。また、営繕部の従業員には下請け業者として働くという選択が与えられ、この場合、東洋モスリン以外の企業から仕事を受注することも可能であった。鈴木裕子『女工と労働争議』49-50; 丸山鶴吉(警視総監)「洋モス亀戸工場労働争議ニ関スル件」協調会史料、リール番号97（1930年9月30日)、113-14; 社会局労働部編『東洋モスリン株式会社労働争議状況』(社会局労働部、1930年)、2。ストライキにおけるジェンダーの役割については以下を参照。Elyssa Faison, *Managing Women: Disciplining Labor in Modern Japan* (Berkeley: University of California Press, 2007), 93-106.
62. 丸山鶴吉が報告している労働者の数は2482人である。一方、社会局労働部には男性468人、女性2181人の計2649人という数字が記録されている。丸山鶴吉「洋モス亀戸工場労働争議ニ関スル件」、113; 社会局労働部編「東洋モスリン株式会社労働争議状況」、1-2。
63. 洋モス争議団、全国労働組合同盟、日本紡織労働組合「洋モス争議について町民諸君に檄す」1930年10月2日、法政大学大原社会問題研究所「洋モス争議ファイル(1)」。
64. 丸山鶴吉「洋モス亀戸工場労働争議ニ関スル件」、117; 鈴木裕子『女工と労働争議』、53;「東洋モス大争議　レポ集」1930年9月27日、法政大学大原社会問題研究所「洋モス争議ファイル(1)」。
65. ある晩には、操業終了後の会社の事務所を警備するために、300人の正義団員が集まった。丸山鶴吉「洋モス亀戸工場労働争議ニ関スル件」(1930年10月1日)、106。
66. 鈴木裕子『女工と労働争議』、52-53。
67. 『全国大衆新聞』1930年10月11日;「檄！」1930年10月5日、法政大学大原社会問

題研究所、「洋モス争議ファイル(1)」。

68. 丸山鶴吉「洋モス亀戸工場労働争議ニ関スル件」(1930年10月10日)、133-34;「檄!」。

69. 一部の新聞は、入山労働争議に参加した「暴徒」がヤクザの子分であると報じている。『福島民報』1927年1月21日;『福島民友』1927年1月21日(所収:村田淳編『甦える地底の記録〈第1巻〉磐炭・入山労働争議資料集成』いわき社会問題研究、1984年、190-91)。前章でも述べたように、吉田磯吉が介入したストライキの中には入山労働争議も含まれる。

70. 労農党はまた、浜口内閣の転覆も狙っていた。労農党「洋モス争議応援暴圧反対、打倒浜口内閣の演説会に就いて」1930年10月3日、法政大学大原社会問題研究所、「洋モス争議ファイル(1)」。

71. 「洋モス争議闘争ニュース6号」1930年10月11日、法政大学大原社会問題研究所「洋モス争議ファイル(2)」;「関東合同労働組合ニュース1号」、1930年10月11日、法政大学大原社会問題研究所、「洋モス争議ファイル(1)」。

72. 「東洋モス大争議　レポ集」1930年10月11、21日、法政大学大原社会問題研究所「洋モス争議ファイル(1)」;東洋モスリン争議団本部による題名のないチラシ、1930年10月7日、法政大学大原社会問題研究所「洋モス争議ファイル(1)」;『全国大衆新聞』1930年10月11日。

73. 日本紡織労働組合争議団「洋モス争議日報」1930年10月10、15日、法政大学大原社会問題研究所、「洋モス争議ファイル(2)」;日本紡織労働組合加盟「洋モス争議は最後の決戦だ!」1930年、法政大学大原社会問題研究所、「洋モス争議ファイル(1)」。

74. 労働運動史研究会編『日本労働運動の歴史〈戦前編〉』(三一書房、1960年)、186。

75. 渡辺銕蔵「大正志士論」『中央公論』第38巻第12号(1923年11月):83;司法省調査課『司法研究報告書集　第8集』、509-10。

76. 山村昌子「水平社・国粋会争闘事件の検討　裁判記録を中心として」『部落解放研究』第27号(1981年9月):161-64。この記事の存在を教えてくれたジェフ・ベイリスに感謝を。

77. 守安敏司「今田丑松と水平社創立者たち　大日本国粋会と奈良県水平社」、2; Neary, *Political Protest and Social Control*, 87; 山村昌子「水平社・国粋会争闘事件の検討」、136、140。当時、国粋会の奈良支部長を務めていたのは今田丑松という名の男である。1854年に生まれた今田は若くして賭博にはまり、14歳で親から勘当され、2年後に実家に戻るもふたたび出奔して労働者となった。その後、罪を犯して北海道に送られ、1907年に釈放。1919年に国粋会の立ち上げに関わっている。今田は3月18日に水国事件の現場に現れているが、その役割は定かではない。以下を参照。守安敏司「今田丑松と水平社創立者たち」、2-4、8。

78. 3月18日時点での国粋会の援軍は800人。翌19日には1200人、20日には275人と推移している。対する水平社の援軍は3月18日時点で750人、19日には1220人、20日には970人であった。「水平社対国粋会騒擾事件」(種村氏警察参考資料第78集)

44-46、国立公文書館蔵。

79. 現地に集結した警官の数は、3月18日時点で81人、翌19日には394人。20日と21日には218人の正規警官と17人の臨時警官が集った。「水平社対国粋会騒擾事件」、36-38。

80. 同上、48-51、55。

81. Adrian Lyttelton, *The Seizure of Power: Fascism in Italy, 1919-1929* (New York: Routledge, 2004), 38, 53-54.

82. Peter H. Merkl, *The Making of a Stormtrooper* (Princeton: Princeton University Press, 1980), 100, 299; Conan Fischer, *Stormtroopers: A Social, Economic and Ideological Analysis, 1929-35* (London: George Allen & Unwin, 1983), 149, 186.

83. 後藤新平は正義団とも良好な関係を築いていた。正義団の創設者である酒井栄蔵のもとを訪れ、後藤家の所有地から店子を強制退去させる協力を仰いだこともあったようだ。酒井栄蔵『無遠慮に申上げる』、89-94。

84. 荒原朴水『大右翼史』(大日本国民党、1966年)、53。

85. 内務省警保局「大日本国粋会員の服装に関する件(愛媛)」、17-18

86. 在青島総領事川越茂より外務大臣芳沢謙吉宛て「青島国粋会解散ニ関スル件」(外務省記録、1932年4月1日)、208-9;『朝日新聞』1931年8月20日。

87. 関東庁警務局長から拓務次官、外務次官他宛て「国粋会奉天本部ノ改称ト其ノ活動」(外務省記録、1931年6 月1日)、196-205。

88. 小栗一雄(福岡県知事)より山本達雄内務大臣他宛て「満洲国粋会幹事ノ言動ニ関スル件」(外務省記録、1933年4月3日)、240。

89. 権力者から、少なくとも暗黙の承認を取り付けようとする取り組みは、日本国内でも行われてきた。国粋会の理事長が、市長、市会議長、警察や内務省、司法省のお偉方を旅館に招いて会談することもあった。初代理事長の中安信三郎は、京都府警の本部長を含む地元の有力者に年賀状を送っている。大日本国粋会総本部会報局「大日本国粋会史」37、42。

90. 藤沼庄平(警視総監)より内務大臣他宛て「日本正義団ノ満州進出ニ関スル件」(外務省記録「本邦移民関係雑件　満州国部」1932年7月28日)、1-2;内務省警保局編『社会運動の状況　第7巻』(三一書房、1972年)、282。

91. 関東庁警務局長から拓務次官他宛て「大満州正義団ノ誓盃式挙行」(外務省記録、1932年9月13日)、313-4;小栗一雄(福岡県知事)より山本達雄内務大臣他宛て「満州正義団誓盃式挙行ノ件」(外務省記録、1932年9月12日)、308;関東庁警務局長から拓務次官、内務書記官長他宛て「大満州正義団々規」(外務省記録、1931年9月26日)、319-21、325。

92. 関東庁警務局長から拓務次官他宛て「大満州正義団ノ誓盃式挙行」、315;大阪府知事より内務大臣他宛て「新満州国ニ於ケル正義団ノ行動其ノ他ニ関スル件」(外務省記録、1932年9月15日)、317。

93. 桑島主計(在天津総領事)より外務大臣宛て「満州関係浪人来往及活系統表送付ノ件」(外務省記録「支那浪人関係雑件」、1933年3月17日)、416-21;『朝日新聞』

1932年9月29日。ある事例では、池田英雄という男が数千人を引き連れて、釜山にある電力会社を「訪問した」件で取り調べを受けている。池田の名前は正義団の満州支部の名簿でも確認できるが、私腹を肥やすために満州正義団の名を利用して恐喝を行っていたというのがもっぱらの噂であった。吉沢清次郎(新京総領事)より外務大臣及び駐満州国大使宛て「自称満州国正義団総務池田英雄ノ動静ニ関スル件」(外務省記録「支那浪人関係雑件」、1934年4月25日)、424-25。

94. 藤沼庄平「日本正義団ノ満州進出ニ関スル件」、2-3; 小栗一雄「満洲正義団誓盃式挙行ノ件」、308。

95. 『東京朝日新聞』1922年8月12日; 色川大吉『流転の民権家　村野常右衛門伝』(大和書房、1980年)、342、345-346。

96. 前島省三「志士的プッチと国家権力」『日本史研究』第24号(1955年5月): 57; 高橋彦博「院外団の形成　竹内雄氏からの聞き書を中心に」『社会労働研究』第30巻第3・4号(1984年3月): 107。国粋会同様、指導層に政友会の幹部が名を連ねていた国家主義団体としては「大正赤心団」が挙げられる。色川大吉『流転の民権家　村野常右衛門伝』、340

97. Gentile, “Problem of the Party in Italian Fascism,” 254. ロベルタ・スッツィ・ヴァリなら、ここで述べたようなスクァドリズモ像に反論するかもしれない。ヴァリの考えるスクァドリズモは、「政党民兵」というより「民兵政党」に近いからである。以下を参照。Valli, “Myth of Squadrismo in the Fascist Regime,” 133.

98. Thomas Childers and Eugene Weiss, “Voters and Violence: Political Violence and the Limits of National Socialist Mass Mobilization,” *German Studies Review* 13, no. 3 (October 1990): 482-83. ファシストによる暴力の規模が日本とドイツで異なるのは、多分に権力構造の違いとファシズム人気の程度の差を反映したものだが、これに加えて組織としての目的の違いもあった。国粋会と正義団は多くの意味でファシストと言えるが、ファシストとしての明確なルールを掲げていたわけではなく、政権奪取を主たる目的として暴力を行使していたわけでもない。両団体とも軍とつながりがあったが、スクァドリズモがムッソリーニを、SAがナチスを権力の座につけたように、軍に政権を取らせようという意図は彼らにはなかった。彼らの暴力行為は、左翼の鎮圧という目的にのみ奉仕するものであり、左翼が動きを封じられるにしたがい、彼らもまた勢いを失っていったのである。

99. 三宅雪嶺「国粋会に望む」『中央公論』第38巻第1号(1923年1月): 213-14; 水野広徳「暴力黙認と国家否認」『中央公論』第38巻第1号(1923年1月): 206。上記は共に連載「暴力的団体の存在を黙認する当局の怠慢を糾弾する」内の記事。

100. 菊池寛「暴力に頼らずして凡ての事を処理したし」『中央公論』第38巻第9号(1923年8月): 95-96; 安部磯雄「国家的「力」の発現を公平ならしめよ」『中央公論』第38巻第9号(1923年8月): 74。上記は共に連載「暴行・脅迫・強請等に対する当局の取締の緩怠を難ず」内の記事。安部磯雄「法治国に暴力を許すとは何事か」『中央公論』第38巻第1号(1923年1月): 220; 安部磯雄「暴力に対する国民の不徹底的態度」『改造』第6巻第5号(1924年5月): 94; 井上忻治「群衆心理に通暁せよ」

『中央公論』第38巻第9号(1923年8月):102。

101. 渡辺銕蔵「大正志士論」8、4-85。

102. 堀江帰一「暴力的団体の存在を黙認するか」『中央公論』第38巻第1号(1923年1月):212; 井上忻治「群衆心理に通暁せよ」、102。

103. 三宅雪嶺「「力」を頼むの弊」『中央公論』第38巻第9号(1923年8月):80-83; 杉森孝次郎「暴力と文化」『中央公論』第36巻第13号(1921年12月):99; 杉森孝次郎「暴力の倫理性」『中央公論』第49巻第6号(1934年6月):41、43-44; 安部磯雄「法治国に暴力を許すとは何事か」:216、219; 水野広徳「暴力黙認と国家否認」、205、210。

104. 『長崎日日新聞』1926年3月26日(所収:『憲政を危機に導く政友会の暴行事件』(以下 KKSB)自由文壇社、1927年、36);『九州新聞』1926年3月26日(所収:KKSB、40;『時事新報』1926年3月25日(所収:KKSB、49);『大阪日日新聞』1926年3月31日(所収:KKSB、47);『政治経済通信』1926年4月6日(所収:KKSB、60)。

105. 「政友会の暴行事件」1926年3月30日(所収:KKSB、33);『徳島毎日新聞』1926年3月27日(所収:KKSB、45);『時事新報』1926年3月26日(所収:KKSB、23-24)。

106. 『東京朝日新聞』1926年3月25日(所収:KKSB、20);『時事新報』1926年3月26日(所収:KKSB、23)。

107. 『九州新聞』1926年3月26日(所収:KKSB、40-41)。

108. 『大阪毎日新聞』1926年3月26日(所収:KKSB、31);『九州新聞』1926年3月26日(所収:KKSB、42);『国民新聞』1926年3月26日(所収:KKSB、52);『中外商業新報』1926年3月26日(所収:KKSB、51)。

109. 『長崎日日新聞』1926年3月26日(所収:KKSB、39);『徳島毎日新聞』1926年3月27日(所収:KKSB、43);『国民新聞』1926年3月25日(所収:KKSB、21-22);『日萬朝報』1926年3月26日(所収:KKSB、27)。

110. 『政治経済通信』1926年4月7日(所収:KKSB、61-64)。

111. 吉野作造「「国家」の外「力」の使用を許さず」『中央公論』第38巻第1号(1923年1月):201; 井上忻治「群衆心理に通暁せよ」、100、104; 水野広徳「暴力黙認と国家否認」、207-8。

112. 水野広徳「暴力黙認と国家否認」、207; 水野広徳「一視同仁たれ」『中央公論』第38巻第9号(1923年8月):94-95。

113. 堀江帰一「暴力的団体の存在を黙認するか」、210。

114. 安部磯雄「国家的「力」の発現を公平ならしめよ」、74、76-77。

115. Paxton, *Anatomy of Fascism*, 84. [『ファシズムの解剖学』、136ページ]

116. Valli, "Myth of Squadrismo in the Fascist Regime," 134.

117. 1930年代の日本における政党の影響力については以下を参照。Gordon Mark Berger, *Parties out of Power in Japan, 1931-1941* (Princeton: Princeton University Press, 1977).

118. Michael Mann, *Fascists* (Cambridge: Cambridge University Press, 2004), 175.

119. Gregory J. Kasza, "Fascism from Below? A Comparative Perspective on the Japanese Right, 1931-1936," *Journal of Contemporary History* 19, no. 4 (October 1984): 617.
120. 高橋彦博「院外団の形成」、107-10、118。
121. 内務省警保局保安課「特高資料・社会運動団体現勢調」(1932年6月)、31、35; 同(1935年6月)、45-46; 警保局保安課「戦時下ニ於ケル国家主義運動取締ノ方針」1942年7月(所収:『特高警察関係資料集成　第14巻』、234-35)。
122. 暴力自体が強大な権力の一種であるという見方は、暴力は「手段を必要とする」がゆえに権力とは別物であるという、ハンナ・アーレントの有名な言葉とは主張を異にすると思われるかもしれない。一方で、広義における権力は、暴力同様に「道具」をもって表現され、行使され、仲介されるものだと言うこともできるだろう。以下を参照。Hannah Arendt, *On Violence* (New York: Harcourt, Brace & World, 1969), 4.
123. Frank Morn, *"The Eye That Never Sleeps": A History of the Pinkerton National Detective Agency* (Bloomington: Indiana University Press, 1982), 96-99.
124. James B. Jacobs, *Mobsters, Unions, and Feds: The Mafia and the American Labor Movement* (New York: New York University Press, 2006), xi-xii, 1-2, 26, 32-34, 100-101, 107-8. アメリカの事例との違いは、日本の「ギャング」が労働争議においては組合側と企業側の両方に雇われていたという点にも見て取ることができる。実のところ日本では、組合側が暴力による支援を強く求めたからこそ、労働組合搾取が横行したのだ。以下を参照。Jacobs, *Mobsters, Unions, and Feds*, 24.
125. ハワード・アバディンスキーによる組織犯罪の教科書的定義を参照すると、こうした集団は「イデオロギーなき機関」であり、「政治的な目標」を持たず、「イデオロギー的な関心を動機としていない」。アバディンスキーにとっては、イデオロギーの欠如こそが組織犯罪を定義するのに不可欠な要素であった。以下を参照。Howard Abadinsky, *Organized Crime* (Chicago: Nelson-Hall, 1985), 5.
126. Christopher Duggan, *Fascism and the Mafia* (New Haven: Yale University Press, 1989), 95-97, 145, 147, 227-37.

第五章　民主主義の再建

1. 『読売新聞』1946年5月22日。
2. 終戦直後の日本を襲った絶望と疲弊については以下の第3章を参照。John W. Dower, *Embracing Defeat: Japan in the Wake of World War II* (New York: W. W. Norton, 1999)
3. 鈴木安蔵「暴力・とくに民主主義における暴力について」『理論』10－11号(1949年11月): 24-25。
4. 占領軍当局による民主化の取り組みに関しては、Dower, *Embracing Defeat* の特に第4章を参照。

5. 小泉信三「暴力と民主主義」『経営評論』第4巻第9号(1949年9月): 4-6。
6. 1946年の選挙における有権者数は3687万8420人であった。当時の人口を示す数字はあまり信頼できるものではなく、推計で7000万人から7800万人までの幅がある。『朝日年鑑』では、1946年4月時点での日本の人口を7311万4136人としている。以下を参照。Election Department, Local Administration Bureau, Ministry of Internal Affairs and Communications, "Fixed Number, Candidates, Eligible Voters as of Election Day, Voters and Voting Percentages of Elections for the House of Representatives (1890-1993)," http://www.stat.go.jp/english/data/chouki/27.htm;『朝日年鑑』(朝日新聞社、1948年)、374。当時の日本の人口を正確に推計することが難しいという点に関しては以下を参照。Allan B. Cole, "Population Changes in Japan," *Far Eastern Survey* 15, no. 10 (May 1946): 149-50.
7. この選挙において暴力の介在がなく、不正も比較的少なかった理由としては、まず占領軍当局が厳しい監視の目を光らせていたということが挙げられるだろう。当局は選挙活動を見張るための部隊を差し向けていた。加えて、新設の政党の金庫の中身はほぼ空っぽであり、有権者を買収したりヤクザ者を雇ったりする余裕がなかったという理由もある。選挙の監視については以下を参照。SCAP Government Section, *Political Reorientation of Japan: September 1945 to September 1948*, vol. 1 (Washington: U.S. Government Printing Office, 1949), 316. もっとも、終戦直後の選挙において不正行為がまったくなかったというわけではない。選挙法の違反については以下を参照。Richard J. Samuels, *Machiavelli's Children: Leaders and Their Legacies in Italy and Japan* (Ithaca: Cornell University Press, 2003), 227.
8. 『読売新聞』1946年9月18日。この時期に院外団を取り上げた記事は他にもあるが、暴力について指摘している事例はほとんどない。『読売新聞』1946年9月16日および21日も参照。
9. 『読売新聞』1949年2月10日;「院外団の正体を衝く」『政経時潮』第8巻第3号(1953年3月): 13。
10. 以下を参照。西島芳二他「国会・暴力・民衆(座談会)」『世界』104号(1954年8月): 76-77。座談会の出席者は西島芳二、中村哲、遠山茂樹、加藤彪二である。座談会の中で、中村哲は戦前の帝国議会がいかに危険な場所であったかを語っている。当時、議院内の廊下は「国民の通り道」と考えられており、誰でも自由に歩き回ることができた。中村が言うには、入館時のチェックが厳しくなったのも、1947年2月1日に計画されていたストライキが中止に追い込まれて以降のことである。
11. 「院外団の正体を衝く」、13-14。
12. 田畑厳穂「暴力と政党」『人物往来』第1巻第7号(1952年7月): 25。
13. 「院外団の正体を衝く」、13-14;『読売新聞』1956年4月20日。
14. 堀幸雄『戦後政治史　1945-1960』(南窓社、2001年)、211-12。
15. 西島芳二他「国会・暴力・民衆(座談会)」、74-76。
16. 読売新聞社・朝日新聞社・毎日新聞社共同声明「速やかに政局を収拾せよ」1954

年6月11日『世界』104号(1954年8月):78。

17. 『読売新聞』1954年6月5日、1955年2月1日;西島芳二他「国会・暴力・民衆(座談会)」、79。
18. 『読売新聞』1954年6月5日。
19. 増田甲子七「民主政治と暴力　断固懲罰すべし」『経済時代』第19巻第7号(1954年7月):32-35。
20. 津田左右吉「暴力政治への怒り　どうなる場合も暴力を排除せよ」『文藝春秋』第32巻第[12]号(1954年8月):72-79。
21. 西島芳二他「国会・暴力・民衆(座談会)」、74-77、79-82。
22. 西島芳二「国会はあれでよいか」『政治経済』第9巻第7号(1956年7月):4;青木一男「許されぬ社会党の暴力　無抵抗で終始した自民党」『経済時代』第21巻第7号(1956年7月):36。
23. 堀幸雄『戦後政治史　1945−1960』、245-48。
24. 山口林三「暴走した参議院」『政治経済』第9巻第7号(1956年6月):22-23;野島貞一郎「暴力国会と参議院」『政治経済』第9巻第7号(1956年7月):24-25。
25. 経済学者の北岡寿逸は以下の記事の冒頭で、こうした醜態が新聞、ラジオ、テレビ、ニュース映画などの報道によって国内外を問わず衆目に晒されるようになった点を指摘している。北岡寿逸「暴力国会の批判と対策」『経済時代』第21巻第7号(1956年7月):29。
26. 1956年6月に行われた世論調査では、「暴力の責任はどこにあるか」という質問に対して42%の回答者が社会党を挙げる一方で、自民党を挙げた回答者は15.8%にとどまった。別の調査では、社会党の暴力に主眼を置き「野党である社会党が国会戦術の一環として力に訴えることをどう思うか」という質問を投げかけた。これに対して「やむを得なかった」という回答は20%にとどまり、「許し難い」という回答が72.4%を占めている。United States Department of State, "Internal Affairs of Japan, 1955-1959," June 12, 1956, U.S. National Archives, Decimal File 794.00/6 1256, C-009, Reel 26.
27. 野島貞一郎「暴力国会と参議院」、24。
28. 宮沢胤男「鳩山内閣を信任して」『経済時代』第21巻第7号(1956年7月):41。
29. 西島芳二「国会はあれでよいか」、4-5。こうした感想を述べたのは西島だけではない。読売新聞の記事にも、社会党はもっと「大人」になるべきだという評論家のコメントが掲載されている。『読売新聞』1956年5月31日。
30. 青木一男「許されぬ社会党の暴力」、37。
31. 野島貞一郎「暴力国会と参議院」、24。
32. 『読売新聞』1956年5月31日。
33. 野島貞一郎「暴力国会と参議院」、24。
34. 『読売新聞』1956年5月20日。
35. 青木一男「許されぬ社会党の暴力」、37。
36. SCAP Government Section, *Political Reorientation of Japan*, 18, 20. 公職追放の命令

は、ポツダム宣言の以下の条文を踏まえたものであった。「吾等ハ無責任ナル軍国主義カ世界ヨリ駆逐セラルルニ至ル迄ハ平和、安全及正義ノ新秩序カ生シ得サルコトヲ主張スルモノナルヲ以テ日本国国民ヲ欺瞞シ之ヲシテ世界征服ノ挙ニ出ツルノ過誤ヲ犯サシメタル者ノ権力及勢力ハ永久ニ除去セラレサルヘカラス」。なお、国家主義団体の「代表的人物」に該当する要件は以下の通りである。かつて、国家主義団体の「1. 創立者、幹部、指導者であった者; 2. 役職に就くか、権限を有していた者; 3. 刊行物や機関誌の編集に携わっていた者; 4. 本部、支部、下部組織、関連組織に対して大々的な寄付(それ自体が高額であるか、もしくは個人の資産に比して大きな割合を占める金銭や貴重品)を行っていた者」。以下を参照。United States Department of State, *Occupation of Japan: Policy and Progress* (Washington: United States Government Printing Office, 1946), 99-100, 106.　急進的左翼の復活と、その主な活動については、Dower, *Embracing Defeat*, 254-67. を参照。

37. Dower, *Embracing Defeat*, 271-73.
38. Samuels, *Machiavelli's Children*, 148-49, 226-32.
39. CIAによる「岸信介」の略伝、1980年6月29日(所蔵：アメリカ国立公文書記録管理局、CIA個人ファイル、ボックス番号66「岸信介」)
40. 玉置和宏『経団連と花村仁八郎の時代』(社会思想社、1997年)、109-13; 花村仁八郎『政財界パイプ役半生記　経団連外史』(東京新聞出版局、1990年)、3、13、19-20、84-86; Chitoshi Yanaga, *Big Business in Japanese Politics* (New Haven: Yale University Press, 1968), 84-86; Samuels, *Machiavelli's Children*, 233.
41. 春名幹男『秘密のファイル　CIAの対日工作(下)』(共同通信社、2000年)、146-48、206-9。
42. United States Department of State, Bureau of Far Eastern Affairs, "The Political Climate in Japan," [1958], U.S. National Archives, Subject Files Relating to Japan, 1954-1959, Lot File 61D68, C-0099, Reel 3.
43. 『ニューヨーク・タイムズ』1994年10月9日。CIAによる日本の政治家への資金提供については以下を参照。Michael Schaller, *Altered States: The United States and Japan since the Occupation* (Oxford: Oxford University Press, 1997), 125, 136, 153, 165, 195.
44. 井口剛・下山正行・草野洋共編『黒幕研究　武村正義・笹川良一・小針暦二』(新国民社、1977年)、199-201、204、208-9; 春名幹男『秘密のファイル(上)』、284-85; Samuels, *Machiavelli's Children*, 243; 加賀孝英「笹川良一黒幕への道」『文藝春秋』第71巻第1号(1993年10月): 299、302。
45. Kodama Yoshio, *I Was Defeated*(Japan: R. Booth and T. Fukuda, 1951), 5-13［『われ敗れたり』、21ページ］
46. 春名幹男『秘密のファイル　CIAの対日工作(上)』、259; 堀幸雄「戦後政治史の中の右翼　児玉誉士夫に見る黒幕の役割」『エコノミスト』第54巻12号(1976年3月16日): 22; 堀幸雄『右翼辞典』(三嶺書房、1991年)、240; 飯塚昭男「日本の黒幕・児玉誉士夫」『中央公論』第91巻第4号(1976年4月): 153; Kodama, *I Was Defeated*,

16-57.

47. Michael Petersen, "The Intelligence That Wasn't: CIA Name Files, the U.S. Army, and Intelligence Gathering in Occupied Japan," in *Researching Japanese War Crime Records: Introductory Essays* (Washington: National Archives and Records Administration, Nazi War Crimes and Japanese Imperial Government Records Interagency Working Group, 2006), 208.

48. SCAP Investigation Division, Interrogation of Yoshida Hikotarō, in "Records Pertaining to Rules and Procedures Governing the Conduct of Japanese War Crimes Trials, Atrocities Committed Against Chinese Laborers, and Background Investigation of Major War Criminals," June 4, 1948, reel 15, 3-5; Kodama, *I Was Defeated*, 115, 119, 126; 加賀孝英「笹川良一黒幕への道」、304-5、308; 井口剛『黒幕研究』、196-97、234-36; Samuels, *Machiavelli's Children*, 243; Petersen, "Intelligence That Wasn't," 208-9. 児玉のパートナーであった吉田彦太郎(児玉本人は「部下」と称していた)は、占領軍当局に対して、児玉機関の利益は戦後、自分と児玉のあいだで均等に分配したと報告している。吉田の取り分は2000万円の現金と、すべての鉱山(2カ所を除く)だった。一方、児玉の供述によると、児玉機関は現金で6000万円の利益を上げていたが、その3分の2は吉田の手に渡り、児玉の取り分は「福祉事業」に投じたという。児玉はまた、自身の土地と個人資産の評価額の合計を6500万円と申告している。SCAP Investigation Division, Interrogation of Yoshida Hikotarō, 6; SCAP Investigation Division, Interrogation of Kodama Yoshio, in "Records Pertaining to Rules and Procedures Governing the Conduct of Japanese War Crimes Trials, Atrocities Committed Against Chinese Laborers, and Background Investigation of Major War Criminals," June 14, 1948, reel 15, 4; 春名幹男『秘密のファイル　CIAの対日工作(上)』、264-65; 橋本伸「GHQ 秘密資料が語る"黒幕"の実像」『文化評論』第333号(1988年11月): 107-9; 堀幸雄「戦後政治史の中の右翼」、22; 飯塚昭男「日本の黒幕・児玉誉士夫」、153; 猪野健治「黒幕を必要とした密室政治　児玉誉士夫「悪政・銃声・乱世」」『朝日ジャーナル』第18巻第20号(1976年5月21日): 60。ある報告書によれば、児玉は資産を日本に送り返すため、1945年の8月には10回も上海から日本へ飛んでいたという。General Headquarters, United States Army Forces Pacific, Office of the Chief of Counter Intelligence, October 18, 1945, U.S. National Archives, CIA Name File, Box 67, Folder: Kodama Yoshio, vol. 1.

49. 米政府の見積もりによると、児玉機関から鳩山一郎に流れた金額は、ぐっと控えめに1000万円程度だという。Security Group, Control and Analysis Branch, C/S Section, October 24, 1956, U.S. National Archives, CIA Name File, Box 67, Folder: Kodama Yoshio, vol. 2. 1950年代の半ばごろ、児玉は「鳩山総理のバックにいる最も強力な黒幕」と見なされていた。以下を参照。CIA個人ファイル、ボックス番号67「児玉誉士夫　Vol.2」内資料、1956年12月14日、アメリカ国立公文書記録管理局、CIS-2829。

50. 猪野健治「黒幕を必要とした密室政治」、60; David E. Kaplan and Alec Dubro,

Yakuza: Japan's Criminal Underworld (Berkeley: University of California Press, 2003), 63; Samuels, *Machiavelli's Children*, 225.

51. 井口剛『黒幕研究』、226-27。
52. 1952年の報告書にはこう書かれている。「信頼できる情報によれば、彼(児玉)は自身が有する反共的情報収集機関を占領軍当局に提供したいと願っている」。Counter Intelligence Review, Number Eight, Personalities: Kodama Yoshio, April 15, 1952, U.S. National Archives, CIA Name File, Box 67, Folder: Kodama Yoshio, vol. 1.
53. 児玉と三井物産の関係については以下を参照。CIA個人ファイル、ボックス番号67「児玉誉士夫　Vol.1」内資料、1951年1月25日、アメリカ国立公文書記録管理局、資料番号ZJL-540。
54. Petersen, "Intelligence That Wasn't," 199-200, 210-11; 春名幹男『秘密のファイル　CIAの対日工作(上)』、286-88; 加賀孝英「笹川良一黒幕への道」、313。
55. CIA個人ファイル、ボックス番号67「児玉誉士夫　Vol.1」内資料、1951年4月19日、アメリカ国立公文書記録管理局、ファイル番号44-5-3-52、資料番号ZJL-604。
56. 井口剛『黒幕研究』、238-40、246-47; Samuels, *Machiavelli's Children*, 243-44; 春名幹男『秘密のファイル　CIAの対日工作(上)』、288; 加賀孝英「笹川良一黒幕への道」、308。
57. 1980年代半ばには、笹川帝国の資産は84億円に達していた。CIAによる「笹川良一」の略伝、1987年3月5日、アメリカ国立公文書記録管理局、CIA個人ファイル、ボックス番号111「笹川良一」。
58. Counter Intelligence Review, Number Eight, Personalities: Kodama Yoshio, April 15, 1952, U.S. National Archives, CIA Name File, Box 67, Folder: Kodama Yoshio, vol. 1.
59. CIA個人ファイル、ボックス番号67「児玉誉士夫　Vol.1」内資料、1949年12月8日、アメリカ国立公文書記録管理局、ファイル番号44-7-8-9yl、資料番号ZJL-236。
60. CIA個人ファイル、ボックス番号67「児玉誉士夫　Vol.1」内資料、1950年1月5日、アメリカ国立公文書記録管理局、ファイル番号4-7-8-9y3、資料番号ZJL-243。
61. CIA 個人ファイル、ボックス番号67「児玉誉士夫　Vol.1」内報告書、1949年11月10日、アメリカ国立公文書記録管理局、ファイル番号44-7-8-8yl、資料番号ZJL-220; 同1949年11月17日、ファイル番号44-7-8-9y、資料番号 ZJL-222; 同1952年4月4日、資料番号ZJLA-1909。
62. CIA個人ファイル、ボックス番号67「児玉誉士夫　Vol.1」内資料、"Smuggling (?) or Secret Recruiting (?)"、1949年10月31日、アメリカ国立公文書記録管理局。児玉を含む公職追放中の人間がクーデターを企てていたという、裏づけのないCIAの報告書も残っている。CIA個人ファイル、ボックス番号67「児玉誉士夫　Vol.1」内報告書、1952年10月31日、アメリカ国立公文書記録管理局、ファイル番号44-7-15-25、資料番号ZJJ-239。

63. 岸信介『岸信介回顧録　保守合同と安保改定』(広済堂出版、1983年)、456-57。岸は、世間一般から見られているほどには笹川良一は変人ではないと、半ば笹川を擁護するような発言を残してもいる。原彬久編『岸信介証言録』(毎日新聞社、2003年)、361。
64. 富田信男「戦後右翼の機能と役割　保守支配の現実」『エコノミスト』第43巻第28号(1965年6月): 67; 高木健夫「大野伴睦という男」『政界往来』第18巻第12号(1952年12月): 31-32。
65. 「〝仁俠?〟につながる保守政治家」『週刊読売』1963年8月18日号: 12-13。
66. CIA 個人ファイル、ボックス番号67「児玉誉士夫　Vol.2」内報告書、1956年12月14日、アメリカ国立公文書記録管理局、CIS-2829。河野一郎が首相候補になったときも、児玉が裏で支えたと後に噂されるようになる。CIA個人ファイル、ボックス番号67「児玉誉士夫　Vol.2」内報告書、1962年12月14日、アメリカ国立公文書記録管理局、資料番号FJT-8890。
67. Dower, *Embracing Defeat*, 140-44; Peter B. E. Hill, *The Japanese Mafia: Yakuza, Law, and the State* (Oxford: Oxford University Press, 2003), 42-47.
68. 『朝日新聞』1960年4月2日；「主要右翼団体一覧表」1960年10月(所収：『「浅沼事件」関係資料集』、1960年、2); 堀幸雄『右翼辞典』、550-51。1966年出版の右翼刊行物によると、松葉会の会員数は約1000人となっている。荒原朴水『大右翼史』(大日本国民党、1966年)、744-45。
69. 『読売新聞』1953年1月22日。
70. 児玉誉士夫は5万円を、笹川良一は1万円を護国団に寄付したと報告されている。CIA個人ファイル、ボックス番号67「児玉誉士夫　Vol.2」内報告書、1957年8月5日、アメリカ国立公文書記録管理局、XF-3-207416(5b3)。
71. 大野達三、高木喬『浅沼暗殺事件と右翼暴力団　戦後右翼暴力団の実体・政治的役割・背景』労働法律旬報395号(1960年10月): 21; 堀幸雄『右翼辞典』、235。1951年の段階で、木村はすでに大規模な反共的ヤクザ組織を結成する計画を立てていたと推測する声もある。猪野健治「黒幕を必要とした密室政治」、60; 堀幸雄「戦後政治史の中の右翼」、22。1960年代の前半を通じての護国団の収入は188万円、対して支出は180万円であった。『朝日年鑑　昭和36年』(朝日新聞社、1961年)、244。
72. 警視庁「右翼資料」(所収：『「浅沼事件」関係資料集』)、12-13);「主要右翼団体一覧表」; 堀幸雄『右翼辞典』、474-75。国粋会の会員数については370人としている資料もある 。荒原朴水『大右翼史』、741-44。
73. 「暴力の横行と政治」『世界』174号(1960年6月): 185。
74. 『読売新聞』1958年10月14日。
75. 富田信男「戦後右翼の機能と役割」、66。
76. 「暴力の横行と政治」、183-84。
77. 中本たか子『わたしの安保闘争日記』(新日本出版社、1963年)、90-91。ヤクザと政治家のつながり、およびヤクザと地元警察のつながりを報じた例としては、

『読売新聞』1960年5月16日も参照のこと。

78. こうした理由から、戦前の「国家主義者」に替えて、戦後政治の文脈では「右翼」という表現を筆者は用いている。

79. 木村正隆「二組暴力就労と久保さんの死」『月刊労働問題』279号(1980年10月):36-37; 城台巌・藤本正友・池田益実『1960年・三池』(同時代社、2002年)、41、45、53; 三池炭鉱労働組合「現地(三池)の実情はこうだ　闘うヤマの決意」『月刊総評』第34号(1960年4月):36。

80. 高木喬「動きだした右翼暴力団の背景」『前衛』169号(1960年6月):23。

81. 大内兵衛、向坂逸郎「三池の闘いを見つめて」『世界』174号(1960年6月):26。

82. 極東事情研究会編『三池争議　組合運動の転機を示すその実相と教訓』(極東出版社、1960年)、234。

83. 高木喬「動きだした右翼暴力団の背景」、27。毎日新聞は、久保清の殺害のわずか4日後である4月2日に松葉会の襲撃を受けた。保守派の政治家と暴力団の密接な関係を暴く記事が掲載されたことへの報復であった。社屋を破壊する際、容疑者らは発煙弾を発射し、印刷機を壊していった。中本たか子『わたしの安保闘争日記』、90。

84. 三池炭鉱労働組合「闘うヤマの決意」、36; 大内兵衛、向坂逸郎「三池の闘いを見つめて」、26。

85. 警職法の改正について最も物議を醸したのは、警察に圧力行為が許可されていた点である。例えば、治安を著しく損なうような犯罪を防ぐためなら、警察は私有地に立ち入ることもできた。反対派は1954年や1956年のときと同様、ピケラインやバリケードを張るなど様々な手段で反対を表明。こうした激しい抵抗を前に、改正は見送られた。以下を参照。D. C. S. Sissons, "The Dispute over Japan's Police Law," *Pacific Affairs* 32, no. 1 (March 1959): 34-37.

86. 高木喬「動きだした右翼暴力団の背景」、24-25; 三池炭鉱労働組合「闘うヤマの決意」、36。

87. 大内兵衛、向坂逸郎「三池の闘いを見つめて」、26-27。

88. 木村正隆「二組暴力就労と久保さんの死」、37。

89. 『読売新聞』1960年4月8日、12日。

90. 城台巌他『1960年・三池』、81; 木村正隆「二組暴力就労と久保さんの死」、36。

91. 『読売新聞』1960年4月26日;「主要右翼団体一覧表」。赤尾敏が代表を務める大日本愛国党は、1951年に設立され、1960年には30人のメンバーがいた。同会が目指したのは憲法改正と再軍備に加え、日米の結束を強め、アジア圏で反共同盟を結び、共産党の存在を非合法化することである。1950年代半ば、メンバーは繰り返し暴力行為によって投獄されていた。公安調査庁「右翼団体の現勢」1960年10月(所収:『「浅沼事件」関係資料集』、10-11)。

92. 信夫清三郎『安保闘争史　三五日間政局史論』(世界書院、1969年)、162、167-68、171-72、175; 西井一夫編『60年安保・三池闘争　1957-1960』(毎日新聞社、2000年)、125; George R. Packard, *Protest in Tokyo: The Security Treaty Crisis of 1960*

(Princeton: Princeton University Press, 1966), 238-41.

93. 岸はあるインタビューに応えて、安保闘争において右翼団体と接触したことはないが、東京都の外から消防団や青年団を動員したことはあると述べている。原彬久編『岸信介証言録』292。

94. 過激派の労働組合の統合によって1950年に誕生した総評は、作業の安全、時間外労働、賃上げといった諸問題について待遇の改善を勝ち得るべく、積極的な草の根活動を推進していた。一方、1948年に設立された全学連は、当初は大学に籍を置く日本共産党のメンバーを中心に構成されていたが、1950年代の末ごろには大学外の政治団体も取り込み、より開放的な団体へと変容していた。

95. 西井一夫編『60年安保・三池闘争』、127-29、140、153; 中本たか子『わたしの安保闘争日記』、219、243-45; Packard, *Protest in Tokyo*, 289-90, 294-96;『朝日新聞』1960年6月16日; 中央委員会幹部会「声明」1960年6月15日、『安保闘争　60年の教訓』(日本共産党中央委員会出版局、1969年)、185-86。

96. 城台巌他『1960年・三池』、81。

97. 西井一夫編『60年安保・三池闘争』、155; 岡崎万寿秀「浅沼事件と右翼」『前衛』176号(1960年12月): 185。

98. 法務省刑事局「最近における右翼関係主要刑事事件の処理状況」1960年10月(所収:『「浅沼事件」関係資料集』、2-14)。

99. 大野達三、高木喬『浅沼暗殺事件と右翼暴力団』19-20、23-24;「暴力の横行と政治」185; 渡辺洋三「法と暴力」『思想』438号(1960年12月): 118; 木下半治、鶴見俊輔、橋川文三「テロ・国家・会議　浅沼刺殺事件の思想的背景と歴史的意味」『思想の科学』23号(1960年11月): 71。

100. 岡崎万寿秀「浅沼事件と右翼」184; 向坂逸郎「浅沼さんの死と個人的テロリズム」『社会主義』110号(1960年11月): 2。

101. 久野収「民主主義の原理への反逆　浅沼委員長刺殺事件の思想的意味」『思想』437号(1960年11月): 67-69、72-73; 高野実「浅沼暗殺をめぐる政局」『労働経済旬報』第14巻453号(1960年10月): 7。

102. 大野達三、高木喬『浅沼暗殺事件と右翼暴力団』、24; 向坂逸郎「浅沼さんの死と個人的テロリズム」、7; 木下半治他「テロ・国家・会議」、70-71。

103. 一部の左派評論家は、こうした十把一絡げの批判に対して疑念を示すと同時に、物理的暴力に対する懸念が大衆運動やデモといった活動を妨げ、ストライキを行う権利を奪う理由になりはしないかと憂慮している。向坂逸郎「浅沼さんの死と個人的テロリズム」6; 木下半治他「テロ・国家・会議」、77。

104.『毎日新聞』1960年6月17日。

105.『朝日新聞』1960年7月8日; 三井鉱山株式会社『三池争議—資料』(日本経営者団体連盟弘報部、1963年)、954-55。

106.『読売新聞』1960年10月21日。

107.「政治テロと集団行動」『世界』187号(1961年7月): 190-92; 西尾正栄「暴力と社会主義」『社会思想研究』第13巻第7号(1961年7月): 11。

108. この事態を海外の報道機関が批判的に取り上げた事例としては以下のものがある。"Mobocracy Again," Time Magazine (June 16, 1961).
109. Packard, *Protest in Tokyo*, 304-5.
110. Peter J. Katzenstein and Yutaka Tsujinaka, *Defending the Japanese State: Structures, Norms and the Political Responses to Terrorism and Violent Social Protest in the 1970s and 1980s* (Ithaca: Cornell University Press, 1991), 30-33.
111. Ibid., 14, 20, 24-25; Peter J. Katzenstein, *Left-wing Violence and State Response: United States, Germany, Italy and Japan, 1960s-1990s* (Ithaca: Cornell University Press, 1998), 2-4.
112. 松葉会もまた、1965年に消滅している。堀幸雄『右翼辞典』、550。
113. ヤクザ同士の抗争に巻き込まれて一般市民が命を落とす事件が起きたり、ヤクザの活動の性質がより搾取的になっていくに従って、世論は次第にヤクザに対して不寛容になっていった。Hill, *Japanese Mafia*138-46.
114. 1950年代初期の風潮を表す事例としては、共産党の行き過ぎた選挙活動に対して有権者が否を突き付けた1952年の選挙が挙げられる。この選挙で、共産党は衆議院の全議席を失った。
115. もっとも、戦前の政治に金銭と汚職が絡んでいなかったというわけではない。以下の第2章および第3章を参照。Richard H. Mitchell, *Political Bribery in Japan* (Honolulu: University of Hawai'i Press, 1996). 戦後期の政治腐敗に関しては、Samuels, *Machiavelli's Children*の第9章および以下を参照。Jacob M. Schlesinger, *Shadow Shoguns: The Rise and Fall of Japan's Postwar Political Machine* (Stanford: Stanford University Press, 1999).
116. 韓国の情報機関も、日本のヤクザの暴力的な素地に価値を感じていた。1973年、大韓民国国家情報院はヤクザを雇って金大中(のちの大統領)を東京で拉致させようと計画している。しかし、日本の警察に発覚することを恐れて計画は途中で中断された。『デイリー・ヨミウリ』2007年10月14日。

最後に

1. 丸山眞男は大日本国粋会や大日本正義団を「封建時代の遺物」と見なしていた。Maruyama Masao,*Thought and Behavior in Modern Japanese Politics*, ed. Ivan Morris (Oxford: Oxford University Press, 1969), 27-28.
2. 暴力と「民主主義の定着」については以下を参照。Mark Ungar, Sally Avery Bermanzohn, and Kenton Worcester, "Introduction: Violence and Politics," in *Violence and Politics: Globalization's Paradox*, ed. Kenton Worcester, Sally Avery Bermanzohn, and Mark Ungar (New York: Routledge, 2002), 3-4.
3. 軍国主義者による暴力は本書のテーマの範囲外だが、これまた筆者が第1章で述べた見解を補強してくれるものだ。すなわち、国家の暴力が必ずしも正当である

とは限らず、あらゆる暴力は議論され、正当であるとの根拠を示されなければならない。国家の暴力を正当化する根拠としては、国家とは「物理的強制力の正当な行使を独占する」ものだというマックス・ヴェーバーの定義がしばしば引き合いに出される。この定義に問題があるのは、国家が独占する暴力は常に正当であるという解釈が成り立つことだ。国家の暴力が正当であることを誰が決めるのかという点について、ヴェーバーは考察を行っていない。Max Weber, *Economy and Society: An Outline of Interpretive Sociology*, vol. 1, trans. Ephraim Fischoff et al., ed. Guenther Roth and Claus Wittich (Berkeley: University of California Press, 1978) を参照。

4. Charles Tilly, *The Politics of Collective Violence* (Cambridge: Cambridge University Press, 2003), 4-5.
5. 2006年8月に右翼団体のメンバーが自民党政治家、加藤紘一の実家に放火した事件と、2007年4月に長崎市長の伊藤一長がヤクザに殺害された事件は、共に世論から民主主義への攻撃と見なされた。しかしながら、これらの暴力の責任の所在を特定するのは簡単なことではなかった。加藤宅放火事件における小泉純一郎首相の対応については以下を参照。Gavan McCormack, *Client State: Japan in America's Embrace* (New York: Verso, 2007), 26-28.
6. ダニエル・ロスなら、暴力の可能性と実際の暴力行為を区別しようとする筆者の見方に反論することだろう。ロスが考える「暴力的民主主義」とは、民主主義が暴力の可能性をはらんだ時点で成立するものである。以下の序文を参照。Daniel Ross, *Violent Democracy* (Cambridge: Cambridge University Press, 2004).
7. Federico Varese, *The Russian Mafia: Private Protection in a New Market Economy* (Oxford: Oxford University Press, 2001), 180-84.
8. Diego Gambetta, *The Sicilian Mafia: The Business of Private Protection* (Cambridge, Mass.: Harvard University Press, 1993), 182-87.

Abadinsky, Howard. *Organized Crime*. Chicago: Nelson-Hall, 1985.
阿部昭『江戸のアウトロー　無宿と博徒』講談社、1999年
安部磯雄「暴力に対する国民の不徹底的態度」『改造』第6巻第5号(1924年5月):88-95
安部磯雄「法治国に暴力を許すとは何事か」『中央公論』第38巻第1号(1923年1月):216-21
安部磯雄「国家的「力」の発現を公平ならしめよ」『中央公論』第38巻第9号(1923年8月):74-79
阿部善雄『目明し金十郎の生涯　江戸時代庶民生活の実像』中央公論社、1981年
相田猪一郎『70年代の右翼　明治・大正・昭和の系譜』大光社、1970年
Akita, George. *Foundations of Constitutional Government in Modern Japan, 1868-1900*. Cambridge, Mass.: Harvard University Press, 1967.
Alcock, Rutherford. *The Capital of the Tycoon: A Narrative of a Three Years' Residence in Japan*. 2 vols. New York: Harper & Brothers, 1863. [ラザフォード・オールコック『大君の都　幕末日本滞在記』山口光朔訳、岩波書店、初版1962年]
Ambaras, David R. *Bad Youth: Juvenile Delinquency and the Politics of Everyday Life in Modern Japan*. Berkeley: University of California Press, 2006.
Anbinder, Tyler. *Five Points: The 19th-Century New York City Neighborhood That Invented Tap Dance, Stole Elections, and Became the World's Most Notorious Slum*. New York:Free Press, 2001.
Anderson, Robert T. "From Mafia to Cosa Nostra." *American Journal of Sociology* 71, no. 3 (November 1965): 302-10.
安在邦夫「自由民権派壮士に見る国権意識と東洋認識」『アジア歴史文化研究所　シンポジウム報告集　近代移行期の東アジア－政治文化の変容と形成－』早稲田大学アジア歴史文化研究所、2005年
安在邦夫・田﨑公司共編『自由民権の再発見』日本経済評論社、2006年
青木一男「許されぬ社会党の暴力」『経済時代』第21巻第7号(1956年7月):36-37
Apter, David E. "Political Violence in Analytical Perspective." In *The Legitimization of Violence*, ed. David E. Apter. New York: New York University Press, 1997.
荒原朴水『大右翼史』大日本国民党、1966年
新井佐次郎『秩父困民軍会計長　井上伝蔵』新人物往来社、1981年
新井佐次郎「明治期博徒と秩父事件　その虚実を地元資料でただす」『新日本文学』第34巻第1号(1979年1月):126-31
Arendt, Hannah. *On Violence*. New York: Harcourt, Brace & World, 1969. [ハンナ・アーレント『暴力について』山田正行訳、みすず書房、2000年]

有馬学「「大正デモクラシー」論の現在　民主化・社会化・国民化」『日本歴史』700号(2006年9月):134-42
有馬頼寧『政界道中記』日本出版協同、1951年
有馬頼寧『七十年の回想』創元社、1953年
『朝日年鑑　昭和23年』朝日新聞社、1948年
『朝日年鑑　昭和36年』朝日新聞社、1961年
『朝日新聞』
浅見好夫『秩父事件史』言叢社、1990年
坂野潤治『明治デモクラシー』岩波書店、2005年
Bates, Robert, Avner Greif, and Smita Singh. "Organizing Violence." *Journal of Conflict Resolution* 46, no. 5 (October 2002): 599-628.
Beasley, W. G. *The Meiji Restoration*. Stanford: Stanford University Press, 1972.
Bensel, Richard Franklin. *The American Ballot Box in the Mid-Nineteenth Century.* Cambridge:Cambridge University Press, 2004.
Berger, Gordon Mark. *Parties out of Power in Japan, 1931-1941.* Princeton: Princeton University Press, 1977.［ゴードン・M・バーガー『大政翼賛会　国民動員をめぐる相剋』坂野潤治訳、山川出版社、2000年］
Bergreen, Laurence. *Capone: The Man and the Era.* New York: Simon & Schuster, 1994.［ローレンス・バーグリーン『カポネ　人と時代 愛と野望のニューヨーク篇』『同 殺戮と絶望のシカゴ篇』常盤新平訳、集英社、1997、1999年］
Bessel, Richard. *Political Violence and the Rise of Nazism: The Storm Troopers in Eastern Germany, 1925-1934.* New Haven: Yale University Press, 1984.
Bornfriend, Arnold J. "Political Parties and Pressure Groups." *Proceedings of the Academy of Political Science* 29, no. 4 (1969): 55-67.
「暴力行為等処罰ニ関スル法律」法律第60号、1926年3月、国立公文書館
「暴力の横行と政治」『世界』174号(1960年6月):183-87
Botsman, Daniel V. *Punishment and Power in the Making of Modern Japan.* Princeton: Princeton University Press, 2005.［ダニエル・V・ボツマン『血塗られた慈悲、笞打つ帝国。 江戸から明治へ、刑罰はいかに権力を変えたのか？』小林朋則訳、インターシフト、2009年］
Bowen, Roger W. *Rebellion and Democracy in Meiji Japan: A Study of Commoners in the Popular Rights Movement*. Berkeley: University of California Press, 1980.
Brown, Howard G. *Ending the French Revolution: Violence, Justice, and Repression from the Terror to Napoleon.* Charlottesville: University of Virginia Press, 2006.
Brown, Richard Maxwell. "Violence and the American Revolution." In *Essays on the American Revolution*, ed. Stephen G. Kurtz and James H. Hutson. Chapel Hill: University of North Carolina Press, 1973.
Buck, James H. "The Satsuma Rebellion of 1877: From Kagoshima through the Siege of Kumamoto Castle." *Monumenta Nipponica* 28, no.4 (winter 1973): 427-46.

Byas, Hugh. *Government by Assassination*. London: George Allen & Unwin, 1943.［ヒュー・バイアス『昭和帝国の暗殺政治　テロとクーデタの時代』内山秀夫・増田修代訳、刀水書房、2004年］
Catanzaro, Raimondo. *Men of Respect: A Social History of the Sicilian Mafia*. Trans. Raymond Rosenthal. New York: Free Press, 1988.
蔡洙道「黒龍会の成立　玄洋社と大陸浪人の活動を中心に」『法学新報』第109巻第1-2号(2002年4月): 161-84
蔡洙道「「天佑俠」に関する一考察」『中央大学大学院研究年報』第30号(2001年2月): 439-50
Childers, Thomas, and Eugene Weiss. "Voters and Violence: Political Violence and the Limits of National Socialist Mass Mobilization." *German Studies Review* 13, no. 3 (October 1990): 481-98.
鎮西国粋会「鎮西国粋会会則」協調会史料、リール番号52
千嶋寿『困民党蜂起　秩父農民戦争と田代栄助論』田畑書房、1983年
勅令第299号「大正十五年法律第六十号ヲ朝鮮、台湾及樺太ニ施行ノ件」1926年9月4日、国立公文書館蔵
『朝野新聞』
『中外商業新報』
中央委員会幹部会「声明」1960年6月15日(所収:『安保闘争　60年の教訓』日本共産党中央委員会出版局、1969年)
CIAによる「岸信介」の略伝、1980年7月29日、アメリカ国立公文書記録管理局、CIA個人ファイル、ボックス番号66「岸信介」
CIAによる「笹川良一」の略伝、1987年3月5日、アメリカ国立公文書記録管理局、CIA個人ファイル、ボックス番号111「笹川良一」
CIA報告書、1949年11月10日、アメリカ国立公文書記録管理局、ファイル番号44-7-8-8yl、資料番号ZJL-220
CIA個人ファイル、ボックス番号67「児玉誉士夫　Vol.1」及び「Vol.2」
　同個人ファイル内資料、1949年11月17日、アメリカ国立公文書記録管理局、ファイル番号44-7-8-9y、資料番号ZJL-222
　同個人ファイル内資料、1949年12月8日、アメリカ国立公文書記録管理局、ファイル番号44-7-8-9yl、資料番号ZJL-236
　同個人ファイル内資料、1950年1月5日、アメリカ国立公文書記録管理局、ファイル番号44-7-8-9y3、資料番号ZJL-243
　同個人ファイル内資料、1951年1月25日、アメリカ国立公文書記録管理局、資料番号ZJL-540
　同個人ファイル内資料、1951年4月19日、アメリカ国立公文書記録管理局、ファイル番号44-5-3-52、資料番号ZJL-604
　同個人ファイル内資料、1952年4月4日、アメリカ国立公文書記録管理局、資料番号ZJLA-1909

同個人ファイル内資料、1952年10月31日、アメリカ国立公文書記録管理局、ファイル番号44-7-15-25、資料番号ZJJ-239
同個人ファイル内資料、1956年12月14日、アメリカ国立公文書記録管理局、資料番号CIS-2829
同個人ファイル内資料、1957年8月5日、アメリカ国立公文書記録管理局、資料番号XF-3-207416(5b3)
同個人ファイル内資料、1962年12月14日、アメリカ国立公文書記録管理局、資料番号FJT-8890
同個人ファイル内資料、"Smuggling (?) or Secret Recruiting (?)"、1949年10月31日、アメリカ国立公文書記録管理局
Cole, Allan B. "Population Changes in Japan." *Far Eastern Survey* 15, no. 10 (May 1946):149-50.
Colegrove, Kenneth. "The Japanese General Election of 1928." *American Political Science Review* 22, no. 2 (May 1928): 401-7.
Conley, Carolyn. "The Agreeable Recreation of Fighting." *Journal of Social History* 33, no. 1 (autumn 1999): 57-72.
Conroy, Hilary. *The Japanese Seizure of Korea, 1868-1910: A Study of Realism and Idealism in International Relations.* Philadelphia: University of Pennsylvania Press, 1974.
Counter Intelligence Review. Number Eight. Personalities: Kodama Yoshio. April 15, 1952. U.S. National Archives. CIA Name File. Box 67. Folder: Kodama Yoshio. Vol. 1.
「第九工場作業開始に就いて　野田醤油株式会社」(1927年10月)、法政大学大原社会問題研究所、野田醤油労働争議に関するファイル、1927年9月 -1928年4月
『デイリー・ヨミウリ』
大日本国粋会「大日本国粋会仮規約」協調会史料、リール番号52、1919年
「大日本国粋会規約説明」協調会史料、リール番号52、1919年11月
「大日本国粋会設立趣意書」協調会史料、リール番号52、1919年11月
「大日本国粋会大分県本部会則」協調会史料、リール番号52
「大日本国粋会大分県本部設立趣意書」協調会史料、リール番号52
大日本国粋会総本部会報局「大日本国粋会史」『大日本国粋会会報』1926年12月1日：34-43
「大日本国粋会田辺支部創立趣意書」国立国会図書館憲政資料室蔵、内務省資料、9.5-7
「大日本国粋会八幡支部規約」協調会史料、リール番号52
De Vos, George A., and Keiichi Mizushima. "Organization and Social Function of Japanese Gangs: Historical Development and Modern Parallels." In *Socialization for Achievement: Essays on the Cultural Psychology of the Japanese*, ed. George A. De Vos. Berkeley: University of California Press, 1973.
Dore, R. P., ed. *Aspects of Social Change in Modern Japan.* Princeton: Princeton University Press, 1967.

Dower, John W. "E. H. Norman, Japan and the Uses of History." In *Origins of the Modern Japanese State: Selected Writings of E. H. Norman*, ed. John W. Dower. New York: Pantheon, 1975.

——. *Embracing Defeat: Japan in the Wake of World War II.* New York: W. W. Norton & Company, 1999.［ジョン・ダワー『敗北を抱きしめて 増補版　第二次大戦後の日本人』三浦陽一・高杉忠明訳、岩波書店、2004年］

Duggan, Christopher. *Fascism and the Mafia.* New Haven: Yale University Press, 1989.

Duus, Peter. *Party Rivalry and Political Change in Taisho Japan.* Cambridge, Mass.: Harvard University Press, 1968.

Duus, Peter, and Daniel I. Okimoto. "Fascism and the History of Pre-War Japan: The Failure of a Concept." *Journal of Asian Studies* 39, no. 1 (November 1979): 65-76.

枝松茂之他編『明治ニュース事典』3、4巻、毎日コミュニケーションズ、1986年

枝松茂之他編『大正ニュース事典』4巻、毎日コミュニケーションズ、1987年

『絵入自由新聞』

Election Department, Local Administration Bureau, Ministry of Internal Affairs and Communications. "Fixed Number, Candidates, Eligible Voters as of Election Day, Voters and Voting Percentages of Elections for the House of Representatives (1890-1993)."

Etō Shinkichi and Marius B. Jansen. Introduction to *My Thirty-Three Years' Dream: The Autobiography of Miyazaki Tōten*, by Miyazaki Tōten. Trans. Etō Shinkichi and Marius B. Jansen. Princeton: Princeton University Press, 1982.

Faison, Elyssa. *Managing Women: Disciplining Labor in Modern Japan.* Berkeley: University of California Press, 2007.

Fischer, Conan. *Stormtroopers: A Social, Economic and Ideological Analysis, 1929-35.* London: George Allen & Unwin, 1983.

Fogelson, Robert M. *Big-City Police.* Cambridge, Mass.: Harvard University Press, 1977.

Fruin, Mark W. *Kikkoman: Company, Clan, and Community. Cambridge*, Mass.: Harvard University Press, 1983.

藤野裕子「騒乱する人びとへの視線　近代日本の都市騒擾と政治運動」(所収：須田努・趙景達・中嶋久人共編『暴力の地平を超えて　歴史学からの挑戦』青木書店、2004年)

藤沼庄平(警視総監)より内務大臣他宛て「日本正義団ノ満州進出ニ関スル件」、外務省記録「本邦移民関係雑件　満州国部」、1932年7月28日

藤田五郎『任俠百年史』笠倉出版社、1980年

Fujitani Takashi. *Splendid Monarchy: Power and Pageantry in Modern Japan.* Berkeley: University of California Press, 1996.

福田薫『蚕民騒擾録　明治十七年群馬事件』青雲書房、1974年

『福島民報』

『福島民友』

Gambetta, Diego. *The Sicilian Mafia: The Business of Private Protection.* Cambridge, Mass.:

Harvard University Press, 1993.
Garon, Sheldon. "Rethinking Modernization and Modernity in Japanese History: A Focus on State-Society Relations." *Journal of Asian Studies* 53, no. 2 (May 1994): 346-66.
——. *The State and Labor in Modern Japan.* Berkeley: University of California Press, 1987.
——. "State and Society in Interwar Japan." In *Historical Perspectives on Contemporary East Asia*, ed. Merle Goldman and Andrew Gordon. Cambridge, Mass.: Harvard University Press, 2000.
「檄！」1930年10月5日、法政大学大原社会問題研究所、「洋モス争議ファイル(1)」
現代法制資料編纂会『明治「旧法」集』国書刊行会、1983年
General Headquarters, United States Army Forces Pacific, Office of the Chief of Counter Intelligence. October 18, 1945. U.S. National Archives. CIA Name File. Box 67. Folder: Kodama Yoshio. Vol. 1.
Gentile, Emilio. "The Problem of the Party in Italian Fascism." *Journal of Contemporary History* 19 (1984): 251-74.
玄洋社社史編纂会・編『玄洋社社史』1917年、復刊：葦書房、1992年
Gluck, Carol. *Japan's Modern Myths: Ideology in the Late Meiji Period.* Princeton: Princeton University Press, 1985.
——. "The People in History: Recent Trends in Japanese Historiography." *Journal of Asian Studies* 38, no. 1 (November 1978): 25-50.
Goodwin, Jeff . "A Theory of Categorical Terrorism." *Social Forces* 84, no. 4 (June 2006): 2027-46.
Gordon, Andrew. *Labor and Imperial Democracy in Prewar Japan.* Berkeley: University of California Press, 1991.
群馬県警察史編纂委員会・編『群馬県警察史〈第1巻〉』、群馬県警察本部、1978年
Hackett, Roger F. *Yamagata Aritomo in the Rise of Modern Japan, 1838-1922.* Cambridge, Mass.: Harvard University Press, 1971.
芳賀登『幕末志士の世界』雄山閣、2004年
萩原進「群馬県博徒取締考」(所収：林英夫編『近代民衆の記録〈4〉流民』、新人物往来社、1971年)
萩原進『群馬県遊民史』1965年、復刊：国書刊行会、1980年
Hall, John W. "Rule by Status in Tokugawa Japan." *Journal of Japanese Studies* 1, no. 1 (autumn 1974): 39-49.
花村仁八郎『政財界パイプ役半生記　経団連外史』東京新聞出版局、1990年
原彬久編『岸信介証言録』毎日新聞社、2003年
Harootunian, H. D. *Toward Restoration: The Growth of Political Consciousness in Tokugawa Japan.* Berkeley: University of California Press, 1970.
春名幹男『秘密のファイル　CIAの対日工作』共同通信社、2000年
長谷川昇『博徒と自由民権　名古屋事件始末記』平凡社、1995年

橋本伸「GHQ秘密資料が語る"黒幕"の実像」『文化評論』第333号（1988年11月）: 100-10
Havens, Thomas R. H. "Japan's Enigmatic Election of 1928." *Modern Asian Studies* 11, no. 4 (1977): 543-55.
林田和博「Development of Election Law in Japan.」『法政研究』第34巻第1号（1967年7月）: 51-104
Hesselink, Reinier H. "The Assassination of Henry Heusken." *Monumenta Nipponica* 49, no. 3 (autumn 1994): 331-51.
Hill, Peter B. E. *The Japanese Mafia: Yakuza, Law, and the State*. Oxford: Oxford University Press, 2003. ［ピーター・B・E・ヒル『ジャパニーズ・マフィア　ヤクザと法と国家』田口未和訳、三交社、2007年］
火野葦平『日本文学全集〈第52〉火野葦平集』新潮社、1967年
平野義太郎『馬城大井憲太郎伝』風媒社、1968年
平野義太郎「秩父困民党に生きた人びと」(所収：中沢市朗編『秩父困民党に生きた人びと』、現代史出版会、1977年)
広川禎秀「八幡製鉄所における1920年のストライキ」『人文研究』第24巻第10号（1972年）: 59-92
Hobsbawm, Eric. *Bandits.* New York: Delacorte Press, 1969. ［エリック・ホブズボーム『匪賊の社会史』船山榮一訳、筑摩書房、2011年］
法務省刑事局「最近における右翼関係主要刑事事件の処理状況」1960年10月（所収：『「浅沼事件」関係資料集』、ハーバード燕京図書館蔵、1960年）
Hoppen, K. Theodore. "Grammars of Electoral Violence in Nineteenth-Century England and Ireland." *English Historical Review* 109, no. 432 (June 1994): 597-620.
堀幸雄『戦後政治史　1945-1960』南窓社、2001年
堀幸雄「戦後政治史の中の右翼　児玉誉士夫に見る黒幕の役割」『エコノミスト』第54巻12号（1976年3月16日）: 21-24
堀幸雄『右翼辞典』三嶺書房、1991年
堀江帰一「暴力的団体の存在を黙認するか」『中央公論』第38巻第1号（1923年1月）: 210-13
Hoshino Kanehiro. "Organized Crime and Its Origins in Japan." Unpublished paper.
Howell, David L. *Geographies of Identity in Nineteenth-Century Japan.* Berkeley: University of California Press, 2005.
——. "Hard Times in the Kantō: Economic Change and Village Life in Late Tokugawa Japan." *Modern Asian Studies* 23, no. 2 (1989): 349-71.
——. "Visions of the Future in Meiji Japan." In *Historical Perspectives on Contemporary East Asia*, ed. Merle Goldman and Andrew Gordon. Cambridge, Mass.: Harvard University Press, 2000.
Huber, Thomas. " 'Men of High Purpose' and the Politics of Direct Action, 1862-1864." In *Conflict in Modern Japanese History*, ed. Tetsuo Najita and J. Victor Koschmann.

Princeton: Princeton University Press, 1982.
Ianni, Francis A. J. *A Family Business: Kinship and Social Control in Organized Crime.* New York: Russell Sage Foundation, 1972.
井出孫六編『自由自治元年　秩父事件資料・論文と解説』現代史出版会、1975年
井口剛・下山正行・草野洋共編『黒幕研究　武村正義・笹川良一・小針暦二』新国民社、1977年
飯塚昭男「日本の黒幕・児玉誉士夫」『中央公論』第91巻第4号(1976年4月): 152-60
『イラストレイテド・ロンドンニュース』
今川徳三『考証幕末俠客伝』秋田書店、1973年
稲田雅洋『日本近代社会成立期の民衆運動　困民党研究序説』筑摩書房、1990年
「院外団の正体を衝く」『政経時潮』第8巻第3号(1953年3月): 13-14
猪野健治「黒幕を必要とした密室政治　児玉誉士夫「悪政・銃声・乱世」」『朝日ジャーナル』第18巻第20号(1976年5月21日): 59-61
猪野健治『俠客の条件　吉田磯吉伝』現代書館、1994年
井上忻治「群衆心理に通暁せよ」『中央公論』第38巻第9号(1923年8月): 99-104
井上幸治『秩父事件　自由民権期の農民蜂起』中央公論社、1968年
井上光三郎・品川栄嗣『写真でみる秩父事件』新人物往来社、1982年
乾照夫「軍夫となった自由党壮士　―神奈川県出身の「玉組」軍夫を中心に―」『地方史研究』第32巻第3号(1982年6月): 45-64
Irokawa Daikichi. *The Culture of the Meiji Period.* Trans. and ed. Marius B. Jansen. Princeton:Princeton University Press, 1985.［色川大吉『明治の文化』岩波書店、1970年］
色川大吉『困民党と自由党』揺籃社、1984年
色川大吉「民衆史の中の秩父事件」『秩父』1995年3月号: 6-8
色川大吉『流転の民権家　村野常右衛門伝』大和書房、1980年
色川大吉編『三多摩自由民権史料集』大和書房、1979年
色川大吉編『多摩の歴史散歩』朝日新聞社、1975年
色川大吉・村野廉一『村野常右衛門伝〈民権家時代〉』中央公論事業出版、1969年
石瀧豊美『玄洋社発掘　もうひとつの自由民権』西日本新聞社、1981年
板垣退助監修、遠山茂樹・佐藤誠朗校訂『自由党史〈下巻〉』1910年、復刊：岩波書店、1958年
岩井弘融『病理集団の構造　親分乾分集団研究』誠信書房、1963年
Jacobs, James B. *Mobsters, Unions, and Feds: The Mafia and the American Labor Movement.* New York: New York University Press, 2006.
Jansen, Marius B., ed. *Changing Japanese Attitudes toward Modernization.* Princeton: Princeton University Press, 1965.［マリウス・ジャンセン編『日本における近代化の問題』細谷千博編訳、岩波書店、1968年］
——. *The Japanese and Sun Yat-sen.* Cambridge, Mass.: Harvard University Press, 1954.

——. “Ōi Kentarō: Radicalism and Chauvinism.” *Far Eastern Quarterly* 11, no. 3 (May 1952): 305-16.
——. “On Studying the Modernization of Japan.” In *Studies on Modernization of Japan by Western Scholars.* Tokyo: International Christian University, 1962.
——. *Sakamoto Ryōma and the Meiji Restoration.* Princeton: Princeton University Press, 1961. ［マリアス・ジャンセン『坂本龍馬と明治維新』平尾道雄・浜田亀吉訳、時事通信社、1973年］
『ジャパン・ウィークリー・メイル』
自治省選挙部編『選挙法百年史』第一法規出版、1990年
『時事新報』
自由党党報『選挙干渉問題之顚末』、自由党党報局、1892年
城台巌・藤本正友・池田益実『1960年・三池』同時代社、2002年
加賀孝英「笹川良一黒幕への道」『文藝春秋』第71巻第1号（1993年10月）: 298-314
戒能通孝『暴力 日本社会のファッシズム機構』日本評論社、1950年（所収：『近世の成立と神権説』慈学社出版、2012年）
『改進新聞』
亀井信幸「シンガーミシン会社分店閉鎖及分店主任解雇問題ニ関スル件」協調会史料、リール番号80、1925年12月17日
神田由築『近世の芸能興行と地域社会』東京大学出版会、1999年
姜昌一「天佑俠と「朝鮮問題」「朝鮮浪人」の東学農民戦争への対応と関連して」『史学雑誌』第97編第8号（1988年8月）: 1-37
鹿野政直『日本の歴史27　大正デモクラシー』小学館、1976年
関東庁警務局長から拓務次官他宛て「大満州正義団ノ誓盃式挙行」外務省記録、1932年9月13日
関東庁警務局長から拓務次官、内務書記官長他宛て「大満州正義団々規」外務省記録、1932年9月26日
関東庁警務局長から拓務次官、外務次官他宛て「国粋会奉天本部ノ改称ト其ノ活動」外務省記録、1931年6月1日
「関東合同労働組合ニュース1号」、1930年10月11日、法政大学大原社会問題研究所、「洋モス争議ファイル（1）」
関東労働同盟会「野田争議の真因経過及現状　会社の誇大並に虚構の宣伝を糺す」協調会史料、リール番号63、1928年
Kaplan, David E., and Alec Dubro. *Yakuza: Japan's Criminal Underworld.* Berkeley: University of California Press, 2003. ［デヴィッド・カプラン、アレック・デュブロ『ヤクザ　ニッポン的犯罪地下帝国と右翼』松井道男訳、第三書館、1991年］
Karlin, Jason G. “The Gender of Nationalism: Competing Masculinities in Meiji Japan.” *Journal of Japanese Studies* 28, no. 1 (winter 2002): 41-77.
Kasher, Asa, and Amos Yadlin. “Assassination and Preventive Killing.” *SAIS Review* 25, no. 1 (winter-spring 2005): 41-57.

Kasza, Gregory J. "Fascism from Below? A Comparative Perspective on the Japanese Right, 1931-1936." *Journal of Contemporary History* 19, no. 4 (October 1984): 607-29.
加太こうじ『新版日本のヤクザ』大和書房、1993年
加藤陽子「ファシズム論」『日本歴史』第700号(2006年9月): 143-53
Katzenstein, Peter J. *Left-wing Violence and State Response: United States, Germany, Italy and Japan, 1960s-1990s.* Ithaca: Cornell University Press, 1998.
Katzenstein, Peter J., and Yutaka Tsujinaka. *Defending the Japanese State: Structures, Norms and the Political Responses to Terrorism and Violent Social Protest in the 1970s and 1980s.* Ithaca: Cornell University Press, 1991.
川越茂(在青島総領事)より外務大臣芳沢謙吉宛て「青島国粋会解散ニ関スル件」、外務省記録、1932年4月1日
河西英通「明治青年とナショナリズム」(所収:岩井忠熊編『近代日本社会と天皇制』柏書房、1988年)
Keane, John. *Reflections on Violence.* New York: Verso, 1996.
——. *Violence and Democracy.* Cambridge: Cambridge University Press, 2004.
警保局保安課「戦時下ニ於ケル国家主義運動取締ノ方針」1942年7月(所収:荻野富士夫編『特高警察関係資料集成　第14巻』不二出版、1992年)
警視庁「右翼資料」(所収:『「浅沼事件」関係資料集』、1960年)
警視総監「最近ニ於ケル国家主義運動情勢ニ関スル件」1931年11月5日(所収:荻野富士夫編『特高警察関係資料集成　第13巻』不二出版、1992年)
菊池寛「暴力に頼らずして凡ての事を処理したし」『中央公論』第38巻第9号(1923年8月): 95-96
木村正隆「二組暴力就労と久保さんの死」『月刊労働問題』279号(1980年10月): 36-37
木村直恵『「青年」の誕生　明治日本における政治的実践の転換』新曜社、1998年
木下半治『日本ファシズム史』岩崎書店、1949年
木下半治、鶴見俊輔、橋川文三「テロ・国家・会議　浅沼刺殺事件の思想的背景と歴史的意味」『思想の科学』23号(1960年11月): 70-79
岸信介『岸信介回顧録　保守合同と安保改定』広済堂出版、1983年
北岡寿逸「暴力国会の批判と対策」『経済時代』第21巻第7号(1956年7月): 29-31
桑島主計(在天津総領事)より外務大臣宛て「満州関係浪人来往及活系統表送付ノ件」、外務省記録「支那浪人関係雑件」、1933年3月17日
公安調査庁「右翼団体の現勢」1960年10月(所収:『「浅沼事件」関係資料集』、1960年)
小林雄吾・小池靖一編『立憲政友会史　第2巻』立憲政友会出版局、1924年
高知県編『高知県史　近代編』高知県、1970年
Kodama Yoshio. *I Was Defeated*. Japan: R. Booth and T. Fukuda, 1951. [児玉誉士夫『われ敗れたり』協友社、1949年]
小池喜孝『秩父颪　秩父事件と井上伝蔵』現代史出版会、1974年
小泉信三「暴力と民主主義」『経営評論』第4巻第9号(1949年9月): 4-6

『国民之友』
『国民新聞』
『国定忠治』(映画)、牧野省三監督、1924年
『国定忠治』(映画)、谷口千吉監督、1960年
『国定忠治』(映画)、山中貞雄監督、1935年
久野収「民主主義の原理への反逆　浅沼委員長刺殺事件の思想的意味」『思想』437号(1960年11月):67-74
来原慶助『不運なる革命児前原一誠』平凡社、1926年
葛生能久『東亜先覚志士記伝』1933年、復刊:原書房、1966年
協調会労働課編『野田労働争議の顚末』協調会労働課、1928年
極東事情研究会編『三池争議　組合運動の転機を示すその実相と教訓』極東出版社、1960年
『九州新聞』
Lebra, Takie Sugiyama. "Organized Delinquency: Yakuza as a Cultural Example." In *Japanese Patterns of Behavior.* Honolulu: University of Hawai'i Press, 1986.
Le Vine, Victor T. "Violence and the Paradox of Democratic Renewal: A Preliminary Assessment." In *The Democratic Experience and Political Violence*, ed. David C. Rapoport and Leonard Weinberg. London: Frank Cass, 2001.
Lewis, Michael Lawrence. *Rioters and Citizens: Mass Protest in Imperial Japan.* Berkeley: University of California Press, 1990.
Lyttelton, Adrian. *The Seizure of Power: Fascism in Italy, 1919-1929.* New York: Routledge, 2004.
町田辰次郎『労働争議の解剖』第一出版社、1929年
Mackie, Vera. *Creating Socialist Women in Japan: Gender, Labour and Activism, 1900-1937.* Berkeley: University of California Press, 1997.
前島省三『日本ファシズムと議会　その史的究明』法律文化社、1956年
前島省三「志士的プッチと国家権力」『日本史研究』第24号(1955年5月):55-63
真辺将之「宮地茂平と壮士たちの群像」『土佐史談』第211号(1999年8月)
Mann, Michael. *Fascists.* Cambridge: Cambridge University Press, 2004.
Maruyama Masao. *Thought and Behaviour in Modern Japanese Politics*. Ed. Ivan Morris. Oxford: Oxford University Press, 1969. [丸山眞男『現代政治の思想と行動』未來社、1956-57年]
丸山鶴吉(警視総監)「洋モス亀戸工場労働争議ニ関スル件」協調会史料、リール番号97、1930年9月30日、同10月1日、10日
Mason, R. H. P. "Changing Diet Attitudes to the Peace Preservation Ordinance, 1890-2." In *Japan's Early Parliaments, 1890-1905: Structure, Issues and Trends*, ed. Andrew Fraser, R. H. P. Mason, and Philip Mitchell. New York: Routledge, 1995.
——. *Japan's First General Election, 1890.* Cambridge: Cambridge University Press, 1969.

増田甲子七「民主政治と暴力」『経済時代』第19巻第7号（1954年7月）: 32-35
増川宏一『賭博の日本史』平凡社、1989年
升味準之輔『日本政党史論』第2巻、第3巻、東京大学出版会、1966-67年
摩天楼・斜塔『院外団手記　政党改革の急所』時潮社、1935年
松本二郎『萩の乱　前原一誠とその一党』鷹書房、1972年
松本健一「暴徒と英雄と　伊奈野文次郎覚え書」『展望』第233号（1978年5月）: 117-28
松尾尊兊『普通選挙制度成立史の研究』岩波書店、1989年
McCaffery, Peter. *When Bosses Ruled Philadelphia: The Emergence of the Republican Machine, 1867-1933.* University Park: Pennsylvania State University Press, 1993.
McCormack, Gavan. *Client State: Japan in America's Embrace.* New York: Verso, 2007. ［ガバン・マコーマック『属国　米国の抱擁とアジアでの孤立』新田準訳、凱風社、2008年］
『明治日報』
明治大正昭和新聞研究会編『新聞集成大正編年史』明治大正昭和新聞研究会、1969年
Merkl, Peter H. *The Making of a Stormtrooper.* Princeton: Princeton University Press, 1980.
『弥陀ヶ原の殺陣』衣笠貞之助監督、1925年
三池炭鉱労働組合「現地（三池）の実情はこうだ　闘うヤマの決意」『月刊総評』第34号（1960年4月）: 31-42
Mitchell, Richard H. *Justice in Japan: The Notorious Teijin Scandal.* Honolulu: University of Hawai'i Press, 2002.
——. *Political Bribery in Japan.* Honolulu: University of Hawai'i Press, 1996.
三井鉱山株式会社『三池争議―資料』日本経営者団体連盟弘報部、1963年
宮地正人『日露戦後政治史の研究』東京大学出版会、1973年
三宅雪嶺「「力」を頼むの弊」『中央公論』第38巻第9号（1923年8月）: 80-83
三宅雪嶺「国粋会に望む」『中央公論』第38巻第1号（1923年1月）: 213-16
宮沢胤男「鳩山内閣を信任して」『経済時代』第21巻第7号（1956年7月）: 38-41
溝下秀男「これが「川筋者」の魂だ！」『実話時代』2001年10月号: 34-39
水野広徳「暴力黙認と国家否認」『中央公論』第38巻第1号（1923年1月）: 204-10
水野広徳「一視同仁たれ」『中央公論』第38巻第9号（1923年8月）: 93-95
"Mobocracy Again." Time Magazine (June 16, 1961).
森川哲郎『幕末暗殺史』三一新書、1967年
森長英三郎「群馬事件：博徒と組んだ不発の芝居」『法学セミナー』第20巻第14号（1976年11月）: 124-27
森長英三郎「野田醤油労働争議事件　217日の長期、最大のスト1」『法学セミナー』第202号（1972年10月）: 104-6
森長英三郎「野田醤油労働争議事件　217日の長期、最大のスト2」『法学セミナー』第203号（1972年11月）: 88-91
守安敏司「今田丑松と水平社創立者たち　大日本国粋会と奈良県水平社」『水平社博物館研究紀要』第2号（2000年3月）: 1-29

Morn, Frank. *"The Eye That Never Sleeps": A History of the Pinkerton National Detective Agency.* Bloomington: Indiana University Press, 1982.

Morris, Ivan. *The Nobility of Failure: Tragic Heroes in the History of Japan.* New York: Holt, Rinehart and Winston, 1975.［アイヴァン・モリス『高貴なる敗北　日本史の悲劇の英雄たち』斎藤和明訳、中央公論社、1981年］

Mouffe, Chantal. *On the Political.* New York: Routledge, 2005.［シャンタル・ムフ『政治的なものについて　闘技的民主主義と多元主義的グローバル秩序の構築』篠原雅武訳、明石書店、2008年］

村田淳編『甦える地底の記録〈第1巻〉磐炭・入山労働争議資料集成』いわき社会問題研究、1984年

室伏哲郎『日本のテロリスト　暗殺とクーデターの歴史』弘文堂、1962年

Mushkat, Jerome. *The Reconstruction of the New York Democracy, 1861-1874.* Rutherford, N.J.: Fairleigh Dickinson University Press, 1981.

永川俊美「政党の親分・乾児」『改造』1930年8月 : 25-33

『長崎日日新聞』

永田秀次郎「選挙の裏面に潜む罪悪」『日本評論』第2巻第4号(1917年4月) : 192-93

内務省警保局「暴力団続出跋扈の状況」日付不明、国立国会図書館憲政資料室蔵、内務省資料

同「大日本国粋会員の服装に関する件(愛媛)」1935年6月4日

同「国粋会員の服装に関する件通牒(庁府県)」1923年8月15日

内務省警保局編『社会運動の状況』三一書房、1972年

内務省警保局保安課「特高資料・社会運動団体現勢調」1932年6月、1934年6月、1935年6月

Najita, Tetsuo. *Hara Kei in the Politics of Compromise, 1905-1915.* Cambridge, Mass.: Harvard University Press, 1967.［テツオ・ナジタ『原敬　政治技術の巨匠』安田志郎訳、読売新聞社、1974年］

Najita, Tetsuo, and J. Victor Koschmann, eds. *Conflict in Modern Japanese History: The Neglected Tradition.* Princeton: Princeton University Press, 1982.

中嶋幸三『井上伝蔵　秩父事件と俳句』邑書林、2000年

中島岳志『中村屋のボース　インド独立運動と近代日本のアジア主義』白水社、2005年

中本たか子『わたしの安保闘争日記』新日本出版社、1963年

中西輝磨『昭和山口県人物誌』マツノ書店、1990年

Neary, Ian. *Political Protest and Social Control in Pre-War Japan: The Origins of Buraku Liberation.* Manchester: Manchester University Press, 1989.

『ニューヨーク・タイムズ』

『日萬朝報』

日本紡織労働組合加盟「洋モス争議は最後の決戦だ！」1930年、法政大学大原社会問題研究所、「洋モス争議ファイル(1)」

日本紡織労働組合争議団「洋モス争議日報」1930年10月10日、15日、法政大学大原社会問題研究所、「洋モス争議ファイル(2)」
日本現代史研究会編『1920年代の日本の政治』大月書店、1984年
日本社会問題研究所編『労働争議野田血戦記』日本社会問題研究所、1928年、復刊：崙書房、1973年
「〝仁侠？〟につながる保守政治家」『週刊読売』1963年8月18日号：12-17
西井一夫編『60年安保・三池闘争　1957-1960』毎日新聞社、2000年
西島芳二「国会はあれでよいか」『政治経済』第9巻第7号(1956年7月)：4-5
西島芳二他「国会・暴力・民衆(座談会)」『世界』104号(1954年8月)：73-93
西尾正栄「暴力と社会主義」『社会思想研究』第13巻第7号(1961年7月)：11-13
西尾陽太郎『頭山満翁正伝』葦書房、1981年
野田醤油株式会社編『野田争議の経過日録』、野田醤油、1928年
野田醤油株式会社編『野田争議の顚末』、野田醤油、1928年、復刊：崙書房、1973年
『野田醤油株式会社二十年史』野田醤油、1940年
「野田醤油株式会社労働争議概況」(所収：荻野富士夫編『特高警察関係資料集成　第9巻』不二出版、1991年)
野島貞一郎「暴力国会と参議院」『政治経済』第9巻第7号(1956年7月)：24-26
野村襄二「全労働者は決起して建国会を叩きつぶせ」『労働者』13号(1928年2月)：41-48
Norman, E. Herbert. “The Genyōsha: A Study in the Origins of Japanese Imperialism.” *Pacific Affairs* 17, no. 3 (September 1944): 261-84.
王希亮「大陸浪人のさきがけ及び日清戦争への躍動」『金沢法学』第36巻第1・2合併号(1994年3月)：55-77
大日方純夫『日本近代国家の成立と警察』校倉書房、1992年
落合弘樹『明治国家と士族』吉川弘文館、2001年
尾形鶴吉『本邦俠客の研究』博芳社、1933年
大口勇次郎「村の犯罪と関東取締出役」(所収：川村優先生還暦記念会編『近世の村と町』吉川弘文館、1988年)
小栗一雄(福岡県知事)より山本達雄内務大臣他宛て「満洲正義団誓盃式挙行ノ件」外務省記録、1932年9月12日
小栗一雄(福岡県知事)より山本達雄内務大臣他宛て「満洲国粋会幹事ノ言動ニ関スル件」外務省記録、1933年4月3日
岡崎万寿秀「浅沼事件と右翼」『前衛』176号(1960年12月)：184-92
大宮郷警察署「第一回訊問調書　田代栄助」1884年11月15日(所収：埼玉新聞出版部編『秩父事件史料　第1巻』埼玉新聞社出版部、1971年)
同「第二回訊問調書　田代栄助」1884年11月16日
同「第五回訊問調書　田代栄助」1884年11月19日
大宮郷警察当部「逮捕通知　田代栄助」1884年11月15日(所収：井上幸治・色川大吉・山田昭次共編『秩父事件史料集成　第1巻　農民裁判文書1』二玄社、1984年)

大野伴睦『大野伴睦回想録』弘文堂、1962年
大野伴睦先生追想録刊行会編集委員会『大野伴睦　小伝と追想記』大野伴睦先生追想録刊行会、1970年
大野達三、高木喬「浅沼暗殺事件と右翼暴力団　戦後右翼暴力団の実体・政治的役割・背景」『労働法律旬報』395号(1960年10月)：19-24
長田午狂『俠花録　勲四等籠寅・保良浅之助伝』桃園書房、1963年
大阪府知事より内務大臣他宛て「新満州国ニ於ケル正義団ノ行動其ノ他ニ関スル件」外務省記録、1932年9月15日
大阪府警察史編集委員会『大阪府警察史　第2巻』大阪府警察本部、1972年
『大阪毎日新聞』
『大阪日日新聞』
大内兵衛、向坂逸郎「三池の闘いを見つめて(対談)」『世界』174号(1960年6月)：11-27
大矢正夫(色川大吉編)『大矢正夫自徐伝』大和書房、1979年
Ozaki Yukio. *The Autobiography of Ozaki Yukio: The Struggle for Constitutional Government in Japan*. Trans. Hara Fujiko. Princeton: Princeton University Press, 2001.
尾崎行雄「咢堂自伝」(所収：『尾崎咢堂全集　第11巻』公論社、1955年)
Packard, George R. *Protest in Tokyo: The Security Treaty Crisis of 1960*. Princeton: Princeton University Press, 1966.
Paxton, Robert O. *The Anatomy of Fascism*. New York: Alfred A. Knopf, 2004. ［ロバート・パクストン『ファシズムの解剖学』瀬戸岡紘訳、桜井書店、2009年］
Petersen, Michael. "The Intelligence That Wasn't: CIA Name Files, the U.S. Army, and Intelligence Gathering in Occupied Japan." In *Researching Japanese War Crime Records: Introductory Essays*. Washington: National Archives and Records Administration, Nazi War Crimes and Japanese Imperial Government Records Interagency Working Group, 2006.
Pittau, Joseph. *Political Thought in Early Meiji Japan, 1868-1889*. Cambridge, Mass.: Harvard University Press, 1967.
Quigley, Harold S. "The New Japanese Electoral Law." *American Political Science Review* 20, no. 2 (May 1926): 392-95.
Rapoport, David C., and Leonard Weinberg. "Elections and Violence." In *The Democratic Experience and Political Violence*, ed. David C. Rapoport and Leonard Weinberg. London: Frank Cass, 2001.
Ravina, Mark. *The Last Samurai: The Life and Battles of Saigō Takamori*. Hoboken: John Wiley & Sons, 2004.
Reynolds, Douglas R. "Training Young China Hands: Tōa Dōbun Shoin and Its Precursors, 1886-1945." In *The Japanese Informal Empire in China, 1895-1937*, ed. Peter Duus, Ramon H. Myers, and Mark R. Peattie. Princeton: Princeton University Press, 1989.
Reynolds, John F. "A Symbiotic Relationship: Vote Fraud and Electoral Reform in the Gilded

Age." *Social Science History* 17, no. 2 (summer 1993): 227-51.
Riall, L. J. "Liberal Policy and the Control of Public Order in Western Sicily 1860-1862." *Historical Journal* 35, no. 2 (June 1992): 345-68.
Richie, Donald, and Ian Buruma. *The Japanese Tattoo.* New York: Weatherhill, 1980.
労働農民党、東京府京橋支部「野田六千の兄弟諸君!!」協調会史料、リール番号63、1928年1月16日
労働運動史研究会編『日本労働運動の歴史〈戦前編〉』三一書房、1960年
Rogers, John M. "Divine Destruction: The Shinpūren Rebellion of 1876." In *New Directions in the Study of Meiji Japan*, ed. Helen Hardacre with Adam L. Kern. New York: Brill, 1997.
労農党「洋モス争議応援暴圧反対、打倒浜口内閣の演説会に就いて」1930年10月3日、法政代学大原社会問題研究所、「洋モス争議ファイル(1)」
Ross, Daniel. *Violent Democracy.* Cambridge: Cambridge University Press, 2004.
蠟山政道『日本の政治』毎日新聞社、1955年
Rush, Michael, ed. *Parliament and Pressure Politics.* Oxford: Clarendon Press, 1990.
Ruxton, Ian C., ed. *The Diaries and Letters of Sir Ernest Mason Satow (1843-1929), A Scholar-Diplomat in East Asia.* Lewiston: Edwin Mellen Press, 1998. [イアン・C・ラックストン『アーネスト・サトウの生涯　その日記と手紙より』長岡祥三・関口英男訳、雄松堂出版、2004年]
佐賀県史編纂委員会編『佐賀県史〈下巻〉近代編』佐賀県史料刊行会、1967年
斉藤秀夫「京浜工業地帯の形成と地域社会　いわゆる「鶴見騒擾事件」をめぐって」『横浜市立大学論叢　人文科学系列』第40巻第1号(1989年3月):1-121
酒井栄蔵『無遠慮に申上げる』竜文館、1927年
向坂逸郎「浅沼さんの死と個人的テロリズム」『社会主義』110号(1960年11月):2-7
Samuels, Richard J. *Machiavelli's Children: Leaders and Their Legacies in Italy and Japan.* Ithaca: Cornell University Press, 2003. [リチャード・J・サミュエルズ『マキァヴェッリの子どもたち　日伊の政治指導者は何を成し遂げ、何を残したか』鶴田知佳子・村田久美子訳、東洋経済新報社、2007年]
『山陽新報』
佐藤孝太郎『三多摩の壮士』武蔵書房、1973年
サトウマコト編『鶴見騒擾事件百科』ニイサンマルクラブ、1999年
Scalapino, Robert A. *Democracy and the Party Movement in Prewar Japan.* Berkeley: University of California Press, 1953.
SCAP Government Section. *Political Reorientation of Japan: September 1945 to September 1948.* Vol. 1. Washington: U.S. Government Printing Office, 1949.
SCAP Investigation Division. Interrogation of Kodama Yoshio. In "Records Pertaining to Rules and Procedures Governing the Conduct of Japanese War Crimes Trials, Atrocities Committed Against Chinese Laborers, and Background Investigation of Major War Criminals." June 14, 1948. Reel 15.

SCAP Investigation Division. Interrogation of Yoshida Hikotarō. In "Records Pertaining to Rules and Procedures Governing the Conduct of Japanese War Crimes Trials, Atrocities Committed Against Chinese Laborers, and Background Investigation of Major War Criminals." June 4, 1948. Reel 15.

Schaller, Michael. *Altered States: The United States and Japan since the Occupation.* Oxford: Oxford University Press, 1997. ［マイケル・シャラー『「日米関係」とは何だったのか　占領期から冷戦終結後まで』市川洋一訳、草思社、2004年］

Schlesinger, Jacob M. *Shadow Shoguns: The Rise and Fall of Japan's Postwar Political Machine.* Stanford: Stanford University Press, 1999.

Security Group, Control and Analysis Branch, C/S Section. October 24, 1956. U.S. National Archives. CIA Name File. Box 67. Folder: Kodama Yoshio. Vol. 2.

『政治経済通信』

「政治テロと集団行動」『世界』187号(1961年7月): 190-92

大阪毎日新聞社説「政友会と暴行事件」、1926年3月30日(所収:『憲政を危機に導く政友会の暴行事件』自由文壇社、1927年)

関戸覚蔵編『東陲民権史』1903年、復刊:明治文献、1966年

Servadio, Gaia. *Mafioso: A History of the Mafia from Its Origins to the Present Day.* New York: Stein and Day, 1976.

Seymour, Charles. *Electoral Reform in England and Wales: The Development and Operation of the Parliamentary Franchise, 1832-1885.* 1915. Reprint, Newton Abbot: David & Charles, 1970.

社会局労働部編『東洋モスリン株式会社労働争議状況』社会局労働部、1930年

『社会民衆新聞　号外』1927年10月23日、協調会史料、リール番号63

司法省調査課『司法研究報告書集』第8集、1928年

島田研一郎『うき草の花』羽村市教育委員会、1993年

島津明「本朝選挙干渉史」『人物往来』1955年3月号: 48-52

清水亮三(瓢々居士)編『社会の花　壮士運動』翰香堂、1887年

清水吉二『群馬自由民権運動の研究 上毛自由党と激化事件』あさを社、1984年

下関市市史編集委員会編『下関市史　第3巻』下関市役所、1958年

下関商工会議所『下関商工会議所創立百年史』下関商工会議所、1981年

『下野新聞』

子母澤寛『国定忠治』改造社、1933年

信夫清三郎『安保闘争史　三五日間政局史論』世界書院、1969年

信夫清三郎『大正政治史(全4巻)』河出書房、1951-1952年

庄司吉之助『米騒動の研究』未来社、1957年

「主要右翼団体一覧表」1960年10月(所収:『「浅沼事件」関係資料集』、1960年)

Sissons, D. C. S. "The Dispute over Japan's Police Law." *Pacific Affairs* 32, no. 1 (March1959): 34-45.

Smith, Henry DeWitt II. *Japan's First Student Radicals.* Cambridge, Mass.: Harvard

University Press, 1972.
Smith, Thomas C. "Japan's Aristocratic Revolution." In *Native Sources of Japanese Industrialization.* Berkeley: University of California Press, 1988.
Sorel, Georges. *Reflections on Violence.* Ed. Jeremy Jennings. Cambridge: Cambridge University Press, 1999.［ジョルジュ・ソレル『暴力論(新版)』今村仁司・塚原史訳、岩波書店、2007年］
Stark, David Harold. "The Yakuza: Japanese Crime Incorporated." Ph.D. diss., University of Michigan, 1981.
須田努『「悪党」の一九世紀　民衆運動の変質と"近代移行期"』青木書店、2002年
須田努「暴力はどう語られてきたか」(所収：須田努、趙景達、中嶋久人共編『暴力の地平を超えて　歴史学からの挑戦』青木書店、2004年)
須田努、趙景達、中嶋久人共編『暴力の地平を超えて　歴史学からの挑戦』青木書店、2004年
杉森孝次郎「暴力の倫理性」『中央公論』第49巻第6号(1934年6月)：37-44
杉森孝次郎「暴力と文化」『中央公論』第36巻第13号(1921年12月)：97-99
「水平社対国粋会騒擾事件」(種村氏警察参考資料第78集)、国立公文書館蔵
鈴木孝一編『ニュースで追う明治日本発掘　憲法発布・大津事件・壮士と決闘の時代』河出書房新社、1994年
鈴木武史『星亨　藩閥政治を揺がした男』中央公論社、1988年
鈴木安蔵「暴力・とくに民主主義における暴力について」『理論』10－11号(1949年11月)：24-59
鈴木安蔵編『日本の国家構造』勁草書房、1957年
鈴木裕子『日本女性労働運動史論1　女工と労働争議　1930年洋モス争議』れんが書房新社、1989年
Szymkowiak, Kenneth. *Sōkaiya: Extortion, Protection, and the Japanese Corporation.* Armonk, N.Y.: M. E. Sharpe, 2002.
田畑厳穂「暴力と政党」『人物往来』第1巻第7号(1952年7月)：22-26
高木喬「動きだした右翼暴力団の背景」『前衛』169号(1960年6月)：23-32
高木健夫「大野伴睦という男」『政界往来』第18巻第12号(1952年12月)：30-32
高橋彦博「院外団の形成　竹内雄氏からの聞き書を中心に」『社会労働研究』第30巻第3・4号、(1984年3月)：91-118
高橋敏『博徒の幕末維新』筑摩書房、2004年
高橋敏『国定忠治』岩波書店、2000年
高橋哲夫『風雲・ふくしまの民権壮士』歴史春秋出版、2002年
高橋哲郎『律義なれど、仁侠者　秩父困民党総理田代栄助』現代企画室、1998年
高橋雄豺『明治警察史研究　第3巻』令文社、1963年
高野実「浅沼暗殺をめぐる政局」『労働経済旬報』第14巻453号(1960年10月)：3-7
高野壽夫『秩父事件　子孫からの報告』木馬書館、1981年
高崎警察署「第2回訊問調書　小柏常次郎」1884年11月15日(所収：井上幸治・色川大

吉・山田昭次共編『秩父事件史料集成　第3巻　農民裁判文書3』二玄社、1984年）
竹内良夫『政党政治の開拓者・星亨』芙蓉書房、1984年
玉井政雄『刀と聖書　筑豊の風雪二代記』歴史図書社、1978年
玉置和宏『経団連と花村仁八郎の時代』社会思想社、1997年
田村栄太郎編「上州遊び人風俗問答」(所収：林英夫編『近代民衆の記録〈4〉流民』新人物往来社、1971年）
田村栄太郎『やくざの生活』雄山閣出版、1964年
田中千弥「秩父暴動雑録」(所収：大村進、小林弌郎、小池信一共編『田中千弥日記』埼玉新聞社出版局、1977年）
田中惣五郎『日本ファッシズムの源流　北一輝の思想と生涯』白揚社、1949年
田中惣五郎『日本官僚政治史』(改訂版)河出書房、1954年
田中惣五郎編『大正社会運動史　下巻』三一書房、1970年
寺崎修『明治自由党の研究　下巻』慶応通信、1987年
手塚豊『自由民権裁判の研究〈中〉』慶応通信、1982年
Tilly, Charles. *The Politics of Collective Violence.* Cambridge: Cambridge University Press, 2003.
戸部良一『逆説の軍隊』中央公論社、1998年
『徳島毎日新聞』
『東京朝日新聞』
東京和泉橋警察署「第1回訊問調書　加藤織平」1884年11月7日(所収：井上幸治・色川大吉・山田昭次共編『秩父事件史料集成　第2巻　農民裁判文書2』二玄社、1984年）
『東京日日新聞』
富田信男「戦後右翼の機能と役割　保守支配の現実」『エコノミスト』第43巻第28号(1965年6月)：65-69
頭山統一『筑前玄洋社』葦書房、1977年
遠山茂樹編「三多摩の壮士」(所収：『明治のにない手(上)　人物・日本の歴史11』読売新聞社、1965年）
「東洋モス大争議　レポ集」1930年9月27日、10月11日、21日、法政大学大原社会問題研究所「洋モス争議ファイル(1)」
東洋モスリン争議団本部による題名のないチラシ、1930年10月7日、法政大学大原社会問題研究所「洋モス争議ファイル(1)」
土倉宗明「院外団争闘記」『文藝春秋』1935年12月号：210-17
津田左右吉「暴力政治への怒り　どうなる場合も暴力を排除せよ」『文藝春秋』第32巻第[12]号(1954年8月)：72-79
都築七郎『頭山満　そのどでかい人間像』新人物往来社、1974年
Uchida, Jun. " 'Brokers of Empire': Japanese Settler Colonialism in Korea, 1910-1937." Ph.D. diss., Harvard University, 2005.

内村義城『明治社会壮士の運動』翔雲堂、1888年
宇田友猪・和田三郎共編『自由党史』五車楼、1910年
植木枝盛『植木枝盛日記』高知新聞社、1955年
梅田又次郎『壮士之本分』博文堂、1889年
梅津勘兵衛『俠客及俠客道に就いて』日本外交協会、1941年
Ungar, Mark, Sally Avery Bermanzohn, and Kenton Worcester. "Introduction: Violence and Politics." In *Violence and Politics: Globalization's Paradox*, ed. Kenton Worcester, Sally Avery Bermanzohn, and Mark Ungar. New York: Routledge, 2002.
United States Department of State. *Occupation of Japan: Policy and Progress.* Washington: U.S. Government Printing Office, 1946.
——. "Internal Affairs of Japan, 1955-1959." June 12, 1956. U.S. National Archives. Decimal File 794.00/6 1256. C-009. Reel 26.
United States Department of State, Bureau of Far Eastern Affairs. "The Political Climate in Japan." [1958]. U.S. National Archives. Subject Files Relating to Japan, 1954-1959. Lot File 61D68. C-0099. Reel 3.
浦和重罪裁判所「裁判言渡書　田代栄助」1885年2月19日(所収：井上幸治・色川大吉・山田昭次共編『秩父事件史料集成　第1巻　農民裁判文書1』二玄社、1984年)
薄田斬雲編『頭山満翁の真面目』平凡社、1932年
Valli, Roberta Suzzi. "The Myth of Squadrismo in the Fascist Regime." *Journal of Contemporary History* 35, no. 2 (April 2000): 131-50.
Varese, Federico. *The Russian Mafia: Private Protection in a New Market Economy.* Oxford: Oxford University Press, 2001.
——. "The Secret History of Japanese Cinema: The Yakuza Movies." *Global Crime* 7, no. 1 (February 2006): 105-24.
Vlastos, Stephen, ed. *Mirror of Modernity: Invented Traditions of Modern Japan.* Berkeley: University of California Press, 1998.
——. "Opposition Movements in Early Meiji, 1868-1885." In *The Cambridge History of Japan.* Vol. 5. Ed. Marius B. Jansen. Cambridge: Cambridge University Press, 1989.
——. *Peasant Protests and Uprisings in Tokugawa Japan.* Berkeley: University of California Press, 1986.
我妻榮編『旧法令集』有斐閣、1968年
我妻榮他編『日本政治裁判史録　明治』第一法規出版、1968年
若松郷土研究会編『若松百年年表』北九州市立若松図書館、1969年
Walthall, Anne. *Social Protest and Popular Culture in Eighteenth-Century Japan.* Tucson: University of Arizona Press, 1986.
Wardlaw, Grant. *Political Terrorism: Theory, Tactics, and Counter-measures.* Cambridge: Cambridge University Press, 1989.
「我等の信条」『国粋』第1号、1920年10月15日

Waswo, Ann. "The Transformation of Rural Society, 1900-1950." In *The Cambridge History of Japan.* Vol. 6. Ed. Peter Duus. Cambridge: Cambridge University Press, 1989.
渡辺悦次「戦前の労働争議－3－河野密さんにきく　高野山への篭城戦術をあみだした大阪市電争議」『月刊総評』241号（1978年1月）: 108-14
渡邊幾治郎「随筆　政界の親分子分」『政界往来』第12巻第5号（1941年5月）: 5-6
渡辺竜策『大陸浪人 明治ロマンチシズムの栄光と挫折』番町書房、1967年
渡辺銕蔵「大正志士論」『中央公論』第38巻第12号（1923年11月）: 83-85
渡辺洋三「法と暴力」『思想』438号、（1960年12月）: 108-20
Weber, Max. *Economy and Society: An Outline of Interpretive Sociology.* vol. 1, trans. Ephraim Fischoff et al., ed. Guenther Roth and Claus Wittich (Berkeley: University of California Press, 1978).
Westney, D. Eleanor. *Imitation and Innovation: The Transfer of Western Organizational Patterns to Meiji Japan.* Cambridge, Mass.: Harvard University Press, 1987.
White, James W. *Ikki: Social Conflict and Political Protest in Early Modern Japan.* Ithaca: Cornell University Press, 1995.
Wigen, Kären. *The Making of a Japanese Periphery, 1750-1920.* Berkeley: University of California Press, 1995.
Wray, William D. *Mitsubishi and the N.Y.K., 1870-1914: Business Strategy in the Japanese Shipping Industry.* Cambridge, Mass.: Council on East Asian Studies, Harvard University, 1984.
八幡製鉄株式会社八幡製鉄所『八幡製鉄所労働運動誌』八幡製鉄所、1953年
『山形新報』
山口林三「暴走した参議院」『政治経済』第9巻第7号（1956年6月）: 22-23
山本四郎『立憲政友会史　第3巻』1924年、復刊：日本図書センター、1990年
山村昌子「水平社・国粋会争闘事件の検討　裁判記録を中心として」『部落解放研究』第27号（1981年9月）: 136-76
『大倭国粋新聞』、自由民権資料館蔵
Yanaga Chitoshi. *Big Business in Japanese Politics.* New Haven: Yale University Press, 1968.
安丸良夫編『「監獄」の誕生─歴史を読みなおす22』朝日新聞社、1995年
安丸良夫「困民党の意識過程」『思想』726号（1984年12月）: 78-97
安丸良夫・深谷克己校注『日本近代思想大系21　民衆運動』岩波書店、1989年
『読売新聞』
読売新聞社西部本社編『福岡百年（下）日露戦争から昭和へ』浪速社、1967年
読売新聞社・朝日新聞社・毎日新聞社共同声明「速やかに政局を収拾せよ」1954年6月11日『世界』104号（1954年8月）: 78
洋モス争議団、全国労働組合同盟、日本紡織労働組合「洋モス争議について町民諸君に檄す」1930年10月2日、法政大学大原社会問題研究所「洋モス争議ファイル（1）」
「洋モス争議闘争ニュース6号」1930年10月11日、法政大学大原社会問題研究所「洋

モス争議ファイル（2）」
吉田磯吉翁伝記刊行会編『吉田磯吉翁伝』吉田磯吉翁伝記刊行会、1941年
吉野作造「「国家」の外「力」の使用を許さず」『中央公論』第38巻第1号（1923年1月）：201-4
吉沢清次郎（新京総領事）より、外務大臣及び駐満州国大使への書簡「自称満州国正義団総務池田英雄ノ動静ニ関スル件」、外務省記録「支那浪人雑件」、1934年4月25日
『郵便報知新聞』
行友李風『国定忠治』（戯曲）1919年
『ザ・グラフィック』
『全国大衆新聞』
趙軍「「別働隊」と「志士」のはざま　近未来大陸浪人研究の回顧と展望」『千葉商大紀要』第36巻4号（1999年3月）：105-24

[著者]
エイコ・マルコ・シナワ
（Eiko Maruko Siniawer）
1975年、アメリカ合衆国カリフォルニア州フレズノ市生まれ。ウィリアムズ大学歴史学部教授。1997年、ウィリアムズ大学卒業。1999年、ハーバード大学で修士号（東アジア研究）取得。2003年、ハーバード大学で博士号（歴史学）取得。主な著書に*Waste: Consuming Postwar Japan* (Ithaca: Cornell University Press, 2018)。

[訳者]
藤田美菜子
（ふじた・みなこ）
英日翻訳者。出版社で雑誌・書籍の編集に携わり、その後フリーランスの編集者・翻訳者に。訳書に『ツイン・ピークス ファイナル・ドキュメント』『ツイン・ピークス シークレット・ヒストリー』（いずれもKADOKAWA）、『炎と怒り』（共訳、早川書房）、『より高き忠誠』（共訳、光文社）などがある。

校閲協力：伊東久智（千葉大学大学院人文科学研究院 助教）

朝日選書 997

悪党・ヤクザ・ナショナリスト
近代日本の暴力政治

2020年6月25日　第1刷発行
2023年7月30日　第3刷発行

著者　エイコ・マルコ・シナワ
訳者　藤田美菜子

発行者　宇都宮健太朗

発行所　朝日新聞出版
〒104-8011　東京都中央区築地5-3-2
電話　03-5541-8832（編集）
03-5540-7793（販売）

印刷所　大日本印刷株式会社

Published in Japan by Asahi Shimbun Publications Inc.
ISBN978-4-02-263097-1